U0095962

故宫学研究丛书

名誉总主编 郑欣淼
总主编 高志忠

故宫学百廿题

郑欣淼 著

商务印书馆
The Commercial Press

"故宫学理论"专题

编委会

名誉主编：郑欣淼

主　　编：章宏伟　高志忠

主　　任：张晓红　任万平

委　　员：（以姓氏拼音为序）

　　　　　高志忠　何孝荣　黄厚明　刘　强　任万平

　　　　　沈金浩　王　军　张晓红　章宏伟　郑欣淼

学术委员会

主　　任：郑欣淼

委　　员：（以姓氏拼音为序）

　　　　　高志忠　何孝荣　李　理　李文儒　毛佩琦

　　　　　任万平　王　素　吴十洲　章宏伟　郑欣淼

总　序

　　"故宫学"这一学术概念，自 2003 年正式提出以来，引起学术界的持续关注，并得到多方人士的支持和参与。尤其是故宫博物院与高等院校的交流合作，已经形成了优势互补的发展态势，在学术研究、人才培养和项目合作等方面取得了颇具特色的重要成果。欣闻深圳大学故宫学研究院即将推出"故宫学研究丛书"，陆续出版故宫学理论研究的前沿论著和重大课题的阶段性成果，志忠院长邀我作序，我备感欣慰又深受鼓舞。

　　自 20 世纪 20 年代以来，故宫博物院的学术发展与高等院校一直保持密切联系。北京大学的沈兼士、清华大学的陈寅恪、辅仁大学的陈垣等都曾在博物院任职或受聘任故宫专门委员，支持、参与古物馆、图书馆和文献馆的业务工作与学术研究。最近十余年间，故宫学更是得到高等院校的大力支持，日渐成为一个新的学术增长点。

　　2010 年 10 月，故宫博物院正式成立故宫学研究所，逐步推进与高等院校的交流与合作。自 2012 年起，故宫博物院于每年暑假期间开办"故宫学高校教师讲习班"，学员来自国内外知名高校相关专业领域的一线教师。截至 2022 年共举办 10 届，120 所大学的 240 余名骨干教师积极参与其中。志忠是其中的第四届学员，他随后就在深圳大学开设了全校通识课程"故宫问学"，反响很好。据说，已有几名选过课的学生考取了故宫学方向的研究生。多年来，故宫博物院先后与中国社会科学院大学、浙江大学、南开大学开展合作，联合招收故宫学研究方向的硕、博士研究生。截至目前，中国社会科学院大学累计招收故宫学研究方向硕士生 84 人：毕业硕士生 70 人、在读硕士生 14 人。故宫学作为人才培养和学术研究方向被纳入本科生和研究生教育体系，意味着故宫博物院的发展有了坚强的学术后盾和强大的理论支持，高等院校也因此完善了自身的学科建设。

2013 年 10 月，故宫研究院成立。研究院以"科研课题项目制"为基点，吸纳故宫博物院学术人才，汇集国内外知名专家学者，共同搭建开放式高端学术平台，努力发展成为国家级重大科研课题的学术基地和故宫学研究的中心。目前，多项课题获批为国家社科基金重大项目，包括"故宫博物院藏殷墟甲骨文整理与研究""故宫文物南迁史料整理与史迹保护研究"和"清代宫藏民族交往交流交融文物与史料整理研究"等。其中，由我担任首席专家的"故宫文物南迁史料整理与史迹保护研究"课题，在内容体系上特别注重史料整理、遗址保护和文献展览的整体性和互补性，并重视学术成果的转化与应用。2021 年 6 月，重庆故宫文物南迁纪念馆在安达森洋行旧址正式开馆，档案文献再现故宫文物辗转迁徙的艰难过程，文物保存地成为唤醒城市记忆的独特场所。

2018 年 11 月，深圳大学故宫学研究院成立，逐步架构起深圳与故宫的学术联系，也不断推进深圳与港澳地区的文化交流。2018 年和 2019 年，故宫学研究院连续举办了两届故宫学国际学术研讨会，赢得学术界的良好反响。2020 年，故宫学研究院获批广东省首批普通高校特色新型智库。同年，志忠院长担任首席专家的国家社科基金重大项目"清代宫廷戏剧史料汇编与文献文物研究"获得立项。该项目在团队架构上特别兼顾了专业性和国际化：故宫博物院藏清宫戏曲文献的整理与研究，由故宫博物院图书馆李士娟研究馆员担任子课题负责人，汇聚了众多故宫博物院的一线专家；海外藏清宫戏曲文献的搜集、整理与研究，则由香港中文大学华玮教授担任子课题负责人，集结了不少海外著名高校的优秀学者。故宫学所倡导的"故宫在中国，故宫学在全世界"的学术理想，在这个项目中体现得尤为显著。

短短的五年时间里，深圳大学故宫学研究院在故宫学的教学科研、智库建设和社会服务等方面已取得诸多可圈可点、可喜可贺的成绩，成为国内故宫学研究的重要基地。这些成绩的取得，得益于深圳大学提供的高端的科研平台、宽松的科研环境和充裕的经费支持。值此"故宫学研究丛书"付梓之际，我衷心祝贺深圳大学故宫学研究院所取得的突出成绩，也诚挚地感谢深圳大学对故宫学的大力支持。

是为序！

郑欣淼

2022 年冬于故宫御史衙门旧址

目　录

一　故宫学理论

二　故宫学研究对象之一：故宫建筑

三 故宫学研究对象之二：故宫文物

四 故宫学研究对象之三：故宫博物院

五 故宫学研究与机构

六　故宫出版与传播

七　故宫学人

前　言

　　故宫是源远流长的中华文明最有代表性的载体之一，是享誉世界的鲜亮的中国符号。

　　故宫学是 21 世纪以来快速发展起来的以故宫及其历史文化内涵为研究对象，集保护、整理、研究与展示为一体的综合性学问和开拓性学科。

　　本书通过对有关故宫学的 120 个议题（包括事件、人物、器物、古建筑、出版物等）的解读，来介绍这一勃然而兴且充满无限发展前景的新兴学科。全书由故宫学理论、故宫学研究对象、故宫学研究出版、故宫学人等四方面内容组成，具体分为故宫学理论、故宫建筑、故宫文物、故宫博物院、故宫学研究与机构、故宫出版与传播、故宫学人等七个部分，共 120 个条目。

　　笔者之所以撰写这本书，是出于促进故宫学发展与故宫知识传播两方面的考虑。

　　故宫学提出已 20 年。通过故宫博物院与关注故宫学的学者专家共同探讨研究，取得了重大成果与深入发展。故宫学学术研究和学科发展已进入新阶段。故宫学承载着大力传播中华文化的重任，也在努力提升其国际话语权。鼓舞人心的是，故宫博物院与高校的交流与合作得到不断发展。多家高校已成立故宫学研究中心，故宫学成为不少高校的通识教育课程。大型学分课程运营服务平台"智慧树",策划与制作了由故宫 14 位专家讲授的《走进故宫》课程。截至 2022 年底,开设此课程以供选修的学校为 1182 所,选课人数为 137.2 万,学生满意度达 95.2%。目前我国高校共 3072 所,《走进故宫》已覆盖38.5%。同时,反映故宫学研究成果的"故宫学视野丛书"也出版了多种。但由于故宫学内容博大精深,且是新兴的学科和学问,在有关的概念、词语、提法的理解和运用上,尚有不少差异。这是关系到故宫价值认识以及故宫学发展的问题,需要深入探讨,加以厘清。笔者结合大量文献资料与自己的研究成果,对涉及故宫学研究领域以及故宫学学科建设的这些概念、词语,进行重点解读,以期取得共识。

由于故宫的重要地位以及故宫博物院的不断发展,故宫的影响力日益扩大,人们对故宫的兴趣也越来越浓厚。向读者提供准确的、完整的故宫知识,本来就是提出故宫学的初衷之一。因此,本书不止希望引起故宫学研究界人士的关注,同时也面向广大的读者。例如,广大读者需要了解故宫,那么故宫知识的重点是什么?重点就是故宫遗产,包括故宫建筑、故宫文物以及作为遗产管理者与传承者的故宫博物院,其内涵十分丰富;而这几个方面正是故宫学的研究对象,是故宫学的核心内容。在本书 120 个条目中,故宫学研究对象就有 67 条,分量最重。此外,本书介绍的 22 位故宫专家,也是故宫知识不可或缺的部分。因此,对于想深入了解故宫知识的读者来说,本书应是有所裨助的。

本书还从六百年故宫与百年故宫博物院着眼,把历史与现实结合起来,收录一些笔者认为应该重视的议题,或者是反映故宫研究新成果、故宫事业新变化的条目,如"故宫建筑"中的"故宫的集大成性""样式雷""中国营造学社"等,"故宫文物"中的"清宫造办处"乾隆赏鉴""清宫珍藏所有权之争"等,"故宫博物院"中的"清室善后委员会""'艺术性博物馆'定位""故宫精神""'平安故宫'工程""'四个故宫'建设"等,"故宫学研究与机构"中的"作为学术机构的故宫""故宫是个文化整体""故宫学派""故宫学与高校"等,"故宫出版与传播"中的"故宫藏品《总目》与《大系》""故宫网站""故宫纪录片"等。

本书120个议题的选择,既注意到故宫学结构的整体性,也考虑到每部分内容的系统性。这些按照一定逻辑体系组成的条目,合起来就是故宫学要点的勾勒,或是一部以类似于辞书形式呈现的故宫学简论。

需要说明的是,本书对于今天故宫文物的存藏情况,是把北京故宫博物院与台北故宫博物院放在一起分类叙述的。笔者认为,这样有利于对故宫遗产形成整体性的认识。书中所述22位学人,除个别外,基本上都是故宫早期的学者专家,或20世纪50年代进入故宫的。他们不少人结合故宫文物整理等博物馆业务进行科学研究,开创或拓展了中国文物研究的学术新天地,取得了卓越的成就,被誉为"国宝"级专家。

本书所讲述的120个故宫学议题,从条目上看,不少已为人所熟知,相关介绍材料也很多。但笔者认为,人们对其中许多议题的了解不一定全面、准确,因此进行一番认真的梳理、解说,还是必要的。笔者抱着严谨的态度,注意材料的准确性,重视细节,防止以讹传讹。特别是有关故宫院史的内容,一定要查看原始档案。例如,针对清室善后委员会、故宫专门委员会、故宫理事会、文物南迁、英伦艺展以及有关故宫文物藏品的变化情况等,笔者都翻阅了大量尘封的档案,力求向读者介绍真实的历史。本书所借鉴、引用他人的研究成果，皆注明出处。

　　笔者称此书"类似于辞书形式"，是就议题（条目）组成的形式而言。本书的条目，都是一篇篇文章，有长有短，短的数百字，长的五六千，多数二三千。文字也力求有自己的风格。

　　对我来说，这样的写作方式毕竟是一个尝试，在体例、结构以及问题的选择方面，需要改进之处一定不少，也难免还有其他的不足，敬祈方家一并指正。

　　　　　　　　　　　　　　　　　　　郑欣淼
　　　　　　　　　　　　　　　癸卯年春节于燕郊寓所寸进室

一

故宫学理论

1　故宫学概念

　　故宫学是近年快速发展起来的以故宫及其历史文化内涵为研究对象，集整理、研究、保护与展示为一体的综合性学问和学科。

　　故宫又名紫禁城，自明永乐十九年（1421）至清宣统三年（1911），这里一直是明清两朝的皇宫，先后有24位皇帝在此执政，诸多中国重大历史事件与这一空间紧密联系，可见这里是见证明清时期中华文明发展的重要历史场所。清帝退位、帝制终结之后，紫禁城启动了遗产化和博物馆化的进程。1914年，古物陈列所肇建，紫禁城前朝建筑以及奉天（今沈阳）故宫和热河（今承德）避暑山庄皇家收藏正式对公众开放。1925年，故宫博物院开院，紫禁城后廷建筑及其内府收藏正式向大众公开。1948年，古物陈列所并入故宫博物院，故宫实现完整保护。1961年，故宫列入全国重点文物保护单位，1987年列入世界文化遗产名录。概言之，故宫遗产包括故宫、故宫文物和故宫博物院三大部分，在中国历史文化中有无与伦比的地位和价值：故宫是明清两代的皇家建筑，是中国保留最为完整的宫殿建筑群。故宫文物是中国历代文化艺术的重要载体，是明清两代宫廷历史文化的信息记录。故宫博物院是近代中国社会政治变革的产物，今天在弘扬中华民族优秀传统文化、建设共有精神家园、扩大中华文明国际影响力方面发挥着重要的作用。

故宫学的产生是从自发到自觉的水到渠成的过程，故宫学的建构是与时俱进的选择。2003 年 10 月 18 日，时任故宫博物院院长郑欣淼在南京博物院为庆祝该院建院 70 周年举办的博物馆论坛上，做了《确立"故宫学"学科地位　开启故宫研究新局面》的讲演，首次正式提出"故宫学"这一学术概念。

提出"故宫学"的学术要义是从文化整体性的视角来看待故宫、故宫文物以及故宫博物院之间的内在联系，克服故宫价值认识的"碎片化"倾向；其根本目标在于充分挖掘故宫深厚的文化内涵，更好地传承中华文化和弘扬民族精神；其学术理想是为流散于海外的清宫旧藏提供学术归宿，更为海内外提供一份研究和认识中华历史文化的独特而珍贵的文物资源。故宫学以文化整体性为其方法论的哲学基础，强调把故宫古建筑、文物藏品和宫廷历史文化联系起来进行研究、保护和展示，获得相关方面的积极响应。故宫学要求的综合运用古建筑、文物藏品、图书典籍和档案文献等资料，对古建与文物进行维修、收藏、保存、研究、传播及传承转化，成为其新价值与新使命，形成了系列工作与学术成果，促使故宫遗产在不断创新发展中保持其活力。

"故宫在北京，故宫学在中国、在世界"是故宫学的发展理念。故宫博物院与国内外相关文博单位（如台北故宫博物院、沈阳故宫博物院及明清皇家坛庙、陵寝与园林等的管理机构）、高等院校、科研机构相互合作，开展课题研究、人才培养、文化保护与传承等活动，取得丰硕成果。迄今为止，围绕故宫学已成功举办过一系列专题学术研讨会，形成了若干专业研究机构，出版了系列专门研究刊物与相关图书成果，产生了广泛的学术和社会影响。

2　故宫学研究对象

从故宫学的概念出发，其研究对象主要包括故宫遗产——不可移动文物，即故宫建筑（紫禁城），可移动文物，即故宫文物藏品——以及有着近百年历史的故宫博物院。故宫博物院也是遗产的守护者与传承者。

故宫文物包含两类：一类是传统的艺术品，如铜器、瓷器、书画、玉石、文玩及其他工艺品等，它们一直是作为艺术品而庋藏的；另一类是反映宫廷典章制度以及日常文化生活、衣食住行的物品，大多是当时的实用之物，因其具有重要的历史文化价值，在今天也成为珍贵的文物。故宫博物院把前一类称为"古代艺术珍品"，把后一类称为"宫廷历史文物"，再加上图书典籍和明清档案，将其统称为"故宫文物"，它们都是可移动文物。

对于故宫学的研究对象与范围，需要树立两个观念：

一是树立"大故宫"的观念。明清故宫作为世界文化遗产，是指明清宫城——紫禁城内约 72 万平方米地面上的一切，而实际完整的明清故宫文化遗产，则不止这个范围。从横的联系看，如明清坛庙、帝王陵寝、皇家园囿及离宫等，都是以皇宫为中心的整体规划中的重要部分；而凤阳的明中都、南京的明故宫、沈阳的清故宫，也都与故宫有着关系。从纵的方面看，故宫与中国历代皇宫以及相关园苑、陵寝等，也都有着继承发展的内在关系。因此，故宫学研究范围不应局限在故宫（紫禁城），而要看到故宫与其他相关明清皇家建筑的联系。例如，清代宫廷史研究会是研究清代宫廷历史的学术性组织，1989 年创办时，其成员只有故宫博物院、中国第一历史档案馆、沈阳故宫博物院、承德市文物局、清东陵文物管理处、清西陵文物管理处 6 家，后来又陆续增加了恭王府、颐和园、天坛、内蒙古呼和浩特博物馆（清·和硕恪靖公主府）、圆明园、北海公园等皇家遗址文物单位。与会单位数量不断增加的原因，就是这些单位认识到彼此之间具有密切关系，只有合作，学术研究才能更为深入。

二是树立"大文物"观念。即故宫学研究不仅以故宫文物藏品为主，也涉及其他宫廷建筑遗址收藏的文物，还包括一切流散于故宫外的清宫旧藏，如台北故宫博物院的 60 余万件器物、典籍、档案，台湾"中央研究院"历史语言研究所的 30 余万件清宫档案，国内外有关博物馆、图书馆、档案馆、学校、研究机构及个人收藏的清宫器物、档案、典籍等。因为这些文物同根同源，作为清宫旧藏，有其精神文化上的关系。

此外，还应认识到作为故宫遗产的宫殿建筑与文物藏品的密切关系。

在帝制时代，宫廷既是政治中心，也是文化艺术品的中心，宫殿建筑与文物收藏自然有着密切的关系。而在清代，这种关系尤为重要，以至于建筑与文物融为一体、不可分割，具有特殊的意义。

1. 宫殿建筑与文物存藏的依存关系　如养心殿"三希堂"就是贮存《快雪时晴帖》《中秋帖》《伯远帖》的专室；被称为"乾隆四美"的晋顾恺之的《女史箴图》和传为宋李公麟所作的《潇湘卧游图》《蜀川胜概图》《九歌图》，乾隆皇帝在建福宫花园静怡轩辟出专室存放，并命名曰"四美具"；乾清宫昭仁殿收藏内府善本书，乾隆题室名为"天禄琳琅";还有文渊阁存藏《四库全书》、摛藻堂存藏《四库全书荟要》、养心殿存藏《宛委别藏》、南薰殿尊藏历代帝后暨先圣名贤图像、交泰殿收藏御用二十五宝等等。这些宫殿,与文物存藏的关系自然非同一般。

2. 宫廷文物的陈设性　中国历代御藏文物,向来集中、分类保管,宋、元、明三代都是如此,宫内有专门保管历代文物的机构。到了清朝则有重大改变,除《四库全书》等典籍有专门储放地外,大多数文物往往分散存放在宫内外的殿堂里,带有陈设性质。譬如,清代宫中御藏的书画,都著录在一部卷帙繁多的目录《石渠宝笈》中。根据这部目录,可知这些书画分别存藏在包括紫禁城及圆明园、静寄山庄等故宫内外的 40 处殿堂中,即它们既不集中在某一个地方保管,也不按类保管。清宫藏书也有这个特点。除一些专门藏书地外,在皇帝、后妃、皇子生活的居所及其常临之处,也会陈设数量不等的书籍,有的处所还备有书目和排架图。至今,故宫博物院还保存有《古董房书目》《毓庆宫书目》《长春宫书目》《养心殿陈设书目并排架图》等 20 余种目录。

《内务府陈设档》是清宫内务府每年对其所辖各处殿堂陈设物品进行清点时所立的陈设清册,陈设档真实地反映了清代宫殿陈设的特点与变迁情况,对研究清代宫廷陈设规律、帝后生活以及恢复宫廷原状陈列等具有重要价值。

3. 原状佛堂　故宫原有独立佛堂 35 处、暖阁佛堂 10 处,其中雨花阁、宝华殿、宝相楼、吉云楼、佛日楼、梵华楼等 20 多处至今保存比较完好:不仅建筑完整,而且室内保留的清代匾联、供案、神佛造像、佛塔、供器、法器、唐卡、壁画等基本维持原样。这些原状文物保留了更多的历史信息,具有特殊的重要价值。

3　故宫学知识体系

　　故宫学作为一门学科，有着独立的、明确的研究对象。在故宫学的概念中，故宫被视为宫殿、文物藏品、宫廷历史文化相互融合的文化群系。从根本上说，故宫学是一种知识体系。故宫学之所以可以自成一套知识体系，是由故宫学研究对象之间具备的内在逻辑统一性决定的。故宫学以故宫古建筑、故宫文物以及故宫博物院为主要研究对象，可细分为古遗址、古建筑、古器物、文献档案与图书典籍等方面，又涉及宗教学、民族学、文学、艺术学、考古学、历史学、建筑学、管理学、图书馆学、档案学、博物馆学等学科领域。

　　在故宫学框架体系内，围绕着故宫（紫禁城）、故宫文物及故宫博物院的研究因新的视角、途径、方法而构成新的研究课题，获得新的研究结论和成果，也形成了新的知识体系和学科架构。例如，作为故宫学知识体系的重要组成部分，历代书画研究侧重于明清宫廷书画的搜集、鉴赏、著录及流传等，而并不涵盖艺术学学科的全部研究。换言之，故宫学知识体系的建构是紧紧围绕着故宫学研究对象而展开的。

　　故宫学是一个学科的总称，在这一总称或母学科之下，还包含了学术体系的各个分支或子学科，分支学科的研究对象就是母学科研究对象的一个方面或者一个层次。从故宫学的研究对象出发，故宫学的分支学科至少有以下 22 个：1 故宫建筑学，2 故宫古器物学，3 故宫古书画，4 故宫青铜器，5 故宫古陶瓷，6 故宫考古学，7 故宫历史学，8 故宫文化遗产学，9 故宫文物学，10 故宫音乐学，11 故宫文学，12 故宫戏曲学，13 故宫宗教学，14 故宫民族学，15 故宫语言文字学，16 故宫辞书学，17 故宫科学技术，18 故宫图书馆学，19 故宫出版学，20 故宫明清档案学，21 故宫文物保护学，22 故宫博物馆学。

这 22 个分支共同构建了故宫学的学科大厦，也共同构成了故宫学的知识体系。在故宫学每个分支学科之内，又有若干个系列，每个系列一般也包括若干项目。

需要说明的是，所有分支学科及其下设的研究系列与项目，主要都是以现存的故宫古建筑与故宫文物藏品为依据的，而且在同类藏品中具有一定的代表性或特殊性。例如故宫民族学、故宫语言文字学、故宫音乐学、故宫科学技术等，就是因此而提出的。

当然，一些文物研究的学科分类具有一定的相对性。故宫文物的分类，或按材质，或按用途，或者根据贮放地而分；但文物的价值却并非如此简单。例如佛造像，按用途是宗教文物，但其本身又是艺术品。佛造像既可从宗教学的角度，也可从艺术学的角度，还可从古器物学的角度研究；或者可以说，只有从多个学科、多个角度、多个方面研究故宫文物，才能比较全面深刻地认识它的价值与作用。

关于故宫学知识体系构成部分或故宫学分支，举例说明如下：

故宫建筑学。建筑学是故宫学的一个重要分支。早从商代开始，中国重大的建筑活动就是由官方进行管理的，形成了官式建筑与地方和民间建筑并行发展的格局。北宋官修《营造法式》和清代雍正时期颁发的清工部《工程做法则例》分别代表了宋代和清代官式建筑的规则。中国古代官式建筑是由官式建筑技艺建造、保存和延续的。20 世纪 30 年代，以中国营造学社为代表的一批学术带头人开始了解读中国古代建筑天书的伟大学术实践。他们采访从事古建筑行业的著名匠师，"沟通儒匠"，对照故宫和北平的其他重要皇家建筑、匠师语言和宋、清时这两部专书，读懂了中国古代建筑的基本结构法则和技术做法。中国营造学社开创的古建筑法式和文献研究、古建筑实地调查测绘和古建筑修缮保护的方法和原则，对今天故宫的保护修缮仍然有着深远的影响。在故宫建筑学中，可研究的重大课题很多，例如故宫与中国历代宫城和宫殿研究、故宫与历代宫廷建筑研究、故宫营造史研究、故宫营造文献学研究、故宫建筑技术研究、故宫建筑艺术研究、故宫建筑工程研究、故宫园林研究、故宫建筑文化（古代建筑制度、规划思想、风水学说等）研究、清代"样式雷"图档及烫样研究、故宫古建筑文物研究、中国营造学社的故宫研究、故宫建筑实测与研究、故宫官式古建营造技艺传承研究等。

故宫文化遗产学。文化遗产学是随着 20 世纪下半叶以来世界范围内持续升温的文化遗产保护与利用热潮而产生的一门学问，也是正在发展着的新兴学科，主要研究文化遗产的基本概念和总体构成、综合价值，文化遗产保护与利用的原则、机制、方式，等等。文化遗产学具有理论与应用实践并重的特色，研究既涉及观念层面，也具有明确的实践性内涵。故宫是源远流长的中华文明最有代表性的载体之一，是世界文化遗产。从文化遗产学的视野研究故宫的价值与保护，对于开拓研究视野，提高保护的科学性，无疑是很有意义的。例如，故宫遗产在中华文明史中的价值与地位研究、故宫作为世界文化遗产的突出普遍价值研究、故宫遗产的真实性与完整性研究、故宫与"大故宫"研究、故宫百年来修缮保护史研究、故宫百年大修与遗产保护理论研究、故宫保护修缮项目的个案研究、故宫保护法规的制定与实施研究、故宫世界文化遗产监测中心与故宫保护研究、故宫保护与北京城市建设发展研究等均可成为研究课题。

故宫文学。宫廷文学是中国传统文学的一种重要类型，作者主要是帝王本人及其御用文人和一些朝廷大臣，其活动场所是帝王的宫廷。帝王的文学思想与文学创作，对一个时代的文学创作和文学的历史发展都会产生重大影响。汉代以后，帝王好文，几成风气。汉武帝有《秋风辞》千古流传，并且促进了汉代辞赋的发展。三国曹氏父子更是杰出的文学代表。明太祖朱元璋和明成祖朱棣在治国实践和日常活动中写有大量的作品，结集有《明太祖文集》《大明太宗皇帝御制集》。在他们的影响下形成的台阁体是明代初期最重要的文学流派。此后的明仁宗朱高炽、明宣宗朱瞻基、明世宗朱厚熜和明神宗朱翊钧等都有自己的文集。明代的藩王文学也颇有特色，特别是朱有燉、朱权的杂剧写作，在普遍以诗文为主的写作语境中，他们的戏剧写作具有独特的文学史价值。故宫文学史进入清朝阶段后，作为满人的皇帝用汉字来写作，这本身就非常具有文化和政治意味。康雍乾这三个时期是清代宫廷文学的高峰期。康熙存有《圣祖仁皇帝御制文集》共4集176卷，包括诗、词、文赋等文学创作及相关的文艺评论，其中古今体诗1135首，词12首，赋18篇。雍正有《世宗宪皇帝御制文集》30卷，其中文集20卷、185篇，诗集10卷、540余首。乾隆帝存有"御制诗"43 630首，"御制文"1041篇。故宫博物院还藏有《乾隆御稿》约45 000页，为乾隆帝从康熙六十一年（1722）至嘉庆三年（1798）长达76年间诗文创作的手稿（大部分为诗稿，小部分是文稿）与词臣的清抄稿。嘉庆、道光、咸丰、同治、光绪诸帝，皆有文集流传。清代极端重视文治，常通过帝王训饬与御选总集的方式来引导文坛创作方向，例如《全唐诗》的编纂，第一次以官方名义编纂的《钦定词谱》《钦定曲谱》《佩文韵府》尤其具有经典性意义。清代宗室贵族的诗歌创作也相当有成就。清代宫廷文学活动最有影响力的形式是君臣联欢的宴饮赋诗。康、乾两朝宫中的四次千叟宴，也是古往今来规模最大的宫廷文学活动。故宫文学研究的主要对象是以紫禁城为核心空间，以皇族为核心群体所从事的文学活动及其作品。具体包括四个方面：帝王和紫禁城其他成员如妃嫔、宦官以及皇族等的文学活动及作品，紫禁城中与文学活动紧密相关的档案、建筑和绘画等文物，与皇帝文学活动关系紧密的大臣的文学活动及作品，外国使臣、宫廷传教士等与紫禁城关系紧密的特殊群体的文学活动及作品。

故宫戏曲学。明清宫廷戏剧都很繁荣，尤以清代为盛。宫廷演戏是文化娱乐活动，但又十分强调戏曲的仪式功能，歌颂皇恩、庆赏升平，着力渲染热闹富丽的景象，显示了独特的宫廷文化烙印。明代宫廷的钟鼓司设有戏班子，为帝后御前演出。戏班子的演员由太监充任。教坊司的乐工乐妇有时也承应御前演唱。所演剧目，据《酌中志》载，有过锦之戏、杂剧故事、水傀偏戏等。到万历时期，宫廷演剧体制及声腔剧种等方面都开创了新的局面，并完成了由北曲杂剧向南曲传奇的转型。清统治者入关后很快和戏曲艺术结下了不解之缘。有清一代，戏曲演出在宫廷日常娱乐和节日庆典中必不可少。为此，内廷特意搭建戏台，制作戏曲服装、砌末（舞台布景与道具），创作了许多专为宫廷演出用的剧本。清宫大内演戏，根据不同节令有"月令承应""庆典承应""临时承应"等戏差。乾隆时期，除了增加南府中演戏太监的数量，还招纳南方优伶居住在景山，两处演员达到1500人，又命张照等词臣编写和修改了大量剧本，称为院本。这一时期清廷耗费巨资修建了多处戏台。乾隆时期四大徽班进京被视为京剧诞生的前奏，在京剧发展史上极为重要。道光时期，南府改为升平署，昆腔、弋腔逐渐衰退，而徽班的乱弹却在兴起。光绪朝时局每况愈下，但因慈禧酷爱看戏，宫廷演出规模丝毫不逊以前。慈禧还以其寝宫长春宫太监为主成立了"普天同庆班"，又称"本家班"，归她直接管辖。在宫廷戏剧创作和演出方面，清宫戏剧虽然与明代宫廷戏剧有连续性，但是也体现出许多新的特点，主要是域外文化的元素更深入地进入了紫禁城，影响到宫廷内部的审美变化，在剧本内容和演出空间装饰上也影响到了宫廷戏剧活动。其实早在乾隆六十年（1795）编写的节令承应戏《四海升平》中，就以乾隆五十七年（1792）马戛尔尼使华之事为素材。到了光绪时期，宫廷戏剧显示出更多的雅俗互动和宫廷内外的互动。清宫升平署档案至今大量存藏并有出版。故宫现收藏戏衣类文物 8287 件，另有各类配件、饰件等 1300 余件；存藏清宫戏本 11 498 册，6467 部，3200 余种；还有宁寿宫畅音阁大戏台、重华宫漱芳斋戏台、漱芳斋内风雅存小戏台以及宁寿宫倦勤斋小戏台4 个戏台。故宫研究院设有宫廷戏曲研究所。国内已有多种研究明清宫廷戏曲的著作出版。深圳大学高志忠副教授为首席专家的"清代宫廷戏剧史料汇编与文献文物研究"课题被列为 2020 年国家社科基金重大项目。

故宫辞书学。清代重视词典编纂。《康熙字典》收字 49 030 个，是康熙帝敕纂的集历代字书之大成的一部官修字典，也是我国第一部以"字典"命名的大型工具书。清廷编得最多的还是民族语文词典。清统一全国后，为适应各民族文化交流的需要，同时也为便于八旗子弟学习满文，官方组织人力编纂了大量的满文工具书。一些学者也编写了不少著作。如康熙帝敕修《清文鉴》25 卷，后经乾隆年的不断增补、发展，"清文鉴"系列发展为《御制五体清文鉴》，成为辑满、藏、蒙古、维吾尔和汉 5 种不同语言文字的对照分类辞书。乾隆时期，为了解决满文著述和翻译中词语使用混乱的现象，曾对满语进行了一次大规模的整理，后来称整理前的满语为"旧清语"，称整理后的满语为"新清语"，同时编纂了大量满语规范化的工具书，如《钦定清汉对音字式》《实录内摘出旧清语》《新旧清语汇书》等。清朝末期，统治者曾在满文的推广上下了一番苦功，授意编辑刊刻或重刻了大量有关满文语法、词汇等方面的书籍，以加强在语言文字和文化上的控制。仅光绪一朝就刊刻或重刻了《清文接字》《清文虚字指南编》《初学必读》《清文补汇》《清文典要》《清文总汇》《满蒙汉合璧教科书》《满汉合璧四十条》《清语摘抄》等书。这些书在语言学上也占有相当重要的地位。故宫博物院现藏清宫民族语文词典 50 余种，有些具有重要的价值。例如：乾隆帝敕令傅恒等撰的《钦定西域同文志》，24 卷，是专门搜集西北地区人名、地名、官名的满文、汉文、蒙古文、藏文、维吾尔文、托忒文合璧官修注解词典，也是一部标音词典，为清代唯一一部 6 种文字合璧的词典。《钦定辽金元三史语解》，为满汉合璧词典，选录辽、金、元三朝史书中人名、地名、官名等，并加注音、注解而成。《御制翻译名义集正讹》是一部汉藏蒙满合璧的分类词典，共 312 页，收 1015 组汉藏蒙满文对照词语条目。这是一部专门考证并修改宋朝释法云所编《翻译名义集》中出现的汉文误译词的小型官修分类词典。其词汇量虽少，却是翻译佛教经典、研究佛教文化的珍贵资料。

4　故宫学学科特点

故宫学关于故宫的建筑、文物与历史文化的整体论，以及故宫学的研究对象与范围，决定了故宫学是一门新兴的综合性学科。

故宫学的学科特点，最主要的有两点：一是综合性，二是学理性与实践性相结合。

故宫学的综合性特点，重点体现在多学科交叉或者说跨学科性。故宫学以故宫古建筑及故宫文物为主要研究对象，其中又可分为古遗址、古建筑、古器物、历史档案与文献等方面，其研究内容涉及哲学（美学、宗教学）、社会学（民俗学）、民族学、文学、艺术学、历史学（历史文献学、中国古代史、中国近现代史）、考古学、博物馆学、建筑学、理学、工学、管理学、图书馆学、档案学等学科领域。在以故宫（紫禁城）为核心的综合研究中，这些不同的研究对象成为故宫学课题的有机组成部分而获得新的研究视角、途径、方法和结论，也就形成了新的学科体系。

故宫学的综合性特点，在故宫学研究中表现得很突出：

一是需要把院藏文物、古建筑和宫廷史迹这三方面作为互相联系的整体来研究。故宫学关于打通学科界限的要求正是帮助研究者总结实践经验、提高理论认识的基本方法，它将开拓人们对单体文物研究的思路，进入哲学化的思维方式即强调联系与发展，进入美学化的思维方式即导向审美与评赏，进入历史化的思维方式即注重社会与背景，并且扩展到对其他学科的认识，防止孤立地看待文物，防止文物（可移动与不可移动文物）研究的"碎片化"。这是最能体现故宫特色的研究。

二是一个研究课题往往涉及好几个文物门类，需要多学科协作、全方位展开，才能得出科学的结论。这有利于打破学术研究中的学科界限，进而拓展研究范围和深化研究内容。

三是由于故宫文化的特殊性，文物藏品一般都有相当丰厚的内涵，需要我们不断地探求、逐步地深入。故宫许多传世的文物藏品，既涉及工艺美术，更与宫廷史、文化史、典章制度等有关，且随着资料的挖掘与视野的扩大，这种研究会不断深入。例如，对于清宫收藏的红山文化玉鹰、良渚文化大小玉琮等文物的研究，就需要与相关考古研究成果相结合。又如，乾隆年间所编《西清古鉴》收录周代芮国钟、鼎等青铜器30余件，可惜上述重器难究出处，研究价值大受影响。2005年陕西省韩城市梁带村的芮国遗址出土青铜器6177件，有关专家考证研究认为，《西清古鉴》所载的芮国铜器就出于此。①

故宫又是个博物馆，故宫学的学术研究方式与研究成果的表现就带有强烈的博物馆特点，即学理性与实践性相结合的特点。

故宫学以文物（可移动的文物藏品与不可移动的古建筑）作为研究对象，这不同于一般的主要以文献为对象的研究机构。故宫学研究与文物的收藏、保护、展示不可分割。以鉴定来说，要收藏，就要鉴别真伪，就要划分等级，这就需要科学的鉴定，这是硬功夫，也是博物馆工作的基本要求。因此，故宫学研究不是经院式的烦琐论证，也

---

① 参阅陕西省考古研究院、上海博物馆编：《金玉华年：陕西韩城出土周代芮国文物珍品》，上海书画出版社2012年版，赵荣序言。

不是从书本到书本，它直接面对故宫的文物、古建筑、档案、文献，对此进行客观分析、比较，解决宫廷历史人物、事件的物证和历代文物的真伪鉴定及其艺术价值、文化联系等诸多问题。总而言之，即以物证史、以物论史，或以史鉴物、以史论物等，都离不开史与物的辩证关系。

正因为如此，故宫学研究除学术论著成果外，还有大量的成果与业务工作如文物的编目制档、陈列展览结合在一起。例如，故宫博物院有一项特殊的陈列，即用宫廷史迹陈列来展示宫廷原状，使人们准确而直观地了解宫廷的有关礼仪活动，澄清"戏说"之风带来的一些错误认识。但这是一项极为细致和繁难的工作。这个恢复的过程，实际上是一次又一次学科涉及广泛、内容发掘深邃的学术研究活动。可以说，故宫博物院的许多研究人员属于"专家型的学者"或"学者型的专家"。

故宫博物院的业务工作还包括故宫与故宫文物的保护，故宫学需要把人文与科技结合起来。故宫保护以及文物修复技术不一定全都属于故宫学范畴，但故宫官式古建营造技艺以及在故宫形成与传承的许多文物修复的传统工艺技术，有些已列入国家级非物质文化遗产项目，它们无疑是故宫遗产的组成部分，也是故宫学的重要内容，都需要在研究的基础上更好地传承、弘扬。

5 故宫学研究方法

故宫博物院的学术研究，20 世纪 40 年代以前主要是吸收传统考据学的经验，进入 50 年代后逐步融入了历史唯物主义和辩证唯物主义的方法论。经过近百年薪火相传的研究历程，故宫形成了良好的学术传统，包括学术成果、学术思想、学术风格、研究的思路和方法，以及不同师承的专家之间的团结和合作等，这也为形成"故宫学派"打下了良好基础。这是一笔宝贵的财富，应在故宫学研究中继续发扬。根据故宫学的学科特点，今天的研究更要强调以下四点：

1. 唯物史观　历史唯物主义又称唯物史观。唯物史观指出，社会的存在和发展是由历史发展而来的，要承认历史并且尊重历史。故宫博物院成立近百年来，围绕着故宫及其藏品发生过多次重要争论，例如：有人提出要废除故宫博物院、拍卖故宫藏品；有人说故宫"封建落后，地广物稀"，要对它进行改造等。在这些人看来，故宫等同于封建主义，故宫文化是需要彻底打倒的。他们不懂得历史唯物主义，不懂得历史本身就是一个不断继承、不断发展的连续的动态过程，割断历史去看待和处理问题，不仅是不可能的，也是非常有害的。

事实上，故宫作为中国传统文化精神的物质载体，代表着我们民族的历史文化，而以博物院形式向公众开放的故宫，被赋予了新的使命和职责，既承接过去，又联系当下，即与今天的文化建设有着深刻的联系，这种联系是割不断的，也是不可能被抹消的。当然，还有另外一种倾向值得注意，如盲目颂扬封建帝王、对封建等级制度缺乏分析批判、热衷于宫闱秘闻等，这也是非唯物史观的态度。我们今天对待故宫文化，不能简单化、绝对化，不能全盘否定或一味说好，而应有科学的传承观，应有清醒自觉的反省意识与批判精神，坚持唯物史观，具体问题具体分析，分清其精华与糟粕，在扬弃中发展我们的新文化。

2. 整体性思维 文化整体性是故宫学方法论的哲学基础。故宫学所研究的故宫古建筑、文物藏品及宫廷历史文化等，内容相当丰富，涉及许多方面，但这些方面之间不是杂乱的、零碎的、毫无关联的，而是有着紧密的内在联系，是一个文化整体。故宫不是简单的"藏宝"之所，故宫的每一件文物、每一处建筑，都不是互不相干的孤立的存在，其中蕴藏着生动的人物和事件，且有着这样或那样的联系，共同构成了宫廷历史文化多姿多彩的场景与长卷。

故宫文化的整体性，主要体现在宫廷历史文化的丰富性、完整性。离开了宫廷历史文化整体性视野的故宫文物研究，就可能出现故宫研究的"碎片化"，对文物意义、故宫价值的认识就会受到影响。因此，故宫学倡导将故宫作为一个文化整体来研究，从文化整体的角度去评估故宫的文物价值和文化内涵。同时，故宫学也从文化整体的角度来认识和理解故宫学各个领域（如古建筑、文物藏品、宫廷历史文化和博物院史）的深刻内涵及各领域之间的紧密联系。

3. 多重论据法 考证一直是故宫研究的重要方法之一，借助于文物藏品及历史文献，以物证史，或以史论物，史物结合。史学研究的一项任务就是"复原"历史，确切地说，是"复原"接近真实的历史。为此，学术界曾提出"二重证据法""三重证据法"等研究方法，以推动史学研究方法的发展。故宫不仅拥有保存完整的明清宫殿建筑遗址，还保存有大量珍贵的文物藏品以及档案典籍，甚至还保留有"师徒传承"的传统工艺技术。因此，故宫学研究的证据可谓是多重的、立体的。这也是故宫学生存发展的生命力所在。它可以借鉴相关学科的理论与方法，充分发挥多重证据的优势，以"复原"丰富的、多面的、立体的历史与文化，从而形成独具一格的多重论据法。

4. 开放性视野 清宫文物在海内外的大量散佚，客观上为更多的机构与个人参与故宫学研究提供了条件，因此故宫学从一提出就强调其开放性的特点。从故宫学的视野来看，这些流散文物不是孤立的个体，而是与故宫及其他文物有着一定的联系。认识并坚持这一研究方法，这些文物也就有了生命，其内涵才能被深刻地发掘出来。学术为天下公器，故宫学一直倡导"故宫在北京，故宫学在中国、在世界"的学术理念。故宫学不只是两岸两个故宫博物院甚或海内外收藏有关清宫文物的机构或个人的事，而应该是海内外学术界的共同事业。事实上，故宫博物院也难以完全承担这一任务，需要社会上多方力量的共同参与。只有国内外研究力量广泛参与，交流合作，取长补短，才能进一步激发学术研究的活力，取得更大的成果，才能使故宫学真正发展为一门国际性的显学。

6　故宫学价值与意义

　　故宫是中国历史的见证，是东方文化艺术审美的宝库，是中国文化恢宏叙事的沉淀。建构、发展故宫学不只是故宫保护与故宫博物院发展的需要，也是中国人对自身文化、审美、命运、身份认同的表达，是建设有中国特色的世界一流博物馆的追求与文化、学术传达。因此，这是时代赋予我们的历史使命，是新时期中国学术界、文化界的担当与自信。

　　建立故宫学具有重大的学术价值与现实意义。这是由其研究对象的博大精深所决定的，是由故宫文化在中国文化史上的特殊地位所决定的。

　　故宫不只是"国宝""精品"的荟萃之所，它的一砖一瓦、一物一件都有其价值与生命。故宫学涉及的范围很广，从已发布的研究成果看，许多都是中国文化史、中国艺术史、中国明清史的重大课题。故宫学又包括紫禁城学、明清宫廷史学、明清档案学以及中国古代书画、工艺、金石等古典艺术学。

　　故宫学重要而独特的学术价值，还与其研究对象故宫建筑与故宫文物具有的集大成性特点有关。

　　清代文化艺术发展的一个重要特征是总结性，即集传统之大成。所谓"集大成"，从本质上讲是对传统的全面整理和总结。在学术文化方面，如《康熙字典》《佩文韵府》《古今图书集成》《四库全书》等的编修；在美术方面，如清工部《工程做法则例》集历代建筑之大成，园囿离宫集公私、南北园林之大成，景德镇官窑集历代制瓷之大成，造办处诸作集历代特种工艺之大成等。内府庋藏，至乾隆朝而极盛大备。①

明清为封建社会的末期，也是封建制度最为成熟的阶段，这种集大成性在典章制度类文物上的反映尤为明显。例如，故宫宫殿就是中国古代宫殿发展的集大成者。夏商周宫殿的"前堂后室"、"朝""祖""社"三位一体以及四合院的格局，秦汉宫殿中轴对称的群体构图方式，隋唐宫殿左中右三路的对称规整格局，宋金元将宫殿区置于城内中央的形制等，都在紫禁城建筑中得到了体现。此外，故宫留存大量皇帝衣食住行、礼节仪式等方面的设施和物品，这些都是礼仪服御制度长时期演变发展的结果。宫廷历史文化的主体是宫廷典制，而对封建社会的皇帝来说，国和家是一体的。因此，宫廷典制中许多内容就是王朝典制，即国家典制。这些典制是封建国家机器得以正常运转的根本。

马克思提出了"人体解剖对于猴体解剖是一把钥匙"的方法论，即"低等动物身上表露的高等动物的征兆，只有在高等动物本身已被认识之后才能理解"。② 正是基于这一认识，马克思研究商品，不是从有商品交换的古希腊开始，而是从商品经济走向成熟形态的资本主义社会开始，所以说"资产阶级经济为古代经济等等提供了钥匙"。借鉴马克思这一理论，作为封建典制最为成熟的明清时期的遗产，故宫

---

① 参阅王朝闻总主编：《中国美术史·清代卷（上）》，齐鲁书社、明天出版社2000年版，第10—11页。

② 《马克思恩格斯选集》第2卷，人民出版社2012年版，第705页。

这些宫廷文物及遗存具有的集大成性特点对于研究封建典制的演变过程是有重要意义的。

对故宫的认识，就是对中国历史的认识，对我们民族的文化的认识。封建专制时代随历史潮流结束了，但故宫仍有重要的研究价值和象征意义。它代表了中国的过去，新的政权就是在这个历史基础上建立起来的。人们只有在扬弃传统文化的基础上，才能创造新的文化。同时，皇宫成为故宫博物院，使象征皇权统治继承性、合法性的清宫旧藏成为人民共有共享的文化财产，并赋予且不断强化着其民族文化血脉的新意义，对于增强中华民族的文化认同具有重要作用。这些珍藏在抗战期间避寇南迁，与中华民族同命运，成为民族文化命脉的象征。故宫又是世界文化遗产，是海内外了解中华历史文化的一个窗口。

故宫是有生命的，它与中华民族的文化自觉、文化自信息息相关，与当下的中国文化建设休戚与共。

文化自觉本质上是对文化价值的觉悟觉醒。文化自信是对自身文化的高度认同及充分肯定。文化自信，最主要的是对中国优秀传统文化的自信。优秀传统文化凝聚着中华民族自强不息的精神追求，是中华民族历久弥新的精神财富，是建设中华民族共有精神家园的价值支撑。对中华优秀传统文化的自信正是来源于它的博大精深，来源于它的源远流长和独特魅力。它是华夏民族文化的重要革新之源。故宫就是中华优秀传统文化的最重要载体之一。

随着中国40多年的改革开放，经济建设高速发展，人们更重视文化的自觉与自信，倡导文化的复兴，寻求本民族发展的精神支柱。故宫作为传统文化的重要载体，自然成为被关注的对象。人们对故宫寄予新的期望，因此故宫的意义与价值也需要充分的、新的阐释，以发挥故宫在传承中华优秀传统文化、建设中华民族共有精神家园、扩大中华文明影响力与进行文明对话等方面的独特作用。这是故宫的特殊身份决定的，是时代的要求，也是故宫学的历史使命。故宫学任重而道远。

同时，建构故宫学，对于不断推进故宫的综合研究，努力挖掘故宫文化的深邃内涵，也有实践价值：

1. 有利于文物保护观念的转变。过去由于受传统的"古董""古玩"等观念影响，对故宫文物的认识有很大局限性。故宫学的提出，有利于深化故宫保护的理念，拓展对文物的认识，促进对故宫遗产全面、完整的保护。现在，从故宫学视野来看，凡是反映宫廷历史文化的遗迹、遗物，都有价值，都是故宫遗产的一部分。从大文物的观念出发，不仅要加强物质文化遗产的保护，还要重视非物质文化遗产的保护。

2. 有利于国内外研究力量的广泛参与。故宫学是门综合性学科。学术为天下公器。故宫学研究不只是故宫博物院以及有故宫藏品的机构与个人的事，而是学界的共同事业，需要海内外多种专业机构与研究人员的参与。只有国内外研究力量广泛参与，交流合作，取长补短，才能进一步激发学术研究的活力，取得更大的成果，也才能使故宫学真正发展成一门国际性的显学。因此，发扬故宫学是推进故宫学术交流、科研互助、资源共享的有力举措。

3. 有利于加强清宫流散文物的研究。由于历史原因，自近代以来，清宫中不少书画、陶瓷、青铜器、典籍、档案等流散到海内外一些机构或个人手中。清宫文物在海内外的大量散佚，客观上也为更多的机构与个人参与故宫学研究提供了条件。故宫学倡导"故宫在北京，故宫学在中国、在世界"的理念，认为流散在世界各地的清宫旧藏有着内在的联系，它们的文化精神是故宫学的一部分，故宫学是其学术上的归宿。只有在故宫学的视野中看待这些似乎互不相干的一件件孤立的文物，它们才有了生命。而海内外的广泛参与，把故宫的文物包括流散于世界各地的文物当作一个整体来研究，与故宫古建筑联系起来研究，将会进一步挖掘故宫的丰富内涵，认识故宫的完整价值。

4. 有利于故宫知识的普及。故宫是中华传统文化的重要象征，不是简单的旅游胜地。要让每一个普通观众的故宫之旅成为一次难忘的文化朝圣，要使观众从一般"游览"的心态转到对优秀传统文化的景仰并受其熏陶、启迪，在很大程度上有赖于故宫知识的普及，需要给观众一个有关故宫的总体知识体系。故宫学研究的深入，有利于普及故宫知识并提高社会公众对故宫的整体认识水平。

7 故宫学视野丛书

　　该丛书由故宫博物院故宫学研究所主编，由故宫出版社于 2016 年起陆续出版。丛书旨在展示故宫学研究的新成果，总结学术历程与经典，关注研究空白与薄弱点。这是一套开放性的丛书，作者既包括院内学者，也吸纳院外甚至港台地区、国外的学者。2016 年起陆续出版第一批 8 种，有郑欣淼《故宫学概论》、李文儒《故宫学研究中的价值观问题》、王素《故宫学学科建设初探》、章宏伟《故宫学的视野》、武斌《故宫学与沈阳故宫》、魏奕雄《故宫国宝南迁纪事》以及春花等人著《清代满文蒙古文匾额研究》、周乾《故宫古建筑的结构艺术》。现简单介绍以下 5 种。

　　1.《故宫学概论》　　这是第一部全面系统地论述故宫学的著作，是故宫学的奠基之作。全书分上、下两编。上编七章：第一、二、三章论述故宫学的基本理论，第四章略述学科建设状况，第五至七章阐述故宫学研究对象，即古建筑、文物藏品与博物院。下编为上述三大研究对象及其研究状况的具体阐述，亦分为七章：第八至十一章为故宫文物（宫廷历史文物、古代艺术珍品、图书、档案）的存藏及研究状况；第十二章为故宫与明清宫廷建筑的保护研究状况；故宫学强调故宫文物、故宫建筑及宫廷历史文化的联系性，重视宫廷史研究，第十三章就梳理了这方面的研究状况；第十四章是对于故宫博物院的研究。可以说，上编是纲，是结构，是框架；下编是目，是对象，是内容。2018 年，香港商务印书馆出版繁体字版。

2.《故宫学研究中的价值观问题》　该书由上下编组成。上编重在阐释故宫学的理论价值。资源丰富性决定的故宫学含义的丰富，使故宫学具有了鲜明的综合、交叉、跨学科的学术特征。该编从故宫学的历史学含义、文化遗产学含义、考古学含义、艺术学含义、博物馆含义、研究方法论含义等方面阐释故宫学的学理意义等。下编重在论证故宫学的实践价值、实践意义。

3.《故宫学学科建设初探》　该书主要从学科建设必须具有前瞻性亦即可持续发展性出发，从两岸故宫博物院（包括沈阳故宫博物院）的实际情况出发，根据学科建设越来越细化的时代要求，在"故宫学"下分设了历史学、考古学、文物学、文献学、宗教学、出版学、民族学、医药学、图书馆学、博物馆学、古建筑学、文保科学 12 个子学科，划定其内涵与外延，并举例进行解说。最后还附录了摄影学、旅游学 2 个子学科，进行必要概述，以备条件成熟时增补。

4.《故宫学的视野》　该书不仅有对故宫学理论的整体思考，更多的是对故宫学范畴内具体个案的实证研究，涉及绘画、大藏经、清宫刻书、清宫演戏、龙的艺术演变以及故宫博物院史，体现了故宫学综合、交叉、跨学科的特点；作者坚持使用第一手资料，注重文物与文献结合，多重论证，在故宫学整体性思维下展开研究，多有新见。

5.《故宫学与沈阳故宫》　该书分为三个部分。第一部分是对故宫学一般理论的思考，主要涉及故宫学的方法论问题，包括故宫学的现代学术背景、整体性思维的特点，故宫学的学术价值和实践价值等问题，以及对沈阳故宫为什么可以纳入故宫学研究领域的说明。第二部分是在故宫学的学术视野下对沈阳故宫相关问题的一些研究和思考，包括沈阳故宫的价值、沈阳故宫的营建史、沈阳故宫与沈阳城市发展的关系以及沈阳故宫博物院院史等。第三部分主要论述近些年来沈阳故宫博物院在故宫学指导下的实践，即如何在世界遗产的水平上保护、建设和发展，涉及近年来沈阳故宫在文物保护、学术研究、对外文化交流等方面的实际工作。

二

故宫学研究对象之一：故宫建筑

8 故宫

所谓"故宫",有两层含义:一是历史上继起的朝代对前一个王朝遗留宫殿的称谓,此词最晚在唐诗中已经出现了。明人就把元大都称为故宫。二是指旧时的宫殿,乾隆皇帝、嘉庆皇帝在东巡盛京宫殿的诗中都用过"故宫"一词。乾隆的《故宫咏烛》《故宫侍皇太后宴》《故宫览章奏》等,诗题就有"故宫"二字。现在的"故宫"称谓,通常专指北京故宫。但作为一项文化遗产,其确切的名称应是明清故宫。

故宫,作为明清两朝皇宫的时候被称为紫禁城。中国古代星象学认为,紫微垣星座(核心是北极星)位于中天,是天帝所居,号称天子的皇帝居住的皇宫位于京城之内、皇城之中的中心地区,又禁卫森严,因此便被称为紫禁城。严格说来,"紫禁城"这个名称,根据史料记载,大约是明代立国百年后才有的叫法,此前则称"皇城"。[①]

故宫位于北京城内中部,从明永乐十九年(1421)至清宣统三年(1911)一直是明清两朝的皇宫,先后有明代 14 位和清代 10 位皇帝在此执政、居住,诸多中国重大历史事件与这一空间紧密联系,可见这里是见证明清之际中华文明发展的重要历史场所。1912 年末代皇帝溥仪退位后,"故宫"一词逐渐取代"紫禁城"。1925 年故宫博物院

---

① 万历《大明会典》卷一八一。

建院后，"故宫"成为紫禁城宫殿遗址和故宫博物院的简称。

中国历史上第一个由南而北统一全国的王朝是定都于南京的明朝。因"靖难"继位的明成祖朱棣为巩固自己的权力和进取北方而迁都北京，建造了宏伟、壮丽的故宫。这是中国历代都城东移北上的终点。它直接影响了明朝的历史，也对此后的中国政治发展产生了深远影响。

故宫所在位置是元大都宫殿的前部，明太祖时拆毁元宫。明成祖朱棣登位后，于永乐元年（1403）升北平为北京，永乐四年（1406）决定修建北京宫殿，即开始了全面的筹备工作。

故宫是在全面规划、长期准备、周密计划、充足备料的基础上认真施工建成的。在总体规划方面，文献多记载泰宁侯陈珪、工部侍郎吴中和太监阮安的规划设计才能，实际上贡献最大的是蔡信。蔡信有瓦木各作的丰富知识，有精湛的设计才能，使设计和施工紧密结合，因此他的设计方案为各作所敬佩。[①]

中国古代宫殿建筑的木结构特点，决定了它的建材主要是木、砖、石，而材料的征集和加工是相当艰巨的任务。明代主要宫殿等官式建筑的梁柱及主要构件基本使用楠木，门楼木材也以楠木为主。楠木主要采于四川，采木地点集中于湖广（今湖北、湖南）与四川交界之处。城墙、宫院墙和砌三台用的城砖产自山东临清，铺砌正殿地面用的方砖产自苏州，被称为"金砖"，它的烧制非常困难。屋顶用的琉璃瓦，明朝时在北京正阳门西南的琉璃厂烧制，清乾隆年间改到门头沟琉璃渠烧制。烧制黑瓦的窑厂就在今北京南部的陶然亭窑台一带。石料主要采自北京西南房山大石窝和门头沟青白口。其他材料如

---

① 参阅于倬云：《中国宫殿建筑论文集》，紫禁城出版社 2002 年版，第 129—130 页。

白灰、室外墙壁抹的红土、宫殿内墙壁涂的杏黄色"包金土"、彩画用的颜料及金箔等，也都采自全国各地。

经过近十年的筹办，北京宫殿于永乐十五年（1417）六月兴工，泰宁侯陈珪掌理营建工程，安远侯柳升、成山侯王通副之，主持筹建的匠师有蔡信、陆祥、杨青等。正式开工后，工程由蒯祥主持，征集天下各色工匠到北京。有人估计，当时参与施工的各工种技师约 10 万，辅助工为 100 万。① 经三年半施工，永乐十八年十一月初四（1420 年 12 月 8 日），永乐帝宣布北京宫殿告成。"初营建北京，凡庙社、郊祀、坛场、宫殿、门阙，规制悉如南京，而高敞壮丽过之。"② 北京宫殿也全部袭用了南京宫殿的名称。永乐十九年正月初一（1421 年 2 月 2 日），永乐帝宣布以北京为京师，正式迁都北京。

紫禁城平面呈矩形，南北 960 米，东西 760 米，占地约 72 万平方米。四面各一门，四角有角楼。正门称午门，左右突出方亭是古代阙的遗制。全城由墙和廊庑、配殿围成大小数十所庭院。根据朝政活动和日常起居的需要，大体可分成南北两部分，以谨身殿（今保和殿）后至乾清门前之间的横向广场分隔内外，形成了宫殿建筑外朝、内廷的布局。外朝在前部，亦称前朝，是颁布大政、举行集会和仪式以及办事的行政区，主要由中轴线上的奉天、华盖、谨身前三殿及其东西侧对称布置的文华殿、武英殿三组建筑群组成。内廷位于紫禁城北半部，以后三宫即乾清宫、交泰殿、坤宁宫为中心，左右有供后妃居住的东西六宫，皇子居住的东西五所；供皇太后居住的慈宁宫、寿安宫分布在内廷的西部；另有花园、佛殿、藏书楼等文化、游憩及服务设

---

① 参阅单士元：《紫禁城七说》，载单士元：《故宫札记》，紫禁城出版社 1990 年版，第 211 页。

② 《明太宗实录》卷二三二，永乐十八年（1420）十二月癸亥。

施，是皇帝处理日常政务、生活起居和皇室生活居住的主要场所。紫禁城采用严格对称的院落式布局，按使用功能分区，依用途和重要程度有等差、有节奏地安排建筑群的体量和空间形式，代表了中国古代建筑组群布局的最高水平。

故宫修成后，当时的文渊阁大学士金幼孜作了《皇都大一统赋》称颂："萃四海之良材，伐南山之巨石。""以相以度，以构宫室。栋宇崇崇，檐楹秩秩。以盖以覆，陶冶埏埴。以绘以图，黝垩丹漆。焕五彩之辉煌，作九重之严密。""超凌氛埃，壮观宇宙。规模恢廓，次第毕就。奉天屹乎其前，谨身俨乎其后。惟华盖之在中，竦摩空之伟构。文华翼其在左，武英峙其在右。乾清并耀于坤宁，大善齐辉于仁寿。""左祖右社，蔚乎穹窿；有坛有庙，有寝有宫。"①

明代虽然自永乐十九年（1421）正式迁都北京，但不久永乐帝的继位者明仁宗朱高炽却下令迁回南京。此后迁都之议经历了 20 年的反复过程，直到明英宗正统六年（1441），北京的首都地位才尘埃落定。

紫禁城修成后，三大殿多次遭灾被毁，重修三大殿一直是很艰巨的任务。永乐年间所建的北京城仍处于草创时期，还有很多地方需要完善，后来的正统、嘉靖两朝都有重大作为。

明英宗即位之初动用军夫数万人，修筑京师九门城楼，加深城濠，改建桥闸，在城墙四角还修建了角楼。此前北京有五个城门仍用元代旧名，这时全改新名：改丽正门为正阳门、文明门为崇文门、顺承门为宣武门、来化门为朝阳门、平则门为阜成门。通过这次整修，北京的内城城垣基本定型，以后再也没有什么大的变动。明英宗正统

————————

① 转引自于敏中等编纂：《日下旧闻考》（一），北京古籍出版社 2001 年版，第 93 页。

年间还大规模营建官署。永乐时诸衙门大都沿用元代旧官舍，分散在各处。明英宗下令按照南京之制，在大明门以北与承天门以南的"T"字形广场东西两侧，依序兴建官署。明英宗的又一大举措是重建永乐年间被焚毁的宫殿。过了整整 20 年，正统六年（1441）九月，奉天、华盖、谨身三殿及乾清、坤宁宫又巍然屹立在紫禁城中。

中国古代的城一般都既有城又有郭，城与郭相辅相成。明代前期，北京一直没有增建外郭。嘉靖朝，原计划在京城四周筑外城一圈，后来嘉靖帝顾虑工费不菲，经过复议，改为只围南面，其余部分待财力许可时再说。这个外城将正阳门、崇文门、宣武门外的关厢地区以及天坛、山川坛（今先农坛）等处全都圈进城内，于是形成了外城在南、内城在北，两部分紧密相连而又各成体系的"凸"字形。外城的建成，使得从正阳门向南有一条笔直大道穿过东西并列的天坛和山川坛之间，直抵永定门。这是北京内城中心御道的延长，也是全城中轴线的明显标志。

明代宫城内创建、修建甚少，号称"土木岁兴"的嘉靖年间，较大的新建工程也只有崇光殿、太皇太后宫、太后宫、慈宁宫和养心殿等五项。

清夺取大明政权后，利用了现成的紫禁城。清代在沿袭明宫殿建制的基础上，又根据使用的需要进行过一些重建和改建。清初的内廷整修中，对于明朝皇后的寝宫坤宁宫，仿沈阳盛京清宁宫规制进行重修、改造，将其变为专供宫中萨满教祭神的场所及皇帝大婚的洞房，使其成为紫禁城内最具满族文化特色的建筑。康熙朝重建被烧毁的太和殿是一项重大工程。雍正时紫禁城内修建工程不多，主要有城隍庙、斋宫等，最大变化是养心殿功能的转换。从雍正帝开始，养心殿就一直是清代皇帝的寝宫。乾隆年间，紫禁城内的改建、添建、修缮工程从未间断，形成了紫禁城宫殿建设的高潮，休闲和宗教建筑或设施不同程度地增加，出现了满汉交融、南北交融的一些特色。其中新建工程重要者计有寿康宫、雨花阁、重华宫、建福宫、建福宫花园、宁寿宫、宁寿宫花园等，工程量都很大。清末慈禧太后又把西路长春、储秀二宫连成四进院落。

　　清代虽然新建改建工程很多，但没有改变故宫在明代形成的总体形制布局、主要建筑群的配置模式，以及中轴线上主体建筑的梁架结构等方面，而是在继承明代宫殿建筑的基础上有所变化与发展，形成了今日紫禁城建筑的规模和气概。

9　三大殿

　　景运门与隆宗门之间的广场把紫禁城内建筑分为外朝和内廷两大部分。外朝为紫禁城宫殿重心之所在，建筑高大，空间开敞。以太和、中和、保和（明代称奉天、华盖、谨身）三大殿为中心，文华、武英殿为两翼。

　　三大殿作为紫禁城外朝的主体建筑，其建筑形式保留了更多的古制。

　　三大殿南面开有三门，正门是面阔九间、重檐歇山顶的太和门（明代称奉天门），也是紫禁城内规格最高、最雄伟的宫门。在明代，这里是皇帝"御门听政"的地方。太和门前有面积为 23 000 余平方米的横长矩形广场，与城外护城河相连的内金水河自西而东逶迤流过。两侧庑房为宫廷治事的官廨，并建有协和门、熙和门通往东、西华门。东侧庑房在明代用作实录馆、玉牒馆和起居注馆，清代改作稽查钦奉上谕事件处和内诰敕房。西侧庑房在明代为编修《大明会典》的会典馆，清代改作书房和起居注馆。太和门前在明代又曾为"廷杖"行刑之地。

　　三大殿坐落在太和门内平面呈"土"字形的宽大台基之上。台上自南而北依次建太和、中和、保和三殿。台基上下三重，俗称三台，高 8.13 米，周围绕以石雕栏杆，栏杆望柱浮雕云龙、云凤图案。望柱下又有石雕螭首，口内凿有圆孔，是雨水排泄的孔道。

1. 太和殿 太和殿面阔九间，进深五间，合"九五之数"，四周有一圈深半间的回廊。殿内面积2370多平方米，重檐庑殿屋顶，前有宽阔月台，下临广大殿庭，供元旦（春节）、冬至大朝会和其他大典使用，是外朝主殿，也是全国现存最大的古建筑。

太和殿的装饰与陈设均为中国古建筑中的最高等级。檐宇四角安有仙人走兽10个，为现存中国古建筑中的孤例。殿内正中放置须弥座式宝座台，台上金漆龙椅，俗称金銮宝座。殿前宽阔的月台上，陈设铜鼎、日晷和嘉量及铜龟、铜鹤。太和殿是整个宫殿区乃至整个北京的构图核心，它巨大的体量，它和层台形成的金字塔式的立体构图，使它显得非常凝重稳定，象征着皇权的稳固。

太和殿是明清两代举行盛大典礼的场所，凡皇帝登极、大婚、册立皇后、命将出征，以及元旦、冬至、万寿（皇帝生日）三大节，皇帝都要在此接受朝贺并赐宴。旧制新进士殿试设于太和殿两廊，乾隆五十四年（1789）始改在保和殿考试，但传胪必于太和殿宣名。

太和殿前是紫禁城内最大的广场，面积达30 000余平方米。明清两代遇有大朝会和庆典，在殿内外、庭院中要陈设皇帝卤簿、中和韶乐、丹陛大乐等，文武百官列队立于广场御道两侧。按正、从一品至九品，每侧18列，明代在奉天门前，用木牌作标志，清代改用铜范，形如山形，称为品级山。

太和殿广场东西两侧，耸立有高大端秀的体仁阁和弘义阁。明代曾在体仁阁存放《永乐大典》，清康熙十七年（1678）在此首开博学鸿词科，搜罗遗逸，纂修《明史》。乾隆时曾在此供奉清初三帝御容，甲胄及金册宝、玉册宝，此处后成为内务府缎库。弘义阁在清代用作内务府银库。

故宫博物院成立以后，太和殿作原状陈列。1945年8月15日，日本宣布无条件投降。10月10日，北平战区受降仪式在故宫太和殿广场隆重举行。

2. 中和殿　中和殿位于太和殿后，始建于明永乐十八年（1420），是一座正方形殿宇。面阔、进深各五间，建筑面积580余平方米。黄琉璃瓦四角攒尖式屋顶，正中安铜鎏金宝顶。中和殿内正中设宝座，宝座后设屏风。清制宝座前及两侧设宝象一对、鼎炉两对、香筒一对、甪端一对，另有一对炭盆分置左右。中和殿四面辟门，每逢冬季举行大朝会和庆典，殿内的两个大炭盆都燃炭火。每次举行朝贺庆典，皇帝从后宫乘舆出宫，临中和殿，在执事官员行礼后，御太和殿升座受群臣拜贺。

明清两代皇帝，每年春季祭先农坛、行亲耕礼，祭祀和亲耕之前，清代皇帝在中和殿阅视祭祀用的写有祭文的祝版和亲耕时所用的农具。皇帝亲祭地坛、太庙、社稷坛、历代帝王庙、至圣先师庙、日坛和月坛，也要先期在中和殿阅视祝版。清代给皇太后上徽号，皇帝在中和殿阅视册书。清代，每十年纂修一次玉牒，即皇室谱系，每次修纂完成，在中和殿举行仪式，进呈皇帝审阅。

3. 保和殿　保和殿位于中和殿之后，始建于明永乐十八年（1420），面阔九间，进深五间，建筑面积1240余平方米。重檐歇山式屋顶，覆黄色琉璃瓦。建筑结构为减柱造型式，前檐减少6根金柱，室内空间尤显宽敞。

明代册立皇后、皇太子颁诏时，百官上表称贺，皇帝先到谨身殿穿戴衮冕礼服，然后到奉天殿接受朝贺，再回谨身殿换下礼服。

明清两代，皇帝常在保和殿大宴群臣。清代公主下嫁纳彩后，皇帝在保和殿宴请额驸（驸马）及其父亲、族中的在朝官员和三品以上的文武大臣。每年除夕、正月十四、正月十五，皇帝于保和殿赐宴招待外藩蒙古王公及文武大臣。宴桌大多设于殿内，台吉和侍卫的宴桌设于殿外，届时设中和韶乐、丹陛大乐于殿前及中和殿后。

清顺治年间，曾御试词臣于保和殿。康熙二十四年（1685）正月，御试翰林院、詹事府诸臣于保和殿。乾隆元年（1736）试博学鸿词，因天气渐寒，皇帝降谕旨，于保和殿考试，并于保和殿赐宴。乾隆五十四年（1789）始于保和殿举行殿试，以后成为定例。

保和殿后三台石阶正中，嵌有一块巨大的云龙雕石，长16.57米，宽3.07米，厚1.7米，重约200吨。四边雕作卷草纹，中间高浮雕九条巨龙，飞腾于流云之间，下部为海水江崖。这块巨型雕石为明代遗物，清乾隆二十五年（1760）将明代旧有纹饰凿去，改刻现今所见图案，为了重雕图案将原石雕凿去一尺二寸，约合38厘米。

三大殿由于功能不同、位置不同，体量与建筑形制也各具特色。太和殿庄严雄伟，中和殿方正端庄，保和殿巍峨壮丽，三大殿既有差异又协调自如，形成一个有机的整体。

三大殿周围由廊庑围合成相对封闭的院落，形成紫禁城内最大的庭院。院落的四角各有一座高耸的崇楼，形制相同，平面呈方形，黄琉璃瓦重檐歇山顶，向内的两面柱间安设门窗装修，外侧两面则用墙体封护。崇楼的设置，加强了外朝三大殿的整体性和稳定感，同时也使得周围建筑起伏错落而主次分明，更烘托了三大殿的重要地位。[①]

---

① 参阅万依主编：《故宫志》，北京出版社2005年版，第29页。

10　后三宫

　　紫禁城北半部的内廷，以后三宫即乾清宫、交泰殿、坤宁宫为中心。

　　后三宫正门为乾清门。乾清门建于明永乐十八年（1420），门外为横向广场，其东为内左门，西为内右门。内左门外东侧为蒙古王公及九卿值房。内右门外西侧为军机处等值房。广场两端东为景运门，西为隆宗门。景运门内南侧为奏事待漏所，隆宗门内南侧为军机章京值房。

　　面阔五间、单檐歇山顶的乾清门，坐落在高1.5米的汉白玉石须弥座上，周围环以雕石栏杆。乾清门在清代兼为处理政务的场所，清代自康熙年始在此"御门听政"，斋戒、请宝、接宝等仪式此后也都在乾清门举行。

　　后三宫位于前三殿后紫禁城中轴线上，以门庑相围，平面呈矩形，南北长约220米，东西宽约120米，占地面积约26 000平方米，有房屋420余间。

　　1. 乾清宫　乾清宫是内廷的中心建筑，坐落在单层汉白玉石台基之上，面阔九间，进深五间，建筑面积1400平方米，重檐庑殿顶，覆黄色琉璃瓦。宝座上方悬清顺治帝福临御题"正大光明"匾。殿前月台上，左右分别有铜龟、铜鹤并日晷、嘉量，前设鎏金香炉四座。乾清宫月台两侧各有一座仿木构建筑的铜镀金小殿，称社稷江山金殿。

乾清宫建筑规模为内廷之首，作为明代皇帝的寝宫，自永乐皇帝朱棣至崇祯皇帝朱由检，共有 14 位皇帝曾在此居住。除逝于第五次北征回师途中的永乐、自缢于万岁山（景山）的崇祯，以及被降为郕王而逝于软禁地西苑的代宗三位为特殊情况外，武宗逝于紫禁城外的豹房，仁宗逝于紫禁城内钦安殿，其他九人皆逝于乾清宫，这就显示了乾清宫的政治地位。

明代乾清宫曾为皇帝大婚洞房。由于宫殿高大，空间过敞，皇帝在此居住时曾将其分隔成数室。据记载，明嘉靖年间乾清宫有暖阁九间，分上下两层，共置床 27 张，后妃们得以进御。由于室多床多，皇帝每晚就寝何处很少有人知道，以防不测。明代的"红丸案""移宫案"皆发生于此。

清代康熙以前，沿袭明制，乾清宫为皇帝居所。雍正及其以后的七位皇帝都移住养心殿，乾清宫改作皇帝召见廷臣、批阅奏章、处理日常政务、接见外藩属国使臣和岁时受贺、举行筵宴的重要场所。宫中"正大光明"匾后，放置着自清雍正后秘密建储的锦匣。

清宫每遇皇帝寿辰、除夕、元旦及各节令，即在乾清宫举行家宴，称乾清宫家宴仪。康熙、乾隆两朝曾在这里举行过特殊的筵宴——千叟宴。

乾清宫东侧有小殿曰昭仁殿，南向三间，明代始建，是清朝皇帝读书的地方。殿内有乾隆皇帝亲笔题匾"天禄琳琅"，收藏过《天禄琳琅书目前编》及《天禄琳琅续编》。乾隆又以南宋岳珂校刻之《易》《书》《诗》《礼记》《春秋》五经甚重，在昭仁殿后室特辟一小室，御题"五经萃室"匾额，悬于室内。

乾清宫之西小殿曰弘德殿，南向三间，始建于明代。明代为召见臣工之处。清代为皇帝传膳、办理政务及读书之处。同治年间,奉两宫皇太后懿旨,同治皇帝在弘德殿入学读书。

乾清宫东庑,庑房为连檐通脊,覆黄琉璃瓦,坐落在1.1米高的台基之上。北起依次为御茶房、端凝殿、自鸣钟处、日精门、御药房、祀孔处,皆西向。

乾清宫南庑,即乾清门内东西两侧围房,设有上书房、阿哥茶房、南书房,中间为乾清门,门西为宫殿监办事处(敬事房)、尚乘轿太监首领值房,皆北向。上书房为清代皇子、皇孙读书处,自雍正初年迁至内廷,历经雍乾嘉道咸五朝。同治、光绪、宣统三朝因无皇子,上书房不再使用。南书房亦称南斋,清初曾为康熙皇帝读书处。

乾清宫西庑,与乾清宫东庑相对称。北起依次为懋勤殿北房、懋勤殿、批本处、月华门、内奏事处、尚乘轿,皆东向。康熙皇帝冲龄时曾在懋勤殿读书;每岁秋谳,凡死罪重犯,刑科覆奏本进上,皇帝御殿亲阅档册,亲自勾决,内阁大学士、学士及刑部堂官皆面承谕旨于此。

2. 交泰殿 交泰殿位于乾清宫和坤宁宫之间中轴线上,建于明初,始建时间不详。为面阔三间单檐攒尖顶的方殿。深、广各三间,单檐四角攒尖顶,覆黄色琉璃瓦,铜镀金宝顶,四面明间开门。

交泰殿内明间设皇后宝座。清世祖所立"内宫不许干预政事"铁牌曾立于此殿。皇帝大婚时,皇后的册、宝安设殿内左右案上。此殿为皇后千秋节受庆贺礼的地方。每年春季祀先蚕,皇后先一日在此查阅采桑的用具。清代,行使各种权力的二十五宝玺密藏于此殿中,装置宝玺的宝盝为两重,木质,外罩黄缎绣龙纹罩,分列于御座左右。

交泰殿内东次间设铜壶滴漏,西次间设大自鸣钟。铜壶滴漏计时器为乾隆年制,重檐方亭,连座通高一丈八尺(576厘米),上中下三层各安放铜质播水壶一只。乾隆以后以大自鸣钟代替报时而不再使用。此器物至今保存完好。大自鸣钟为机械制动的报时器，明代万历时制，清嘉庆二年（1797）毁于火，次年宫廷造办处重造。楼阁型，通高一丈七尺四寸（556.8厘米），分上中下三层，每月上弦一次。数十年无差。钟声远可达乾清门。乾隆年后宫内时间以此为准。

3. 坤宁宫　坤宁宫位于交泰殿后，为明代皇后的寝宫，始建于明永乐十八年（1420）。明代皇后主内廷统摄六宫，坤宁宫为内廷的中宫，建筑规模也在六宫之上。清顺治十二年（1655）仿沈阳盛京清宁宫规制重修。宫面阔九间，进深三间，重檐庑殿顶，覆黄琉璃瓦，上下檐均为双昂五踩斗拱，梁枋均饰龙凤和玺彩画。菱花窗改建成吊搭窗，室内改为萨满祭祀场所与皇帝结婚的洞房。宫前月台上立逾4米高的祭神杆即"索伦杆"。

清代将坤宁宫祭神祭天视为大典。除每日有固定的朝祭、夕祭等内廷祭礼外，遇有重要节日，皇帝还会率后妃、诸王贝勒等齐聚坤宁宫，举行隆重的萨满教大祭活动，所祭神像包括释迦牟尼、关云长、蒙古神等十五六个。坤宁宫祭神祭天所用供品数量很大，乾隆四十三年（1778）呈准：坤宁宫祭祀猪口，每日进用猪4口；如遇还愿日期，只进常用猪1口；春秋二季大祭，每季用大牙猪39口；立竿大祭次日祭天、祭马神供用大牙猪，每日祭神、每月祭天用中等猪。祭毕之肉赐给简派之大臣、侍卫等分食，称为"受胙"。故宫博物院保存着坤宁宫使用过的大量萨满教祭祀用器。

明代每位皇后从被册立之日开始，就居住在坤宁宫，直到病逝。清代顺治、康熙的皇后也都居住在坤宁宫。自雍正朝开始，皇后不再以坤宁宫为寝宫，东暖阁在皇帝大婚时用作洞房，婚期结束后，皇后在东西六宫选择一个住所，移住过去。在清代，只有康熙、同治、光绪三位皇帝大婚时暂住于此，清逊帝溥仪大婚亦在此举行。

坤宁宫东、西暖殿位于坤宁宫东西两侧，各面南三间，各有院墙自成一体。坤宁宫东庑连门共 26 间，东出三门通东一长街，从南至北依次为景和门、永祥门、基化门。清晚期寿膳房曾设于此。坤宁宫西庑连门共 26 间，通西一长街三门为隆福门、增瑞门、端则门，外檐装修及后檐均与东庑同，清代寿药房、御茶房、太医值房曾设于此。

坤宁宫后台阶正中面北之门为坤宁门，是后三宫通往御花园的正门。

11　雨花阁

　　故宫内廷西六宫之西为雨花阁区，包括雨花阁、梵宗楼、宝华殿、中正殿，是紫禁城中最大的也是最重要的一处藏传佛教的活动场所。清代于康熙三十六年（1697）设置专门管理宫中藏传佛教的机构，称"中正殿念经处"，隶属于内务府掌仪司，主管宫内喇嘛念经与办造佛像。

　　雨花阁是宫中唯一一座汉藏形式结合的建筑。清乾隆十四年（1749），乾隆皇帝采纳蒙古三世章嘉（章嘉是清代黄教〔藏传佛教格鲁派〕达赖、班禅、哲布尊丹巴、章嘉四大活佛之一）国师胡土克图的建议，仿照西藏阿里古格王国的托林寺坛城殿，在明代原有建筑的基础上改建而成。托林寺建造于10世纪，是阿里地区最古老的寺院。托林寺曾承担了藏族文化史上一次伟大的转折，使中断了数百年的信仰与传统得以复活并发扬光大，对后世藏传佛教以及藏族文化的发展都产生了巨大的影响。

　　雨花阁为楼阁式建筑，内供西天梵像。按照藏密的事、行、瑜伽、无上瑜伽四部设计为四层。阁外观三层，内一、二层之间设一暗层，为明三暗四的格局。下层四面出抱厦，中层为歇山顶黄琉璃瓦蓝剪边屋面，上层改为正方形平面的四角攒尖顶，覆以铜镀金筒瓦板瓦，四角垂脊各为一条立体铜镀金行龙，顶中安铜镀金塔式宝顶。在紫禁城一片黄色屋面的海洋中，兀立着如此精巧、高峻、蓝金色调屋面的楼阁，不仅是对整个宫殿天际构图的调节，更突显了其艺术的魅力。

雨花阁的供奉为格鲁派四部供奉体系。一层称智行层，分前厅和后厅，后厅供奉以无量寿佛为中心的功部九尊佛，前厅是西方极乐世界阿弥陀佛安养道场和各扎仑众人念诵三重三昧耶仪轨的场所。中有乾隆十九年（1754）制三座坛城。坛城安置在汉白玉雕花石座上，外有硬木亭式外罩，坛体以嵌银丝珐琅烧造，十分华美。坛城梵文音译为"曼陀罗"或"曼达""满达"，表现诸神的坛场和宫殿，比喻佛教世界的结构，陈设于佛堂，以供观想。二层即仙楼，称德行层，供奉以宏光显耀菩提佛为中心的行部九尊佛。三层称瑜伽层，供奉以大日如来佛为中心的瑜伽部五尊佛，即金刚界毗卢佛、成就佛、最上功德佛、普慧毗卢佛和度生佛。四层顶层称无上层，供奉藏传佛教密宗修行的最高境界无上瑜伽部的三大本尊神，即密集金刚、上乐金刚和大威德金刚。上乐金刚又称胜乐金刚，其形象多为双身愤怒相，主尊四面，每面三目、十二臂，主臂拥抱其明妃金刚亥母，左右手中分握金刚铃、杵，其余手臂亦各持法器，二足，左弓步立姿，足下踏裸身魔怪，是常见之显相。大威德金刚因其能降服恶魔，故称大威，又有护善之功，故又称大德。其像有九头、三十四臂、十六足，裸体。每层还按其经典教义供奉相应的诸神唐卡，共同组合成一个完整的密宗四部神系。

雨花阁前东西两侧有面阔五间高二层配楼，均为乾隆年建，曾分别供过三世章嘉和六世班禅的影像。

《大清会典》之《钦定总管内务府现行则例》中正殿卷记载了雨花阁内的佛事："每年四月初八日，派喇嘛五名在无上层唪大怖畏坛城经。二月初八日、八月初八日，各派喇嘛十名在瑜伽层唪昆卢佛坛城经。三月初八日、六月初八日、九月十五日、十二月十五日，各派喇嘛十五名在智行层唪释迦佛坛城经。每月初六日在德行层放乌卜藏唪经。"其中"放乌卜藏"是一项频繁举行的宫廷佛事。从宫廷档案记载的所用材料可知，这是一项使用铁炉燃烧木炭、松柏枝、宝石末的具有护摩息灾之义的火供仪轨，同时要供献饽饽果子、面供，洒白米降吉祥。

光绪二十六年（1900），八国联军曾在宫中抢劫雨花阁佛堂文物。据内务府《陈设档》记载，洋人抢去各类佛像、香筒、海螺、法轮、杵、幡等合计29件，摔毁瓷八宝等4件。

雨花阁是藏传佛教密宗义理与宫殿建筑的完美结合，是国内现存建筑与文物保存最完好的藏密四部神殿，它也反映了乾隆皇帝对藏传佛教的信仰状况。

12　故宫的集大成性

建筑是实用艺术的典范，从一个侧面展示着人类文明的发展轨迹。伟大的建筑往往成为一个城市、一个民族甚至一个国家的象征。中国建筑与其文明一样悠久而辉煌。人们普遍认为，中国古代建筑是"皇宫本位"的建筑体系，宫殿建筑是最能代表中国建筑风格和成就的类型。

中国宫殿建筑源远流长。经对二里头夏代遗址、偃师商城遗址、郑州商城遗址、洹北商城遗址、殷墟宫殿区遗址、西周凤雏建筑基址等宫殿遗址的考古勘察，可以看到，夏商西周宫殿建筑的规划有一些相同或相近之处，主要体现在择中立都、宫室居中及中轴对称、前朝后寝、建筑平面四向之制等。周代是礼制高度发达的社会，宫殿同样也已制度化、规范化了。成书于春秋战国之际的《考工记·匠人营国》中有"匠人营国，方九里，旁三门，国中九经九纬，经涂九轨，左祖右社，面朝后市，市朝一夫"的记载。这应是既立足于一定实际，又带有理想化色彩的描述。

秦始皇统一中国后，自认为"德兼三皇，功盖五帝"，将"皇""帝"这两个人间最高的称呼结合起来，作为自己的称号，从此天子称为皇帝，中国也进入了绵延两千多年的君主专制时代。在这一漫长的历史时期中，皇帝是国家的象征，是专制主义中央集权的核心；同样，皇帝在其内居住并执政的宫殿也成为皇权的象征。秦汉以后，宫殿一般属于代表王权、皇权的统治者的建筑物，包括朝堂和居住的宫室。

宫殿营造的指导思想是儒家礼制，是尊卑贵贱的等级制度。它鲜明地反映了中国传统文化中注重巩固人间社会政治秩序的特点，特别是体现统治者的权威与财富，也象征着封建王朝的强大，它的建造自然就不惜耗费人力、物力，力求宏大壮丽。而这些宫殿建筑，既代表那个时代的最高建筑成就，也更能说明当时社会的主导思想以及历史和传统。

明清两代是中国君主专制主义发展的高峰，也是封建典制最为完善的时期。这个时候修建的故宫（紫禁城），虽然没有未央宫规模宏大，但却是中国历代宫殿建筑的集大成者，并成为我国古代宫城发展史上现存的唯一实例和最高典范。

故宫这种集大成性，充分反映在宫殿的规划理念、文化蕴意、审美观念等多个方面。

故宫规划设计的指导思想是"天子至尊""国中立宫"，这是皇权建筑语言最集中的体现。《周礼·考工记》虽然记述了周朝的王城规划制度，但这些制度在秦汉的都城及宫殿中没有明显的反映，明朝故宫建筑倒成为历史上最符合这一记载的实例。

故宫继承了传统的宫城、内城、外城的三重城制度，居都城中央。其主要建筑，可以看到是附会《周礼·考工记》而布置的。例如，前三殿与后三宫的关系体现了"前朝后寝"的制度；位于宫城前面东侧（左）的太庙与西侧（右）的社稷坛，表现了"左祖右社"的制度；奉天、华盖、谨身三殿，反映了"三朝"之制；奉天殿前有大明门、承天门、端门、午门、奉天门五重门，以象征"五门"之制。《国朝宫史续编》又称，内廷部分的乾清、坤宁二宫象征天地，以乾清宫东西庑日精门、月华门象征日月，以东西六宫象征十二辰，以乾东、西五所象征天干等。[①]

可见，宫殿建筑除具体的使用功能外，更重要的是以建筑形象表现封建皇权至高无上的地位，体现儒家的理想和封建礼制。

反映秩序和等级的"礼"无所不在。它不只体现在总体布局上，也制约和影响着单体建筑，并且通过其体量、规模、形式甚至色彩和装饰等的差别而表现出来。

如果说秦汉宫殿主要通过高台建筑形式追求"非壮丽无以重威"，那么隋唐宋元以来，则通过纵向排列，从空间序列上取得整齐、庄重、威严的艺术效果；而故宫正是将以往的实践经验兼收并蓄，成为我国封建社会后期宫殿建筑的典范。

在建筑布局上，故宫强调"中正无邪"，即采用中轴对称的方式。

以故宫为中心的南北中轴线具有重要意义。这条中轴线向南延伸至永定门，长 4600 米，向北延伸至钟楼北侧城墙，长 3000 米，构成了北京城长达 7.6 公里的南北中轴线。南半部从紫禁城正南门午门向南依次建有端门、天安门、外金水桥、千步廊、大明门（大清门），至京城南门正阳门，形成了一条长 1500 米的天街；沿着南部轴线的两侧，在宫城东西两侧分别设置了祭祖的太庙和祭五谷的社稷坛；在天安门外千步廊两侧，设置了部、院办公的衙署；在正阳门和永定门之间轴线的东侧建有祭天建筑天坛，西侧设祭祀先农的先农坛等坛庙建筑。这些坛庙、衙署与中轴线组成了宫前区极具特色的空间序列。

故宫在这条中轴线的中部，其中最重要的建筑外朝三殿和内廷三

---

① 庆桂等编著：《国朝宫史续编》（上）卷之五十四，北京古籍出版社 2001 年版，第 430 页。

宫都坐落在这条中轴线上，其余建筑则对称布置左右，拱卫中轴线上建筑。同时以层层推进、步步深入的手法，给人以深远、悠长之感。太和殿是整个宫殿建筑的中心，它不仅占据了最主要的建筑空间，而且在布局和建筑上被建设者调动了种种手段来衬托，皇权的神圣地位在都城规划与宫城布局中得以充分体现。"非壮丽无以重威"在此得到了绝好的印证。这条中轴线也是北京城市的中心。

故宫凝聚着丰富的传统文化，例如风水、阴阳、五行等。风水是古人居住价值观的反映，其外在表现是山水，本质是气。阴阳学说是中国古代的一种宇宙观和方法论。五行的金、木、水、火、土与阴阳是相辅相成的。阴阳学说又是古代中国风水理论的基础。按照风水理论，北面必须有"镇山"，即"靠山"，又要配以水；只有二者的结合，才是完美的福地。于是便在宫城四周开挖护城河，引护城河水入故宫，同时将挖出的大量土方运至宫城北侧，堆砌成山，即今天的景山；它与金水河共同构成故宫依山面水的气势，宛如一道天然屏障，守护着故宫。金水河的命名又来源于五行学说，因河水从皇城和宫殿的西方流入，西方属金，金又生水，故名为金水河。阴阳五行对建筑的影响，主要体现在方位的选定、环境的处理、建筑的装饰、色彩的运用等方面，手法比较含蓄，然而寓意深刻。一条南北中轴线将宫城分为东西阴阳二区。东为阳，五行中属木，色彩为绿，表示生长，因此东部的某些宫殿为太子居住和使用。西方为阴，五行中为金，属秋季，生化过程为收，所以部署了与"阴"有关的建筑内容，如皇太后居住的寿安宫、寿康宫、慈宁宫等。对外朝与内廷而言，外朝为阳，内廷为阴，等等。这些都是中国古代建筑与文化融合的特色所在。

故宫所蕴含的中华传统文化在宫殿的匾额楹联上也可看出。外朝三大殿名称先后有几次变化。这种变化，有其深刻的历史政治背景，也可见故宫匾额名称的政治文化内涵。三大殿开始用的是明初南京宫殿的名称，为奉天、华盖、谨身，其名称虽有奉天承运的主旨，但也含有加强自身修养的意义。嘉靖时遭雷击烧毁的三大殿重修完成，嘉靖皇帝将其更名为皇极、中极、建极，更突出了皇权的唯一性与至高无上。清顺治帝即位后，则改为太和、中和、保和。古代把"和"看作一种理想的境界。三大殿是皇权神圣的象征，如此强调"和"，说明清代皇帝希望以"和"为准则，达到最理想的统治境界，这反映了作为少数民族的清朝统治者的心态，反映了他们的治国理念和政治意愿，顺治的年号应也体现了这种含义。民国初，太和殿曾改名并悬挂过"礼堂"的匾。1915 年袁世凯称帝，改三大殿名为承运、体元、建极，取"承天建极，传之万世"之意。

故宫的建筑艺术也体现了中国建筑的特点及中国传统的审美观念。例如，中国建筑有集群性特点，即建筑物往往是群体的组合，这在故宫反映尤为突出。故宫实际是个庞大的建筑群，它强调和追求的不是向空中的发展，而是在地面上的延伸和量的积累。辽阔才是伟大，集群方显崇高，这种以平面延伸为壮美的观念体现了中国人的空间意识，同时群体的序列有助于渲染统治王朝的威严。但故宫的庞大群体不是散在的，如前所述，它通过贯穿南北的中轴线，使这些群体呈现为极规则的分布。这种分列从尊卑、亲疏的区别出发，由近及远地相对排开，使宫中大量的建筑组成一个轴线突出、主从分明、统一和谐的整体，形成一种中高边低、群星拱月的格局。从伦理层面上说，这种格局体现了儒家的等级观念，把君臣、父子、夫妇等封建伦常关系，通过建筑空间形象体现出来。从审美的层次上看，强调群体组合，强调有序化和对称性，追求平面伸展、主次对称，又是中华民族普遍的审美观的体现。同时，故宫中这些大小规模不同的院落和建筑外形的差异又造成多种多样的空间形式，使其在总体的统一和谐中又富于变化，充分体现了中国古代建筑中院落式布局的特点和艺术表现力。

皇宫在历史上还具有重要的政治意义。它既是至高无上的皇帝威权的反映，也是中国古代中央集权和国家统一的重要象征，是一个政治符号。在中国历史上，汉族传统的宫殿制度多与政权的继承性、正统性联系在一起。因而，少数民族建立的全国政权，为争取汉族上层分子的支持与合作并减少汉族民众的反抗，在所建政权的形式和宫殿及都城、礼仪等典章制度方面，都不同程度地效法汉族传统，尊崇儒家，以表明自己的正统地位。元新建的大都及宫殿就是如此，而清人则完全使用了明朝的宫殿。当然，历代在宫殿建设上也会有其自身的一些特色，但基本格局是随朝代更替逐渐形成并不断完善的。

作为皇宫的故宫，是皇权的象征，是封建王朝的中枢所在地，成为鲜明的政治符号，有着至高无上的地位，它庄严、肃穆，也充满神秘感。

13 大故宫

　　北京作为明清时代的都城，分为外城、内城、皇城与宫城，其中外城包着内城，内城包着皇城，皇城又包着宫城。宫城即皇宫，又名紫禁城，就是现在所称的故宫。故宫有约 10 米高的城墙，其四周则环绕以宽 52 米、深 4.1 米的护城河。

　　明清故宫作为国际社会承认的世界文化遗产，是指明清宫城——紫禁城以内约 72 万平方米地面上的一切，而实际完整的明清故宫文化遗产，则不止这个范围。

　　宫廷具有宫室和朝廷的双重含义。由于中国封建社会"家国同构"的政治特征，宫廷的地理范围并不局限于宫城之内。

　　明清两代宫廷建筑的主体，以皇帝在其内居住和理政的故宫为核心，还包括以祖社与天坛为代表的礼制建筑、陵寝，以及其他从属性宫廷建筑。从建筑布局上来说，北京皇城就是以紫禁城为中心展开规划设计的，太庙、社稷坛、西苑三海、景山、大高玄殿、皇史宬、中央衙署等分布在其四周，天坛、地坛、日坛、月坛、先农坛等坛庙散设其四周。西郊的三山五园、散布京城内外的皇家寺观以及皇家陵寝、各地行宫等，无不与故宫关系密切。

　　例如坛庙，"国之大事，在祀与戎"。北京的坛庙在历史上曾是封建帝都的重要标志。明清时有庞大的祭祀体系。天地、宗庙、社稷象征国家政权，这三大祀都是由天子主祭的最隆重的祭祀。特别是祭天，它是坛庙祭典中最重要的活动，也是皇帝的特权。作为明清皇帝祭天和祈祷丰年场所的天坛是保存下来的封建王朝祭祀建筑中最完整、最重要的一组建筑，也是现存艺术水平最高、最具特色的优秀古建筑群之一，1961 年被公布为全国重点文物保护单位，1998 年被列入世界遗产名录。天坛的突出普遍价值在于："天坛的选址、规划、建筑设计以及祭拜礼仪和祭祀乐舞，均基于充满内涵的数字和空间组织，以皇帝作为'天子'这一媒介，阐释了关于'天''天人关系'的信仰。虽然其他各代王朝均修建了祭天的祭坛，但北京天坛是古代中国文化的杰作，也是中国大量祭祀建筑中最具代表性的作品。"①

又如陵寝，古人事死如事生。历代帝王对陵墓的修建十分重视。皇陵宏伟庄严，与天地、宗庙并称，成为国家政权的象征。明代共有16 位皇帝，现存皇陵共 18 处，最重要的是北京昌平的明十三陵；清代皇陵共有 5 处，著名的是河北遵化清东陵与易县清西陵。明清皇家陵寝以其特有的价值被列入世界遗产名录，其价值与特征主要是："它是大型建筑群与自然环境有机融合的创造性杰作，是 14—20 世纪中国历史上最后两个古代王朝（明、清王朝）文化和建筑传统的独特见证。明清皇家陵寝是集汉满民族建筑艺术于一体的中国古代建筑的精美杰作，从选址到规划设计都体现了基于风水原则的'天人合一'的哲学思想和礼制秩序，阐释了中国古代社会后期一直延续着的世界观与权力观。"②

还有园囿，清代尤以"西苑三海""三山五园"及承德避暑山庄

---

① 第 36 届世界遗产委员会会议文件 WHC-12/36. COM/8E。

② 第 37 届世界遗产委员会会议文件 WHC-13/37. COM/8E。

为精华荟萃，它们不只是帝王游娱之处，也是其长期居住、处理政务之所，兼具"宫"与"苑"的双重功能，曾是重要的政治舞台。其中颐和园、避暑山庄也已被列入世界文化遗产行列。

故宫与这些明清宫廷建筑的关系，启示人们不能就故宫认识故宫，而必须树立联系的观点，这就形成了近年来流行的"大故宫"概念，即从整体上理解紫禁城建筑与相关宫廷建筑及二者之间的密切联系，完整地认识故宫遗产的价值。

多年来，故宫博物院和中国紫禁城学会共同编纂《明清宫廷建筑大事史料长编》，以编年体的体例将有关明清宫殿、坛庙、陵寝、园囿、行宫等皇家建筑的营造、修缮、使用等的文献记载汇编成册。《明代宫廷建筑大事史料长编》已出版洪武至天顺等朝 3 部 12 册；《清代宫廷建筑大事史料长编》的顺治、康熙两朝也即将出版。这有助于从大故宫的视野来研究、认识故宫与其他宫廷建筑的关系。

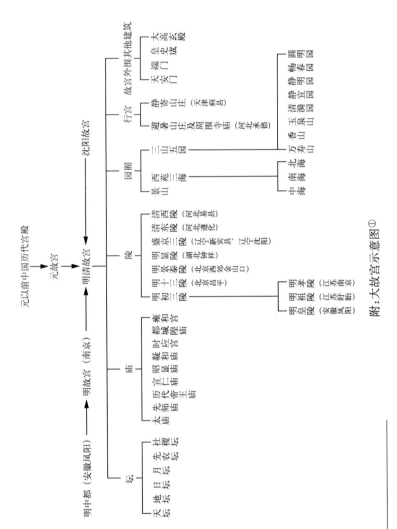

附：大故宫示意图①

① 郑欣淼：《故宫学概论》，故宫出版社 2017 年版，第 10 页。

14　沈阳故宫

　　沈阳故宫为清代努尔哈赤和皇太极两朝的宫殿，历史上称之为盛京皇宫。崇德元年（1636）改国号为清。清兵入关定都北京后，盛京改为留都，称留都宫殿。康熙初在沈阳设奉天府，故又有奉天宫殿之称，今俗称沈阳故宫。

　　盛京宫殿是清入关以前的施政中心，是肇业重地，基本规模形成于清代初期。在清顺治元年至乾隆十年（1644—1745）的一百年中，盛京故宫基本是作为"国初旧迹"予以保护的，并未有明显的改变。乾隆时期进行了多次改建和增建，使其建筑规模、使用功能都发生了重要变化。乾隆初年不仅对沈阳故宫进行增修和改建，还从北京调拨大批宫廷文物至此收藏，使旧宫成为清代著名的皇家文物收藏所，也使其原有"先皇旧阙"的性质发生新的变化，拓展了使用功能，促进了建筑的保护。自乾隆皇帝首次东巡起，皇帝在东巡驻跸期间的礼仪活动也进一步规范化，在清宁宫举行萨满祭典、在崇政殿举行谒陵礼成庆贺典礼、在大政殿举行盛大筵宴这三项仪式都载入了清代《会典》和《大清通礼》中。

　　盛京宫殿建筑占地 12.96 万平方米，内含 1.68 万平方米、114 座古建筑和各类宫廷遗存。宫殿的总体布局分为东、中、西三路。中路和东路代表了清入关前宫殿建筑的形制。中路最长最宽，前有东西向大街，街上设文德、武功两牌坊。大清门内中轴线上依次为崇政殿、凤凰楼和清宁宫，与配楼、配阁、配斋、配宫等组成三组院落，是整个建筑群的中心。东路建筑为早期皇帝临朝举行大典之处，其建筑群由大政殿和十王亭组成。西路是乾隆时期增建的文溯阁、嘉荫堂和仰熙斋。文溯阁是存放《四库全书》和《古今图书集成》的藏书阁。有了这一相对独立的西路建筑群，盛京宫殿平面分布也由两个区域扩展为三个区域，终清之世保留了这一基本格局。

2003 年，沈阳故宫作为明清故宫的另一个组成部分被列入世界遗产名录。沈阳故宫的突出普遍价值在于：

> 沈阳故宫在承袭中国古代皇宫建筑传统的基础上，汲取了丰富的地域文化和民族文化，保留着满族民间传统住宅的典型特色，在建筑造型和装饰艺术方面，形成集汉、满、蒙古族建筑艺术为一体的生动而独特的风格；特别是其以满族独特的社会组织"八旗"制度为依据排列的建筑布局，在世界宫殿建筑中独树一帜。清宁宫内皇帝的祭祀场所见证了满族传承了数百年的萨满教传统。①

沈阳故宫也有过丰富而重要的珍藏，现在的文物收藏也很可观。

清定都北京后，盛京故宫藏有清入关前的一些宫廷文物，乾隆年间又从北京移送了大量珍贵的文物及用品，主要有清帝及后妃祭祀、庆典活动所用的各类物品、帝后宝册、典章文物和皇家档案，历代艺术珍品和新造的各类皇家御用器物等，以此来提高盛京故宫的地位。

---

① 第 36 届世界遗产委员会会议文件 WHC-12/36. COM/8E。

当时北京不断地向盛京运送宫廷珍品，例如乾隆四十四年（1779），就拨送康熙、雍正、乾隆年款各色瓷器 10 万件。盛京故宫的文物都载在清末道光年间所编的《翔凤阁存贮器物清册》《西七间楼恭贮书籍墨刻器物清册》等中。民国初期，金梁曾据翔凤阁所藏部分书画精品编成《盛京故宫书画录》和《盛京故宫书画记》。[①]

民国初年，政府决定成立古物陈列所，将盛京故宫所藏大批宫廷物品运至北京，以敷陈列之用。共运送包括瓷器、古铜、字画、珠玉文玩、书籍等文物 1201 箱，约 114 600 余件。盛京故宫文溯阁所藏《四库全书》和《古今图书集成》亦运至北京，置于保和殿等处，仍归古物陈列所。文溯阁《四库全书》以后回到沈阳故宫。1966 年 10 月，鉴于当时备战形势需要，这部《四库全书》被拨运甘肃省图书馆收藏。

1954 年至 1980 年，故宫博物院 17 次拨给沈阳故宫清代宫廷文物 7546 件，包括书画、瓷器、雕刻、玉器、漆器、织绣品、钟表、家具、陈设、杂项、武备等。

沈阳故宫博物院现存藏文物共 33 类，21 810 件（套）。其中，以清宫原藏宫廷遗物和历史文化珍品为主，兼及沈阳地区历史文物及具有特殊意义的近现代文物。如清入关前使用的满蒙文信牌、印牌，努尔哈赤的宝剑，皇太极的腰刀、弓、箭、鹿角椅以及御用常服袍，清宁宫萨满祭祀用具，康熙、乾隆时期用于宫廷典礼的乐器以及清历朝帝后谥宝、谥册等，都是清史、满族史、清宫史研究极为重要的实物佐证。清代康、雍、乾盛世的官窑瓷器，清宫帝后服饰、首饰佩饰等，显示了清代皇家生活的风范。清代书画收藏亦丰。

---

① 参阅武斌主编：《清沈阳故宫研究》，辽宁大学出版社 2006 年版，第 200—227 页。

15　避暑山庄

避暑山庄位于河北承德，又称热河行宫、承德离宫，是中国现存占地最大的古代离宫别苑。承德地处长城内外交通要冲，清初是一小山村，名热河上营，康熙朝在此修建行宫，逐步成为城镇。雍正元年（1723）设热河厅，雍正十一年（1733）改承德州。乾隆四十三年（1778）升承德府。

清朝开国后，为了讲武演兵、保持国族骑射的传统，皇帝每年都到木兰围场行围狩猎，即木兰秋狝。为了满足秋狝途中食宿休息和皇帝处理政务的需要，从北京至围场建立了 8 座行宫，其中避暑山庄是最大的一座。避暑山庄于康熙四十二年（1703）始建，康熙四十七年（1708）初具规模。乾隆时对山庄进行扩建，从乾隆十六年一直持续到乾隆五十五年（1751—1790）。

避暑山庄占地 5.64 平方公里，宫墙长 10 公里。其总体布局按"前宫后苑"的规制，宫殿区位于山庄南端，北面即为广大的苑林区。山庄根据自然条件可分为宫殿区、湖区、平原区和山区，创造了山、水、建筑浑然一体而又富于变化的园林景观。山庄内有康熙用四字题名的 36 景和乾隆用三字题名的 36 景。

宫殿区由正宫、松鹤斋、东宫和万壑松风四组建筑组成。正宫是清帝理政和宴居所在，按"前朝后寝"的形制，依中轴线对称原则，由九进院落组成，布局严整，装修淡雅。前朝以澹泊敬诚殿为主体，此殿又称楠木殿；后寝以烟波致爽殿为主殿。松鹤斋为奉养太后的居地，由七进院落组成。万壑松风为松鹤斋最后一进院落，是乾隆帝幼时读书处。

苑林区由湖区、平原区和山峦区三个区域组成，是皇帝游豫宴乐的地方。湖区是山庄风景的重点。建筑采用分散布局的手法，园中有园，每组建筑都形成独立的小天地。金山亭为这个景区总缉全局的重点，如意洲为景区的建筑中心。湖区许多景点都具有江南园林特征，但建筑本身又是北方形式，皆与浑厚的自然景色和谐统一。

整个湖区为远山近岭所环抱。湖泊以北为辽阔的平原区。万树园原为蒙古牧马场，乾隆时在此搭建蒙古包，宴请少数民族首领和外国使节。平原西侧山脚下坐落着文津阁，曾珍藏《四库全书》和《古今图书集成》各一部。

山庄周围有模拟西藏布达拉宫的普陀宗乘之庙，有仿照后藏日喀则扎什伦布寺的须弥福寿之庙，有仿效西藏山南桑耶寺而建的普宁寺，有按照新疆伊犁固尔扎庙原形修建的安远庙等。所谓"外八庙"，其实有 12 座庙宇，因 12 座寺庙分八处管理，这八处在北京都有下处（办事处），向理藩院直接领取银饷，故称这八处京师之外的庙宇为"外八庙"。这些藏传寺庙陆续修建于康熙五十二年至乾隆四十五年（1713—1780）的 60 余年间。

康熙、乾隆等多位皇帝每年夏、秋两季在避暑山庄处理军政要务，接见国内各少数民族政教首领和外国使节，并由此北上木兰围场进行秋狝围猎训练军队。发生于此的诸多清代重要历史事件，以及这里的重要遗迹和重要文物，见证了中国多民族统一国家巩固、发展的历史。

乾隆皇帝的"万寿节"，接见民族、宗教首领和外国使节等庆典朝贺活动，都在澹泊敬诚殿里举行，重要的使节还会在万树园受到隆重接待，享用民族传统野宴，观看百技和火戏。受此殊荣的有乾隆十九年（1754）五月接见的内附的厄鲁特蒙古杜尔伯特部首领三车凌，同年十月接见的厄鲁特蒙古辉特部首领阿睦尔撒纳。西洋传教士郎世宁、王致诚等创作的《万树园赐宴图》与《马术图》描绘了这些盛况。乾隆三十六年（1771）九月接见游牧伏尔加河草原后回归祖国的土尔扈特部首领，乾隆御制《土尔扈特全部归顺记》，其碑立于普陀宗乘之庙碑亭东侧。传教士艾启蒙所画的《土尔扈特白鹰》描绘了该部进贡给乾隆皇帝的白鹰。乾隆四十五年（1780）七月接见来承德为乾隆七旬寿辰祝寿的西藏首领六世班禅额尔德尼，须弥福寿之庙正是为其入觐所建的。嘉庆、咸丰两位皇帝病死于山庄。咸丰帝在烟波致爽殿批准了丧权辱国的《北京条约》，慈禧也在此殿策划了篡权阴谋。

避暑山庄及其周围寺庙作为"中国宫殿建筑、园林、宗教建筑的经典杰作"于1994年被列入世界遗产名录。它的突出普遍价值是：

> 承德避暑山庄及其周围寺庙是中国宫殿建筑、园林、宗教建筑的经典杰作。避暑山庄结合自然山水构建景观，继承发扬了皇家园林的传统，是中国自然山水宫苑的杰出代表；周围寺庙的建筑形式融汇了汉、蒙、藏等多民族建筑艺术和文化，包括藏式、汉式、汉藏结合等多种建筑形式，代表了中国建筑发展过程中多民族文化交流与融合的成就。
>
> 承德避暑山庄及周围寺庙的人文景观与承德独特的丹霞地貌等自然环境完美结合，其自然和谐的规划布局是中国传统"风水"学说的成功实践。作为中国古典园林的代表，承德避暑山庄

及周围寺庙的造园艺术曾经影响欧洲，在 18 世纪世界景观设计史上占据重要的地位。①

避暑山庄和与其结为一体的外八庙，至乾隆时期，文物陈设相当丰富。道光时，内忧外患丛生，再无力举行巡典，开始大规模清理、归并热河宫廷及皇家寺庙陈设器物，部分陈设开始解送北京。民国初年，承德避暑山庄的 1949 箱、约 119 500 余件文物运到北京，成为古物陈列所的藏品。由山庄运京的文津阁《四库全书》，后移交京师图书馆即今中国国家图书馆。

新中国成立后，避暑山庄在加强对古建筑维修的同时，积极做好文物的清理、展览工作。1955 年夏，由南京运回南迁原热河文物 7707件。从 1959 年至 1981 年，故宫博物院先后 18 次调拨给承德市相关单位文物 7723 件。

承德避暑山庄博物馆现收藏文物总量 24 994 件，其中珍贵文物10 041 件。主要品类包括玉石金银、瓷器珐琅、御笔字画、钟表挂屏、家具陈设、文房用具、帝后生活用品、佛造像、供法器等。大多由清宫内务府造办处承做，造型、工艺精美绝伦。

外八庙于 1962 年初步建立了各个寺庙的档案。登记了须弥福寿之庙、普陀宗乘之庙、殊像寺、溥仁寺、安远庙、普佑寺、普乐寺七座寺庙内的文物，共计 7961 件，其中佛像 6548 件、供器 1028 件、画像 15 件、法器 131 件、其他 239 件，并以庙为单位分类造册。

外八庙管理处有各种文物 7250 件，珍贵文物 4000 余件，一级品41 件。主要品类为佛像、佛龛、佛塔、佛经、佛画、供器、法器及陈

---

① 第 37 届世界遗产委员会会议文件 WHC-13/37. COM/8E。

设品。制作艺术风格上，具有汉、藏、印度艺术特征，尤以藏式风格为突出。有些宗教文物与清代重大历史事件、历史人物相关联，如六世班禅来承德朝觐乾隆帝时进献的明代铜质金刚铃杵、曾在五世达赖前供奉的嘎巴拉鼓等，盒内都有藏、满、蒙、汉四种文字书写的标签，是西藏地方与清中央政府密切联系的实物见证。①

---

① 韩利：《北巡礼仪废弃后的热河文物》《避暑山庄三百年大事记》《避暑山庄及周围寺庙文物现状》，均为未刊稿。

16　圆明园

　　圆明园遗址在北京西北郊。一般所说的圆明园，还包括它的两个附园长春园和绮春园（万春园）在内，合称"圆明三园"。

　　圆明园始建于清康熙四十八年（1709），是在康熙皇帝赐给皇四子胤禛的一座明代私园的旧址上建成的。胤禛登位为雍正皇帝后，将其扩建为皇帝长期居住的离宫。乾隆时期再度扩建，乾隆九年（1744）竣工。后又在园的东侧辟建长春园，在园的东南辟建绮春园附园。乾隆三十七年（1772）全部完成，构成三位一体的园群格局。

　　圆明三园总面积约350万平方米，人工开凿的水面占全园的一半以上，全园之景都以水为主题，因水而成趣。造园匠师运用中国古典园林造山和理水的各种手法，创造出一片完整的山水地貌作为造景的骨架。园中大中小水面相结合，大的如福海，宽600多米；中等的如后湖，宽200米左右；众多小型水面，宽40—50米。回环萦绕的河道，又把这些大小水面串成一个完整的河湖水系，构成全园的脉络和纽带。叠石而成的假山，聚土而成的冈阜、岛、屿、洲、堤等，分布于园内，与水系相结合，把全园划分为山重水复的百余处景观空间。

　　圆明园集中国古典园林平地造园的筑山理水手法之大成，在继承北方园林传统的基础上，又广泛地汲取江南园林的精华，全面而精炼地再现了江南水乡烟水迷离的风貌。圆明园内有大小建筑群120余处，约 15 万平方米。这些建筑虽然都呈院落的格局，但处在那些多样的山水地貌和树木花卉之中，就形成了 150 多处格调各异的大小景区。主要的如"圆明园四十景""绮春园三十景"及长春园十余景等，都由皇帝命名题署。圆明园作为皇帝长期居住的地方，在紧接正门的地方建置了一个相对独立的宫廷区，包括帝、后的寝宫，皇帝上朝的殿堂，大臣的朝房和政府各部门的值房，是北京紫禁城的缩影。除宫殿和住宅、庙宇、店肆、戏院、藏书楼、陈列馆、船埠以及辅助用房等具有特定使用功能的建筑外，大量的则是供游憩宴饮的园林建筑。建筑物个体尺寸较外间同类型建筑要小一些，绝大多数的形象小巧玲珑。除极少数的殿堂、庙宇之外，一般外观比较朴素雅致，少施彩绘，与园林的自然风貌相协调，但室内的装饰、装修、陈设富丽，以适应帝王宫廷生活的趣味。

长春园北部有一个俗称"西洋楼"的特殊景区，包括六幢建筑物、三组大型喷泉、若干小喷泉以及园林小品，建筑物有远瀛观、海晏堂、方外观、观水法、线法山、谐奇趣等，是由当时以画师身份供职内廷的欧洲籍天主教传教士郎世宁等设计监造的一组欧式宫苑，也是在中国宫廷里首次成片建造的外国式建筑和庭园。六幢主要建筑物为巴洛克风格，但在细部装饰方面也运用许多中国建筑手法。三组大型喷泉、若干小喷泉和绿地、小品则采取勒诺特尔式的庭园布局。

圆明园不仅以园林著称，而且收藏有许多稀世文物。《石渠宝笈》记载的历代书画，收藏于圆明园的有 200 多件，园中同时珍藏有《四库全书》《古今图书集成》《四库全书荟要》《淳化阁帖》等珍贵图书文献与清代文书档案，还有大量的鼎彝礼器及各种珍贵工艺品。

咸丰十年（1860），在英法联军发动的第二次鸦片战争中，侵略者占领圆明园，开始了肆无忌惮的大洗劫。他们把那些最珍贵的物品

保管起来，由联军双方平分。法国侵略者把其中大部分作为礼品送给
拿破仑三世皇后欧仁妮，因为是她支持了这次中国"远征"。英国侵
略者将其所得，部分进献给维多利亚女王，其余则按英军传统进行拍
卖。这些"战利品"摆放在英军司令部驻扎的西黄寺的正殿里，有玉
器、瓷器、铜器、金银雕像及其他雕塑品，还有大批优质皮货等。拍
卖会进行了两天。据估计，拍卖收入可达 12.3 万美元。①

　　这个清廷经营了 150 多年的东方艺术之宫，被英法联军洗劫一空
之后，在英国首相巴麦尊的批准下，又被放火烧毁。大火焚烧了三
天，号称"万园之园"的圆明园化成了一堆堆败瓦颓垣。英法联军撤
出北京时，胁迫北京地方政府备办大批车辆，装载抢掠的珍宝，仅法
军就装满了 300 多辆。②

　　侵略者把抢夺的各种文物藏品运回本国。英法等国一些博物馆、
图书馆现收藏有大量从圆明园劫掠去的珍贵文物。英国伦敦大英博物
馆收藏有 3 万多件中国文物，包括书画、古籍、玉器、瓷器、青铜
器、雕刻品等，其中直接从圆明园掠夺的文物就达 2 万多件，包括唐
人所摹晋代著名画家顾恺之的《女史箴图》。法国收藏圆明园文物最
为著名的地方是枫丹白露宫的中国馆，藏品达到 3 万多件，多是珍贵
无比的中华民族历史文化的精华。

　　在伦敦，从 1861 年 4 月起，就有来自圆明园的大批物品，包括玉
器、珐琅、瓷器、丝绸和钟表，被一次次拍卖。首次拍卖是菲利浦拍
卖行举行的，物品有"精美的东方瓷器"。5 月，克里斯蒂-麦森-伍

---

　　① 伯纳·布立赛：《1860：圆明园大劫难》，高发明、丽泉、李鸿飞等译，浙江古
籍出版社 2005 年版，第 225—226 页。

　　② 北京市地方志编纂委员会编：《北京志·园林绿化志》，北京出版社 2006 年版，
第 37 页。

兹拍卖行拍卖了罗亨利带回的东西。7 月，另一位军官带回来的各种物品被拍卖。12 月，原属于中国皇帝的宫中服装以及一枚御玺被拍卖。美国历史学家詹姆斯·海维亚统计，1861 年至 1866 年间，伦敦进行了大约 15 次包含从北京掠夺物品的拍卖。雷吉纳·蒂里埃统计，1861 年至 1863 年间，在德鲁欧拍卖行就进行了 20 来次拍卖。① 直到今天，在巴黎、伦敦、纽约、香港等地，仍有圆明园流出的东西在被拍卖。

据估计，流失在海内外的圆明园文物约 100 万件。圆明园西洋楼海晏堂的十二生肖铜首全部流失海外，北京保利集团从海外拍卖公司购回 3 件，澳门何鸿燊先生购得 2 件赠给保利，法国皮诺家族 2013 年 9 月无偿捐赠中方 2 件，1 件在台湾，尚有 4 件下落不明。2010 年，圆明园在罹难 150 周年之际向全球发出抵制圆明园流失文物拍卖的倡议书。

同治十二年（1873），以奉养两宫太后为借口，同治帝特谕，择要兴修圆明园，次年九月因经费困难而停工。光绪年间曾对一些殿宇不断粘补修理。八国联军入侵北京，圆明园又一次受到驻守北京的八旗兵丁的大肆洗劫。辛亥革命后，圆明园尚属皇室私产，园中残存建筑遗物陆续被盗拆或变卖，有的被移置他处。"文革"中圆明园遗址又受到严重破坏。

圆明园遗址现有管理处进行保护。1988 年圆明园遗址被公布为全国重点文物保护单位。

---

① 伯纳·布立赛：《1860：圆明园大劫难》，高发明、丽泉、李鸿飞等译，浙江古籍出版社 2005 年版，第 340—341 页。

17 颐和园

清朝从康熙皇帝开始，诸帝都有暑热时在宫苑理政的习惯，主要原因是清皇室来自寒凉的东北，不耐酷暑，加之园中水土好，空气清新，环境安静，适于热天理政。康熙在《畅春园记》一文中赋予宫苑理政"文武之道，一弛一张"的诠释，反映了一种与传统不同的施政理念。康熙、雍正和乾隆祖孙三代，前后130年，相继在西郊海淀以北东西10公里内建成了规模宏大的"三山五园"皇家园林区，作为皇帝长期居住、进行政治活动的离宫御苑，如圆明园、畅春园、香山静宜园、玉泉山静明园等。

颐和园原名清漪园，始建于清乾隆十五年（1750），历时15年竣工，是"三山五园"中最后建成的一座。咸丰十年（1860）被英法侵略军焚毁。光绪十二年（1886）慈禧太后挪用海军经费和其他银两开始重建，光绪十四年（1888）改名颐和园，光绪二十一年（1895）工程结束。光绪二十六年（1900）遭八国联军破坏，光绪二十八年（1902）修复。

颐和园总面积290公顷，划分为宫廷区和苑林区两部分。宫廷区以东宫门内的仁寿殿为中心，是当时"垂帘听政"的慈禧太后处理朝政的场所，由殿堂、朝房、值房等组成多进院落。以万寿山、昆明湖为主体的苑林区是全园的精华。颐和园的总体规划以杭州的西湖为蓝本。昆明湖中有一道长堤——西堤，自北逶迤向南，西堤及其支堤把湖面划分为三个大小不等的水域，每个水域各有一个湖心岛，三岛鼎足峙列，是表现皇家园囿"一池三山"的传统模式。著名的景点有长728米的彩绘长廊、横跨昆明湖的十七孔桥、泊于碧波中的汉白玉雕石舫、壁立于万寿山前金碧辉煌的佛香阁、富有江南园林特色的谐趣园等。整个布局集中国园林艺术之大成，并以西山、玉泉山为借景，园外之景与园内湖山浑然一体，是中国园林中运用借景手法的杰作。

颐和园1961年被公布为全国重点文物保护单位。1998年被列入联合国世界文化遗产名录，其突出的普遍价值在于："颐和园是中国'天人合一'的景观园林艺术的经典范例，是中国园林设计思想与实践的集大成之作，在东方世界园林发展中占有重要地位，作为中国皇家园林的代表作，也是世界主要文明之一的强有力的象征。"①

晚清时颐和园不仅是帝王们散志澄怀的游娱场所，也成为与紫禁城紧密相连的政治中心。光绪二十四年（1898），颐和园目睹了清廷争夺最高权力的一次惨烈角逐：是年四月，已亲政的光绪帝下诏变法，并在颐和园仁寿殿召见维新派首领康有为。掌握实权的慈禧太后在园中与朝内部分势力共同酝酿发动宫廷政变，于八月五日突然回宫囚禁了光绪帝，废除了变法诏令，自此开始独揽朝柄。

颐和园曾存放陈设了丰富的文物及各种用品。1900年，八国联军侵占颐和园，使文物受到重大损失。光绪二十七年（1901）清查颐和园陈设，形成了《颐和园现存古铜瓷玉陈设清册》《颐和园现存桌张围插挂屏景泰蓝铜器清册》《颐和园现存残缺瓷铜木器书籍座钟清册》三本清册。光绪二十八年（1902）又在园内新收集、安置了一批陈设，

---

① 第37届世界遗产委员会会议文件 WHC-13/37. COM/8E。

并立《颐和园天字号陈设册》。1921 年 11 月，溥仪命内务府大臣绍英查核颐和园陈设。此为清室最后一次清查陈设。

1928 年 7 月 1 日，民国政府内政部接收颐和园，8 月 13 日，颐和园由内务部移交北平市政府。1929 年对陈设物品进行全面清理，编有《颐和园书画古玩等物品清册》4 本，共编 3954 号，新办陈列馆、图书馆，共陈列铜器 266 件、瓷器 440 件、玉器 272 件、珐琅雕漆插屏等 364 件、图书 243 部。1933 年，为使陈设免受战乱破坏，颐和园的古文物前后分三批随故宫文物南运，共编 650 号，计有 640 箱、2 夹板、1 油布卷及 7 麻袋包。1951 年 1 月南迁文物北返。颐和园原运古物 640 箱，北返时仅余 267 箱。经北京故宫博物院与颐和园会议商定：有关清代艺术品，如与慈禧太后生活有关之器物，尽量分配颐和园；有关历史考古器物，可分配故宫方面，补充有系统的陈列品。

1970 年颐和园对园藏文物进行清查，计查得铜器 515 号、瓷器 704 号、玉石 481 号、珐琅 132 号、钟表 110 号、书 269 号、画 405 号、杂项 352 号等，共计 3505 号。这次清查、鉴定，有许多意外收获。如颐和园保存的虢宣公子白鼎，以前被认为是明代仿品，这次鉴别发现是被列为西周无价之宝的真品。故宫专家曾寻找多年，以为已被运到台湾。汉朝编钟一套共 4 件，故宫博物院存有 3 件，这次发现另一件在颐和园。战国年代狩猎纹豆，豆身在故宫博物院，这次发现豆盖在颐和园。

颐和园现存贮文物，主要有青铜器、瓷器、漆器、景泰蓝、玉雕、牙雕、竹木雕刻品、织锦、钟表、善本图书、佛像、家具以及其他艺术品等。其中瓷器 9539 件，经鉴定入级的有 6948 件，多出自专烧皇家用瓷的官窑，不乏世间孤品，例如：元代的蓝釉白龙纹梅瓶，是现今世界上仅存的 3 件中的一件；乐寿堂所陈康熙朝青花大果盘，直径1米，极其圆正，可以堆放几百只水果；排云殿中的一对鱼缸，通体泛着淡青色，从釉下隐现出一对二龙戏珠的图案；百鹿尊在一个30厘米多高的瓷瓶上绘制出100只不同形态的鹿；晶莹翠艳的青花鹿头尊，是康熙时官窑烧造出的精品；直径足有1米的"储秀宫制"款蓝地黄龙大盘，是为曾经住过储秀宫的慈禧太后专门烧制的。①

---

　　① 颐和园文物藏品，参阅颐和园管理处编：《颐和园志》，中国林业出版社2006年版，第195—281页。

18 样式雷

　　"样式雷"为我国清代著名的建筑世家，祖籍江西。从第一代"样式雷"——雷发达在康熙年间由江宁来到北京，到第七代"样式雷"——雷廷昌在光绪末年逝世，雷氏七代历经两百多年为皇家进行宫殿、园囿、陵寝以及衙署、庙宇等的设计和修建。因为雷家几代都是清代样式房的掌案头目人，所以被世人称为"样式雷"。

　　从康熙至清末，雷氏一家完成了大量建筑设计，制作了无数的画样、烫样及工程做法等图籍、模型。现存于世的样式雷图档总量逾2万件，主要收藏在中国国家图书馆、北京故宫博物院和中国第一历史档案馆。此外，中国国家博物馆、清华大学建筑学院、北京大学图书馆、日本东京大学等处也有少量收藏。2007年，样式雷建筑图档入选联合国教科文组织世界记忆名录。

　　"样式雷"图样内容广泛，有宫殿、皇城、行宫、园囿、陵寝、衙署、王府、庙宇、营房、桥梁、河道、内外檐装修以及在庆典中临时支搭的楼阁戏台等工程项目。种类也很丰富，有为平面图的地盘样，有相当于立面、轴侧图或透视图的立样，有展示结构的大木立样等图样。按设计阶段分为糙样、糙底样、底样、细底样、进呈图样等。图样大小不一，大者盈丈，小者数寸。绘制色彩上有墨绘、朱墨绘、彩绘、描金彩绘。绘图纸张，除了个别用绢，大部分用中国手工纸，也有少量用机制纸。这些图样集中反映了清代国家建筑工程设计程序及雷式画样的图学成就，同时也是清代皇宫建筑设计及营建活动的真实记录，极具文物及史料价值。

故宫现藏样式房和工部绘制的建筑图样总计 2435 号。编号中有一号多张者，若以图纸、折单、簿册件数计算则逾 4000 件。故宫收藏较为独立，数量仅次于中国国家图书馆收藏，具有相当的规模。时间跨度近 180 年，其图样内容广泛，种类也很丰富，最多者为陵寝类（788 幅）及园林类（532 幅）。① 例如所藏建福宫立样，绘制精细，在 21 世纪初故宫博物院复建建福宫时，这些图就发挥了重要作用。

"样式雷"还留下一批"烫样"。样式房做出的建筑物模型，制作中需要熨烫工序，因此也叫"烫样"。古代建筑，凡是工匠能明白的、承做的，一般不再画图。而对于宫廷重要建筑，向皇帝呈报，需做出模型，这是设计过程中非常重要的环节。烫样根据一定的比例，在空间中表现设计意图。故宫博物院现珍藏的 80 余具烫样，建筑形式有单体的和群体的两种，包括紫禁城建筑，还有圆明园、长春园、万春园、颐和园、北海、天坛等处。主要是清代同治、光绪年间重建圆明园、颐和园、西苑等地时所做，至今有 100 多年的历史。由于烫样是专为恭呈皇帝御览而做的，获得钦准后才能据以绘制施工设计画样、编制"工程做法"即设计说明，以及核算工料钱粮，因此烫样制作是清代建筑设计的关键步骤。烫样上都贴有黄色标签，叫"贴黄"。标签上面记录了建筑的高度、面宽、进深等各个部位的尺寸，以及重建或修缮的要求，记述简明清楚。这个标签是非常重要的，也是烫样所具珍贵历史价值的体现。

---

① 故宫博物院样式房课题组：《故宫博物院藏清代样式房图文档案述略》，《故宫博物院院刊》2001 年第 2 期。

由于烫样完整地表现出了建筑的结构、体量、形式、色彩等，所以留有烫样的建筑，不管因为什么原因，当建筑实体不存在的时候，都能找到原始的例证。烫样作为建筑物实体的缩影，凝聚了古代建筑独特的艺术形式、建筑美感，也反映了封建帝王对建筑的需求以及审美情趣，其精巧的制作工艺，也显示出古代匠师的智慧和技艺。烫样更是研究古代建筑设计思想、建筑准绳、建筑艺术发展的实物资料，是建筑艺术这门非物质文化遗产的组成部分。

自 20 世纪 30 年代以来，中国营造学社及朱启钤、刘敦桢、单士元、金勋等诸前辈，为"样式雷"图档的整理与研究做出了开创性的工作。朱启钤先生的《样式雷考》一文，成为样式雷世家研究的开山之作。

2000 年，在国家自然科学基金资助下，天津大学建筑学院《清代样式雷建筑图档综合研究》项目正式启动。清华大学建筑学院和故宫博物院古建部也分别成立了相应的课题组。

2016 年，《中国国家图书馆藏样式雷图档·圆明园卷初编》（全十函）由国家图书馆出版社出版。该项目为国家图书馆所藏"样式雷"图档中圆明园卷的第一部分，收录圆明园全图及正大光明、勤政亲贤、茹今涵古、坦坦荡荡等景区在新建、修缮、改建、内檐装修、河道疏浚、山体切削、绿化植被、室内室外陈设等工程方面的图档共约 1000 件。这是"样式雷"图档的首次大规模刊布，为研究清代历史提供了珍贵史料。

19　中国营造学社

　　20世纪30年代，中国营造学社在以故宫为重点的明清宫廷建筑的保护研究上做出了开创性的贡献。

　　中国营造学社是由朱启钤先生倡导、于1929年成立的中国研究古代建筑的专业学术团体。朱启钤（1872—1964），字桂辛，晚年号蠖公，人们称他桂老。祖籍贵州开州（今开阳），生于河南信阳，1964年卒于北京。为光绪举人，北洋政府官员，也是工艺美术家，中国营造学社创始人。

　　营造，指建筑工程及器械制作等事宜。清内务府就设有营造司，掌宫禁营缮。学社沿用了"营造"这一中国传统叫法，表明学社的宗旨是以现代科学方法与现代科学技术对我国博大精深的古代建筑进行整理和研究，其精神实质是保护与传承优秀的中华传统建筑文化。营造学社的成立与1918年发现的宋《营造法式》有很大关系，但要解读研究该书，却不能不从具有大量实物、工匠抄本、原始设计图及档案文献且距今时间最近的清代官式建筑特别是其中的宫廷建筑入手，从清工部《工程做法则例》入手。学社最先开始做《工程做法则例》的注释补图工作，同时对清代宫廷建筑进行测绘与修葺，并且促进了建筑保护理念的形成。

　　营造学社1931年即参与清代官式建筑的修葺，至1937年，学社对故宫角楼、故宫文渊阁、南海新华门、北海静心斋及河北易县清西陵进行了测绘，参与修葺了故宫南面角楼、文渊阁、南薰殿、景山五亭等建筑，开创中国古建筑研究以实地勘测为基础的优良传统，并成就了梁思成、刘敦桢、张镈等一代古建筑大师。

1932年，故宫博物院因文渊阁楼面凹陷、书架倾斜，委托营造学社代拟修葺计划。梁思成、刘敦桢及清华大学土木工程教授蔡方荫再四勘查，除将凹陷原因及修理计划函复故宫外，还在《中国营造学社汇刊》上发表了《故宫文渊阁楼面修理计划》《清故宫文渊阁实测图说》等文章。

朱启钤对于故宫的价值以及进行测绘的必要性有过深刻的论述，他说：

> 北平故宫天坛等伟大建筑，就其平面配置立体组织与庄严伟丽之气魄言，在在皆是建筑工程上及艺术上之大手笔。但如许胜迹，只有片断之文献记载，并无原始工程图案可稽；故现存实物仅能观摩外表，而不能洞悉底蕴，与现代先有设计图案而后产生建筑物之惯例，适成反调。为研讨各建筑之内部结构，及保存各建筑物之正确记录，并发扬我国固有建筑艺术起见，各重要建筑均有及时详细测绘、整编集存之必要。[1]

对故宫的测量有两次。第一次由梁思成负责，从1934年至1937年，共测绘了天安门、端门、午门、太和门、太和殿、中和殿、保和殿、后右门、后右门北朝房、西北角库等共计60余处。后因战争爆

---

[1]　朱启钤：《北平文物建筑展览会之展览说明》，1948年11月，中国文物研究所文物资料信息中心藏。

发，故宫尚未测完，已测绘的图纸也没有全部整理绘制出来。这批图稿在天津保存期间遭遇水患，曾经抢救而留存甚少，至今只在清华大学建筑学院信息中心发现 62 幅。

第二次也由朱启钤策划、联系，委托基泰工程司建筑师张镈（此期间张在天津工商学院建筑系兼职）主持测绘，从 1941 年 6 月至 1945 年，历时四年绘制了北起钟鼓楼、南至永定门的中轴线主要建筑实测图，约 600 余幅。宫苑广场有总平面、总立面和总剖面；单体建筑都有平面、立面、剖面和大样图；所有图纸均按设计图的标准注有轴线、局部、外包三套尺寸，既有空间构成表达，也有总立面的渲染。图纸完整，数据精确，制图精美，堪称中国古建测绘图范。这是北京中轴线建筑最大规模的一次工程测绘。这批图纸已由故宫博物院和中国文化遗产研究院共同整理为《北京城中轴线古建筑实测图集》，由故宫出版社于 2017 年出版。

营造学社还在故宫等古代建筑的修葺中形成了完整的保护理念。早在 1932 年，营造学社从日本的保护经验中提炼出"以不失原状为第一要义"的原则。① 实现这个原则有两个方案："保存外观"和"恢复原状"。1932 年制定修理故宫文渊阁计划时遵循的原则就是"按修理旧建筑物之原则，在美术方面，应以保存原有外观为第一要义"②。以后又补充了凡新补的建筑构件，"所绘彩画花纹色彩俱应仿古，使其与旧有者一致"的要求。③ 恢复原状的方案也于 1932 年提

---

① 刘敦桢：《对日本古代建筑物之保存的识语》，《中国营造学社汇刊》第三卷第二期。

② 蔡方荫、刘敦桢、梁思成：《故宫文渊阁楼面修理计划》，《中国营造学社汇刊》第三卷第四期。

③ 梁思成、刘敦桢：《修理故宫景山万春亭计划》，《中国营造学社汇刊》第五卷第一期。

出："（保护）可分两大类，即修补（repair）及复原（restore）是也。破坏部分，须修补之，如瓦之翻盖及门窗之补制。有失原状者，须恢复之。二者之中，复原问题较为复杂，必须主其事者对于原物形制有绝对根据，方可施行。否则仍非原形，不如保存现有部分，以志建筑所受每时代影响之为愈。"①

中国营造学社开创的古建筑法式和文献研究、古建筑实地调查测绘和古建筑修缮保护的方法和原则，对今天故宫的保护修缮仍然有着深远的影响。

当年中国营造学社开展的一些研究工作，今天仍在继续，例如"样式雷"研究。"样式雷"是清代 200 多年间主持皇家建筑设计的雷姓世家的誉称，作为我国古代科技史上成就卓然的杰出代表，其建筑创作涵盖了都城、宫殿、园林、坛庙、陵寝、府邸、工厂、学堂等皇家建筑。迄今传世的样式雷图档约 2 万件。

最早研究样式雷的文章是朱启钤写于 1933 年的《样式雷考》（《中国营造学社汇刊》第四卷第一期）。刘敦桢的《同治重修圆明园史料》（连载于《中国营造学社汇刊》第四卷第二、三、四期），是有关样式雷图档的工程个案研究。20 世纪 60 年代单士元发表了《宫廷建筑巧匠——"样式雷"》（《建筑学报》1963 年第 2 期），70 年代王璞子发表了《清初太和殿重建工程——故宫建筑历史资料整理之一》与《梁九是太和殿重建工程技术总负责人》两文（载《梓业集》，紫禁城出版社 2007 年版），提出了一些重要观点。黄希明、田贵生的《谈谈"样式雷"烫样》（《故宫博物院院刊》1984 年第 4期），综合考察了故宫收藏的样式雷烫样，首次较全面地论述了烫样

---

① 梁思成：《蓟县独乐寺观音阁山门考》，《中国营造学社汇刊》第三卷第二期。

的分类、制作工艺以及在建筑规划设计中的作用。从 20 世纪 80 年代初开始，天津大学王其亨教授即着手整理样式雷图档，尔后带领天津大学历史与理论研究所师生对样式雷及其建筑图档展开系统的综合研究，取得了重大进展。

20　世界文化遗产故宫

世界遗产体现的价值观反映了人类的普遍价值，这种价值在文化遗产和自然遗产上都有所体现，是世界人民都应该保护的。

1972年，联合国教科文组织在法国巴黎通过了《保护世界文化与自然遗产公约》，确定为了人类的今天和未来，将世界范围内被认为具有突出和普遍价值的文物古迹和自然景观列入世界遗产名录，以确保遗产的价值能永续保存下去。公约中指出，世界遗产起着诠释全人类主体价值观的作用。文化和自然作为全人类的遗产，具有"突出的普遍价值"。还指出，"其宗旨是动员全世界的力量来保护人类的文化与自然遗产，并将其看作全人类共同的财富和责任"。

中国政府于1985年加入《世界遗产公约》。1987年，故宫被列入世界文化遗产名录。世界遗产组织对故宫的评价是：紫禁城是中国五个多世纪以来的最高权力中心，它以园林景观和容纳了家具及工艺品的9000个房间的庞大建筑群，成为明清时代中国文明无价的历史见证。

根据2011年世界遗产第二轮定期报告要求的对遗产突出普遍价值表述的调整，经过20多年故宫价值的继续发掘与保护实践，故宫的突出普遍价值为：

北京故宫是我国古代宫城发展史上的最高典范，是世界上现存规模最大、保存最完整的古代宫殿建筑群。它为中国古代社会的后期发展特别是礼制文化和宫廷文化提供了独特的见证，在中国文明与文化发展史上具有杰出的历史文化价值。在建筑群体布局、空间序列设计上，它传承和凝练了轴线布局、中心对称、前朝后寝等中国古代城市规划和宫城建设传统特征，成为中国古代建筑制度的典范。其宫殿建筑技术与艺术反映了中国古代官式建筑的最高成就，对清朝300年间的中国官式建筑产生了广泛的影响。宫内的宗教建筑特别是一系列的皇家佛堂建筑汲取了丰富的民族文化特色，见证了14世纪之后满、汉、蒙、藏等民族在建筑艺术上的融汇与交流。同时，它所拥有的上百万件的珍贵皇家藏品、皇家生活用具，以及大量古代工程技术的文字、图纸、烫样等档案等载体，见证了中国明清时期的宫廷文化和典章制度。所有这些珍贵遗存与宫殿建筑群共同构成了突出的世界普遍价值。[①]

故宫是中国第一批列入世界遗产名录的项目，也是中华文明最重要的载体之一。故宫成为世界遗产为故宫价值认识与保护带来了新的视野、新的机遇：

首先，人们对故宫古建筑价值的认识逐渐深化。建筑是人类历史文化的纪念碑，伟大的建筑往往成为一个城市、一个民族，甚至一个国家的象征。故宫就是这样的象征，它不只是宏伟的古建筑，还包括珍藏其间的文物精品，它们联结在一起，成为中华传统文化的一个载

---

① 第36届世界遗产委员会会议文件 WHC-12/36. COM/8E。

体与中华文明成就的一个标志。世界文化遗产的基本精神是促进文化的多样性。人们可从世界文化遗产的角度、从世界文明发展历程看待作为中华文明重要载体的故宫遗产的独特价值，同时也更客观地认识不同文明的贡献与地位，并从全球化时代保持文化多元性、传续中华文脉的要求认识保护故宫的意义。

其次，故宫成为世界文化遗产，"文化遗产"观念的引入，突破了传统的"文物"观念的局限性，强化着遗产的环境意识、共享意识，以及全社会都必须承担管理和保护责任的理念，促使人们从"大故宫"的观念来看待故宫保护——不仅要保护故宫本身，还要保护它的环境。北京旧城是以故宫为中心规划发展起来的，人们更认识到，北京旧城的整体保护必须重视作为中心区域的故宫的保护。这种不断深化的文物保护意识与理念有力地推动着故宫的整体保护。

再次，作为世界文化遗产，故宫保护要坚持履行有关国际公约，坚持保护故宫的完整性与信息的真实性。对故宫的保护是中国政府对国际社会的承诺，故宫保护接受国际社会的指导和监督，故宫维修保护的实践也丰富着国际遗产保护的理论。

最后，世界遗产故宫的概念强调"明清故宫"，对于深刻认识故宫的价值是有意义的。这是因为，故宫建筑中现存明代建筑尚有不少，除中和殿与保和殿外，钦安殿、南薰殿、咸若馆、神武门、角楼都是明代建筑，东西六宫主要部分也是明代建筑，唯装修经过清代改动。现在的故宫实际上是明清两朝文化的结晶。

更为重要的是，明清两代都是中国历史上的重要王朝，既处于我国封建社会行将灭亡的衰落时期，又处在封建专制主义发展的巅峰时期。从社会形态角度考察，其政治、经济、文化有诸多共同点和延续性。故宫作为明清两代的皇宫也充分反映了这一点。故宫不仅是明朝修建的，而且承载了明代丰厚的积淀，在明清 490 余年的宫廷史中，明代长达 220 余年；清承明制，宫殿建筑、典章制度、宫规习俗等都有其明晰的因革变化过程与痕迹。因此，它在世界文化遗产中被称作"明清故宫"。这个名称有着特定的、丰富的含义。由于清朝离我们现在比较近，清宫留下的遗存相对较多，有些人认为故宫就是清故宫，这种认识是不全面的，明清之间的联系不能无视或者割断。

总之，列入世界遗产名录对故宫的保护，乃至整个中国文物保护事业起到了重要的促进作用，特别是强化保护理念、增进不同视野之间的交流与相互启发。中国在继续保留"文物"用法的同时引入文化遗产概念，绝不是简单的重复，而是对文物概念的丰富、拓展与提升，或者说用一种新的视角来认识文物保护。

三

故宫学研究对象之二：故宫文物

21　故宫文物

从完整的故宫遗产概念来说，故宫文物包括不可移动的宫殿建筑与可移动的文物收藏两个方面；但习惯上，"故宫文物"指的是故宫可移动文物。

1925年故宫博物院成立，其藏品全部来自清宫旧藏。因此，当时及以后长时间内所谓的故宫文物，就是清宫文物。虽然20世纪五六十年代，由于故宫文物外拨以及非清宫文物进入故宫，故宫文物来源构成发生了变化，但现在北京故宫博物院的180余万件文物中，85%以上是清宫文物，非清宫文物占比不到1/4。对故宫博物院来说，现在所说的故宫文物，还是以清宫文物为主。

故宫博物院成立时的清宫文物，也不等于清宫收藏鼎盛时的文物。乾隆之后，由于多种原因，清宫收藏日渐衰落，并且藏品损毁很多。故宫博物院成立时的故宫文物，虽然存藏了清宫文物的主体和精华，但仍然没有乾隆时期的丰富。

北京故宫博物院从2004年至2010年，进行了为期七年的文物大清理。截至2010年12月15日，珍贵文物、一般文物和标本共计1 807 558件（套）。截至2014年12月31日，北京故宫博物院的文物总数达到1 812 779件（套）。

北京故宫博物院的文物藏品品类丰富，体系完备，依据不同质地、形式和管理的需要，分为陶瓷、绘画、法书、碑帖、青铜、玉石、珍宝、漆器、珐琅、雕塑、碑帖、铭刻、家具、古籍善本、文房用具、帝后册、钟表仪器、武备仪仗、宗教文物等，共25大类，又可分为243个细类，反映了宫廷文物遗存的丰富多彩。

部分南迁文物运往台湾，台北故宫博物院在此基础上成立。据台北故宫博物院2014年年报统计，截至2014年12月底，台北故宫博物院典藏文物共计696 344件册。台北故宫文物可分为基本文物典藏与到台后新增加的文物两大部分。其中故宫博物院运台文物597 556件，数量尤巨，约占台北故宫现有文物总数的86%，并且无比珍贵，使台北故宫博物院成为清宫旧藏的另一个重要庋藏地。

本书的"故宫文物"，如果没有特别说明，即是指北京故宫博物院的文物。

22　清宫收藏

首先需要厘清清宫收藏、清宫遗存、故宫文物三个概念。

清宫收藏不等于清宫遗存、故宫文物。这里所说的清宫收藏，指的是清室以传统艺术品为主要对象的收集、整理活动，也包括图书典籍。

清宫遗存指的是逊帝溥仪离开紫禁城后，整个宫廷存留的物品。除极少数与历史文化无关的物品，如药材、茶叶、皮货、绸缎、布匹等外，其余都成为故宫文物。

故宫文物分为两类：一类是传统的古物珍玩，如铜瓷书画、各种工艺品及图书典籍等；另一类是反映宫廷典章制度以及日常文化生活、衣食住行的物品、明清档案等。

中国历代宫廷都有收藏文物的传统，清代此风尤盛，特别是乾隆时期，闳富的宫廷收藏达到封建时代的顶峰。

清宫文物的来源，主要有三个方面：

1. 承袭明朝皇室的收藏　崇祯十七年（1644）李自成进出北京期间，宫室遭到毁坏，但总的来看，大量明皇室收藏品还是保存了下来。清军入关进驻北京，并未进行激战，也接收了明皇室的文物收藏，包括各种三代铜器、瓷器、书画、玉石器、典籍等。《御制南薰殿奉藏图像记》载："内府藏列代帝后图像，传自胜国，典在有司。"[1] 文渊阁及阁中收藏的珍贵古籍大量被毁，但还有皇史宬、经厂及其他宫殿等处的藏书，有《洪武大藏》《永乐北藏》《正统道藏》和编纂精写的《永乐大典》，以及明内府遗存的书版，如北京国子监本《二十一史》《十三经注疏》等都成为清宫的收藏。[2] 明宫藏瓷也多成为清宫的藏品。有人通过对清宫瓷器档案的查阅统计，认为清宫旧藏的前代瓷器，也应该主要来自明宫。[3] 这些都说明，明宫收藏成为清宫收藏的一个重要基础。

2. 清宫制作 为了满足皇帝对宫廷日用器皿及各种工艺品的需要，从康熙初年起，清宫内务府就创立了造办处。康乾时期是清代社会发展的盛世，尤其是乾隆皇帝对各类艺术的酷爱，推动了当时工艺的发展，工艺技术达到了前所未有的高度，新奇制品层出不穷。造办处设有各种匠作，其制作人员都是当时从各地选拔推荐来的各行业的名手，包括传教士画家等。造办处各作在宫中造办处一带建有厂房，在景山、圆明园尚有许多制作地点，还有些器物由造办处设计画样，或拨蜡样，或做木样，交苏州、扬州、南京等处，由当地最优秀的匠人制作。遗留至今的很多精美绝伦的工艺品，如玉器、珐琅器、钟表、文玩等，都是当年造办处制造的。

3. 新的收藏与征集 其中一个重要来源是贡物。朝贡制是中国特有的一种体现中央和地方、中心与属国之间关系的等级制度。清宫收藏有大量贡物，故宫至今仍集中保存着一批。清朝特别是作为进贡顶

① 鄂尔泰、张廷玉：《国朝宫史》卷十一，北京古籍出版社 1987 年版，第199 页。
② 朱家溍主编：《两朝御览图书》，紫禁城出版社 1992 年版，第 14 页。
③ 王光尧：《明代宫廷陶瓷史》，紫禁城出版社 2010 年版，第 29、52—53 页。

峰时期的乾隆朝，臣工的进贡早已突破了传统意义上的进贡，内外官员都可以进贡，贡品不再限于茶果、吃食等方物，而是种类繁多，有金、银、玉器、古玩、字画、瓷器、铜器、绸缎织物、皮张、洋货等等。每每逢年过节、举行万寿大典或皇帝外出南巡时，臣工往往多有贡献，其中又以进书画、文玩较为讨喜。乾隆皇帝在《石渠宝笈续编·序文》上就说："自乙丑至今癸丑，凡四十八年之间，每遇慈宫大庆、朝廷盛典，臣工所献古今书画之类及几暇涉笔者又不知其凡几。"

查抄没收物品也是宫廷收藏的一个来源。清代特别是乾隆时期，许多犯案的官员被查抄，财产没收入官，金银、玉玩、书画、铜瓷及其他特别贵重之物大部分解内务府。整个乾隆六十年间因案被抄家的不下 200 人，其中不乏总督、巡抚、藩臬二司等地方大员，大半都是贪赃所致。① 他们的珍玩都成了内府的收藏。如，明珠藏书数万卷，宋元版及名贵抄本尤多，其藏书处所为"谦牧堂"。嘉庆二年（1797）重辑《天禄琳琅书目续编》时，原"谦牧堂"书便是入选的重要对象。又如高士奇、毕沅，都身居高位又精鉴赏，家藏书画古帙甚富，后也均被抄没入内府。

访书与刻书、抄书。清朝统治者以"稽古右文"自命，对图书典籍非常重视。顺治帝在登基后不久，即为纂修《明史》下令搜采明朝史志，康熙、乾隆二帝又广搜博采天下遗书。为纂修《四库全书》，乾隆帝数次下诏求书，并采取奖励政策，后来共采访得书 13 781 种。② 清宫藏书以明代皇宫秘籍为基础，又经过历年的搜求，加上清宫编纂刊刻、抄写的各类图籍，其收藏之富，超越以前各代。

---

① 韩美月：《清乾隆时期查抄案件研究》，台湾文史哲出版社 1996 年版，前言。
② 齐秀梅、杨玉良等：《清宫藏书》，紫禁城出版社 2005 年版，第 6 页。

在清宫收藏中，"三希堂"与"四美具"有着标志性的意义。

清代皇室收藏至乾隆时，不仅其质量、规模为历代之冠，而且可说是历代皇室收藏之总结。它的政治象征意义固然是承继传统而来的，但由于清王朝为非汉族的满族政权，因而其收藏在政治、文化脉络中的运作，较诸以往显得更复杂且富于变化。王羲之的名迹《快雪时晴帖》原放在乾清宫，此为皇帝之正式寝宫，位于内廷的正中，可见其地位之高，亦显出皇帝的重视。王献之的《中秋帖》则置于御书坊，亦有相似之身份。等到乾隆十一年（1746），乾隆皇帝得到另外一件晋人名迹——王珣的《伯远帖》后，则将三件书迹移置于他处理日常政务的居所养心殿中最私密的暖阁中，并将暖阁铭为"三希堂"。这三件书迹不仅被视为中国书法仅存的最高典范，而且分别经过宋、金、元诸代的皇室所收藏。得以将"三希"聚于一处，并移置其身边，除了宣示乾隆皇帝本人对文化传统之重视及拥有外，亦透露着他对能与前代皇室收藏成绩颉颃的骄傲。①

"四美具"同样具有重要意义。所谓"四美"，即晋顾恺之的《女史箴图》和传为宋李公麟的《潇湘卧游图》《蜀川胜概图》《九歌图》。这四件画作，明代为上海人顾从义所收藏。顾能书善画、好古精鉴，嘉靖年间以善画选直文华殿，后授中书舍人。这四件国之瑰宝，在明代即被董其昌称为"四名卷"，他对此四件巨迹散佚后自己只能得其一而感慨不已。乾隆年间，在有史以来最大规模的艺术搜集行动中，这四件名品相继进入清宫，至乾隆十一年（1746）夏，"四美"重新团聚。

乾隆皇帝对"千古法宝，不期而会"叹为"不可思议"，并非常

---

① 石守谦：《清室收藏的现代转化——兼论其与中国美术史研究发展之关系》，《故宫学术季刊》第二十三卷第一期。

高兴，特在建福宫花园静怡轩辟出专室存放"四美"，并命名曰"四美具"。又命董邦达绘《四美具合幅》，并御题《"四美具"赞》，在御题《潇湘卧游图》中谓："董跋谓顾氏名卷有四，今乃散而后合，不异丰城之遇也。"

清宫收藏的意义：

1. 具有特殊的政治意义　作为源远流长的皇室收藏，它不仅是"宜子孙"的一笔宝贵财富，也不只是供皇帝个人赏玩的珍稀艺术品，更重要的是这些藏品所具有的强烈的政治与文化的象征意义，即皇室文物的收藏与承袭，与王朝"奉天承运"的统治的继承性、合法性密切相关。

2. 具有深刻的文化意义　清宫收藏作为源远流长的中华文明的文物载体，是一部浓缩的中华五千年文明史，中华民族绵延不断的历史文化在故宫的各类文物藏品里均得到充分的印证。这些文物的最大特点，在于它们是中华民族世世代代创造积累的，是民族智慧和创造力的体现，与我们国家的历史文化相关联，反映了中华文明一脉相承的辉煌历程。在故宫博物院成立后，清宫收藏的这种珍贵性、重要性，使其在一定程度上具有了民族文化命脉的意义，因此在整体上也寄附着、反映着国家的命脉、民族的精神。当年故宫文物南迁，就具有保护民族文化命脉的意义；而经过抗日烽火洗礼的故宫文物和我们民族共患难，又被赋予了特殊的价值。

清宫收藏的文化意义，还体现在以乾隆皇帝为代表的一批宫廷知识分子通过对内府收藏的全面整理与编目，建构了关于皇室典藏的知识体系，起到了知识传承的作用。

清自乾隆以后，宫廷收藏日渐衰落，主要有两个原因：一是康乾盛世表象下的危机的爆发，内忧外患不断，清朝走上了不可遏止的下坡路，已没有歌舞升平、赏玩游乐的社会环境了。二是继位的嘉庆皇帝对进贡制度带来的官场腐败有深刻认识，宣谕严禁贡物，并免除年节王公大臣向皇帝呈进如意之例。清人昭梿在《啸亭杂录》中记载了有关的情况："今上亲政时，首罢贡献之诏，除盐政、关差外，不许呈进玩物，违者以抗旨论。……时和阗贡玉，辇至陕、甘间，上即命弃诸途中，不许解入。故一时珠玉之价，骤减十之七八云。"[①] 以瓷器为例，康乾时是宫廷瓷器烧造的黄金时代，但到嘉庆皇帝时，不仅先后变卖了库存的康雍乾及本朝的瓷器 44 万余件，而且烧造瓷器的用银一再减少，直至最后 10 年，连盘碗盅碟等圆器也不再烧造了。这些举措对宫廷收藏产生了重大的影响。

近代以来，清宫文物旧藏多次遭到劫掠或毁损，主要是第二次鸦片战争中英法联军对圆明园的劫掠和焚毁、1900 年八国联军对皇室财宝的抢劫与破坏以及逊帝溥仪在内廷 13 年中清宫文物的大量损失。

清宫文物虽受到不少劫掠与毁损，但其主要的基本的部分仍然保留了下来。清宫文物现主要存藏在北京故宫博物院与台北故宫博物院、沈阳故宫博物院、承德避暑山庄、颐和园等明清皇家建筑也都存有相当数量的文物。承袭原中央博物院筹备处的南京博物院，接管了原古物陈列所南迁的大部分文物。中国第一历史档案馆是清宫档案最主要的存储所，台湾"中央研究院"史语所、辽宁省档案馆等也集中庋藏了大量明清档案。中国国家图书馆也是清宫典籍的重要收藏单位。

---

① 昭梿：《啸亭杂录》卷一，中华书局 1980 年版，第 27—28 页。

23   清宫造办处

中国历史上，手工技艺历来同家国政治密切相关。秦始皇建立统一的封建王朝，内廷用度由采办为主变为造办为主。造办阶段的内廷制作是中国历代官营手工业中手工技艺水平、器物品位、器用制度等方面的优秀代表。

明清两代，宫廷都设有专门的手工作坊，集中最优秀的工匠及名贵而丰富的材料，不惜工本，精益求精，按照宫廷需要制作精美的用品或艺术品。这些物品体现了皇帝的审美趣味，也往往成为一个时代的典范之作。

明代内府管理机构集中在宦官掌控下的二十四衙门。负责内廷制作的部门有御用监、尚衣监、银作局、内织染局和位于江南的织造、位于景德镇的御窑。其中御用监生产规模十分庞大，据《大明会典》记述，隆庆年间御用监所用各种工匠在2800人以上。三十余年的永乐、宣德朝，其瓷器、漆器、佛教造像、珐琅器、宣德炉等精华纷呈，多为中国古代艺术的巅峰之作，也成为世界各大博物馆的珍藏。

清代掌管宫禁事务的机关是总管内务府。内务府管理的养心殿造办处、御书处、武备院北鞍库、织染局、江南三织造等都是内廷制作机构，其中最大的是成立于康熙年间的养心殿造办处，后移至慈宁宫茶饭房及白虎殿后。其任务为制造和贮存金器、玉器、木器、漆器、

铜器、珐琅、玻璃器皿、舆图、绘画及武器盔头等物，下设若干房、
所、处、库、馆、作等机构。造办处作坊多时六十几个，少时也有十
几个。总管内务府大臣只是二品官，而特简管理造办处大臣职务常由
亲王或内廷行走的一品大臣担任，等于皇帝直接指挥。这就决定了造
办处的特殊地位。

当时全国的著名工匠几乎全部汇集于清宫造办处。制墨有曹素
功、汪近圣、詹应虬等，牙作有封岐、施天章、叶鼎新、陈祖章、萧
振汉、黄振效、顾彭年等，巧匠有吴鲁衡、黄异人等，画作有蒋廷
锡、丁观鹏、贺永清、程志道、焦秉贞、郎世宁、唐岱、莽鹄立等，
玉作有陈廷芬、姚宗仁、施仁正、陈宜嘉、刘廷贵等，珐琅作有邹文
玉、吴士琦、贺金昆、汤振基等。在雍正元年（1723）至雍正十三年
（1735）的档案中，曾提及名字的匠人有 160 余人，未提及的尚有很
多。而至乾隆时，御用工匠更是逾倍增长。

上述工匠主要是来自广东、苏州、江西等地的"南匠"，这些地
方都有悠久的制器传统。还有少数民族工匠，文献中被称为"藏里
人"（又称"巴拉布佛匠"）、"回子匠"、"厄勒忒匠"（为清廷平定
准噶尔叛乱收复新疆后该地的工匠），他们都是在特定历史背景下进
入造办处为宫廷服务的。西洋人均是会技艺的传教士，大多在如意
馆、做钟处服务。他们身怀的技艺是清宫造办处内的一股清泉，以其
新鲜别样刺激着清代帝王对域外世界的认知与想象。"技艺娴熟之巴
勒布匠役"即尼泊尔六名工匠，则是乾隆帝下旨让西藏选送的。清宫
帝王的御制系统融合了多种民族技艺和地域技艺，代表了当时工艺美
术的最高水平，这无疑也是中国工艺美术史上的黄金时代。

造办处的制作网是全国性的。除宫中厂房外，景山、圆明园尚有
许多作坊。一些特种工艺则由造办处设计画样，或拨蜡样，或做木

样，交苏州、杭州、江宁三织造以及九江关、粤海关等处御用作坊制作。

康熙时代造办处的档案没有保存下来，但康熙帝在工艺制作方面的成就永志史册。这些制作总与他强烈的科技兴趣和创新精神联系在一起。著名的珐琅彩品种，就是在康熙时引进国外彩料创制的。清代官窑重视单色釉的制作，康熙帝的郎窑红和豇豆红独步一时。他还在紫禁城西侧的蚕池口（今中南海内）兴建了一座由传教士指导建造并参与管理的玻璃厂。

雍正、乾隆时代是清宫造办处最为兴盛的时期。两位帝王不仅治国有方，有着相当高的艺术修养，还对工艺制作非常有兴趣，能够亲自参与设计，坚持"内廷恭造之式"，经常对纹样乃至制作工艺下达具体入微的旨意，使得这个时期的宫中器物充分体现了帝王的品位。

雍正帝根据他即位五年来所见的造办处所造活计的艺术水平，曾有谕旨："朕从前着做过的活计等项，尔等都该存留式样，若不存留式样，恐其日后再做便不得其原样。朕看从前造办处所造的活计好的虽少，还是内庭恭造式样。近来虽甚巧妙，大有外造之气。尔等再做时不要失其内庭恭造之式。"①

雍正帝提出的"内庭恭造之式"，应是手工技艺的"艺"中的法则、审美，即宫廷的法则和审美。内庭恭造与外造的分野，关键不在技术，而是宫廷与民间在知识和审美上的重大差异。从后世所见雍正时期的御制器物看，他所认为的内庭恭造大致有"秀气""文雅"

---

① 转引自朱家溍选编：《养心殿造办处史料辑览·第1辑·雍正朝》，故宫出版社2013年版，第116页。

"精细"的特点，强调大气，即宫廷之气象，反对民间的"俗气"。[1] 雍正皇帝对器物制作的这一谕旨，成为历代宫廷御制器物的最高标准。在这一标准的指导下，海内之器被规整为帝王之器，四方之匠逐渐演化为内廷之匠。

雍正帝如此强调"存留式样"，是因为经皇帝修改确定的纸样、木样、蜡样、合牌样等式样是审美宫廷化的具体体现，也是皇帝与工匠沟通的最直观、形象的方式。例如，雍正十二年（1734）二月初十下旨"将景山东门内庙里供奉骑马关夫子像着照样造一份"，先拨蜡样呈览，准时再造。雍正对五次呈览的蜡样都有明确的修改谕旨，[2] 从中可见雍正帝超乎寻常的物象观察力，而存留这些所改蜡样，工匠对皇帝的审美情趣就会有更具体、形象的领悟和把握，有利于日后再做。

1736 年乾隆皇帝即位后，清宫造办处制器任务大大增加。据统计，乾隆年间仅乾隆钦定的刻款玉器就达 557 件之多。[3] 与此同时，清宫造办处的作坊数量也跟着增多。乾隆朝新增的作坊名称就有 18 个："摆锡作""裁作""成衣作""刀儿作""灯作""雕作""广木作""画院""画院处""盔头作""启祥宫""如意馆""练儿作""杂床作""整花作""铸炉处""装修处""做钟处"。整个乾隆时期，清宫造办处呈现一派繁荣景象。"大清帝国"这一形象通过器物体现出它的时代威严。

乾隆时期制瓷技巧达到空前的高水平，仿木纹、仿竹器、仿象

---

① 参阅林姝：《从造办处档案看雍正皇帝的审美情趣》，《故宫博物院院刊》2004年第 6 期。

② 朱家溍选编：《养心殿造办处史料辑览·第 1 辑·雍正朝》，故宫出版社 2013年版，第 416 页。

③ 李宏为：《乾隆与玉》，华文出版社 2013 年版，第 543—548 页。

牙、仿漆器、仿玉器、仿石器及各类像生瓷都是高超制瓷技艺的成果。但由于整个上层社会沉醉于尽情挥霍、夸耀富有的风气中，其装饰风格盛行锦上添花，大红、大绿、金银辉耀，太多富贵气，较少雅静之作。①

造办处如意馆的西洋传教士画家，则带来了中西合璧的画风。其中郎世宁从康熙至乾隆年间在宫内作画长达52年，堪称第一位将西洋画法传入清廷的外国画家。这种画风的特点，是运用西洋的明暗法，强调对象形体结构本身的起伏凹凸和造型比例的准确性，舍弃了环境光线影响下所形成的阴影、投影和强烈的明暗对比，并以工整墨线和细致色晕来代替粗放笔触和块面色彩，使物象既富立体感和质感，又具笔墨韵味，为中国画家和观者所能接受。这是折中东西方绘画艺术特点的新图式。此外还有法兰西人王致诚、贺清泰，波希米亚人艾启蒙，意大利人安德义、潘廷章。他们不但自己在清宫内作画，而且还将欧洲的绘画技法传授给中国的宫廷画家。

从康熙年间始，直至1924年末代皇帝溥仪出宫之前，清宫造办处为宫禁服务达200多年，共留下5000余册的档簿，另有单张文件7万余件。这些清宫御用器物的秘档，是清朝皇室生活营运过程中直接形成的最原始记录，也是清代工艺美术方面存留的唯一的最集中的原始资料。香港中文大学和中国第一历史档案馆合编的200巨册的《清宫内务府造办处档案总汇》已公开出版。

这些档案是清代工艺美术品和画院画家作品最集中的文字史料，其中有某些作品的作者姓名、设计者的姓名、管理人员的姓名、成做活计的品名、皇帝对于器物制作的具体要求和意见等。它对查考清代

---

① 参阅冯先铭主编：《中国陶瓷》修订本，上海古籍出版社2001年版，第561、574页。

文物，研究各类活计制作工艺特点及其历史地位、宫中文化艺术的发展、一些文人的艺术风格和成就，都有重要的历史价值。[①]

故宫所藏清代工艺美术品有许多件可以在档案中找到作者是何人，何年月日开始设计画样、做模型，何日完成，以及陈设地点等。对有的不知其朝年和来源的文物，通过活计档，将文字记载与实物对照，进行综合分析，也可考证文物的朝年与来源。例如朱家溍先生在《清雍正年的漆器制作考》中提及，根据《活计档》记载，雍正十年（1732）曾制做洋漆包袱式盒，现存故宫藏品中；再如档案中多次提到雍正十年谕年希尧所做镶竹漆器、雍正七年（1729）江宁织造随赫德进呈的黑漆描金填香炕倚靠背等。在以往的文物鉴定中，误将这些漆器定为乾隆年造的。而通过档案证实，上述漆器中有的具有较明显的雍正年制的特点，在乾隆年造办处档案上未再有记录，所以可以肯定这些漆器是雍正年制。[②]

---

① 参阅朱家溍选编：《养心殿造办处史料辑览》，紫禁城出版社，前言。
② 朱家溍：《清雍正年的漆器制作考》，载朱家溍：《故宫退食录》，紫禁城出版社 2010 年版。

24　乾隆赏鉴

乾隆皇帝即清高宗弘历（1711—1799），是清代第四位皇帝，也是中国历史上掌权时间最长以及最长寿的皇帝。他在位期间，多次用兵统一疆土，对于清朝统治全盛局面的形成，对于中国疆域版图的最后形成，有着重要作用。康雍乾盛世是中国历史上最后一个盛世，康熙、雍正是盛世的上升阶段，而乾隆则是盛世的高峰和终结。乾隆帝又是一位有着深厚汉文化传统素养的帝王，重视文化事业，毕生致力于文物的收藏。这种收藏又与他对文物的鉴赏、整理、弘传及自己的艺术创作结合在一起，形成了多姿多彩的文化活动，显现了他儒雅的生活情趣。

故宫博物院收藏有四幅画面相类似的图画，都是乾隆皇帝身着汉人服饰、正坐在榻上观赏皇家收藏的各种器物的景象，其中一幅上有乾隆御题："是一是二，不即不离。儒可墨可，何虑何思。长春书屋偶笔。"书房中有一组古物，左上角的古铜器为"新莽嘉量"，即王莽在创立新朝时所颁的度量衡标准，其形制乃据《考工记》的文字叙述推衍想象而成。这是王莽当时在文化上复古企图的体现。高置方几之上的是明宣德青花蓝查体出戟梵文盖罐，侍童手执明永乐青花缠枝文藏草瓶，圆桌上置有明永乐青花双耳扁瓶及明宣德青花凤穿花纹罐等。这些古物至今仍被珍藏着。通过这幅图画，可见乾隆皇帝对古物的痴迷及艺术趣味。

乾隆帝不仅致力于收藏，而且重视文物的鉴赏，常在文学侍从、内廷画家陪侍下阅赏品鉴，作为政务之暇的消遣。乾隆朝著名的文学侍从，有梁诗正、张照、汪由敦、董邦达、钱陈群、沈德潜、于敏中、刘墉等，这些人学问优长，能诗能文，兼具书画艺术创作与鉴赏能力，陪着酷好诗文艺术的皇帝进行创作、鉴赏，并整理皇室收藏。

乾隆皇帝本人艺术修养甚高，精于古物鉴赏，嗜古成癖，对于收藏的书画及工艺珍品进行过认真的鉴评。阅赏钤印是乾隆帝的喜好，故宫藏的很多传世书画精品上都钤有乾隆的玺印。乾隆一生拥有过的玺印远远超过他曾钤用过的玺印，据统计，乾隆一生共治玺印 1800 余方，钤用过的也有千余方，是历史上留下印迹最多的一位皇帝。[①]

鉴与赏是分不开的。乾隆皇帝的阅赏活动在他的诗文中也有充分的反映。《乾隆御制文物鉴赏诗》一书，从《乾隆御制诗》中选取咏颂文物的诗篇 3400 余首，咏颂的文物分为绘画、玉器、陶瓷、漆器、砚五类，仅绘画诗就有 2000 余首。编者讲，所收种类不全，有些吟咏其他工艺品的诗未能选入。[②]

乾隆皇帝在书画上的题跋非常多。仅《快雪时晴帖》，他在 49 年中的题跋就达 73 处，在他认为是真迹的黄公望的《富春山居图》上题跋 55 处。这些题跋和题诗，或记叙文物的收藏经过，或抒写感想，反映了他的艺术趣味和审美观念。

乾隆皇帝对古玉的鉴别水平很高，懂得玉器的沁色和俏色。这个技能是在实践中学习获得的。乾隆五十年（1785）五月，他在承德避

---

① 参阅故宫博物院编：《清宫收藏与鉴赏》，故宫出版社 2012 年版，第 42—49 页。

② 参阅石光明、董光和、伍跃选编：《乾隆御制文物鉴赏诗》，书目文献出版社 1993 年版。

暑山庄见到一件汉代玉辋头，见其古色斑斓，抚不留手，竟不自觉地联想到了早年从姚宗仁那里得到的玉器染色作伪的技术知识："今之为伪古玉者，色似油污，镌纹不深，且质体粗笨，不过省其工而眩一时。"①

在第二年也就是乾隆五十一年（1786）四月的《咏汉玉辋头瓶》中，乾隆更是直接将此方法用于真假染色的辨别对比之中。在他看来，这件汉玉辋头瓶的染色并非当今工匠所为，而是几百年前所作，水平之高是当今玉器染色无法比拟的。他在诗注中特别提道："染玉之法亦有其道，今之伪为者率以油渍，与圬者圬墙了无以异，详见昔所作《玉杯记》。"②

元代黄公望的名作《富春山居图》，流传的有构图完全相同的两卷，一为题赠郑无用师的《无用师卷》，另一为落款"子明"的《子明卷》。两卷于乾隆时期先后进入内府。乾隆帝误辨《子明卷》为真，《无用师卷》为仿本，引发后世诸多讨论。

乾隆皇帝不仅重视收藏，还对内府收藏进行了全面的整理与编目，建构了关于皇室典藏的知识系统，也借此培养了他对古代书画、器物及善本的理解力与鉴赏力。

乾隆皇帝对内府藏品进行大规模的整理，开始于对书画作品进行分类编目，首先完成《秘殿珠林》及《石渠宝笈》；继而对青铜古器及古砚进行辨识、绘制图说、装帧收藏，《西清古鉴》《西清砚谱》既是古器编目，也展现了乾隆朝的装帧艺术；《四库全书》《四库荟要》

---

① 《清高宗御制诗五集》卷一七"咏汉玉辋头"。
② 《清高宗御制诗五集》卷二三"咏汉玉辋头瓶"。参阅郭福祥：《宫廷与苏州：乾隆宫廷里的苏州玉工》，载故宫博物院、柏林马普学会科学史所编：《宫廷与地方：十七至十八世纪的技术交流》，紫禁城出版社 2010 年版。

是乾隆皇帝汇编的天下知识库；《天禄琳琅书目》是中国历史上第一份以赏鉴版本作为编目重心的皇家善本书目；《三希堂法帖》《敬胜斋法帖》《淳化阁帖》及《重刻淳化阁帖》，则呈现了乾隆皇帝对法书名迹的热爱。通过各类编目可以看出乾隆皇帝试图从知识基础上对艺术作品进行重新解读，这同时也建构了他对艺术的品位。①

乾隆皇帝对于收集的许多珍贵法书名作，不仅自己摹写欣赏，还刊刻了《三希堂法帖》《敬胜斋法帖》《淳化阁帖》等，以广流传。其中《三希堂法帖》，包括内府藏历代名家 135 人的 340 件楷、行、草法书墨迹，从乾隆十二年（1747）开始编次摹勒上石，历时六年始毕。此套法帖刻工精良，卷帙浩繁，大多据真迹摹刻，在作品数量和质量上都是其他丛帖无法比拟的。此帖原石 495 块，嵌在北京北海公园阅古楼壁间，现在依旧大致完好。

乾隆皇帝生活的 18 世纪，在人类历史上具有特殊的重要意义，以英国产业革命和法国大革命为标志，资本主义在西欧已确立了统治地位。成立于 1753 年的大英博物馆在六年后正式对公众开放。1793年 8 月 10 日，卢浮宫艺术馆正式对外开放，成为一个公共博物馆。18世纪的中国仍处于漫长的君主专制时代的末期，封建专制政治的典章制度得到进一步完善。清统治者自认为是"天朝上国"的君主，君临天下，统驭万方。溥天之下，莫非王土。宫廷的收藏，自然也是君主法统的象征，仅供皇帝观赏享用。但是，这些文物毕竟是中华文明的载体和记录，是中华传统文化的结晶和瑰宝。乾隆皇帝毕竟也是中国历史上一位了不起的帝王。辛亥革命后，故宫博物院成立，这些文物便成为全国人民共享的文化财产。

---

① 何传馨编：《十全乾隆：清高宗的艺术品味》，台北故宫博物院 2013 年版，第87 页。

25 《永乐大典》

明清两代前期，以官方的力量与名义整理并修纂了一批整合传统典籍文献的集大成之作，这些巨作卷帙浩繁，气势恢宏。有明一代，最重要的文化工程与文化贡献，当然是明成祖朱棣下令编纂并亲自撰写序言的《永乐大典》。

朱棣以武力得天下，又以高压治国，却锐意标榜文治。他下令编纂了多种图书，其中尤以《永乐大典》最为著名。靖难之变余波未平，他就把修书列入军国要务。永乐元年（1403）七月，朱棣要求修一部"毋厌浩繁"的巨著："凡书契以来经史子集百家之书，至于天文、地志、阴阳、医卜、僧道、技艺之言，备辑为一书，毋厌浩繁！"[①] 解缙等奉饬编修，次年成书，名《文献大成》。朱棣嫌内容简略，又派姚广孝、解缙等重修，于永乐六年（1408）完成，改称《永乐大典》。以年号为书名，说明朱棣对此书的重视，他要让他的时代、他的业绩与这部宏作巨制永存不朽。正如他在《永乐大典》序言中所说："尚惟有大混一之时，必有一统之制作，所以齐政治而同风俗，序百王之传，总历代之典。"

《永乐大典》全书 22 937 卷（内目录、凡例 60 卷），分装 11 095 册，总计约 3.7 亿字。参加编校、抄写的学者和书手近 3000

---

① 《明太宗实录》卷二一，永乐元年七月丙子。

人。《永乐大典》当时辑入的图书，包括宋元前经、史、子、集、释藏、道经、北剧、南戏、平话、工技、农艺、医学等七八千种，并采取按韵与分类相结合的编纂方法，"用韵以统字""用字以系事"，将书中的资料整段、整篇甚至整部一字不易地全部录入，同时亦保存了古书的原来面目。就其体例而言，此部书实兼有字书、韵书、类书之综合功用。全书收罗宏富，元以前佚文秘籍多赖以保存，对辑佚或校勘古籍有重要价值。清修《四库全书》时即从中辑出近400种书。《永乐大典》在装帧上别具一格，用端正楷书抄成，绘图精丽工致。书面硬裱，黄绫面，包背装。《永乐大典》是中国古代最大的一部类书，它不仅是我国文化遗产中的珍品，在世界文化史上也享有崇高的地位。《不列颠百科全书》在"百科全书"条目中称《永乐大典》为"世界有史以来最大的百科全书"，它已成为中国文化的一个重要符号。

《永乐大典》只抄正本一部，未刻印，抄成后藏于南京文渊阁，后移运到北京紫禁城，藏于文楼或文渊阁。明嘉靖、隆庆年间又依永乐原本摹写副本一部，贮于新建的皇史宬。正本约毁于明亡之际，副本在清乾隆、咸丰时也渐散失。1900年八国联军入侵北京时，所余卷帙大部被焚毁，未毁的几乎全被掠走。《永乐大典》的纂修、毁损、流散以及搜集，与国运兴衰相关联，有着曲折的经历。

据统计，现存于中国与世界各地的《永乐大典》有400余册，共800余卷，散存在10多个国家的30余个公私收藏家手中。中国国家图书馆现有162册，另有60册为京师图书馆草创之际，清廷从翰林院拨交的，这60册抗战时寄存美国国会图书馆，后运至台北，现收藏于台北故宫博物院。另外上海图书馆、四川大学图书馆各1册，台北"中央图书馆"7册，台北"中央研究院"史语所6册。在国外，日本的东洋文库等 10 余个机构及个人共存藏 60 册，美国的国会图书馆等 4 个机构存藏 50 册，英国的牛津大学、国会图书馆等 6 个机构存藏 49 册，德国的 3 个机构存藏 7 册，越南 4 册，爱尔兰 3 册，韩国 1 册，此外不排除还有遗漏。①

从清代到民国以至当代，一直有人在做《永乐大典》的辑佚工作，辑出了大批文献资料。

民国以后，公私影印《永乐大典》存佚本陆续而出。1959 年北京中华书局首先仿制《永乐大典》，将乌字韵的一册用夹宣纸套印，大小规格、封面装帧一如原式，使今人始能见到该书原貌。中华书局 1960 年影印出版《永乐大典》730 卷，20 年后又出版新发现的 67 卷的续印本；1986 年，中华书局把两次所印的 797 卷收在一起出版，并附印《永乐大典目录》。2003 年，上海辞书出版社出版了《海外新发现〈永乐大典〉十七卷》。台湾在北京中华书局 730 卷影印本基础上加配台北和西柏林所藏 12 卷加以影印出版。日本亦影印过天理图书馆所藏的 16 卷《永乐大典》。

由于《永乐大典》的重要性及其不幸遭遇，清末以来学者们对其研究非常重视。代表著作有郭伯恭《永乐大典考》（商务印书馆 1938 年版）、顾力仁《永乐大典及其辑佚书研究》（台湾文史哲出版社 1985 年版）。郭书论述了《永乐大典》的编修、重抄、流传过程，《四库全书》开馆辑佚等方面的内容。顾书除了介绍《永乐大典》的编修及流传等情况外，还重点研究了有关《永乐大典》辑本的问题，较全面地梳理了《永乐大典》的研究资料。2002 年 4 月，中国国家图书馆召开"《永乐大典》编纂 600 周年国际研讨会"，来自海内外

---

① 参阅张升：《〈永乐大典〉流传与辑佚研究》，北京师范大学出版社 2010 年版，附录一《〈永乐大典〉现存卷目表统计》。

50 多家图书馆和研究机构的近百位专家学者与会，编印了《〈永乐大典〉编纂 600 周年国际研讨会论文集》（北京图书馆出版社 2003 年版），反映了《永乐大典》研究的最新成果。

26 《四库全书》

《四库全书》是清高宗弘历下令纂修的一部大型丛书，按经、史、子、集四部分类，故名。乾隆三十八年（1773）正式开设四库全书馆进行编纂工作，乾隆四十六年（1781）十二月修成，五十二年（1787）完成缮写工作。

《四库全书》共收书 3503 种，79 337 卷。其书源分别采自《永乐大典》辑轶本、内府藏本、各省采进本、藏书家进献本、书坊流通本、敕撰本等，版本较为复杂。馆臣经过鉴别后，择其善本，足本著录。又因历代多伪书，馆臣逐一考证，辨别真伪。每部书前，均附有提要，介绍作者生平事迹，记述著述缘起，考镜学术源流，罗列版本情况，钩玄提要，品评得失。《四库全书》基本上囊括了乾隆以前中国古籍的精品，在一定程度上起了保存、整理和传播中国古代文献的作用。通过《四库全书》，可以大致了解中国的历史和思想文化。但在编书过程中，乾隆帝也下令查禁、销毁了三千余种六七万卷以上"悖逆""违碍"的书籍，数量几与四库现收书相等，并对不少书籍的内容做了删改，这是为人所诟病的。

《四库全书》开馆后，乾隆帝认为将来书编成后，规模会相当大，不便翻阅，又于乾隆三十八年（1773）下旨，要求择其精华，编成《四库全书荟要》，篇章格式一如《四库全书》。《荟要》的编纂历经六载，最终抄成两部，分别贮于故宫御花园的摛藻堂与圆明园的味腴书室。《荟要》共收录图书463种（经部173种、史部70种、子部81种、集部139种），20 828卷，11 186册。以种数言，占《四库全书》近1/7；以册数论，则约占《四库全书》的1/3。《荟要》与《全书》相比，选择标准更严，注重反映学术源流的、各时期的代表性著作，其所录底本都比较精善，且有较高的版本价值，保存原文方面也优于《全书》。

在编纂《四库全书》的同时，产生了一部《四库全书总目》（亦简称《四部提要》），这是对收入四库各种图书所撰提要的总汇，由总纂官纪昀整理修改定稿。总目共收各省献呈书籍10 254种，172 860卷，包括收入《四库全书》的"应抄"书籍3461种，79 309卷，"存目"书籍6793种，93 551卷，基本上囊括了先秦至清初尚传世的重要书籍，元代以前的书籍收录尤为齐全。因总目卷帙浩繁，翻检不便，后又辑成《四库全书简明目录》20卷。《四库全书总目》在目录编撰体例、文献分类、提要撰写和文献考订等方面均有独特成就，是中国古典书目的集大成之作、四部分类法的典范之作，它为后人了解和查考中国古代典籍提供了方便，一些学者把阅读该书视为读书治学的门径。

《四库全书》的编集共动用了3841名抄手，缮写七部的抄手的费用就超过50万两白银。七部分藏内廷即故宫文渊阁、承德避暑山庄文津阁、盛京文溯阁、圆明园文源阁、扬州文汇阁、镇江文宗阁、杭州文澜阁。七阁的建制仿宁波范氏天一阁藏书楼，建成时间则先后不一。南三阁允许士子阅览，发挥了"嘉惠士林"的作用。

"四库七阁"之书，迄今存毁各半。文渊阁本随文物南迁，现存台北故宫博物院。文溯阁本现由甘肃省图书馆保管。文源阁本在英法联军攻占圆明园时被焚毁，文津阁本现藏于中国国家图书馆。江南三阁，文宗阁本、文汇阁本俱毁于太平天国战火。文澜阁本当年亦散失部分藏书，后经抄补缺失部分，得复旧观，今藏浙江图书馆。

《四库全书荟要》当年抄成两部，圆明园味腴书室的藏本与文源阁《四库全书》均遭英法联军烧毁，故宫摛藻堂的藏本今存台北故宫博物院。

《四库全书总目》版本很多，主要有乾隆五十四年（1789）的武英殿本和乾隆六十年（1795）的浙江翻刻武英殿本，后者改正了殿本的一些讹误。后来的版本基本上都是从这两种刻本翻印的。1965年中华书局又影印了浙江刻本，并核以武英殿本和广东本而成，书后附故宫博物院藏《四库撤毁书提要》9篇、阮元撰《四库未收书目提要》170多篇，同时有殿本、浙本、粤本校勘表，书名、人名索引，极便使用，被认为是目前可供使用的最好的一个本子。此外，余嘉锡撰《四库提要辨证》和胡玉缙、王欣夫辑《四库全书总目提要补正》可纠正《四库全书总目提要》的纰缪疏漏。周中孚撰《郑堂读书记》、孙殿起撰《贩书偶记》等也可与之补充使用。

民国初年，陈垣主持了文津阁《四库全书》的清点工作，不仅详细统计了其架数、函数、册数和页数，而且简要梳理了《四库全书》编纂的过程，并对其中一些重要问题做了开创性的研究。此后，诸如杨家骆《四库大辞典》（附《四库全书概述》，1932年）和《四库全书学典》（1946年）、任松如《四库全书答问》（1933年）、郭伯恭《四库全书纂修考》（1937年）等论著相继出现。

1986年，随着台湾商务印书馆影印《文渊阁四库全书》全本的推出，海峡两岸迅即掀起了"四库热"。2005年，商务印书馆影印出版文津阁本《四库全书》。2014年，商务印书馆影印出版原大原色原样文津阁本《四库全书》。在此期间，诸如《四库全书存目丛书》（齐鲁书社、台湾庄严文化事业有限公司 1997 年版）、《四库禁毁书丛刊》（北京出版社 2000 年版）、《四库未收书辑刊》（北京出版社 2000 年版）、《四库全书存目丛书补编》（齐鲁书社 2001 年版）、《续修四库全书》（上海古籍出版社 2002 年版）、《四库禁毁书丛刊补编》（北京出版社 2005 年版）相继问世。《四库全书》电子版也有好几种。出版了《纂修四库全书档案》（上海古籍出版社 1997 年版）。出现了一批有影响的研究著作，如黄爱平《四库全书纂修研究》（中国人民大学出版社 1989 年版）、吴哲夫《四库全书纂修之研究》（台北故宫博物院 1990 年版）等，可以说"四库学"已成为一门显学。

27　《石渠宝笈》《秘殿珠林》

　　记录中国法书、名画作品的目录性著述被称为书画著录。《宣和书谱》与《宣和画谱》就是宋徽宗时代的宫廷书画著录。这些著录，起初是较简的书画账目，后来才发展为内容翔实的书画录。在没有图像复制技术的古代，这些宝贵的记载保存了流传书画的丰富信息，对于书画鉴藏以及书画史研究，都有重要的文献价值。

　　《石渠宝笈》是清代宫廷收藏书画著录。与此同时编写的还有《秘殿珠林》一书。《秘殿珠林》取唐代佛教典籍《法苑珠林》之名，专记内府各宫殿所藏属于佛道经典的书画等。《石渠宝笈》取汉代宫廷秘笈典藏讲学之所"石渠阁"典故名之，专记内府藏非宗教题材书画。

　　乾隆朝大规模整理内府藏品是从鉴别整理书画开始的。乾隆九年（1744）上谕称：

　　　　内府所储历代书画，积至万有余种，签轴既繁，不无真赝。顷释道二典，已编为《秘殿珠林》一集。此外，并宜详加别白，遴其佳者，荟萃成编。朕少年时，间涉猎书绘。登极后，每缘几暇，结习未忘，弄翰抒毫，动成卷帙。应一并分类诠次，用志岁月。至臣工先后经进书画暨传入御府者，往往有可观览，选择排比，亦足标艺林之雅。且我列圣贻留墨宝，历久逾新。即前贤断纸零缣，用是有所稽考。

据此，《石渠宝笈》拟定整理编录的作品分为四类：一是顺、康、雍三帝的手泽，二是历代书画真赝高下的审辨遴选，三是乾隆皇帝本人书画作品的分类诠次，四是臣工进献作品的选择排比。

《石渠宝笈》的编录是在编写宗教题材内府书画著录《秘殿珠林》一年后进行的，始自乾隆九年（1744）十月，次年十一月告成。张照、梁诗正、励宗万、董邦达等九人奉敕主其事，共鉴定整理了历代书画名迹 1721 件。分上、次等，详载题跋、款识，各以分贮之所为卷。上等在前，次等附后，以千字文编号。上等，录其材质、尺寸、款识、印记、题跋及御题诗句、内府玺印等等；次等，仅录其名称、本人款识及乾隆御题。并依分贮的乾清宫、养心殿、重华宫、御书房等处所为序。加上本朝臣工字画，康熙、雍正二帝御笔书法，总计 2286 件，编为《石渠宝笈》39 卷；同时编成《秘殿珠林》24 卷。

此后的 40 余年间，宫中又陆续征集了大量书画名品。乾隆五十六年（1791）二月，弘历又命王杰、董诰等 10 人，进行第二次鉴别整理书画工作。乾隆五十八年（1793）正月告成。此次整理仍照前例分类，增法帖一门，并诠列目次。首冠御笔，余以册、卷、轴为序，列朝以朝代为序，臣工以年代为序，院画次之，洋法、番画又次之，合璧书画、刊本法帖、缂丝书画之类，另编于后，详载题跋款识，各以分贮之所为卷。不分上、次等，取消千字文编号。共著录 3062 件，分别编《石渠宝笈重编》85 卷、目录 3 卷与《秘殿珠林续编》不分卷。

第三次鉴定整理书画工作，始于嘉庆二十年（1815）二月。嘉庆帝命内廷翰林英和、黄钺、姚文田等 11 人，分班在懋勤殿，悉心检阅乾隆五十九年（1794）以来所进古今书画，仍仿前例，续辑"三编"，至嘉庆二十一年（1816）闰六月告成。"三编"著录书画作品 3409 件。分别编为《石渠宝笈三编》105 卷、总目 10 卷；《秘殿珠林三编》不分卷。

《石渠宝笈·秘殿珠林》全书的编纂过程，前后长达 74 年之久，共收录上起魏晋、下至清代中期近 2000 年书画作品万件左右，其中仅唐宋元三代法书名画即近 2000 件，明代作品也有 2000 件左右。这是继宋《宣和画谱》《宣和书谱》之后的又一部大型内府秘藏书画目录专著，不但反映了清宫书画收藏的宏富精美，是历代书画流传作品的大集中，也保存了清代顺、康、雍、乾四朝皇帝与臣工的得意之作，体现了清代前中期宫廷书画的集大成。

本书也反映了参与鉴定的内廷翰林的鉴赏水平。投入编纂的词臣前后共 31 人。他们多以词林起家，已出任高官，兼长书画，有的也具有一定的鉴赏考辨能力，甚至有书画碑帖方面的著作。《石渠宝笈》初续三编的编录过程，也是鉴定整理的过程。编纂者的工作，包括辨别真伪，进行筛选、著录和考证。对决定入录者，记其尺寸、本地、书体、画法、内容、题跋、印章等信息，还要考订作者、相关人物、流传过程，以按语形式标出。因此也可以说，此书还是参与整理编纂者治学能力的集中体现。该书尽管存在诸如真赝错谬、体例欠妥、难于检索等弊端，仍不失为一部可资了解和研究清宫庋藏历代书画作品的重要参考书。

《石渠宝笈》初续三编的原稿和内府抄写本，分别保存在两岸的故宫博物院和有关单位的图书馆。正式出版则在 20 世纪以后。《三编》则一直到 20 世纪后半叶才正式面世。

最早印行《石渠宝笈》，在于满足帝制被推翻后公众了解故宫收藏的需要。对该书的进一步关注，源于溥仪运走的故宫书画在伪满覆亡后流入市场，导致藏家、商贾需要比对著录加以验证。《石渠宝笈》再度被聚焦，源于20世纪80年代以来中国大陆书画文物市场的兴盛。在眼光、经验和知识都有所欠缺的情况下，该书的记载，对于经营人和投资者都成了足以参证的重要依据。①

---

① 薛永年：《〈石渠宝笈〉与书画鉴藏》，《中国国家博物馆馆刊》2015年第4期。

28　西清四鉴

　　中国古代青铜器在中国文明史和世界文明史上占据重要的地位。礼制是中国传统文化的核心内容，在商周时代用以维系贵族间的等级秩序，并作为规范约束人们的行为。由于礼制的加强，一些用于祭祀和宴饮的器物被赋予了特殊的意义，成为礼制的体现，被称为"礼器"。此为礼的物化，亦即"藏礼于器"。中国历代王朝都十分重视收集保存祖先遗留的礼器。

　　《西清古鉴》为清代宫廷所藏古代青铜器的大型谱录。梁诗正等奉敕编纂。乾隆十四年（1749）始编，十六年（1751）编定，并被收入《四库全书》之中。乾隆二十年（1755）内府刻本，楷书精印极佳。后来坊间通行的一些本子，均据此本缩印。全书共40卷，收商周至唐代铜器1529件（包括铜镜），而以商周彝器为多。另附有钱录16卷。体例完全模仿《宣和博古图》。书中著录的青铜彝器，除佚失者外，大部分现藏于北京故宫博物院及台北故宫博物院。

　　《西清古鉴》完成之后30年，王杰等奉命将"内府续得"的铜器按同样的体例编纂为《西清续鉴甲编》20卷，于乾隆五十八年（1793）编定，收商周至唐代的铜器944件，另附收唐宋以后铜器和玺印等31件，共计975件。书中跋语说："其藏之盛京（原奉天）者，厘为乙编。"《西清续鉴乙编》亦系王杰等人同时所编，共收铜器

900 件。甲乙二编先后于 1910、1931 年出有石印缩小本。清廷又将所藏铜器 600 件及铜镜 101 件编为《宁寿鉴古》16 卷。其编写体例、收器中真伪杂糅等，一如《西清古鉴》，1913 年商务印书馆依宁寿宫写本缩小石印。以上四书，俗称"西清四鉴"，共收录铜器 4074 件（另附录 31 件）。

对于"西清四鉴"，容庚先生在 20 世纪二三十年代就做了很深入的研究，写出了《西清金文真伪存佚表》（1929 年），后又发表了《清代吉金书籍述评》（《学术研究》1962 年第 2 期），全面细致地整理了此四书中的铜器和铭文。随着考古工作的进展和认识的逐步深入，容庚先生拟重修存佚表，但未能实现。先生的学生刘雨，在其师研究的基础上，对"四鉴"再次做了通盘的分析和整理，出版了《乾隆四鉴综理表》（中华书局 1989 年版）。该书给 1000 多件有铭之器一一编号，并列出现定器名、原有器名、字数、时代、著录、释义、备注等项，进行了全面的梳理，在备注栏中，对曾由容庚断定的真伪之器做出了说明，注明了现存状况。

"西清四鉴"的意义主要在三个方面：

一是推动了清代金石学的研究。元明两代，金石学几乎处于停滞状态。清代在乾隆以前金石学尚不发达，研究偏重于石刻。"西清四鉴"的编纂与公之于世，在当时极大地推动了青铜器的收藏并促进了金石学的研究。同时由于训诂学的发展，青铜器铭文成为古文字研究的重要对象。青铜器收藏和青铜器铭文释读之风大为盛行，青铜器图像和文字考订的著作也逐渐多了起来，使清代成为金石学发展的鼎盛时期。

二是保存了大量不可替代的珍贵资料。在"西清四鉴"1179 件有铭铜器中，现知器物下落者仅 189 件，而器已不存或不知下落者达

990 件之多，这 900 多件中各家著录者仅 179 件，器已不存、各家均未著录而铭文、形制赖"西清四鉴"得以保存至今者总计 780 件，约占总数的 2/3，因此"西清四鉴"保存资料之功是不可低估的。

三是"西清四鉴"在体例上基本继承了宋以来铜器图录的优良传统，诸如详记器物尺寸、重量、容量，器形由画院供奉精描细绘，尤其是从中国社科院考古研究所存藏残本彩绘本看，锈斑、颜色均毕肖原物，较准确地保存了这批数量可观的铜器的真实面貌。"四鉴"的铭文摹本基本是可靠的，比如班簋的摹本与新收集到的班簋拓片对照，就出入不大。这些摹本虽不如拓本真实可靠，但比之宋代的《考古图》《博古图》等书中几经后世翻刻的摹本还是要准确得多的。"四鉴"虽然在辨伪、断代、释文、考证等方面尚未达到宋代人的水平，但其学术价值是值得肯定的。[①]

---

① 刘雨编著：《乾隆四鉴综理表》，中华书局 1989 年版，第 7—10 页。

29 八千麻袋事件

　　"八千麻袋事件"，是指 1921—1929 年期间，清代内阁八千麻袋档案转辗、拍卖、散失的事件。清宫档案为世人所知，始自清宫内阁大库档案的流散。清初沿袭明制，以内阁统领政务，雍正设军机处之后，内阁虽地位下降，但仍协助皇帝处理一些日常政务的文书、典礼事务及备顾问等。内阁大库位于故宫东华门内旧内阁衙门东，藏有清代为编纂明史而收集的明代档案及盛京旧档，主要庋藏清代历朝的诏令、题奏、殿试卷子、金榜等档案以及官修的实录、圣训、会典等典籍。

　　王国维在《库书楼记》中这样介绍内阁大库所藏："案内阁典籍厅大库，为大楼六间，其中书籍居十之三，案卷居十之七。其书多明文渊阁之遗，其案卷则有列朝之朱谕、敕谕，内外臣工之黄本、题本、奏本，外藩属国之表章，历科殿试之大卷，其他三百年间档册、文移，往往而在，而元明遗物亦间出其中。"[①]

　　宣统元年（1909），清宫内阁大库严重渗漏，清廷决定大修之，于是将档案移存于文华殿两庑。管学部事务的大学士张之洞奏请以大库所藏书籍，设学部图书馆藏之，其余档案则焚毁。当时学部参事罗振玉被派赴内阁接收书籍，见到奏准被焚之物都是宝贵的史料，于是

---

　　① 写于 1922 年 7 月，载《观堂集林》卷二十三。

请张之洞奏罢焚毁之举，将所有档案运归学部，藏于国子监南学和学部大堂后楼两处。

民国初年，这部分档案由教育部历史博物馆筹备处管理，并移于故宫端门门洞中存放。1918 年，时任教育部佥事的鲁迅和另外一人，奉命搬了 20 麻袋档案到教育部进行清理。鲁迅说，当时之所以要着手清理，是因为有人"以为麻袋里定有好的宋版书——海内孤本"。麻袋中也确有宋版书。随后又搬了若干袋。搜拣过程中，教育部官员们经常在故纸堆中来往，有时将桌上拣出的东西拿走，送还时，往往比先前少一点。有的则边检查边塞到洋裤袋里。以后又清理了几次，反正不少人来"顺手牵羊"。一些工役们也手持长棍，搅着，拾取些黄绫表签之类的东西。他愤慨地说："中国公共的东西，实在不容易保存。如果当局是外行，他便将东西糟完，倘是内行，他便将东西偷完。"①

1921 年，历史博物馆因经费困难，除拣出一部分较整齐的外，将其余档案装 8000 麻袋计 15 万斤，以 4000 元价钱卖给同懋增纸店，以做"还魂纸"的原料，幸被有识之士罗振玉所知，以三倍价钱将此购回。这就是有名的"八千麻袋事件"。罗氏后因无力保管，自己仅留一小部分，其余转售于前驻日公使李盛铎。以后李氏留下一部分，又把大部分档案卖给民国政府的中央研究院历史语言研究所，从此这些档案始归为公有。这些档案几经易手，时达六七年之久，损失了约 2 万斤。罗振玉自己留存的那部分档案，后被运到旅顺，并由为此成立的大库旧档整理处进行整理，1936 年捐赠给奉天图书馆，后来其中一部分移交"满铁"图书馆，即今之大连图书馆所有的清档。

---

① 参阅《而已集·谈所谓〈大内档案〉》，载《鲁迅全集》第 3 卷，人民文学出版社 2005 年版。

内阁大库档案原来深藏皇宫，秘不示人。其中一部分自 1922 年散出民间，轰动社会，被视为"大发现"。正如有的论者所说，其实所谓"发现"，不如说是流散。[①] 其流散与敦煌藏经洞之发现同样是历史的憾事之一。

"八千麻袋事件"发生后，北京大学请求教育部把整理档案的任务交付北大。北大研究所国学门获取了存放于历史博物馆的 62 木箱、1500 多麻袋档案，成立整理档案委员会，从 1922 年 7 月 4 日起开始整理，截至 1924 年 9 月，整理工作告一段落，共整理档案 523 000 多件又 600 余册，先后出版了多部整理报告，开明清档案整理之先河。

中央研究院历史语言研究所从李盛铎手中购得内阁大库档案后，便成立"明清史料编刊会"进行整理，同时编纂出版。

20 世纪 20 年代初大内档案的发现是当时文化教育界大事。王国维曾这样评价发现这批藏品的意义："光宣之间，我中国新出之史料凡四：一曰殷虚之甲骨，二曰汉晋之简牍，三曰六朝及有唐之卷轴，而内阁大库之元明及国朝文书实居其四。"[②]

---

① 黄爱平主编：《中国历史文献学》，中国人民大学出版社 2010 年版，第 382 页。
② 写于 1922 年 7 月，载《观堂集林》卷二十三。

30　《故宫已佚书画目录三种》

民国十五年（1926）6月2日，清室善后委员会以"故宫丛刊"之四印行《故宫已佚书画目录三种》。《弁言》说：

> 民国十四年三月十九日点查毓庆宫至"余"字九六四号分号五四时，发见题名《诸位大人借去书籍字画玩物等糙账》一册，上有"宣统庚申年之日记"等字样，当时颇讶其可随意借取；继又于是年七月三十一日点查养心殿至"吕"字五二四号更发见《赏溥仪单》一束，又《收到单》一束，二者大体符合。内计宋元明板书籍约二百余种、唐宋元明清五朝字画一千余件，皆属琳琅秘籍、缥缃精品，《天禄》书目所载，《宝笈》三编所收，择其精华，大都移运宫外。国宝散失，至堪痛惜！兹特将三种书目印行，用告海内关心国粹文化者。

本书前两种是《赏溥仪书画目》与《收到书画目录》。《赏溥仪书画目》始于宣统十四年（1922）七月十三日，终于是年十二月十二日。《收到书画目录》，始于宣统十四年九月二十三日，终于宣统十五年（1923）八月二十七日。

这批书画、典籍，是溥仪在内廷期间盗走的《石渠宝笈》《天禄琳琅》中最为精华的部分。

1922 年，溥仪为了筹备出国的经费，与溥杰合谋把宫里最值钱的字画和古籍偷运出宫。他以赏赐溥杰为名，让溥杰将字画古籍运出宫外，存到天津英租界的房子。那时正值内务府大臣和师傅们清点字画，溥仪就从他们选出的最上品中挑最好的拿。于是溥杰每天下学回家，必带走一个大包袱。这样的盗运活动，几乎一天不断地持续了半年多的时间。运出的字画古籍，都是出类拔萃、精中取精的珍品，有王羲之王献之父子的墨迹《曹娥碑》《二谢帖》等，钟繇、僧怀素、欧阳询、宋高宗赵构、米芾、董其昌、赵孟頫等人的真迹，司马光的《资治通鉴》原稿，唐王维的人物，宋马远和夏珪以及马麟等画的《长江万里图》，张择端的《清明上河图》，还有阎立本、宋徽宗等人的作品。至于古版书籍，乾清宫西昭仁殿宋版明版书的全部珍本都被运走了。运出共计大约有 1000 多件手卷字画，200 多种挂轴和册页，200 种上下的宋版书。①

本书第三种是《诸位大人借去书籍字画玩物等糙账》。所谓诸位大人，是指溥仪的师傅们，有陈宝琛、朱益藩、梁鼎芬、伊克坦等。

溥仪在《我的前半生》中说："我过去曾一度认为师傅们书生气太多，特别是陈宝琛书生气后来也很使我不耐烦。其实，认真地说来，师傅们另外还有许多举动并不像是书生干的。书生往往不懂商贾之利，但是现在有几张赏单让我回忆起一些事情。"他列举了"宣统八年十一月十四日"的记录：赏陈宝琛"王时敏晴岚暖翠阁手卷"一卷、伊克坦"米元章真迹"一卷、朱益藩"赵伯驹玉洞群仙图"一卷、梁鼎芬"阎立本画孔子弟子像"一卷。"宣统九年三月初十日"

---

① 溥仪：《我的前半生（全本）》，群众出版社 2007 年版，第 104 页。

的单子上则有赏伊克坦、梁鼎芬每人"唐宋名臣像册"一册，赏朱益藩"范中正夏峰图"一轴、"恽寿平仿李成山水"一轴。溥仪说："这类事情当时很不少见，加起来的数量远远要超过这几张纸上的记载。我当时并不懂什么字画，赏赐的品目，都是这些最内行的专家们自己提出来的。"

溥仪还特别提出："至于不经赏赐，借而不还的那就更难说了。"① 在《诸位大人借去书籍字画玩物等糙账》中，就可见许多"借而不还"的书画、古籍珍本。

溥仪被逐出故宫后，在天津住了七年，偷运出宫的这批书籍、字画，存放在天津英租界戈登路的一栋楼房里。在天津期间，这批文物被卖了几十件，他也拿了一些送人。后溥仪到长春的伪满洲国当"皇帝"，他偷运出宫的这批古物就存放在伪皇宫东院图书楼楼下东间，即所谓的"小白楼"。日本投降后，溥仪一行逃出长春，小白楼贮放的古籍特别是书画即遭到守护伪皇宫"国兵"的哄抢，大批国宝秘籍书画流失，散佚海内外，成为有名的"东北货"。对这些散佚文物，国家以及故宫博物院一直高度关注并努力进行征集。

---

① 溥仪：《我的前半生（全本）》，群众出版社 2007 年版，第 49 页。

31 《故宫已佚古物目录二种》

民国十九年（1930）1月1日，故宫博物院以"故宫丛刊"之五刊行《故宫已佚古物目录二种》。此书汇编了溥仪小朝廷时期抵押、拍卖清宫珍藏各种器物的合同等文书档案。

本书包括《清室内务府与北京盐业银行借款合同三件》与《清内务府招商标卖玉器瓷器古铜器估价单》两种，其材料为清室善后委员会清查小朝廷内务府所得。

书前有《弁言》，介绍说："此清室一部分旧有之古物，在溥仪未出宫以前，为其内务府人员，以诸般抵押变售之方法，而使之消失者也。"清室善后委员会看过这些文书后发现，"其用项以发给该府人员之交际费为多，其中有某次变卖荒金一单，又附用项一单，其第一笔即为福司长手前用过交际等费洋四千一百元，又福司长交际费十四年十一月十六日外用洋六百元云云"，说明这些珍宝大量抵押、拍卖，所得款大部分却以"交际费"的名义落入内务府人员囊中，认为"可见其蚕食之方策矣"。

《弁言》感慨道："此册内所印目录，计金玉瓷铜各物，无不有之，或为古物，或为珍宝，即不以原质论，其本身之价值亦必可惊，而乃敝屣视之，即其若神若宗之册宝，亦视若荒金，则与民间破落户之变售祖宗木主，又何以异？使溥仪而略有智识者，决不忍也。"

第一种为《清室内务府与北京盐业银行借款合同三件》。三件合同为《清室内务府、北京盐业银行会订关于陈设器皿借款合同》（中华民国十三年［1924］6月16日）、《清室内务府、北京盐业银行会订关于陈设瓷器等件押款合同》、《清室内务府、北京盐业银行会订关于册宝金钟及各项金器押款合同》，并附《内务府银库与盐业银行押款瓷器玉器等物清单》二件。

逊清内务府的这种拍卖，其实早在1922年就开始了。民国十一年（1922）1月，内务府在一份公开出售珍宝古物的广告上写道："兹因经费拮据异常，现将库存古瓷、玉器、古铜约五百余件，招商出售，借资补助。凡属殷实商号，有愿承购此项物件者，由一月七日起至十一日止，赴景山西门内务府筹备处检阅详章，交纳保证金一万元，应以本京殷实银行现银元存单为适用，发给估价物类单一份，听候定期看物估价。"[①]

溥仪回忆说：拍卖珍宝仍满足不了所需，还经常拿出一些金银珍宝抵押和变价，每年都有好几宗。1924年5月31日，经其岳父荣源之手，向北京盐业银行抵押金钟、金册、金宝和其他金器，抵押款数80万元，期限1年，月息1分。"合同内规定，四十万元由十六个金钟（共重十一万一千四百三十九两）作押品，另四十万元的押品则是：包括八个皇太后在内的金宝十个，金册十三个，以及金宝箱、金印池、金宝塔、金盘、金壶等，计重一万零九百六十九两七钱九分六厘；不足十成的金器三十六件，计重八百八十三两八钱，嵌镶珍珠一千九百五十二颗，宝石一百八十四块。另外还有玛瑙碗等珍品四十五件。只这后一笔的四十万元抵押来说，就等于是把金宝金册等十成金

① 中国第一历史档案馆藏溥仪全宗档案一二一六号。

的物件当作荒金折卖，其余的则完全白送。"① 以大量无比珍贵的金钟、金册、金宝和其他金器抵押，是多宗抵押中最大的一次，也就是上述清室内务府与北京盐业银行会订的第三份合同的内容。

对于《清内务府招商标卖玉器瓷器古铜器估价单》，《故宫已佚古物目录二种》的《弁言》中说："本册最后标卖瓷玉铜器估价一单，原案附有内务府所谓中堂以下各员介绍之各古玩铺名单，其内容又从可知，读者当有同慨也。"本单中玉器共286号，古瓷116号，铜器共101号。每号一般一件，有的多达数件。

从下列《估价单》中瓷、玉、铜三种前5号的物名、古玩铺名称及估价，可知其中大致情况。

瓷器：

1. 冬青釉瓷异兽一件　　　　　三合公司　　价洋二百元

2. 冬青釉瓷瓶一件　　　　　　龙泉堂　　　价洋四百三十元

3. 白地三彩瓷双耳宝月瓶一件　世合公　　　价洋三百零六元

4. 哥窑瓷五彩龙凤呈祥铙碗　　明古斋　　　价洋三十一元
   一件

5. 冬青釉洗子一件　　　　　　龙泉堂　　　价洋二十元

瓷器中估价最高的是编号75的"翡翠瓷果盘二件"，德文斋，价洋二千三百六十九元。

玉器：

1. 碧玉雕西莲双耳活　世合公、鼎裕银号　价洋二百七十八元
   环有盖瓶一件

2. 青玉雕仙人像一件　世合公、鼎裕银号　价洋一百零二元

---

① 溥仪：《我的前半生（全本）》，群众出版社2007年版，第111页。

3. 青玉雕鹭莲一件　　世合公、鼎裕银号　价洋一百零一元

4. 青玉出戟方花觚　明古斋　　　　　价洋一百二十一元
　　一件

5. 云玉荷叶洗子二件　明古斋　　　　　价洋六十元

玉器中估价最高的是编号72的"青玉方盒一件硬本盒一件　内玉支辰十二件"，鼎裕银号、世合公，价洋四百五十二元。

古铜类：

1. 古铜三足朝天耳炉　明古斋　　　　　价洋六十元
　　一件

2. 古铜异兽香熏一件　世合公、鼎裕银号　价洋一百六十元

3. 古铜三足朝天耳炉　世合公、鼎裕银号　价洋三十七元
　　一件

4. 古铜双耳炉一件　　世合公、鼎裕银号　价洋二百零三元

5. 古铜四足提梁卣　三合公司　　　　价洋十五元
　　一件

古铜中估价最高的是编号80的"仿古铜双耳瓶一件"，鼎裕银号、世合公，价洋一千七百五十三元。

《故宫已佚古物目录二种》，记载了部分清宫古物的流失。

32　清宫珍藏所有权之争

辛亥革命爆发，清帝溥仪逊位，"暂居"紫禁城内廷 13 年。内廷也是清宫文物主要庋藏之处。围绕这些清宫旧藏的所有权问题，一场旷日持久的争论和斗争展开了。

在封建时代，所谓"溥天之下，莫非王土"，整个天下都是帝王的，皇宫里的所有物品，包括文物珍藏，自然都是帝王的财产，谁也动不得。康熙皇帝曾规定，宫中的一切物件，哪怕是一寸草都不准丢失。养心殿的一个景泰蓝小罐里盛着 36 根一寸长的干草棍，他拿了几根放在案几上，叫人每天检查一次，少了一根都不行。这叫"寸草为标"。溥仪曾回忆："这堆小干草棍儿曾引起我对那位祖先的无限崇敬，也曾引起我对辛亥革命无限的愤慨。"[1] 不仅溥仪认为清宫旧藏是他的私人财产，当时的中华民国政府也理所当然地认为这些文物的产权属于皇室。

皇室的财产不只在紫禁城，还包括沈阳奉天行宫和热河避暑山庄的珍藏。1914 年民国政府在紫禁城外朝即三大殿一带成立古物陈列所，陈列从今沈阳和承德皇宫运回的珍宝，共约 70 万件之多。民国政府认为这些宝藏是皇室私有财产的一部分，便由清室派员约同古玩商家逐件审定估价，除了皇室收回的以外，均由民国政府按估定的价

---

① 溥仪：《我的前半生（全本）》，群众出版社 2007 年版，第 37 页。

格收购；由于民国政府不能当即支付购买款项，这些宝藏暂被当作民国政府借自皇室的债款（总计 3 511 476 元），直到民国政府财力允许彻底支付时为止。①

对于清宫旧藏是否为皇室财产的争论，开始于 20 世纪 20 年代初，这与当时清宫所藏的文物珍宝的大量流失有关。

辛亥革命后，根据国民政府议定的《清室优待条件》第二款规定："大清皇帝辞位之后，岁用四百万两。俟改铸新币后，改为四百万元，此款由中华民国拨用。"但由于逊清皇室的任意挥霍及其内务府人员的中饱、舞弊，他们往往入不敷出。而民国政府负担的经费，也常常因为财政困难而不能如期按数拨给，清室只好靠借债抵押维持。为了还债，筹款的办法之一就是大量拍卖宫中的金银、珍宝、古玩等。拍卖珍宝仍满足不了所需，还经常拿出一些金银珍宝抵押和变价，每年都有好几宗。

1922 年 3 月，为筹集溥仪大婚经费，清室内务府拟价 120 万元向各使馆兜售奉天行宫所藏的《四库全书》，日本宫内省意欲购买。4 月 20 日，北京大学教授沈兼士、单不庵、马衡等八人联名发表《为清室盗卖四库全书敬告国人速起交涉启》，反对清室售卖《四库全书》，呼吁政府筹设古物院，公开展览紫禁城所藏书籍。

北京大学研究所国学门委员会 1923 年 9 月 26 日发布公函，表示坚决反对清室拍卖珍宝，并认为这些珍宝应由民国政府收回并保管：

据理而言，故宫所有之古物，多系历代相传之宝器，国体变更以来，早应由民国收回，公开陈列，决非私家什物得以任意售

① 庄士敦：《紫禁城的黄昏》，陈时伟等译，山东画报出版社 2007 年版，第 230 页。

卖者可比。且世界先进各国，对于本国古代之遗迹古物，莫不由国家定有保护之法律，由学者加以系统的研究，其成绩斐然，有裨于世界文化者甚大，而我国于此，尚不能脱离古董家玩好之习，私相授受，视为固然，其可耻孰甚。况日本经此次之大地震，遗迹古物之损失极多，我国于此担负保存，及整理关于东方考古学的材料之责任，亦因之愈加重大。北京大学对于此事，似不能坐视不问，为此函请将此事递交国务会议，派员彻底清察，务须将盗卖主名者，向法厅提起诉讼，科以应得之罪。①

湖北省教育会 1923 年 11 月 12 日致电内务部，要求制止清室出售古物，认为这些古物寄托着立国精神，不能散失：

顷阅各报载有清室售卖古物一则，不胜骇异。窃我国与埃及、希腊、印度同为数千年前古国，其文明久为中西所称羡。清室之古物，尤为历代帝室递嬗相传之珍秘，并非一代一人所得私有。合全国五千年之文物，集于首都之清室，一涉疏忽，不徒散佚堪虞，即立国精神且将无从取征。清室以经费短绌，转售东邻，不啻将五千年立国精神捐弃一朝，言念及此，能勿痛心。……方今欧美各邦对于古物之保存，法有专条，诚知立国精神，舍此无所寄托。……敝会悯文献之失征，痛国粹之沦胥，不揣冒昧，吁恳大部设法妥为保存。并乞提交阁议，作为专案，妥

---

① 北京大学国学门研究所委员会：《北大请禁清室盗卖古物》，《申报》1923 年 9 月 26 日。

筹善后办法，勿使数千年之文物失于一朝。国家幸甚！教育幸甚！①

1923 年 6 月 27 日故宫建福宫花园大火，敬胜斋、静怡轩、延春阁一带焚烧殆尽。此处许多殿堂库房都装满珍宝玩物，多是当年乾隆皇帝所藏，乾隆去世后，嘉庆把所有宝物封存起来，有的库房至少100 年未打开过。这里还有溥仪结婚时的礼品等。火灾造成的损失是巨大的。舆论指出，所烧毁的是国家的财产，与民族历史有关："自清帝退位之日起，一切主权，已移于民国，则今番千万以上之损失，实民国国家所有之财产也。非但物质上横遭暴珍，而与历史有关之古物尽付一炬，则尤为堪痛也。因清室不肯遽行迁让之故，使民国所应保存者皆葬送于咸阳焦土之中，其责任应谁负之？此岂可以勿问哉。宜速将溥仪及其家族为适当之处置，以杜将来祸源，而正中外观听。"②

对于清室珍藏所有权的争论，是与对其具有的特殊价值的认识联系在一起的。教育界、知识界有关机构主张这些清宫珍藏关乎中国历史文化，是历代相传之物，应属国有。《中华民国宪法》（1923 年制，即曹锟宪法）第二十四条第十三项规定："关于文化之古籍、古物，及古迹之保存由国家立法并执行，或令地方执行之。"一批国会议员据此要求具体立法并执行：

查宪法第五章第二十四条第十三项，有关文化之古籍古物及

---

① 引自中国第二历史档案馆编：《中华民国史档案资料汇编（第三辑）·文化》，江苏古籍出版社 1991 年版，第 222—223 页。
② 《亡清故宫失火之责任问题》，《京报》1923 年 6 月 28 日。

古迹之保存，则政府即应根据宪法，向清室将所有悉数提出，交内务部派专员妥慎保存，或发交古物陈列所，以供人民观览，而免消灭。此事关系国家文化甚巨，政府究以何法制止清室变卖，及如何饬地方官厅侦查陈宝琛郑孝胥等盗卖之处，谨依宪法第六十七条提出质问，请于三日内明白答复，提出者李燮阳、王乃昌、牟琳等六十六人。①

对于哪些属于清室私产，哪些属于国有财产的讨论，也提到了议事日程上。1924 年 5 月 3 日，总统曹锟派冯玉祥、颜惠庆、程克等十人为保存国有古物委员，会同清室所派会员十人，共筹保管办法。5 日在时任内务部总长程克的宅中召开保存国有古物讨论会，讨论保管办法："其所决定者，为凡系我国历代相传之物，皆应属于国有，其无历史可言者之金银宝石等物件，则可作为私有。属国有者，即由保管人员议定保管条例，呈由政府批准颁布，即日实行。其属于私有者，则准其自由变卖，此项保管条例已在起草中，大约明后日即可提出讨论，俟通过后，即呈由政府颁布。"②

清室重视这些宝物，主要还在于它们的经济价值，既要用它们负担庞大的日常开支，又要用它们提供复辟活动的经费。保护这些珍宝文物又与坚持居住在紫禁城内廷联系在一起。因为这些珍宝文物数量巨大，如果迁居颐和园，就难以全部带出。1924 年春，金梁在当内务府大臣前两个月给溥仪上条陈："臣意今日要事，以密图恢复为第一。恢复大计，旋转乾坤，经纬万端，当先保护朝廷，以固根本；其次清理财产，以维财政。盖必有以自养，然后有以自保，能自养自保，然

① 《李燮阳质问清室盗卖古物》，《申报》1924 年 3 月 15 日。
② 《清室古物仍难自由拍卖》，《申报》1924 年 5 月 8 日。

后可密图恢复，三者相连，本为一事，不能分也。"他提出应进行财产清理，其中的宝物，"各殿所藏，分别清检，佳者永保，次者变价，既免零星典售之损，亦杜盗窃散失之虞"。①

1924 年 5 月，溥仪曾去颐和园一游，这不仅使紫禁城大为震惊，甚至京、津一带的遗老也忧心如焚。5 月 26 日，升允、袁大化、张人骏、陈毅、万绳栻、罗振玉等联名奏云："窃臣等闻前日圣驾巡幸颐和园，即日回跸。寻常游豫，本是细故，然臣等有不胜忧虑者……盖民国虽觊觎皇室宝物，尚未侵入禁御也。若圣驾遽行移驻，则民国求之十余年不可得。虽以袁世凯之穷凶极恶，尚未敢公然启请者，今乃于中无意得之。翠华一发，彼必据约为辞，禁中不可复回，宝物自归彼有。"②

《修正清室优待条件》第五款规定："清室私产归清室完全享有，民国政府当为特别保护，其一切公产应归民国政府所有。"应区分公产、私产，但怎么划分、以什么作标准是人们关注的。1924 年 11 月 5 日溥仪出宫，《晨报》指出："溥仪之废帝迁出皇宫，此本不成问题，所足注意者，存在清室之一切物品，多为数千年历史之所遗留，而与文化有密切关系，溥仪既已离宫，则此不可以价值估计之宝物，当然应由接受保管者负其全责。……故此公产私产如何划分，划分之后，应由何人点收，何人保存，其标准方法皆不可不从速规定。"③《社会日报》则明确提出以"有无历史的价值及与文化有无关系为标准"④。

对清室古物的处理意见，也有不同的声音。胡适赞同将清室古物收归国有、永久保存，但他认为，此项古物属于清室私产，"民国对

---

① 溥仪：《我的前半生（全本）》，群众出版社 2007 年版，第 113 页。
② 《升允等谏阻移驻颐和园折》，《时报》1924 年 8 月 10 日。
③ 《溥仪昨日迁出皇宫　可注意清室古物之保存》，《晨报》1924 年 11 月 6 日。
④ 《对废帝之善后》，《社会日报》1924 年 11 月 7 日。

于此项宝物及其他清室财产，应公平估价，给与代价，指定的款，分年付与，以为清室养赡之资"。① 他的观点受到了知识界的猛烈抨击。人们普遍认为，政治变革早已使帝制成为历史，因帝制而存在的皇室古物自然应归国有。

对于清宫公私产的具体划分，在实际中并没那么复杂。例如，藏于库内的元宝银，共 6333 斤，合 101 328 两，因该元宝均镌有福禄寿喜字样，每颗均重达 10 余斤，确系当时清帝用以为犒赏之用者，遂留数颗以为将来陈列展览所用，其余则悉数发还。② 溥仪两次派人到养心殿取东西，曾要求带走乾隆瓷器及仇十洲《汉宫春晓图》，委员会未允许，唯取走不少衣物首饰，所带走的物品详账，已附记在《清宫物品点查报告》第三编第四册《养心殿报告》后。驱逐溥仪出宫时，即点收印玺，搜查他的行李，发现了藏在其中的《快雪时晴帖》，便扣留了下来，因为这是祖先遗留下来的珍贵艺术品，不能视为他的私人财产。

这一争论的过程，使社会在清宫珍藏上有了共识：其一，在价值上，这些珍藏反映着中华数千年文明，关乎中国历史文化，为立国精神的寄托，绝不是一般的古董珍玩；其二，在所有权上，这些珍藏为历代帝室递嬗相传，并非一代一人所得私有，因此是国家的财产；其三，在保护方式上，应该设图书馆与博物馆，对其集中保护。

故宫博物院的成立，使清宫旧藏的身份、性质发生了根本的变化，它们已不再是封建帝王权威和财富的象征，也不再是仅供皇帝个人摩挲欣赏的珍玩，它们与中华民族的历史文化联系了起来，成为人民共享的文化财产，且被赋予了中华文明血脉的意义。

---

① 中国社科院近代史研究所中华民国史组编：《胡适来往书信选》，中华书局1979 年版，第 271 页。

② 吴瀛：《故宫博物院前后五年经过记》卷一，故宫博物院 1932 年版，第 15 页。

33 《故宫物品点查报告》

　　1924 年 10 月 23 日，正在参加第二次直奉战争的冯玉祥忽然率部返回北京，发动了"北京政变"，囚禁总统曹锟，宣布成立"国民军"。政变后，他授意摄政内阁通过了《修正清室优待条件》，废除帝号，11 月 5 日驱逐溥仪出宫。溥仪出宫当天下午，摄政内阁开会研究溥仪出宫的善后问题，议决组织清室善后委员会。11 月 7 日，临时执政府发布命令："着国务院组织善后委员会会同清室近支人员协同清理公产私产，昭示大公。所有接收各公产，暂责成该委员会妥慎保管。俟全部结束，即将宫禁一律开放，备充国立图书馆、博物馆等项之用，借彰文化，而垂永远。"

　　清室善后委员会最重要的任务是点查清宫物品，分清公产、私产，为成立博物院做基础准备工作。12 月 20 日召开了委员会第一次会议。在清室方面的委员拒绝到会的情况下，按法定程序，通过了《点查清宫物件规则》。这一规则有 18 条之多，对清查过程中的启封、点查、登记、编号、造册、摄影等步骤、手续，以及点查与监察人员的组合等问题，都做了详细具体的规定。例如，第七条是对点查物品的登录规定：登录时每种物品上均须粘贴委员会特制之标签，一面登记物品之名称及件数，凡贵重物品并须详志其特异处，于必要时或用摄影术、显微镜观察法或其他严密之方法，以防抵换。

由于清室方面委员拒不参加点查并唆使政府下令停止点查工作，12 月 22 日下午，善后会在神武门城楼上召开点查预备会，坚持推进对清宫物品的点查工作。依据善后会组织条例，图书博物馆筹备会成立，聘易培基为筹备会主任。正式点查工作直到 12 月 24 日上午才从乾清宫、坤宁宫开始。其他宫殿的点查工作也随之开始了。

点查工作自 1924 年 12 月 24 日起，到 1930 年 3 月 24 日止，共用了五年多的时间。每次清点都写有详细报告。由于全社会的关注，清室善后委员会每隔一个时期就发表一册报告，直到全部工作完成。共刊布《故宫物品点查报告》6 编 28 册，登记各类物品约 117 万件。

根据《故宫物品点查报告》之《凡例》，此报告共分六编：以中路为第一编，东路为第二编，西路为第三编，外东路为第四编，外西路为第五编，宫外各处为第六编。每编以下分为册，以每一宫或每一殿之物品所在地为标准，而以卷数表明之，共 28 册。从《故宫物品点查报告》在各年的出版数量来看，民国十四年（1925）出版了 16 册，十五年（1926）出版了 1 册，十六年（1927）出版了 1 册，十七年（1928）出版了 2 册，十八年（1929）出版了 5 册（包括再版），十九年（1930）出版了 3 册。在故宫博物院成立前，《故宫物品点查报告》多以清室善后委员会的名义刊行，1925 年 10 月 10 日以后，则多以故宫博物院的名义刊行。但 1925 年 12 月、1926 年 2 月的几本，仍由清室善后委员会刊行。

点查清宫物品，以宫殿为单位，而顺序则由入口左侧起，逐件编号，依序录登。因清宫殿堂众多，善后委员会遂将各宫殿按"千字文"编号，如乾清宫为"天"、坤宁宫为"地"、南书房为"元"、上书房为"黄"等。物品的编号有总号、分号之别：橱柜箱架各为一总号，以中文书写；置放其内之物则属总号之下的分号，以阿拉伯数字记之。

点查作业以组为单位，派赴各宫殿点查，谓之"出组"。每次清点，除工作人员外，还有军警参加，人数最多时参与者近20人。每组各有一张担任职务签名单，称为"组单"，上列六大工作项目：查报物品名目、登录物品、写票（据点查登录簿所记编号写成票签）、贴票（将票签粘贴或悬挂于物品上）、事务登记、照相（重要物品须照相）。

《故宫物品点查报告》详细记载了点查宫殿的情形，宫殿内物品名称、物品件数，还记载了点查宫殿人员统计表。《点查××宫（殿）人员统计表》，记有点查时间（年月日及上下午），组数，组长，监视姓名，军、警姓名，合委员、监视员、助理员、顾问、事务员、书记等人数，点查物品编号、共查号数以及照相张数，可谓十分详尽。

故宫文物点查工作是故宫博物院成立的基础。《故宫物品点查报告》所记录的117万余件文物，包括三代鼎彝、远古玉器、唐宋元明各代的书法名画、宋元陶瓷、珐琅、漆器、金银器、竹木牙角匏、金铜宗教造像以及大量帝后妃嫔服饰、衣料和家具等。除此之外，还有大量图书典籍、文献档案等。这些文物就成为1925年成立的故宫博物院的藏品。

当然，清宫旧藏的数量远不止这些，当时有些殿堂尚未清点，清点过的一些物品，因计算方法的原因，与实际数量亦有不少出入。例如故宫的一些档案，原来是按包扎，以一包为一件的，实际上一包之中所含之物可能不只一件，多者竟达一二百件。运台的档案文献，按原来统计办法是26 920件，后重新按件整理，则变成了393 167件，是原来的十多倍。

北京线装书局2004年10月影印出版排印本《故宫物品点查报告》，装订为十辑，其中顺序依旧按原编册。

34　《国立北平故宫博物院
存沪文物点收清册》

　　从 1934 年 6 月至 1937 年 6 月，故宫南迁文物在存沪及移藏南京后的三年中，进行了一次认真的点收与整理，编印了《国立北平故宫博物院存沪文物点收清册》，这在故宫博物院文物存藏史上有着重要的意义。

　　1933 年故宫文物南迁上海后，发生了"易培基盗宝案"。这是一起冤案。1933 年 7 月理事会议讨论存沪文物安全问题，议决成立临时监察组织。1934 年 1 月行政院下令点查平、沪两地文物。故宫博物院为此制定了"点收文物出组须知""点收存沪文物规则"。

　　马衡于 1933 年 11 月代理故宫博物院院长后，提出以故宫文物管理为重点的"整理故宫计划"。1934 年 6 月 14 日，行政院批准了他的这一折呈："查所陈整理方法及管理计划，均属可行。仰即由该院长切实办理。本院及理事会当派人监督，以资保障。"故宫博物院理事会 7 月 5 日也通过了这一计划。

　　按照规定，存沪文物点收时，须有监盘人员在场。由于监盘人员的一再变化，延至 1934 年 6 月 4 日始开始点收，复因监盘人员感觉责任重大，商定自 9 日起，暂行停止，总计此数日内，共点收永字第一号一箱，又第二号半箱。后由行政院改令教育部派员监盘，由教育部派定委员舒楚石来沪推进工作，商定本年 11 月 20 日开始点收，并采纳舒委员意见，先从古物馆装运物品点起，文献馆次之，图书馆又次之，而以前秘书处装迁箱件终。所谓"前秘书处"，是故宫博物院原"三馆一处"（古物、图书、文献三馆及秘书处）的设置。1934 年 2 月国民政府公布《国立北平故宫博物院暂行组织条例》，规定故宫下设古物、图书、文献三馆及总务处，撤销了秘书处。

这些南迁文物自北平装箱运出时，清册上只记了品名与件数，没有编造详细清册。这次点收则按箱登记，核对检验。古物馆点收，以本院所编南迁清册为根据，以清室善后委员会所编点查报告作参考。核对品名，检计件数。铜器、玉器、牙器，都要记明重量。瓷器，还要标明颜色、尺寸（包括口径、底径、腹围、深度等）、款式，有无损伤，巨细靡遗。以公尺计其大小，以市秤权其轻重；有款识铭文者照录，有附件、嵌件者分计；有须待专门委员会审查者，则附注"待审查"；有已经专门委员会审定者，则并列所审定名称。截至 1936 年 8 月 29 日，古物馆存沪箱件 2631 箱，全部点收告竣。

文献馆存沪箱件，十之八九是档案，而各类档案又有已整理、未整理之分。其未整理者，事类混杂，零散残乱，其间还有捆或包。于是凡为这类箱件的点收登册，品名则照南迁清册所载，数量则以箱计；其已整理者，则按品类以捆包或匣册核计。其他箱件，则参用古物馆点收办法。截至 1936 年 3 月 5 日，该馆存沪箱件 3766 箱，已全部点收竣事。

图书馆的点收则很顺利。其存沪箱件 1415 箱，截至 1936 年 6 月 9 日，全部点收峻事。

故宫存沪文物自 1936 年底运存京库后，即着手继续在沪点收未峻之工作。本院前秘书处南迁文物箱件，计有 5608 箱又 64 包。前在沪库经已点收 3763 箱，仍有 1846 箱又 64 包未曾点收。至 1937 年 6 月间，前秘书处南迁文物全部点收完。续编清册 96 册。本院南迁文物至此已全部点收竣事。

在进行文物点收的同时，故宫在沪专门委员组织审查会，于 1935 年 5 月间开始审查，重点是古物馆存沪书画。每星期举行审查会议两次，每次至少须有委员三人以上参加方为有效。审查数量，以 50 件为限。审查标准分甲、乙、丙三项：作品真而精者，或作品真而非精品者，属甲项；作品精或流传有绪而属于疑似之间者，又作品精而时代款字不相当，须重定时代或作者者，属乙项；作品一无足取或确定为伪品者，属丙项。审查意见，分别记录。同时随编院藏书画目录，以时代为纲，以一时代之作者为目，以作品顺序归纳于作者之下。审查工作完竣，编目即可同时告成。1935 年举行审查会议 51 次，共审查书画 2254 件。1936 年，继续审查在沪书画 853 件。

故宫还对存沪皮货进行了审查。这批皮货是前秘书处装箱迁运来的，共 41 箱，内有 2 箱全系衣片，1 箱合装皮货及衣片。本来 1935 年 10 月间已提前点收完毕，后发现南迁清册所载品名先后不一，箱中品类亦未区分，确有审定的必要。遂于本年 12 月间，聘请专门委员莅库，将这些皮货按箱分类，审定品名，分别等级，估计价值，以作筹备处分时之统计。内除衣片无须审定者外，所有皮货，皆已全部审查完毕。

存沪文物的逐件点收，为慎重其事，又决定凡属纸片文物，如图书、字画之类，要在其上面加盖一个图章，作为院中保管文物的证明。教育部特镌刻大小两方印章，印文为篆书"教育部点验之章"，采长方形，大的长 3.8 厘米、宽 2.6 厘米，小的长 2.2 厘米、宽 1.2 厘米，即视文物大小，分别加以钤盖。此章由监察委员舒楚石保管。

教育部提出要把此章钤盖于所点验的图书、文献、字画之内，图书、文献两馆没有什么意见，但古物馆同人却期期以为不可，认为"向来收藏家，对钤印一事，极为重视。且有著为专条者，万一不慎，恐损艺术价值"。故宫博物院提议召开理事会讨论，否决教育部之命。经过大家力争，才决定钤盖在画外裱绫部位。点查成扇时，扇骨狭小，两方点验章都无法钤盖，就在扇骨上贴上小纸签，签上钤盖监盘委员舒楚石的小椭圆形私章，印文是"舒光宝"（此为舒楚石的本名）。

那志良先生参与其事，这两方教育部印章后来由他保存在身边，并携其经过万水千山，又到台湾，这印章也成为家里的一件珍贵藏品。2009 年，那先生的儿媳王淑芳女士把这两方印捐献给了北京故宫博物院。

存沪文物凡已点收之箱，马衡院长则以"沪""上""寓""公"四字为馆、处箱件区分编号：古物馆编"沪"字，图书馆编"上"字，文献馆编"寓"字，前秘书处编"公"字；按箱属分字顺序编号而刷于每箱五面，以便易识别。凡经点收品件，如有遗失原点查号者，马院长又以"全""材""宏""伟"四字为处、馆分别补编字号：前秘书处补编"全"字，古物馆补编"材"字，图书馆补编"宏"字，文献馆补编"伟"字。以上手续，随时登记，按日编册，分别缮印存送。又将每日点查结果汇集整理为《国立北平故宫博物院存沪文物点收清册》，并油印装订为 127 册，成为故宫南迁文物最完整的著录，其品名、编号、数量等款目资料，目前仍具有重要参考价值。

35 故宫散佚文物征集

所谓故宫散佚文物，主要是溥仪"暂居"内廷 13 年间以各种形式流失的文物，其名目集中收录于《故宫已佚书画目录三种》一书；还有不少其他流失的宫廷文物，如《中秋帖》《伯远帖》就是瑾妃带出去的。

对清宫散佚文物的关注，是在故宫博物院成立以后。抗战胜利后，故宫博物院北平本院接管和收购了一批散失在外的故宫旧有文物。

1. 收回被日军劫走的铜灯亭、铜炮 日军 1944 年 6 月 22 日从故宫劫走铜灯亭 91 座、铜炮 1 尊，作为其推广"献铜运动"的成果。这批物品运到天津，还未来得及运往日本，日军就投降了。故宫博物院于 1946 年从天津运回铜灯亭、铜炮，有的已残破、毁坏，共重4460 公斤，较劫走时的登记重量短少了 971 公斤。被日军劫走的 54个铜缸则遍寻不见。

2. 接收溥仪天津旧宅留存的文物和溥修宅中留存的溥仪物品 溥仪宅中文物计 1085 件，分藏于 19 个小铁匣和 2 个皮匣中，多为玉器及小件什物，书画 5 件，其中有见于《故宫已佚书画目录三种》中的作品。小件什物上大多有黄色号签，与故宫博物院所存同类物品的号签完全相同。在溥修宅中发现的溥仪物品共 222 件。这两批文物与物品被发现后，由河北省平津区敌伪产业处理局查封，经国民政府行政院批准，由故宫博物院于 1946 年 7 月接收，运回北平。溥仪私藏的这些文物中，珍品古玉达数百件之多，如商代鹰攫人头玉佩即为无上精品；宋元人手卷 4 件，包括宋马和之《赤壁赋图》卷、元邓文原《章草》卷、元赵孟𫖯设色《秋郊饮马图》卷及《老子像道德经书》卷；此外有古月轩珐琅烟壶、痕都斯坦嵌宝石玉碗、嵌珠宝珐琅怀表等，至于黄杨绿翡翠扳指等，更是价值连城。①

3. 接收清宗人府余存玉牒等　北平孔德学校于 1947 年 3 月 6 日，将清宗人府原存满汉文玉牒 74 册、清代八旗户口册 690 册、档簿 70 册，共 834 册，交给故宫博物院。

4. 对于"故宫已佚书籍书画"的收集　根据 1946 年 10 月 21 日故宫博物院第六届第二次理事会做出的"溥仪赏溥杰书籍书画如有发现，即由马院长商请在平理事决定后设法收购"的决议，从 1947 年 1 月至 8 月，对于发现的散佚书籍书画，均先由专门委员会审查、选定精品、评定价格后，再经在平理事谈话会决定，总计 6 次收购书画书籍 14 种，用掉收购专款 26 770 万元。重要的有宋版《资治通鉴》1 部（共 100 册，另目录 16 册）、米芾《尺牍》1 卷、唐国诠写《善见律》1 卷、宋高宗书《毛诗闵予小子之什》（马和之绘图）1 卷、《明初人书画合璧》1 卷、宋版《四明志》1 册、元人《老子授经图书画合璧》、龙麟装王仁煦书《刊谬补缺切韵》1 卷及雍正、乾隆等《朱批奏折》41 本等。这批书籍书画都是从东北流入北平的清宫藏品。相对于古书画，贮藏在长春小白楼的古籍基本上保存完好，损失不大。1948 年 4 月 13 日，故宫博物院接收了由沈阳博物院转交的这批珍籍

---

①　参阅王世襄：《锦灰不成堆》，生活·读书·新知三联书店 2007 年版，第 71 页。

82 种、1241 册，又接收了文管会和北平图书馆送来的《天禄琳琅》旧本《经典释文》23 册。

新中国成立后，国家十分重视清宫散佚文物的征集。文化部于 1952 年向全国发出收回故宫文物的通知："为了保存这些古代最优秀的文化遗产，经报请政务院文教委员会批准，凡在各地'三反'、'五反'运动中发现的故宫古物，其已判决没收和已由当地政府收回的，均应及时送缴中央，拨还故宫博物院集中保管。"故宫博物院清宫文物征集的途径，主要是国家拨交、文物收购、接受捐赠等三个方面。

1. 国家拨交　由国家有关部门拨交给故宫博物院的文物中，有许多是流失出去的清宫旧藏，如当年溥仪抵押给盐业银行的玉器、瓷器、珐琅器、金印、金编钟等，就是由国家文物局于 1953 年拨交给故宫，并由故宫博物院工作人员到储藏地点收运回故宫的。

1965 年，故宫从溥仪等人交出的 1194 件物品中，挑选接收了 245 件溥仪的物品，包括古文物、稀有珍宝、宫廷用品及价值很高的艺术品等，绝大部分是溥仪留居紫禁城内廷时期，在 1924 年以前以赏赐名义携出宫外，并由溥仪在服刑期间随身所带，后向政府主动交代的。其中贵重的有：康熙皇帝用过的金镶猫儿眼宝石坠，乾隆皇帝搜集的六朝小玉璧、周朝清玉子、黄玉子、汉玉饰、清朝白玉龙纹佩等，特别是乾隆皇帝用的三联黄玛瑙闲章（溥仪在《我的前半生》中误写为"三颗田黄石刻印"）。慈禧太后的贵重装饰品有白金镶钻石戒指、白金镶蓝宝石戒指、祖母绿宝石白金嵌钻石戒指、碧玺十八子手串、珊瑚十八子手串、金镶翠袖扣、金镶祖母绿宝石领针等。还有隆裕太后用过的宫廷用品 6 件。另接收了伪满洲国张景惠等 9 名战犯的 14 件文物珍宝。

20 世纪 50 年代，国家文物局把五代黄荃《写生珍禽图》及北宋张择端《清明上河图》、李公麟《仿韦偃牧放图》、赵伯驹《江山秋色图》等4件绘画作品由辽宁省博物馆拨交故宫博物院。

2. 文物收购　20世纪50年代以来，故宫博物院确定了以清宫流失出去的珍贵文物为主、兼及中国历代艺术珍品的文物收购方针，国家在资金上给予支持，购回了大量珍贵文物。收购的途径主要有文物商店、古玩铺、文物收藏者和拍卖公司等。50年代初，国家花了大量外汇，从香港购回"三希堂"中的二希——王献之《中秋帖》和王珣《伯远帖》，以及唐代韩滉《五牛图》、五代南唐顾闳中《韩熙载夜宴图》、五代南唐董源《潇湘图》、宋徽宗赵佶《祥龙石图》、南宋李唐《采薇图》、南宋马远《踏歌图》、元王蒙《西部草堂图》及倪瓒《竹枝图》等一批名珍巨品。

20世纪50年代至60年代初，是故宫购藏文物的高峰期。故宫为此专门设立了"文物征集组"，并引进文物鉴定方面的专门人才。当时社会上流散文物多，琉璃厂一带的古董店得到一件珍贵文物后，首先是送故宫，这就为故宫创造了一个大量购进珍贵文物的极好机会。截至2005年12月底，共购得53 971件，其中一级文物1764件。特别是书画珍品，如隋人书《出师颂》、唐周昉《地宫出游图》、唐颜真卿《竹山堂连句》、宋王诜《渔村小雪图》、宋刘松年《卢仝煮茶图》、宋马和之《鹿鸣之什图》、宋夏圭《雪堂客话》、宋马远《石壁看云》、宋张先《十咏图》、宋欧阳修《灼艾帖》、宋苏轼《三马图赞》、宋米芾《兰亭叙题跋》《苕溪诗》以及元明清书画精品，其中一些为清宫旧藏。①

3. 接受捐赠　截至2007年底，北京故宫共接受捐赠文物、文物

---

①　梁金生：《藏品的来源和组成》，载《故宫博物院八十年》，紫禁城出版社2005年版，第241—242页。

资料及图书约 33 900 件（套），其中有一批清宫流失出去的珍贵文物。特别是张伯驹先生捐献的西晋陆机《平复帖》、隋展子虔《游春图》以及唐李白《上阳台帖》、唐杜牧之书《张好好诗》、宋黄庭坚书《诸上座帖》、宋蔡襄《自书诗》、宋范仲淹书《道服赞》、元赵孟𫖯草书《千字文》等书画巨品，极其珍贵。

36 故宫非文物处理

故宫曾是皇宫，自有其日常生活需要的大量物品。故宫博物院成立，就接收了大批的这些东西，主要是皮货、茶叶、绸缎、衣料、药材等，大都记载在《故宫物品点查报告》中。皮货、衣料主要在景仁宫、养心殿、端凝殿、缎库、四执库、衣库、皮库等，多数按件登记，有些则按捆或包记。药材在御药房，羽字第一号就是"虫蛀人参"。茶叶主要在茶库，如阳羡茶40箱、珠兰贡茶60箱、蒙茶132箱等，都是各自一个号下的数量，最后还注明有两间堆满茶叶的屋子未点数。

故宫博物院建院初期境况艰难，财政拮据。1926年维持会时期，就曾决定处理一批与历史文化无关的物品，如金砂、银锭、茶叶、药材、绸缎等，以弥补院内日用开支，但因北洋政府令阻而未能实现。

易培基院长到任后，于1929年4月10日将处理物品事宜送理事会讨论，5月5日得到了国民政府行政院的批准。1930年专门成立临时监察委员会。1931年夏，处理事宜正式开始，其中绸缎、皮货每周公卖一次，而普洱茶、燕窝等物则交出版物发行所代售。至1932年，处理永寿宫金砂、养心殿金叶及部分药材等，处理永寿宫、景仁宫无关文化与历史的金质器皿，共得款487 300余元。每次售物所得价款，随存银行，开立基金专户，备用于博物院建设事业、宣扬流传事业及一切扩充事业，不得用于办公用费及薪金。每次结束后，都将经过情形缮印成册，刊印了《故宫博物院三次标卖残废金质器皿经过情形》专册，分送有关机关及社会各界，以便公众监督。上项存款，故宫博物院并无提拨之权。它的使用由理事会决定。

故宫南迁文物暂存上海时，也曾着手处理南迁中的 41 箱、8704 件皮货。故宫理事会多次讨论这一提案，并组织了皮货处分委员会。后经调查，当时市情与原标价相差甚远，南北两地专家的估价也差距不小，遂决定暂缓处分，以免损失。

新中国成立后，故宫继续进行了多次非文物处理。主要是 20 世纪 50—60 年代与 70 年代的非文物处理。

1953 年 5 月，时任文化部文物局局长的郑振铎亲自拟写了《故宫博物院改进计划的专题报告》，说到故宫博物院非文物物资的基本情况：

> 在非文物物资中，以皮筒九万九千七百七十一件，瓷器二万九千七百四十三件，绸缎三万三千六百件，杂灯二万八千五百五十六件，丝绦二万六千二百五十件，玉石料一万五千四百八十二件，武器一万一千三百五十九件为大宗。其中有使用价值者，凡五十一万一千二百四十六件。已破烂不堪，无使用价值者，凡二万八千四百四十件。共占用房屋三百三十八间。其他，散置各宫殿廊庑中，尚未整理分类物品，凡三十六万余件，占用房屋一千六百十三间，计占故宫全部建筑百分之四十八。估计此项未清理的物品中可能有一部分是文物。[①]

---

① 郑振铎：《故宫博物院改进计划的专题报告》，载《郑振铎文博文集》，文物出版社 1998 年版，第 210—211 页。

1954 年 2 月 15 日，故宫博物院制定了以清理文物、处理非文物、紧缩库房、建立专库为主要内容的《整理历史积压库存物品方案》以及《清理非文物物资暂行办法（附工作细则）》，成立了审查非文物工作组。

故宫博物院又为此制定了《各类物品划分文物与非文物的原则》，把各种文物分为 59 类，提出划分文物与非文物的标准。如 1—11：

    1. 书画：凡清代的以上之作品，无论真伪，其笔墨生动，装潢精美者均列入文物类。但清末之伪品，笔墨恶劣，装潢简陋者列入非文物类。2. 清帝书画：凡有款玺者或无款而写作精美者列入文物类。清末钩填者笔墨恶劣者无款玺及未完成者，列入非文物类。3. 图像：统列入文物类。4. 宗教画像：统列入文物类。5. 壁画：统列入文物类。6. 舆图：统列入文物类。7. 碑帖：凡清代以上者列入文物类，但清末坊刻之劣品得列入非文物类。8. 成扇：凡清代以上者列入文物类。但清末之品，扇股既无艺术价值，扇面又系光素或书画幼稚者，列入非文物类。9. 缂绣书画：统列入文物类。10. 铜器：统列入文物类。11. 新铜：凡清代以上之品有年款，器型纹饰精美者或对文献有联系者列入文物类。其清末制作粗糙之日用品列入非文物类。

清理工作分两个步骤进行。第一步，从 1954 年至 1959 年，主要是清理历史积压物品和建立文物库房，成立了处理非文物物资审查小组，政务院批示由中央监察委员会、最高人民检察院、最高人民法院、文化部社会文化事业管理局及故宫博物院组成故宫博物院非文物物资处理委员会，先后共处理各种"非文物物资" 70 万件又 34 万斤。

对全院库藏的所有文物，参照 1925 年的《故宫物品点查报告》和 1945 年的《留院文物点收清册》，逐宫进行清点、鉴别、分类、挪移并抄制账卡。在整理中，从次品及"废料"中清理出文物 2876 件，其中一级文物 500 余件，如商代三羊尊、宋徽宗《听琴图》及一批瓷器等都极为名贵。第二步，从 1960 年至 1965 年，按照《以科学整理工作为中心》的规定，对藏品进一步鉴别划级，建立全院的文物总登记账，并核实各文物专库的分类文物登记账。

1971 年 5 月，故宫列出一批待处理的非文物目录，计有 207 600 件，其中包括：宫廷器物类（成扇、戏衣、插挂屏、祭法器等）130 270 件，织绣皮毛类（便服、鞋、帽等）70 304 件，假书画类（清乾隆以后的假书画、宗教画等）7026 件。这些物品，于 1971 年 5 月 24 日经图博口报国务院批准后，故宫即同外贸部中国轻工业品进出口公司联系，分别由他们收购。

接着进行第二批清理。根据有无一定历史、科学和文化艺术价值，以及库藏清代文物大量重复品的状况，1972 年又划出第二批非文物约计 163 350 件，其中包括瓷器类（清嘉庆之后的大量重复品）100 000 多件，衣料皮货类 58 000 多件，象牙 150 多件，假次书画（清乾隆以后的假书画、宗教画和大量重复的近代版画）5000 多件。这两次共处理非文物 369 000 余件。

1979 年冬，经国务院批准，从重复文物中选出特许文物 516 件，交文物总商店出售。

现在回头来看，20 世纪 30、50 年代的两次非文物处理是必要的。50 年代的处理虽然取得了有目共睹的成绩，但也有遗憾：不少宫廷遗物被当作非文物做了简单处理，例如处理宗教画等；而清代 2 万多幅帝后书画作品，也没有被当作文物对待。为了适应展览需要，或其他原因，撤除了一些殿堂的原状陈设或改造其内部格局，例如皇极殿、奉先殿的室内原状陈设被撤除并交给另外的文物单位，乾清宫东西侧的端凝殿、懋勤殿、上书房、南书房等地方的室内原状皆被拆除等。①

非文物处理中的问题，也反映了当时的一种文物观念，反映了人们对宫廷遗产价值的普遍看法。在不断提高认识的基础上，故宫博物院从 20 世纪 80 年代后期以来，对所留存的"非文物"和资料进行认真的清理，原已注销的一些文物又收库保存，21 世纪初的文物清理更是在充分认识宫廷历史文物价值的基础上进行的。

20 世纪 70 年代的所谓非文物处理，其实是卖文物，是"文化大革命"对故宫的最大伤害。

① 朱家溍：《忆单士元兄》，《中国文物报》1998 年 6 月 10 日。

37 故宫文物外拨

新中国成立后，故宫博物院的文物藏品在社会各界支持下得到充实，但从 1949 年至 1990 年，在国家文物主管部门批准协调下，故宫博物院也先后把大量宫廷藏品及珍贵文物调拨给不少博物馆、图书馆及其他机构。其中档案文献 820 万件，典籍图书数十万册，陶瓷书画珐琅织绣等艺术品、宗教文物及宫廷历史文物共 8 万多件，总数超过850 万件。种类多、数量大、持续时间长。

1. 明清档案部门的整体划出　清宫的明清档案一直是故宫博物院的重要藏品。1955 年，这批档案划归国家档案局，共计 644 架、1167 箱、1694 麻袋，约 430 余万件，加上南迁档案 2608 箱、150 余万件，共约 580 余万件。1969 年，这些档案又回归故宫博物院管理。过了 10 年左右，即到 1980 年，合计已有 820 万件的明清档案连同保管的 10 万册（函）图书资料再一次拨交国家档案局（改称中国第一历史档案馆）。故宫博物院曾保存宫中舆图 5900 多件。随着明清档案的再一次拨交，仅把其中与清宫历史有关的 158 件保存下来，其他 5747 件舆图则移交国家档案局。

2. 典籍图书的外拨　故宫博物院图书馆长期以来是个重要的业务部门。在 20 世纪 50 年代，大批的珍本典籍及宫廷藏书外拨到北京图书馆、国家档案局、一些省市及大学的图书馆。

20世纪50年代初，故宫已将约190部、40 000余册宫中书籍，如《清史稿》、《清代九朝圣训》、《清代诸帝列朝诗文集》（康熙至同治）等，拨给了中国科学院、北京图书馆、吉林省图书馆、中国人民大学、北京大学及部分省市大学等23个单位。后来还先后将不少宫廷藏书拨交给一些省市区图书馆等单位，如中国科学院新疆分院（14种、3196册）、内蒙古大学（蒙文书籍2部、36册，其他书籍93部、9451册）、河北省博物馆（今河北博物院）（747部、24 548册）、河南省博物馆（今河南博物院）（20部、635册）、河南省图书馆（54部、2184册）、天津图书馆（94部、3544册）等。

接收故宫外拨书籍最多、质量最好的是北京图书馆，即今天的中国国家图书馆。1955年，故宫将存在柏林寺的完整的18世纪《龙藏》经版外拨北京图书馆，另有四库书版78 289块，共约152 200块。1982年，《龙藏》又移交北京市文物局，现由云居寺收藏。1959年，应北京图书馆的要求，故宫将209部2868册的"天禄琳琅"图书与29种509册的其他宫廷珍本，包括宋、金、元、明、清及清抄本，另有明本书籍2.1万、殿本书籍5.4万等共30万册都给了北图。例如，昭仁殿旧藏宋版司马光《资治通鉴》，全书200册，又目录16册，分装20锦套，总计5706页。《资治通鉴》被溥仪盗出后又散失民间，为故宫理事会1947年6月18日决定以时币"一亿零三十万元"所购买，终回故宫，但这次亦交了北京图书馆。

故宫还将典籍图书较多地拨给了国家档案局。第一次是1956年10月，北京故宫直接拨交国家档案局13 103册复本书籍，其中一部分为康乾时期的内府本。第二次是1977年4月，北京故宫又拨交给国家档案局宫廷书籍220部、5790册，包括稿本、精写本、内府本、精刻本等，抄本主要有《洪武宝训》《清文会典事例》《大清会典》等。

3. 器物的外拨　根据故宫博物院的文物调出档案，首次向外调拨文物是 1954 年。从 1954 年至 1990 年这 37 年中的 31 年间都曾向外调拨文物。最后的记载是 1990 年，给上海中医学院医史博物馆调拨清代青花瓷研钵（故字号）1 件，给杭州中国茶叶博物馆瓷器、生活用具 8 件（故字号）。调出文物最多的一年是 1959 年，数量达 23 955件，1974 年也多达 11 382 件；最少的是 1987 年，给苏州丝绸博物馆调拨清代苏州造织绣材料 4 件。一些属于借出的清宫文物，以后则改为调拨。

从 1954 至 1990 年，故宫博物院调拨出的文物共 84 000 件另 87 斤1 两，其中约有 2400 多件不属清宫旧藏（1336 件为国际礼品）。

故宫器物的拨给单位，包括国内的博物馆、事业单位、企业、人民团体、科研机构、寺院、学校、国家机关、电影厂等，也给国外有的博物馆赠过文物。

拨往文物最多的单位是现在的国家博物馆即原来的中国革命博物馆和中国历史博物馆，所拨文物多达 7970 件。1959 年中国历史博物馆成立，北京故宫曾把包括虢季子白盘、《乾隆南巡图》等在内的3881 件珍贵文物拨了过去。虢季子白盘是与现藏于台北故宫的散氏盘、毛公鼎并称西周三大青铜重器的国宝，器形硕大、造型奇伟，而且铭文具有很高的历史价值。虢季子白盘在清道光年间出土于陕西宝鸡，后辗转流传至江苏常州。1864 年淮军将领刘铭传（曾任台湾建省后的首任巡抚）攻下常州，进驻太平天国护王府，在马厩中发现此盘。其后，刘氏返居故乡合肥，建"盘亭"而藏之。民国以后，争夺此盘的风波迭起，北洋军阀、日本人都欲抢夺。刘氏后人为保此盘历尽磨难，最后掘地一丈将此盘深藏不露。1950 年，刘铭传四世孙刘肃曾将此盘献给国家，交由北京故宫收藏。

故宫拨出文物涉及国内 27 个省、区、市和中央部委、部队等单位，共 82 999 件另 87 斤 1 两。拨给文物数量超过 2000 件的单位有 11 个：国家博物馆（7970 件）、沈阳故宫（7546 件）、承德外八庙（5968 件）、民族文化宫（5519 件）、湖北省博物馆（3367 件）、洛阳市文化局（3361 件）、清东陵管理所（保管所）（2966 件）、北京电影制片厂（2510 件）、中国工艺美术学院（2356 件）、国庆工程各单位（2534 件）、中国佛教协会（2015 件）。超过 1000 件的机关单位有：外交部（1962 件）、黑龙江省博物馆（1812 件）、广东省博物馆（1647 件）、轻工业部美术工艺管理局（1614 件）、承德避暑山庄（1551 件）、景德镇陶瓷馆（包括景德镇陶瓷研究所）（1217 件）、文化部（1213 件）、外贸首饰公司（1173 件）、解放军八一电影制片厂（1130 件）、湖南省博物馆（1088 件）、长春电影制片厂（1000 件）。

故宫拨给 10 个国家的文物共 1001 件：保加利亚博物馆（35 件）、德意志民主共和国（251 件）、哥斯达黎加（6 件）、捷克斯洛伐克国家博物馆（65 件）、毛里求斯（2 件）、日内瓦人类博物馆（46 件）、苏联东方博物馆（550 件）、苏联特列恰可夫画馆（23 件）、新西兰坎特伯雷博物馆（21 件）、伊朗（1 件）、日本（1 件）。

故宫外拨藏品的类别有：陶瓷、铜器、玉石器、漆器、珐琅器、织绣、绘画、法书、铭刻、雕塑，以及其他工艺品、文具、生活用具、钟表仪器、武备仪仗、古籍文献、宗教文物、外国文物等。①

---

① 参阅郑欣淼：《天府永藏：两岸故宫博物院文物藏品概述》，紫禁城出版社 2008 年版，第 96—107 页。

38 七年文物清理

从 2004 年到 2010 年，故宫博物院对院藏文物进行了长达七年的全面清理，摸清了"家底"，首次对外宣布：截至 2010 年底，故宫博物院的可移动文物总数为 1 807 558 件（套）。在此之前，故宫对外公布的文物总数是截至 1994 年底的统计，为 934 258 件，其中属于清宫旧藏的 711 338 件，1949 年以后入藏的 222 920 件，对外宣布一般说是近百万件。

经过几代故宫人的整理、鉴别、分类、建库等，现已基本上做到账目比较清楚、管理制度逐步健全。但是，由于宫廷藏品及遗物数量巨大、种类繁多、存贮分散，以及过去对文物认识的局限性等原因，虽进行过多次清理，但仍存在某些文物账物不相符合、许多重要的宫廷藏品未被列为文物、一些库房尚待进一步清理、院藏文物还没有一个确切数字的问题。故宫博物院认识到，只有弄清故宫藏品的种类和确切数量，才能对其有效地实施保护，才能对它的内涵、特点以及价值有更为全面、准确的认识，也才会对它进行更为深入的研究和挖掘。这是博物馆的基础工作，是科学管理的前提。同时，故宫的丰富藏品是中华民族珍贵的文化财产，故宫博物院代表国家进行保管，弄清这些财产的底数并认真妥善地加以保管，是对国家、对民族负责任的表现，是不容许有半点疏忽与懈怠的。

　　故宫博物院通过认真调查研究，翻阅档案，深入库房，并向有关专家与管理人员请教，写出了《关于故宫博物院彻底清理文物藏品的研究报告》，获得文化部主要领导的肯定与支持。在这份报告基础上，故宫制定了《故宫博物院 2004—2010 年文物管理工作规划》，同时成立了"故宫博物院藏品清理工作审核组"。故宫经过充分讨论，决定用从 2004 年到 2010 年七年时间对全院文物藏品进行一次全面、彻底的清查，弄清楚"家底"到底有多少。

　　故宫文物清理的目标是家底清楚、账物相符、科学管理。经过七年的持续努力，故宫文物清理取得重大成果，达到了预期目标。具体来说，解决了四个方面的问题：

　　1. 解决总账与分类账不一致的问题　文物管理处所管全院文物藏品总账与各部门所管各自门类的分类账存在部分不一致的情况。为解决这些问题，库房人员需要根据总账、分类账的记录，与库房卡片、实物进行核对，之后查阅相关单据，找出差错的原因，核实后对总账或分类账进行相应修改。产生问题的主要原因是：

　　藏品管理权限移交、提陈手续不清。如毛泽东主席委托中办转交故宫收藏的"钱东璧临兰亭十三跋卷"，先由保管部工艺组的国内礼品库保管，后移交至书画组管理。移交时，老号未销，又贯了新号，导致总账与分类账数字不符。

　　数字、计件不一致。如"清乾隆点翠嵌珠钿花"，总账为 4 件，而分类账则为 1 份。经过核实，统一了计件。

　　类别错误。类别错误主要是由于藏品号登录错误而产生的。九龙壁瓷器库有不少类别错误的情况，如总账记为铜镜的文物，分类账记为"清雍正青花山水人物罐"等。经过核对，找出错误原因，对账目进行了修改。

拨、销记录不一致。此问题多发生在总账与分类账重复品撤销分号上。如"明黄团龙缎"，总账记录拨出了分号217，而分类账记录拨出的为分号271。经核实，分号217仍然在库，属调拨错误。又如"楠木边油画山水围屏"，分类账上记录拨给了民族文化宫，但总账未有记录。为此，专门到民族文化宫查找到了该件文物，证明是总账漏登了拨交记录。

2. 解决账物不符的问题 故宫建院以来，历经坎坷，期间文物藏品拨入拨出、借入借出、销号处理、文物资料提级和降级等等，多有反复，情况极为复杂。在此过程中，库房人员任何一点的疏漏或登记报批不规范都可能造成账物的不一致。同时，很多账物不符的现象都是账目统计标准不一致造成的。解决账物不符的问题，是本次清理验收工作的重点，也是最大的难点之一。库房人员通过耐心细致、坚持不懈的努力，解决了有账无物、有物无账、登记错误、调号调拨错误四个方面的问题。

3. 完善文物管理体制 主要是解决个别门类文物交叉管理问题。由于历史上形成的文物分类方法不完善，故宫个别同一门类的文物分散于不同的科组或部门进行管理，给账、卡、物三核对造成了困难。这一问题的解决仅靠本类库房、本科组甚至本部门的努力，运作起来很费劲。因此故宫确定了由相关部门或科组作为牵头单位，组织跨组、跨部门的力量协同查找的策略，收到了成效。同时，为了完善文物管理体制，由院里统一协调，根据文物藏品的属性，对相关科组和部门交叉管理的文物统一进行了管理归属权的变更。

文物管理处作为全院文物总账的管理者，之前也一直管辖着一些珍宝等门类的文物和资料，账物未能实现分离。此次清理，文物管理处将原来所辖文物和资料，根据文物属性，分别移交给了宫廷部、古器物部、古书画部、古建部，共计 131 962 件，实现了文物的账、物完全分开管理。

4. 彻底清查全院文物藏品　过去，由于认识的局限性，许多珍贵的宫廷遗物长期被忽略，从未进行过系统点查与整理，或没有真正纳入文物账进行管理。这次把这一类文物和资料全部纳入清理范围，在清理过程中不放过库房的任何死角，逐一进行登记。以往作为资料或"非文物"的藏品，根据重新鉴定，已有相当数量被提升为文物，统一进入文物管理系统。不仅将过去从未进行过系统整理的藏品，如 13 万件清代钱币、22 703 件清代帝后书画等进行了系统整理，而且对所有资料藏品进行了重新鉴定、研究，完成了共计 180 122 件资料藏品的提升工作。

新提升为文物的藏品中，如织绣类文物里有"文革"时期从北京房山上方山、云居寺中收缴的数千件经书的封面。它们绝大多数是纪年准确的明代织物，且品类众多，织工精细，纹样精美，保存完好，这在全国博物馆同类藏品中也十分罕见和难得，对于研究明代丝织品具有重要意义。又如 888 件盔头、鞋靴，过去未被当作文物管理。从戏曲演出看，盔头和鞋靴与身上的戏衣一样，都是传统戏装"行头"的有机组成部分，同样具有历史价值，这次被列入了文物。还有反映清代官员觐见皇帝制度的近万件红绿头签，反映皇宫警卫制度的上千件腰牌等，也在本次清理中提升为文物。

古籍、古建类藏品首次被纳入文物管理序列。古籍类藏品之前虽得到妥善保管，但在保管形式上沿用了图书馆界的做法，未按文物要求管理，也是故宫唯一一类没有定级的藏品。图书馆将这些古籍、善本、书版按照文物管理要求进行了清点。19 个文物库房的 564 713 件文物、38 348 件资料，共计 603 061 余件（册、块、幅、包等）藏品终于全部清点完毕，并按照文物要求完成了相应账目的编制和录入工作。这是自 1925 年故宫博物院图书馆建立以来最全面、最彻底的一次大清点。

古建部的文物库房是在原古建部实物存放地的基础上，于 2004 年文物建档工作开始后建立的，起初只有一本简单账目，基础工作非常薄弱。通过此次清理，古建部不仅完全按照院里对文物核对工作的要求，完成了古建实物 4180 件的清理核对，而且还对所核查文物进行了信息收集，对每一件核查过的藏品都按照要求贯以文物资料号，增写了卡片，形成了一套较为完整翔实的、便于增添和调用的古建文物资料电子账目。

2010 年 12 月 28 日，"故宫博物院 2004—2010 年藏品清理工作总结表彰会"隆重召开。故宫对外宣布，经过清理，故宫藏品总数达到了 1 807 558 件，其中珍贵文物 1 684 490 件、一般文物 115 491 件、标本 7577 件。这是故宫自建院以来在文物藏品数量上第一个全面而科学的数字。这是故宫向国家、向社会交出的一份合格的财产账。

故宫文物清理工作，不只完成了摸清家底任务，还在故宫学整体保护、全面保护理念的指导下，与加强文物的安全管理、科学管理等工作结合起来，使文物管理水平得到很大的提高。这突出反映在文物信息化管理日渐成熟上。

编辑出版《故宫博物院藏品大系》与《故宫博物院藏品总目》，是故宫文物清理成果的又一体现。故宫文物目录向社会公开，从根本上说，是基于故宫作为公益文化机构的性质、作为世界文化遗产的地位以及以学术为公器的理念。

从故宫 180 万件藏品中精选最具典型性和代表性的文物 15 万件，按照陶瓷、绘画、法书、碑帖、青铜、玉石等分为 26 编，出版总规模预计 500 卷的《故宫博物院藏品大系》，工程浩大，世所罕见，被誉为"纸上故宫"。《故宫博物院藏品大系》于 2010 年开始问世，至今已出版近百卷。

《故宫博物院藏品总目》经反复研究审定，于 2013 年 1 月在故宫博物院网站首次公布。此次公布的目录为简目，藏品信息的不完善之处，将随着该项工作的深入逐步得到修订和完善。

故宫博物院文物藏品是个动态的概念，以后还会有所变化，但这次清理是最基本的基础建设。

截至 2010 年底，中国文物系统博物馆藏品总量为 1755 多万件（套），一级品 58 649 件，故宫不仅藏品占总数的 1/10 多，而且在文物清理前的一级文物 8272 件（套），已占到全国文物系统一级品的 1/6。由于故宫文物的特殊价值及巨大数量，它的彻底清查，不仅是故宫博物院发展史上的标志性事件，对于中国文化遗产保护、中华历史文化研究也都具有重要意义，并为从 2012 年开始的全国国有可移动文物普查工作起了示范作用。

39 《捐献铭记》

　　故宫博物院的藏品在不断地增多和丰富，这与社会各界人士的踊跃捐赠密不可分。从 1939 年至 2020 年 9 月，向故宫博物院捐献文物的社会各界人士共 793 位，捐献文物等共 19 550 件。故宫博物院于 2005 年 80 周年院庆之际，出版了记述捐献者的《捐献铭记》（紫禁城出版社）一书，选出 200 余位捐献者及所捐文物 451 件，一一做了介绍。排列按首次入藏时间及姓名笔画为序，设有捐献者照片与小传，展现了 80 年来文物捐献的延续状况。书中内容涉及所有文物类别。

　　在这一长长的捐献者名单中，有国家领导，也有普通民众；有海外侨胞，也有外国友人。每位捐献者几乎都有令人感动的事迹。他们不只是献出了一器一物，更体现了爱我中华的仁心义举，展示了天下为公的佳德懿行。这些捐赠品，不乏国之瑰宝，极大地丰富了故宫的收藏，使故宫的文物品类更为系统和完整，其中一些还是清宫流失出去的珍贵文物。

　　故宫博物院接受文物捐献始于 1939 年。1945 年有陈忠恕的汉印 501 方、杨闻泽的中国历代钱币 2000 余种；1946 年有德人杨宁史的古铜器、古兵器 263 件，郭葆昌的 427 件精品瓷器，张允亮的 100 余幅书画与近万册书籍等进入故宫。其中杨铜、郭瓷在当时很有影响。

　　郭葆昌先生曾为故宫博物院专门委员，雅嗜文物，锐意收藏，尤精于艺术品鉴。他说过，中国瓷器，萃于故宫，彼所收藏，虽不及故宫之富，但如唐之越窑、五代之柴窑、清康熙五彩之民窑等，足补故宫之所未有云云。1936 年，他就提出要向故宫捐赠藏瓷，故宫理事会还认真研究过。抗战期间，先生身故。战后，哲嗣郭昭俊先生遵其遗嘱，将家藏瓷器之大部捐赠故宫。故宫当时曾辟专室予以展出。

张伯驹先生曾以重金购藏西晋陆机《平复帖》，这是我国传世最早的一件名人墨迹，他爱同身家性命，抗日战争中曾把此帖缝在自己随身穿的棉袄中一同避难。隋展子虔《游春图》是我国现存卷轴山水画中最古老的一幅，张伯驹先生唯恐如此重要的文物被商人转手卖到国外，曾变卖房产并搭上夫人的首饰才将其保留下来。20 世纪 50 年代，张伯驹先生将珍藏的《平复帖》《游春图》以及唐李白书《上阳台帖》、唐杜牧书《张好好诗》卷、宋黄庭坚书《诸上座帖》、宋蔡襄《自书诗》册、宋范仲淹书《道服赞》卷、元赵孟頫草书《千字文》卷等书画巨品无偿捐献给了国家，使之成为北京故宫的珍藏。1947 年故宫博物院拟收购《道服赞》卷，经张伯驹先生与古玩商议价，该卷价格已定为黄金 110 两，而行政院拨款仅 5000 万元，不敷支付，在平理事会拟再呈请行政院续拨 2 亿元，南京理事会的决议是"价过高，暂不收购"，[①] 可见此物当时已价值不菲。

马衡先生任故宫博物院院长长达 19 年。他在 1952 年调离故宫时，将珍藏的包括宋拓唐刻颜真卿《麻姑仙坛记》卷在内的甲骨、碑帖等 400 多件文物捐献给了故宫。在他去世后，他的子女遵其遗愿，又把 14 000 余件（册）文物及书籍捐献给了故宫，有青铜器、印章、甲骨、碑帖、法书、绘画、陶瓷、牙骨器等，种类众多，数量惊人，精

---

① 《国立北平故宫博物院第七届理事会第一次常务会议纪录》，1947 年 11 月 29 日。

品不少。

曾任故宫博物院专门委员会委员的朱文钧先生，曾任职于民国财政部。他一生殚心经史，以著述自遣，尤精于鉴识。他收藏名碑名帖多，如两汉碑刻就近70种；善本精拓多，宋拓20余种，元拓4种，明拓40余种；有鉴家、学者题识为多，如元拓石鼓文，孙克弘故物，附周伯温临石鼓文墨迹，翁方纲、吴云、张祖翼、杨守敬等题识。当年马衡院长拟用10万银元收购，朱文钧先生则表示将来要捐赠给故宫。朱文钧先生于1937年6月去世，1953年，其夫人张宪祗女士率家济、家濂、家源、家潽等四个儿子将全部碑帖706种无偿捐赠给故宫博物院。

郑振铎先生是新中国文物事业的奠基人，他于1952年把自己殚精竭力收藏的655件汉唐陶俑全部捐献给故宫。这些陶俑中被评为一级品的就有18件之多，其中一件昆仑奴俑特意烧制成黑色，以表示黑人皮肤。唐墓中出土的昆仑奴俑数量不多，且多穿敢曼（用羊皮或布等围系成的短裤）。此俑却穿右衽衣，右衽衣是华夏传统服饰，这表明其已经接受了唐人的生活方式。这种造型的昆仑奴俑，传世仅存此一件，是唐朝对外文化交流的历史见证。郑振铎先生的陶俑完善了故宫的收藏门类。

曾任全国人大常委会副委员长、全国政协副主席的陈叔通先生于1953年捐献《百家画梅》，凡102家109幅，有唐寅、陈录、王綦、邵弥、道济及扬州八怪等明清诸家的杰作。陈叔通先生病逝后，先生的家属又遵其遗嘱，捐出先生收藏的387件文物，其中拓本碑帖、书画不乏佳品。

作为经济学家、革命实业家的章乃器先生也有很高的文物鉴识水平。他向故宫捐赠文物多达1122件，可分青铜、铜器、石器、雕塑、货币、陶瓷、玉器、竹木牙角和漆器等几大类，其中一、二级品就有 90 多件。

1955 年，为故宫博物院筹建做出贡献的吴景洲（吴瀛）先生欣然同意其长子吴祖光的提议，将自己来之不易、保存尤难的 241 件珍贵文物无偿捐献给故宫，有法书、名画、青铜、陶瓷、竹木雕刻、石砚、印章等。

萧龙友先生是现代中医名家，医术精湛，被誉为"北京四大名医"之首。萧龙友先生于医学之外，熟读经史，搜访金石书画及古医籍，收藏甚富。1961 年，萧先生的家属遵其遗嘱，将其所藏书画、碑帖、瓷器、古墨等 140 余件（套）文物捐赠给故宫博物院，其中如宋代《萧翼赚兰亭图》卷、元代赵孟頫《临兰亭序》卷、宋拓《兰亭序》等皆为海内瑰宝。

故宫所藏的 21 000 件（套）玺印中，有相当一部分来自 22 位人士的慷慨捐献。例如，著名收藏家陈汉第先生的旧藏古印曾收录于《伏庐藏印》《伏庐藏印续集》。1945 年，其藏印 500 方进入故宫收藏，属于国家珍贵文物的就有 11 方之多，均为在多方面具有重要意义的官印遗珍。1956 年，陈元章先生捐献晚清收藏大家陈介祺自用印 70 方。1991 年，王承诗女士捐献历代印章文物 125 方，多有珍品。

尹润生、叶恭绰、张子高、张绚伯四位先生都是京城玩墨名家，又均有专著行世，如尹润生的《墨林史话》、叶恭绰等人编的《四家藏墨图录》等。他们的研究都以个人收藏为基础，而其家藏都先后捐献了故宫，使故宫博物院成为名家藏墨的集大成者。周绍良先生藏墨的重点，是清代有干支纪年及具有名款之品。他捐给故宫的清代名墨共计 1000 件，从康熙到宣统各朝都有，均为二、三级珍贵文物。他的《清代名墨谈丛》《蓄墨小言》《清墨谈丛》《曹素功制墨世家》等著作，在墨学研究上起了开拓性的作用。

1985 年，香港著名医生叶义先生将他收藏的 81 件罕见的犀角雕刻捐献给了故宫。

2006 年，台湾著名学者、作家李敖先生捐献给北京故宫一件清宫流失出去的文物，是清乾隆皇帝为王著所书《千字文》而题写的一首七言律诗行书。王著是五代至北宋初的著名书法家，以善书事宋太宗为侍书。《王著书千字文》当年被清逊帝溥仪以赏赐溥杰的名义盗运出宫，在 1945 年伪满洲国垮台后就下落不明了。王著所书本文、乾隆书引首以及部分题跋至今虽已不知下落，但该卷尚有前隔水的乾隆题诗和后幅的周越跋文幸存于世。80 多年后，这段乾隆御笔题跋能够重新回到故宫，也堪称一件幸事。

向故宫捐献文物者中，不乏既是收藏大家，又是鉴定名家，而且学术成果也享有盛誉的人，孙瀛洲先生就很有代表性。孙瀛洲先生是河北冀县（今冀州区）人，早年在北京的古玩店当学徒，后独立开办了敦华斋古玩店，成为当时著名的古董商和鉴定家。新中国成立后，孙瀛洲先生到故宫博物院工作，于 20 世纪 50 年代将家藏 3000 多件各类文物捐赠给故宫，陶瓷有 2000 多件，其中 25 件被定为国家一级文物。孙先生曾当选第四届全国政协委员。

20 世纪 50—60 年代，孙瀛洲先生主持并参与对故宫博物院所藏瓷器的整理、编目与鉴定，以及藏品等级的划分等，亲自编目制卡，扎扎实实做着基础工作，这些工作本身也是重要的学术研究。孙瀛洲先生不仅是公认的明清陶瓷鉴定大家，享有"宣德大王"的美誉，而且还是宋、元陶瓷研究的开创者和奠基人，从院藏陶瓷中鉴别出了过去一直未被认识的汝窑罐盖及多件官窑、哥窑瓷器等稀世珍品。《孙瀛洲的陶瓷世界》一书就收录了孙瀛洲先生为数不多但篇篇珍贵的论文。从学徒到经营者，从经营者到收藏家，从收藏家再到文物鉴定专家，从文物鉴定专家最终成为文物捐赠大家，这是一条自学成才的道路，也是由小我到大公的升华过程。这既具有中国的时代特色，也符合世界文物大家的养成规律。孙瀛洲先生的人生道路是与他同时代的一批人共同历程的缩影。

为了表达对捐献者的崇敬之情，并彰显其事迹、弘扬其精神，故宫博物院还于 2005 年 80 周年院庆时，特在内廷东六宫之一的景仁宫专设"景仁榜"，将捐献者的名字按年份镌刻于墙上，以作永久纪念，并在景仁宫有计划地举办捐献文物展览。《景仁榜文》曰："高山景行，百世不磨；盛典宏制，千秋永志。捐赠者的队伍将会延续，荣登景仁榜的人士将会络绎不绝。绳其祖武，中华幸甚！"

40　故宫图书

　　故宫图书来自清宫旧藏，也就是清宫图书。清宫旧藏的散佚、调拨以及内府刻本传播等原因，使得不少机构与个人也得以收藏清宫图书。

　　清朝统治者以"稽古右文"自命，对图书典籍非常重视。清宫图书以明代皇室遗存为基础，经过数百年的访求、编刻、缮写，收藏了大量的珍贵图籍，超越以前各代。其中宋元明善本珍藏，以《天禄琳琅》藏书、《宛委别藏》丛书为代表。《天禄琳琅书目》为我国第一部官修善本目录，在版本著录体例方面多有创见。抄本方面，以明抄本《永乐大典》及清抄本《四库全书》《四库全书荟要》为代表。

　　清朝统治者重视编纂刊刻书籍，武英殿为专门修书刻书的机构，所刻之书称为内府刻本，或称"殿本""殿版"。据统计，清内府汉文刻本及满、蒙、藏等少数民族文种刻本共约1300多种。[①] 内府刻书的内容广泛：校刻经史，如《十三经注疏》、"二十四史"等。定期编纂、续修有关本朝国史典则之类，如实录、圣训、本纪、起居注、《则例》、《律例》等。佛道经典，如《大藏经》。自然科技方面书籍，如《皇舆全览图》。文学艺术方面，如《全唐诗》。音韵字书，

---

　　① 故宫博物院图书馆、辽宁省图书馆编著：《清代内府刻本书目录解题》，紫禁城出版社1995年版。

如《康熙字典》《佩文韵府》。《古今图书集成》是清代的一部重要图书。该书是康熙、雍正年间著名学者陈梦雷提议并主持编纂的大型综合性类书，共1万余卷，总目40卷，约1.6亿字。武英殿修书处以铜活字印64部，每部5020册，是中国现存规模最大、体例最完备的一部类书。清政府曾以此书赠予美国耶鲁大学、哥伦比亚大学及美国国会。

1925年故宫博物院甫一成立，就致力于清点整理清宫的各处藏书。除文渊阁《四库全书》《古今图书集成》和摛藻堂《四库全书荟要》保持原状不予更动外，其他散存各处的图书一并集中到寿安宫书库，依类编目庋藏。1929年又收管了清史馆所藏《清史稿》及各种刻本、抄本92 000多册，大高殿所藏杨氏观海堂书1667部15 906册，方略馆藏书377部15 466册，资政院藏书747部4835册。1930年奉命拨交给中央图书馆满、汉文《清实录》(自太祖迄文宗) 各一部，及《古今图书集成》一部，共计11 901册。1931年故宫图书馆又收到本院文献馆移交的善本、方志等书136部3196册。此时故宫图书馆藏书多达52万余册，为故宫博物院藏存清宫秘笈最富时期。先后编印有《故宫方志目》《故宫所藏观海堂书目》《故宫所藏殿版书目》《国立北平图书馆故宫博物院图书馆满文书籍联合目录》《故宫殿本书库现存目》《故宫普通书目》《故宫善本书目》《内阁大库书档旧目补》《清内务府造办处舆图房图目初编》《故宫方志目续编》等。20世纪30年代，故宫文物避寇南迁，其中包括1415箱157 000余册图书。大陆解放前夕，南迁图书中的1334箱156 000余册运往台湾。

新中国成立后，北京故宫对清宫留存的善本旧籍进行认真清查、整理、编目，藏书已达40万册，清宫旧藏约占4/5，另有书版23万多块。2000年前后出版的《故宫珍本丛刊》，影印收录院藏善本书

1100 多种和 1700 多种清代南府与升平署戏本、档案。《故宫博物院藏品大系·善本特藏编》已出版，介绍了包括元明刻本、清前期刻本、清后期刻本、武英殿刻本、孤稀方志、满文古籍、蒙文古籍、明清抄本、清宫戏本、官式器物图档、官式服饰图档、样式房图档、御笔写经、臣工写经、内府雕版等，展示了北京故宫清宫旧藏的丰富性。

台北故宫现藏图书类文物 216 507 件，绝大多数为清宫旧藏，编有台北故宫博物院普通旧籍目录、台北故宫博物院善本旧籍目录（上、下册）、台北故宫博物院所藏族谱简目等馆藏目录，编纂了台北故宫博物院宋本图录、《故宫图书文献选萃》（《故宫文物选萃》系列之一）等善本图录。

以上是两岸故宫藏书的简介。清宫旧藏的散佚、调拨以及内府刻本传播等原因，使得不少机构与个人也有清宫图书的收藏。清代宫廷图书现主要收藏在北京故宫博物院，台北故宫博物院、北京中国国家图书馆也有大量存藏。以下分四方面介绍清宫图书在海内外的具体收藏情况：

1. 关于清宫几部巨帙的存藏 故宫《四库全书》《四库全书荟要》及《宛委别藏》丛书、《天禄琳琅》藏书等巨帙，当年随文物南迁，现藏于台北故宫博物院。1959 年北京故宫应北京图书馆（今中国国家图书馆）之请，将收回的溥仪当年盗出的《天禄琳琅》藏书，以及新购的多部《天禄琳琅》藏书，共 239 部 2868 册，全部交给了北京图书馆。据调查，《天禄琳琅》藏书现存情况为：台北故宫 317 部、北京中国国家图书馆 291 部、辽宁省图书馆 35 部；此外，其他几部零星分散于海内外数十个公私藏家之手。

2. 清内府刻本的存藏 清内府刻书多达千余种，目前主要存藏于中国大陆和台湾，外国也有少量存藏。

北京故宫 20 世纪 50 年代曾先后拨出图书 15 万余册，分别给北京图书馆、中国人民大学图书馆、河北省图书馆、内蒙古图书馆等 16 个单位，其中大多数是殿本书中的重复本。目前北京故宫所藏图书的种类和数量仍位居国内之首，且大多是供皇帝阅览的呈览本和陈设本，清历朝所刻的重要典籍也皆有收藏。清内府书版材质讲究、雕刻精美，具有重要的文献与文物价值。现故宫尚保存清宫书版 219 743 块，还有铜版 5995 块、石版 4 块。90% 以上是康雍乾时所刻。最早的雕版是明嘉靖四十二年（1563）刻《佛说高王世观音经》。有汉文、满文、蒙文、藏文书籍约数十部，主要是《满文大藏经》《藏文甘珠尔》。利用今存《满文大藏经》经版 42 237 块、佛画版 184 块，21 世纪初紫禁城出版社还用原经版刷印了 20 部。

台北故宫共有殿本书 53 221 册，大都是初印精装的珍品。如铜活字摆印的《古今图书集成》，木活字摆印的《武英殿聚珍版书》《古香斋袖珍十种》等。

辽宁省图书馆存藏殿本 568 种，其中汉文刻本 354 种。这些书原属沈阳故宫的陈设书，其中不少是尚未裁切、装帧的毛订本，极具特色。如顺治七年（1650）内府刻本满文《金瓶梅》《三国演义》、聚珍版《吏部则例》等都是珍稀罕见之书。

3. 清内府抄本的存藏　现在收藏原属清宫抄本图书较多的有台北故宫、北京中国国家图书馆和北京故宫。

台北故宫今藏文渊阁《四库全书》、摛藻堂《四库全书荟要》及《宛委别藏》丛书、《天禄琳琅》藏书（317 部）等抄本，还有原内阁大库甲库所藏宋元明各代抄本、名人写经 261 种。

北京中国国家图书馆存藏也有相当数量，主要有：明嘉靖年内府抄本《永乐大典》162 册；文津阁《四库全书》；据《北京图书馆古籍善本书目》等有关书目所载，另有内府抄本千种以上，其中包括原内阁大库乙库旧藏，翰林院藏《四库全书》底本，武英殿聚珍版书底本及原大内和行宫各殿座的陈设书等。1959 年北京故宫应北京图书馆之请，将收回的溥仪当年盗出的《天禄琳琅》藏书，以及新购的多部《天禄琳琅》藏书，共 239 部 2868 册，全部交给了北京图书馆。中国国家图书馆今藏《天禄琳琅》291 部。

辽宁省图书馆藏有《天禄琳琅》35 部。

北京故宫现藏清宫抄本，以清内府抄本为最多，计有：清内府抄本 870 余种；清内府抄本满蒙文图书 180 余种；清宫旧藏以及采进的抄本约 500 余种；晋唐以下各代名人写经数量不少；清内府各种写经 1490 余种（汉文写经 1045 种、满蒙藏文写经 450 余种）。[1] 另有修书各馆在编书过程中形成的稿本、修改本、清本、呈览本和付刻底本等，如《康熙字典》《渊鉴类函》《佩文韵府》《选择历书》等。还有清内外大臣编进、采集和清宫旧藏的各种抄本。明抄本重要的有严嵩《钤山堂集》40 卷、钱正春《红豆村杂录》稿本等。清抄本重要的有康熙年间著名藏书家季振宜进献的抄本《全唐诗》710 卷。所藏唐人吴彩鸾写本《刊谬补缺切韵》，是一部自宋迄清流传有绪的稀世孤本。

4. 其他图书的存藏 观海堂藏书。这是故宫收藏的杨守敬藏书，15 000 多册。这批书随文物南迁，现大部分在台北故宫，小部分仍藏北京故宫。观海堂藏书中有不少精绝好书，且多为稀世善本，其中 512 部医籍，多为日本古抄本，更是难得。

方志。故宫博物院成立后，曾编《故宫方志目》与《故宫方志目

---

① 向斯：《抄本部分概述》，载《故宫博物院藏品大系·善本特藏编·抄本》，故宫出版社 2014 年版。

续编》，共载方志书 3270 部。这些书主要是康、雍、乾、嘉四朝纂修《大清一统志》期间，命全国各省府州县纂修呈进和采集来的，包括明正德迄清末的各种方志。清史馆等处所藏方志，随文物南迁者共 1595 种 14 000 余册，现 1500 余种藏于台北故宫博物院。北京故宫目前存藏古籍志书 1871 种、2144 部、20 272 册，绝大多数是清国史馆和内阁大库的旧藏，仅著录于《中国古籍善本目录》中的就有 340 余种。①

清宫剧本。现存清宫剧本主要是南府和升平署时期的，主要分布在以下单位：北京故宫所藏最多，其中有南府抄本近 400 种，升平署抄本约 11 000 种以上，还有乾隆年武英殿刻五色套印本等。台北故宫现藏升平署昆弋剧本 419 种，乱弹剧本 388 种，总计 807 种。中国国家图书馆藏升平署曲本约 379 种。中国艺术研究院戏曲研究所藏清内府抄本《太平祥瑞》等约 200 种以上。其他公私藏家也有一些收藏。

少数民族文字图书。故宫博物院成立后整理的满蒙书籍，至 1931 年已达 428 种 16 100 余册，此数不含佛经和复本书。现在收藏较多的单位有北京故宫博物院、辽宁省图书馆、中国国家图书馆、中国第一历史档案馆和台北故宫博物院等。

北京故宫现藏满、蒙、藏等文字图书 2900 余种 20 000 余册（内有刻本 1900 多种万余册，抄本千余种 8900 多册）。这些都是清宫的遗存，且多系清内府奉敕编译的刻本和抄本，也有臣工进献和采进的坊刻、家刻和抄本。有些满文抄本反映了重大历史事件。例如，西洋传教士张诚、白晋曾以满语向康熙皇帝讲欧几里得的《几何原本》。北京故宫藏清康熙年内府满文精写七卷本《几何原本》，就是张诚、白

---

① 万依主编：《故宫志》，北京出版社 2005 年版，第 612 页。

晋在康熙二十九年（1690）奉敕依据他们的满文讲稿编辑而成的。故宫还藏有一部满文《西洋药书》，为白晋、张诚所编译的记述当时西方流行的 40 种药品及医学知识的书籍。北京故宫还藏有 50 多种清代民族语文词典。其中满、汉、蒙、藏、维吾尔文合璧的《御制五体清文鉴》流传不广，仅有 3 部精写本分别收藏在北京故宫、雍和宫和沈阳故宫。①

台北故宫博物院存藏满、蒙文书籍 11 499 册，也是清宫遗存。辽宁省图书馆藏有满、蒙文图书 500 余部，源自沈阳故宫。中国国家图书馆所藏满、蒙等少数民族文字图书为海内外之冠，其来源广博，也有不少来自清内阁大库和翰林院、国史馆等。中国第一历史档案馆存藏满文档案文献多达 150 万件，也有一定数量的满、蒙文图籍，来源于清宫旧藏。此外，国内一些公私藏家也有收藏，而国外日、俄、法、德、英、美等国也有不少存藏。

清宫旧藏佛道典籍主要存藏于北京故宫、台北故宫与中国国家图书馆。康熙时有内府泥金藏文《龙藏经》（全名《太皇太后钦命修造镶嵌珠宝磁青笺泥金书西域字龙藏经》），乾隆时以此本为祖本，又誊录了一部，名《甘珠尔》。共收佛典 1000 余部。本藏共 108 卷（夹），为梵夹装，富丽堂皇。康熙朝《龙藏经》108 函现藏台北故宫。乾隆朝泥金写藏文《甘珠尔》108 函，96 函在北京故宫，12 函在台北故宫。清宫《御制清文翻译全藏经》，俗称《满文大藏经》，108函，72 函在北京故宫，36 函在台北故宫。

北京故宫现藏佛、道经籍计有 2000 余种、6400 余部、54 000 余册。包括历代写本、刻本、墨拓本、朱拓本。汉文之外，还有满文、

---

① 春花：《清代满蒙文词典研究》，辽宁民族出版社 2008 年版，第 149 页。

藏文等文字的写经。宋以前写经近百件，纪年题记最早的是北魏永平四年（511），最晚的是北宋太平兴国十年（985）。历代书家写经数量也很突出，如唐人《临黄庭经》及宋张即之，元赵孟頫、鲜于枢等的写经。^① 所藏清内府 1490 余种写经中，仅御笔《心经》就有 1500 余部、1600 多册，为康熙以迄宣统 9 位皇帝所写。北京故宫藏佛道典籍，除了汉文，还有满文、藏文等文字，选入《中国古籍善本目录》者计有 160 余种。另有《金藏》《永乐北藏》《嘉兴藏》《龙藏》等 4 部汉文大藏经。

台北故宫藏佛教经典约 300 余部，根据经典制作的方式有写本、缂绣和雕版三种，其中明以前的经卷达 50 余种，大都是清宫旧藏，著名的有宋代张即之、明代董其昌等的写本佛经。其中明代内府写经用金汁抄写，且有精美的彩绘插图，既是内廷供养的佛教法物，更是完美的工艺品，其内容以藏传佛教经典为主，而且有准确的抄写年代，是研究明代宫廷藏传佛教真实面貌的珍贵材料。

中国国家图书馆所存道教典籍，除《道藏》《续道藏》之外，明内府刻本、写本道经也很突出，如明初写本《云笈七签》，嘉靖年内府抄本《御制金箓大斋章表》《金箓御典文集》，万历年内府抄本《太上三元赐福赦罪解厄清灾延生保命妙经》，明内府抄本《温帅血脉家传》《祈祷诸阶秘旨》等等。该馆还藏有相当数量的清内府译、刻和写本佛经，包括汉、满、蒙、藏各体文本。

此外，沈阳故宫博物院、辽宁省图书馆、辽宁省博物馆、长春博物馆、中国第一历史档案馆及南京博物院，以及其他公、私藏家，也收藏有一些原清宫旧藏的佛、道教典籍。

---

① 　齐秀梅、杨玉良等：《清宫藏书》，紫禁城出版社 2005 年版，第 438—439 页。

41 故宫明清档案

　　故宫明清档案，指当年主要存藏于紫禁城内的清廷中枢的国家机关档案。

　　档案是人们在各项社会活动中直接形成的各种形式的具有保存价值的原始记录。明清王朝都建有比较完整的文书档案制度，以便进行封建统治和提高施政效率。故宫明清档案就是清宫留下来的珍贵文献。明朝的档案在明末清初战乱中已化为灰烬，现存为数甚少的明档，是清代修《明史》时为补文献之不足而下诏征集的，后交内阁保存，成为清内阁大库档案中的一部分。

　　故宫明清档案是清宫留下的珍贵文献，与殷墟甲骨、敦煌写卷一起被誉为中国近代文化史上的三大发现。

　　清宫档案为世人所知，始自清末内阁大库档案的流散。宣统元年（1909），清宫内阁大库严重渗漏，清廷决定大修之，于是将档案移存于文华殿两庑。后在学部参事罗振玉的请求下，将所有档案运归学部。民国初年，这部分档案由教育部历史博物馆筹备处管理。1921年，历史博物馆将其中8000麻袋档案以4000元价钱卖给同懋增纸店，被罗振玉以三倍价钱购回。这就是有名的"八千麻袋事件"。这批档案又被辗转售卖，最后留下的为中央研究院历史语言研究所得，从此始归为公有。

流失出去的"大内档案"只是清宫明清档案的一小部分。清代宫廷的官方文书，基本上还存藏于紫禁城内。1925年10月故宫博物院成立，设有图书馆，馆下又复分为图书、文献二部，文献部负责明清档案和历史物品的管理。1926年，故宫收回被北洋政府于1914年索去的军机处档案。1927年文献部改为掌故部。1928年又接收清史馆全部档案。至此有清一代朝廷公文书，尽回故宫。1933年故宫文物南迁，其中档案文献有3766箱。1949年初，南迁档案204箱、约40万件册运到台湾，现由台北故宫博物院保存。

故宫博物院1980年已将明清档案部整体划归国家档案局，现仅藏清代《内务府陈设档》，是清宫内务府每年对其所辖各处殿堂陈设物品进行清点时所立的陈设清册，共含康熙三十三年（1694）至"宣统十四年"（1922）陈设档682册。故宫另藏舆图326件，以康、乾时期绘制的最为精致，包括《乾隆皇舆全图》之铜版104块，还存藏清代中晚期的帝后服饰和器物小样。

明清档案现存于世的约2000万件，其中绝大部分是清代档案，清档中又以中央国家机关的官文书为主。明清中央国家机关档案主要保存在中国第一历史档案馆（以下简称一史馆），台北故宫博物院及台湾"中央研究院"历史语言研究所也有一部分重要收藏。

一史馆藏有明清档案1000多万件册，其中明朝档案3647件册，其余全是清朝档案。清档中满文档案又约占1/5，即200万件。这些明清档案按全宗划分，可分为74个全宗。其中明代档案绝大部分是清初修《明史》收集的，由内阁保存至今，后又收集了一些散存的明档。文件起于1371年，迄于1644年，主要为明朝内阁、兵部、礼部等机构的档案。一史馆与辽宁省档案馆所藏明代档案，已于2001年由广西师范大学出版社影印出版，名为《中国明朝档案总汇》，共

101 册。

一史馆所藏清代档案，尤以清内阁（共 2 714 851 件册）、军机处（共 825 358 件册）、宫中（中有朱批奏折 56.8 万余件，其中汉文 48 万件，满文 8 万多件）、宗人府（共 42 万余件）、内务府（共 220 多万件）五个系统的档案为最多，约占一史馆全部档案的 78%。① 这些档案大致可分为三个部分：一为臣工奏报与皇帝命令类文书，是在皇帝和官员们实行统治的过程中所形成的，是封建国家处理政务主要的文书形式，也是当时沟通上下的重要手段，主要有题本与奏本、奏折、谕、旨等；二是与皇帝活动有关的档案性资料，有的是直接记录皇帝的言行并结合有关档案记载而编纂的，更多的是档案文件的汇编和选编，保存了大量的史实，主要有起居注、实录、圣训和本纪、方略和纪略等；三是有关皇室与皇族事务的档案，主要有玉牒、皇册及皇宫内府的各种档案，这部分档案主要集中在内务府、宗人府和宫中全宗中。这些档案内容极为丰富，包括政治、军事、经济、外交、民族、宗教、文化、艺术、科技、礼仪、典章制度、天文、地理、气象等等，而且全部是原始的记录，是任何其他资料所不能比拟的，因而具有特殊的价值与意义。

这些清朝中央国家机关档案绝大多数当年是存藏于紫禁城内的。例如，内务府档案起于顺治十一年（1654），迄于宣统三年（1911），共有 180 多万件。再加上清帝退位，溥仪小朝廷时期（1912—1924）的内务府档 39 万多件，共计 220 多万件，排架长度 2782 米。一个宫廷机构的档案如此大量、完整地保存下来，这和它产生于故宫，典藏于故宫，从未发生过档案流出故宫遭遇损失的历史机缘有关。即便是

---

① 秦国经：《明清档案学》，学苑出版社 2005 年版；邢永福主编：《明清档案通览》，中国档案出版社 2008 年版。

在 1933 年文物档案南迁和 1959 年明清档案并入中央档案馆管理的两次大的档案迁动中，内务府档案（除舆图外）也一直存于故宫。

台北故宫博物院所藏清代档案，绝大部分源自紫禁城。档案的种类大致可分为宫中档、军机处档、内阁部院档、国史馆及清史馆档案等，共 395 551 件册。其中《满文原档》是清内阁最早的档案，共 40 册，太祖、太宗两朝各 20 册，记录了清朝开国初年自天命前九年（1607）至崇德元年（1636）的重要事务。817 件古舆图，为原国立北平图书馆旧藏，大多是清内阁大库红本中拾出的明、清旧图，小部分为后来搜购所得，多属于官绘本或进呈本，因此品相甚佳。史馆档包括清国史馆纂修国史所形成的档册及民国清史馆为纂修《清史稿》所形成的史稿。清国史馆及民国清史馆纂修清史，都沿用"纪传体"，因此保存下来的稿册以本纪、志书、年表、传记为主，其中清国史馆本，有修纂完好进呈皇帝御览的黄绫本和保存在内阁、史馆的定本及多种稿本；清史馆本则有纂修完成的《清史稿》原稿及各式稿本。①

台北"中研院"史语所现藏明清档案约 31 万件，来自内阁大库，内容十分丰富，如内阁收贮的各项档案，有制、诏、诰、敕等诏令文书，题、奏、表、笺等臣工的奏疏。诏书与诰敕中，有顺治十八年（1661）罪己诏与康熙六十一年（1722）传位皇四子的遗诏。这些诏书大都经过裱褙，可以想见当时对这些文件的重视。又如科举档案，计有康熙、雍正、乾隆、嘉庆、道光、咸丰、同治、光绪等朝的文武乡、会试题名录、试题、试卷 300 多册，其中比较罕见的是一些未经誊录的会试、殿试卷原本。在沈阳旧档中，重要的有袁崇焕致金国汗

---

① 冯明珠：《清宫档案丛谈》，台北故宫博物院 2011 年版；台北故宫博物院编：《故宫胜概新编》，台北故宫博物院 2009 年版。

书、金国汗答袁崇焕书、毛文龙致金国汗书等。①

国内还有一些图书馆、档案馆藏有清宫档案，比较突出的是辽宁省档案馆和大连图书馆。

辽宁省档案馆除1000余件明代档案外，存藏清代档案达20万卷册，其中一批原存沈阳故宫崇谟阁，如顺治十八年（1661）至光绪三十四年（1908）的玉牒，共有1070册；《满文老档》重钞本及转钞本各一部，共360册；历朝的《实录》《圣训》，其中大红绫本《实录》7898册，大红绫本《圣训》1727册，还有《实录》《圣训》稿本23册；盛京内务府档、黑图档、东北各旗署档和八旗兵丁、地亩、户口册等。②

大连图书馆所藏清代档案，有一部分原存于清宫，主要是清朝总管内务府的题本，有2000余件，又有残件600余件。其中满文题本800多件，满文残题本500余件；满汉合璧题本1100余件，满汉合璧残题本100余件。此外，还有相当数量的内务府各库的月折，以及少量的奏本、题稿、呈文、清册、族谱、殿试卷等，文件起于顺治，止于光绪，各朝的都有。顺治、康熙两朝的满文题本，尤为珍稀。其中关于曹雪芹家世的档案史料、皇庄和宫廷的史料以及100多件康熙朝外藩进贡的满文题本、《古今图书集成》装订呈送御览的文件等，都相当珍贵。③

---

① 刘铮云：《旧档案、新材料——"中研院"史语所藏内阁大库档案现况》，《新史学》九卷三期，1998年9月。
② 赵彦昌、康晶晶：《东北地区明清档案述要》，《辽宁省博物馆馆刊》2009年第4期。
③ 王多闻、关嘉录：《大连市图书馆藏清代内阁大库档案的发掘和整理》，《故宫博物院院刊》1987年第1期。《大连图书馆藏清代内务府档案》由国家图书馆出版社2010年出版。

　　美国、英国、俄国、日本等国家的一些机构，也有明清档案包括满文档案的存藏，有一些曾是宫廷档案文献。[①]

　　1992 年，联合国教科文组织发起"世界记忆工程"，关注文献遗产的抢救与保护。中国第一历史档案馆所藏"清代内阁秘本档中有关17 世纪在华西洋传教士活动的档案"（1999 年）、"清代金榜"（2005年）、"中国清代样式雷建筑图档"（2007 年）被联合国教科文组织列入"世界记忆遗产名录"。2000 年，我国实施"中国档案文献遗产工程"。2002 年，中国第一历史档案馆所藏"清代玉牒""清代秘密立储档案"作为首批档案文献，列入"中国档案文献遗产名录"。

---

　　① 李宏为、刘兰青、陈宜耘：《境外中国明清档案文献目录一瞥》，《历史档案》1998 年第 3 期；赵彦昌、王红娟：《中国流失海外的满文档案文献及其追索研究》，《山西档案》2010 年第 6 期。

42 故宫五大艺术珍品

北京故宫博物院与台北故宫博物院的文物藏品，都主要来自清宫旧藏，且藏品之间有多种联系。因此在介绍北京故宫藏品时，也同时介绍台北故宫同类文物的存藏状况，这对全面了解清宫旧藏当有所裨助。

书法、绘画、铜器、陶瓷、玉器等，都是中国源远流长且影响最为广泛的艺术品种类，也是两岸故宫藏品中分量最重、数量最多的艺术品，这里称之为"故宫五大艺术珍品"。

1. 书法　清宫珍藏书画虽然有所散佚与损毁，但仍留下了相当重要的部分并比较集中地保存在北京与台北两座故宫博物院中。

北京故宫藏有书法 6.4 万余件，清宫旧藏 2.2 万余件。北京故宫书法收藏涵盖了一批晋唐宋元大家名作，例如现存最早的名家法书陆机《平复帖》、王羲之《兰亭序》三种最佳唐摹本、王氏家族唯一的传世真迹王珣《伯远帖》、唐代欧阳询行楷《卜商读书帖》和《张翰帖》、李白《上阳台帖》、杜牧《张好好诗》，以及五代杨凝式，北宋李建中、范仲淹、文彦博、欧阳修诸人墨迹，等等。整体而言，明清法书较为系统全面，清代宫廷书法收藏独占优势。

此外，清代帝后书画（绝大部分是书法）是北京故宫颇具特色的一项收藏。现存 20 938 件，为清宫旧藏，9 位皇帝的书法完整保存，其中乾隆皇帝的书画作品即达 11 600 余件。

在北京故宫收藏的 2.9 万余件碑帖拓本当中，清宫旧藏有 5800 余件，其中宋、明拓本数量较少，但有善本，一些曾收入《石渠宝笈》；清内府御制与大臣敬献的当朝拓本，是 20 世纪 70 年代以后逐渐整理出来的，有些在社会上鲜有流传。现藏碑帖绝大部分是 1949 年以后陆续收藏的。其中大批碑拓是存世稀少、传拓时代极早、拓工精良的原石拓本，如《西岳华山庙碑》（华阴本），宋拓《鲁峻碑》《九成宫醴泉铭》《李思训碑》《天发神谶碑》《皇甫诞碑》《书谱叙帖》等，明拓《石鼓文》《史晨碑》《张迁碑》《孔庙碑》《崔敦礼碑》《卫景武公李靖碑》等都是赫赫有名的珍本。北京故宫所藏法帖，著名的有《淳化秘阁法帖》《大观帖》《绛帖》等。

台北故宫的书法珍藏 3741 件，代表作品有：晋代王羲之《快雪时晴帖》《平安、何如、奉橘三帖》《远宦帖》等；唐代褚遂良《倪宽传赞》、陆柬之《陆机文赋》、孙过庭《书谱序》、唐玄宗《鹡鸰颂》、颜真卿《祭侄文稿》《刘中使帖》、怀素《自叙帖》等；宋代蔡襄《尺牍》、苏轼《黄州寒食诗》《归去来兮辞》《前赤壁赋》、黄庭坚《自书松风阁诗》《诸上座帖》、米芾《蜀素帖》等，以及薛绍彭《杂书》、宋徽宗《诗帖》、宋高宗《赐岳飞手敕》、张即之《李衎墓志》、吴琚《七言绝句》、林逋《手札二帖》、朱熹《尺牍》等；元代赵孟頫《赤壁二赋》和《闲居赋》、鲜于枢《透光古镜歌》、张雨《七言律诗》等。

台北故宫现存藏碑帖 495 件，其中南迁的清宫藏品 347 件。到台湾后征集拓片约 900 件。碑有宋拓《云麾将军碑》《岳麓寺碑》《圣教序碑》《周孝侯庙碑》《多宝塔碑》《夫子庙堂碑》，以及汉《史晨碑》、唐《颜氏家庙碑》等数种。法帖较多，如《定武兰亭》《越州石氏晋唐小楷》《澄清堂帖》《淳化阁帖》《大观帖》《临江帖》《绛帖》《武冈帖》，以及清内府重刻《淳化阁帖》《三希堂法帖》等，其中若干法帖为宋代拓本。

2. 绘画　北京故宫有绘画 5.3 万余件，其中清宫旧藏 1.5 万余件。通过持续征集，北京故宫已经成为海内外宋画收藏最多的博物馆。据浙江大学编印的《宋画全集》，其中北京故宫卷收录 254 件，台北故宫卷收录 224 件。

绘画珍品主要有：东晋顾恺之的两件北宋摹本《列女图》和《洛神赋图》，隋代展子虔的《游春图》，唐五代阎立本的《步辇图》（宋摹本）、韩滉《五牛图》、顾闳中《韩熙载夜宴图》，北宋王希孟的《千里江山图》、张择端的《清明上河图》，等等。

北京故宫藏明清绘画数量大、精品多，尤以清代宫廷绘画为其优势。绘画藏品的种类也较全面，除卷轴画以外，还有版画、年画、清宫油画、玻璃画、屏风画、贴落等，这些是其他收藏机构所缺乏和不足的。明清大幅宫廷书画也是北京故宫特有的庋藏。这些藏品篇幅很大，如明代商喜的《关羽斩将图》大轴和清代西洋传教士画家们的一些皇皇巨制。抗战时期，因具有一定的运输难度，这些藏品未得南迁。

台北故宫绘画 6744 件，珍品琳琅。代表性作品有：唐五代李思训《江帆楼阁图》、李昭道《春山行旅图》、韩幹《牧马图》、关仝《关山行旅图》、荆浩《匡庐图》、赵幹《江行初雪图》、董源《龙宿郊民图》等；北宋范宽《溪山行旅图》、李唐《万壑松风图》、崔白《双喜图》、郭熙《早春图》、文同《墨竹图》、宋徽宗《腊梅山禽图》、黄居寀《山鹧棘雀图》；南宋贾师古《岩关古寺图》、萧照《山腰楼观图》、夏珪《溪山清远图》等、李嵩《市担婴戏》、梁楷《泼墨仙人图》、马和之《清泉鸣鹤图》；金代武元直《赤壁图》；元代王冕《南枝早春图》、赵孟頫《鹊华秘色图》、高克恭《云横秀岭图》、柯九思《晚香高节图》、黄公望《富春山居图》等。

台北故宫还收藏清代紫禁城南薰殿原庋藏的宋、元、明三代帝后像 152 幅，尤以两宋各朝帝后像画得好。清代帝后的图像画，则完全由北京故宫收藏。

应该看到，两岸故宫的书画藏品互补性强、对应点多、联系面广，既各有千秋，又不可孤立存在。如台北故宫王羲之《快雪时晴帖》与北京故宫王献之《中秋帖》、王珣《伯远帖》合为乾隆皇帝的"三希"；特别是许多互有关联的书画分藏两岸故宫，例如郎世宁的《十骏图》，五幅藏于北京故宫，五幅藏于台北故宫。

3. 铜器　北京故宫的藏品以清宫旧藏为主，辅以历年收购、私人捐献及考古发掘之器。计藏历代铜器 15 000 余件，其中先秦铜器约 10 000 件，有铭文的 1600 余件，这三个数量均占中外传世与出土数量总和的 1/10 以上，可见北京故宫是国内外收藏中国青铜器数量最多的博物馆。另有清以前的历代货币 10 000 余枚、铜镜 4000 余面、印押 10 000 余件，还有一些仿古彝和古金属，以及清宫原存从康熙至光绪各朝未曾流通的钱币 17 万余枚（尚未整理完）。总体数量恢宏庞大，品类齐备。

北京故宫的青铜藏品，不乏精美重要之器，例如商代后期的兽面纹大瓿、西周早期的伯盂、西周中期的追簋、战国时期的龟鱼纹方盘等都是清宫旧藏，皆被尊为重器。通高 80.9 厘米、重 40 千克的兽面纹大瓿，在 1989 年江西新干大洋州商代鹿耳四足大瓿（高 105 厘米）出土之前，曾是世界上最大的青铜瓿；西周中期的"师趛鬲"，是目前所知青铜鬲中最大的一件；商代后期的"三羊尊"，是目前为止世界上最大的青铜尊；另有西周莲鹤方壶，被誉为"青铜时代绝唱"等。北京故宫青铜藏品的最大特色是器类齐全和时代序列完整。

数量众多的有铭青铜器也是北京故宫青铜器藏品的又一特点。中国各博物馆藏先秦有铭文的青铜器，迄今为止共计6900件左右，其中台北故宫440余件，北京故宫已达1600件。例如北京故宫有铭文150字的西周晚期颂簋，对研究当时的策命典礼制度有很重要的价值；西周晚期师酉簋，盖、器同铭，11行106字，其内容是研究西周世官世禄的重要资料。

台北故宫所藏铜器现有6241件，包括历代官私铜印1600多件、镀金铜器700余件，先秦有铭文的约440件，除其中抵台后陆续收购的816件外，其余基本上都是清宫旧物（5346件）。另有钱币6953件。台北故宫藏青铜器入录清晰有序。除嘉庆以后入宫铜器未有收录（如散氏盘）以及来自热河行宫的藏器未入清宫著录外，其余皆见于乾隆所敕编的《西清古鉴》《宁寿鉴古》和《西清续鉴》甲、乙两编。

台北故宫铜器中有一批重器，为世所瞩目，如"毛公鼎"是西周晚期宣王时（公元前828—前782年）的一件重器，鼎腹内铸有铭文32行，计500字，为现存铭文最长的一件青铜器。"散氏盘"也以长篇铭文和精美的书法见称于世。

4. 陶瓷 清宫所藏瓷器，现主要收藏在北京故宫与台北故宫。

北京故宫的陶瓷收藏数量位居世界第一，达37万件之多。其中，明清历代官窑瓷器超过30万件，明以前的陶瓷器与明清民窑瓷器约5万件。从新石器时代的彩陶、黑陶、红陶，到商周的白陶、印纹硬陶、原始青瓷，汉魏六朝的青瓷、黑瓷，唐代南青北白的代表，宋代各大名窑的瓷器，元代的枢府釉和青花、釉里红器，明清两代的御窑瓷器，直到民国时期景德镇烧造的"居仁堂"款的瓷器和湖南醴陵生产的瓷器，举凡代表并贯穿中国古代陶瓷发展历史的各时期、各地区、各窑场的实物，北京故宫几乎都有收藏。时间跨度长达 6000 多年，产地涉及 20 多个省市自治区，足以具体、系统地反映中国古陶瓷数千年的发展历史。

北京故宫藏有 400 余件明清官窑中的大器。例如，最大的清代粉彩大瓶高达 150 多厘米，在完全依靠手工拉坯的年代，制作这样的陶瓷大器不是一件容易的事，往往"十不得一"，因此这批收藏就极为珍贵。由于文物南迁的运输问题，这类大器台北故宫几乎没有一件。北京故宫收藏有大量反映清宫生活原状的瓷质礼祭器、供器和宗教造像，而这些现今仍陈设在原状佛堂内。

20 世纪 50 年代以来，北京故宫到全国一些省市区的古窑址进行调查并参与考古发掘，收集了大量资料，现在这一工作仍在继续进行。现共收藏约 200 来个古窑址的 36 000 余件标本。

台北故宫收藏瓷器 25 595 件。在宋代五大名窑（汝、官、哥、定、钧）瓷器、明代官窑瓷器以及清代康、雍、乾官窑瓷器尤其是珐琅彩瓷器收藏方面，与北京故宫相比，台北故宫在质量上均占有明显的优势。例如，堪称珍稀的宋代汝窑瓷器，北京故宫收藏 19 件，台北故宫则收藏 21 件。著名的成化斗彩鸡缸杯，台北故宫收藏 9 件，北京故宫收藏仅 2 件。总的来说，台北故宫的明代官窑瓷器收藏，不仅精美，而且数量较大。至于著名的清代康、雍、乾三朝珐琅彩瓷器，原清宫旧藏 418 件，现北京故宫仅收藏 58 件，另外 300 余件绝大多数都收藏在台北故宫。

5. 玉器 北京故宫现藏玉器 3 万余件（不包括许多因附于其他器物而被作为附件收藏的玉器）。清宫遗存占到 80%。红山文化玉器有宫廷遗藏的玉兽头玦、玉鹰，表明红山文化玉器在清代已被发现、收藏。良渚文化玉器有大小玉琮数十件，还有玉璜、锥形器、兽面嵌饰、珠管等，多数都是宫廷收藏，一些作品带有乾隆题诗。收藏的鹰攫人首佩、飞女佩、兽面纹圭，与台北故宫收藏的人面圭、鹰纹圭都是学术界研究关注的重要玉器。北京故宫所藏用上等白玉制成的战国玉灯为存世孤品。宽14.2厘米、璧径11.5厘米的玉螭凤纹璧，新疆和田白玉制，是目前已知战国玉璧中最为精致的作品之一。汉代玉酒樽为清宫所存，玉色鲜活，通体文饰，毫无伤残，目前这类作品传世仅少量几件，此即其一。汉魏动物型玉雕，已知存世作品不过30件，北京故宫藏有汉代玉马、玉羊、玉鸠及3件玉辟邪，多为清宫遗物。所藏的唐代玉杯及玉梳、玉飞天等佩玉，皆为唐代珍品。宋代玉器精品有双鹤衔草玉饰件、玉云纹兽吞耳簋式炉等。北京故宫所藏明代玉器近5000件，多属清宫所存明代宫廷遗物，应是现存明代玉器最重要的组成部分。

北京故宫是清代宫廷玉器的主要收藏地。清代帝后玺印除个别流失，整体上仍藏于北京故宫。所藏玉册数百函，是现存清宫玉册的主体。特别是清代宫廷的大型用玉，主要藏于北京故宫。有大玉山、玉组磬、大玉瓮、大玉瓶、玉屏风等。有些大型玉器是世所罕见的，如超过万斤的"大禹治水"玉山，立体圆雕，为迄今世界上最大的玉雕艺术品，还有"南山积翠""会昌九老""秋山行旅"玉山，重量亦为数千斤。尚藏有多个玉瓮，最大者为乐寿堂所摆放云龙瓮。

台北故宫现有玉器13 478件，其中属于南迁文物的玉器为10 412件，占到74%。多年来，台北故宫征集了一批新石器时代的作品。如红山文化的玉勾云形佩、玉猪龙，良渚文化的玉琮，龙山文化的玉人面纹圭等，夏朝的牙璋，商朝的龙冠凤纹玉饰，由163件玉石串成的西周带璜组玉佩和缝缀着26片玉饰的丧葬面罩覆面玉石饰件，汉朝的单柄似 a 字形、用来承接露水调和玉屑服食的单把杯及玉龙纹角杯、玉辟邪等，唐玄宗及宋真宗两《禅地祇玉册》，辽代的玉龙纹盘，元代的玉莲瓣大盘，明代的三连环以及清代的翠玉白菜、乾隆时期的玉鸠杖首等。

43　故宫其他艺术珍品

　　除过古代法书（碑帖）、绘画、铜器、陶瓷、玉器等五种主要艺术品收藏外，故宫还藏有大量诸如漆器、珐琅、竹木牙角、古代文具、织绣书画、金银器等其他工艺类文物。

　　台北故宫收藏的这类文物约 25 000 余件，北京故宫有 10 多万件。这些文物，两岸故宫多有相似之处，亦以明清皇宫旧藏为主。但北京故宫所收藏的各个类别的数量以及精品更多一些。另外有的种类基本为北京故宫所有，台北故宫即或有，也为数极少。

　　1. 漆器　北京故宫所藏漆器 17 707 件（不包括宫廷部收藏的漆家具），其中清宫遗存 16 000 余件。所藏战国、汉代漆器 60 余件，多为 20 世纪 50 年代购入。其中 16 件考古发掘品，工艺和学术价值都比较高。元代漆器共有 17 件，为雕漆和螺钿漆器工艺，造型以盘、盒为主，还有渣斗、盏托等。其中具有张成款的剔红栀子花圆盘、杨茂款的剔红花卉纹尊和剔红观瀑图八方盘，都异常精美，是国家一级文物。张敏德款的剔红赏花图圆盒是当今仅存的一件，十分珍贵。明早期作品近百件，有多件永乐、宣德时期的代表作品。明晚期官造作品 300 件左右，有多件嘉靖、万历时期的代表作品。

　　北京故宫藏清代官造漆器逾 10 000 件，不仅数量大，而且品种齐全，精品颇多。康熙戗金彩漆云龙纹葵瓣式盘，雍正红地描彩漆云龙纹双圆式盘、黑漆描金袱系纹盒，乾隆剔彩百子晬盘、戗金彩漆八仙长盒、寿春图束腰盘等，都是引人注目的代表作品。

台北故宫所藏漆器约 773 件，以雕漆为最多，约 400 余件，其中剔红、剔彩为大宗，除了数件元代作品，大多为明清两代所造，尤其集中在清代。这些漆器约一半为古物陈列所的南迁文物，来自沈阳故宫与承德避暑山庄；另一半则来自故宫。其中明永乐剔红漆花卉瓶、明宣德红雕漆双凤牡丹八瓣盘、明宣德双狮戏球盒、明嘉靖剔彩九龙圆盘、明隆庆雕漆云龙圆盘等均是具有代表性的作品。

2. 珐琅器　珐琅器是以矿物质为釉（习称"珐琅釉"），涂饰于金、银、铜等金属表面，经焙烧、打磨或镀金等工艺制作而成的物品。按制作工艺的不同，可分为掐丝珐琅（即"景泰蓝"）、錾胎珐琅、画珐琅、透明珐琅等。

北京故宫珐琅存藏共 11 100 多件（不包括瓷胎、玻璃胎、宜兴胎）。其中金属胎珐琅器 6155 件。不少佛塔、供器、屏风等，仍保持在历史上的原有方位，作为宫廷原状陈列品进行保管，没有划归到珐琅库房。还有掐丝珐琅器 3000 余件，画珐琅器近 2000 件。

北京故宫可以说是元代作品的集中收藏地。所藏元代掐丝珐琅器的代表性作品有兽耳三环尊、象耳炉、三足炉等。宣德朝七狮戏球图长方盘、缠枝莲纹尊等是明代珐琅早期风格的代表，万历朝双龙戏珠纹花口盘、万寿如意纹三足炉则是明晚期的代表作品。这些都作为标准器物，成为断代的依据。

北京故宫所藏清代掐丝珐琅精品以陈设观赏器为主，造型多仿自商周鼎彝，使具有宝石镶嵌效果的掐丝珐琅器古意盎然。典型的作品有乾隆朝的锦纹扁壶、兽面纹瓿、勾云纹牺尊等。最著名的是宝相花纹金佛喇嘛塔。塔通高 231 厘米，覆钵式，该塔造于乾隆甲午年，即

1774 年，一批共造 6 座，尺寸相当，唯塔型、釉色、花纹各有不同。完工后陈设于宫中供佛之所梵华楼内，至今保存完好。8 年后，按六塔规格样式，再次烧造 6 座，陈设另一处佛堂宝相楼内，也同样保存完好。

画珐琅俗称"洋彩"，大约 17 世纪初由欧洲传入。北京故宫画珐琅器代表作有康熙朝桃蝠纹小瓶、莲花式碗、团花纹花口盘，雍正朝花蝶纹冠架、杂宝纹筒式炉，乾隆朝菊花纹执壶、母婴图提梁卣、团花纹六方瓶、牡丹花纹花篮等。

台北故宫藏珐琅器共 2520 件，除瓷胎、玻璃胎画珐琅外，金属胎者约 900 余件。两岸故宫的珐琅文物基本相同，只是器形和纹饰略有变化。与北京故宫相比，台北故宫的藏品有三个特点：一是元明珐琅器数量较少，但被台北故宫认定的明景泰掐丝珐琅盒具有重要的研究价值；二是康熙、雍正时期画珐琅器的数量、质量均超过北京故宫；三是部分藏品具有重要的研究价值，也是北京故宫藏品之空缺，如康熙款掐丝珐琅冰梅纹五供、雍正款金胎掐丝珐琅豆、乾隆款掐丝珐琅嵌画珐琅多穆壶、乾隆款掐丝珐琅嵌画珐琅仕女图鼻烟壶。

3. 古代文具 笔、墨、纸、砚是中国人民创造的传统的书写工具，也在长期发展中成为具有特定属性的工艺产品。

北京故宫收藏的各类古代文具多达 8 万余件，包括笔、墨、纸、砚、图章料、文杂六类。4000 余支毛笔，基本是清宫为使用而储备的遗存，少量为清宫收藏的明代作品。分管笔、斗笔两种造型。一批描金彩漆管或描金漆管的毛笔，分别带有"大明宣德年制""大明嘉靖年制""大明万历年制"等制作年款，显得更为珍贵。清代毛笔中，康熙青玉雕龙管珐琅斗提笔、乾隆黑漆描金寿字管缠枝莲纹斗提笔、乾隆青花云纹矾红龙纹提笔等，属于工艺材料管毛笔的代表作品。藏墨多达 50 000 余件，年代上起明宣德下至民国，以清代墨品为主。汇集了程君房、方于鲁、曹素功、汪节庵、汪近圣、胡开文等明清著名制墨家的作品。

北京故宫纸绢收藏有 10 000 余件，除宋代藏经纸、明代蜡印故事笺、明代竹纸等外，主要为清代制作的宫廷纸绢。清康熙时曹寅恭进各色粉笺、清乾隆仿明仁殿画金如意纹粉蜡笺、清乾隆梅花玉版笺、清乾隆淳化轩刻画宣纸等均系经典作品，代表了清代各类艺术加工纸制作的最高水平。故宫文物保护科技部还存有清乾隆高丽纸 6755 张，明白鹿纸 2900 张，原为文物修复材料，现已被保护起来。砚的收藏数量约 4000 方。其中歙、端砚数量较大，还有部分澄泥、洮河、松花江、菊花石、陶瓷、金属砚。其中，驼基石砚属砚中稀见品类，仅故宫存 1 方。除有相当数量的御用、御题砚以外，著名琢砚工匠顾二娘的作品、清代宫廷工艺美术家刘源设计制作的砚以及著名文人的题铭砚，也均有收藏。

北京故宫的图章料收藏约 1000 件，制作年代在六朝至明清之间。还有清宫遗存的唯一一个便于旅行携带的长 74 厘米、宽 29 厘米、高 14 厘米的组合式紫檀木文具箱。

台北故宫所藏文具为 2379 件，其中笔、墨为明清两代遗物，珍品如两枝明嘉靖彩漆云龙管笔、明万历窑青花河图洛书斗笔管，明程君房、方于鲁、叶玄卿、吴元养等名家的制墨及清乾隆御咏名华诗十色墨、清嘉庆御题万春集庆五色墨等。台北故宫藏砚 400 余方，其中 95 方收录在《西清砚谱》里，以材质划分，有铜雀瓦砚 6 方、砖砚 7 方、澄泥砚 18 方、端石砚 38 方、歙砚 3 方、腾村石 3 方、松花石 5 方、红丝石 2 方，其他哥窑瓷砚、玛瑙砚、乌玉砚各 1 方，另有石质不能确认者 3 方。著名的有米芾、苏轼、文天祥、赵孟頫等题铭的砚以及清宫制作的松花砚等。台北故宫另有笔洗、笔格、书镇、砚滴、印盒及乾隆掐丝珐琅成套文具等。

4. 竹木牙角匏器　北京故宫庋藏着 11 500 多件竹木牙角匏雕刻品，其中 80% 为清宫遗存。竹刻艺术的发展主要在明代中期以后。北京故宫藏各式竹雕工艺品数千件，主要为明清时期名家或无款的优秀作品，品种包括竹茎雕和竹根雕等，代表性作品有朱三松款竹雕白菜笔筒、朱三松款竹雕仕女笔筒、濮仲谦款竹雕松树小壶、竹雕对弈图笔筒、竹雕白菜笔筒、竹根雕带练执壶、文竹蕉石纹长方盒、文竹双莲蓬盒、文竹镂空两层海棠式盒等。

北京故宫的木雕藏品，既有包括家具、隔扇、箱柜等用来陈设、储藏的大型木雕用具，也有文房用品、生活用品、雕刻艺术品等小型木雕制品（由器物部工艺组管理的这类小型制品就有 5000 余件）。代表作品有吴之璠款黄杨木雕东山报捷笔筒、黄杨木雕葫芦、黄杨木雕卧牛、紫檀木百宝嵌花果长方盒、沉香木雕山水笔筒等。

北京故宫所藏象牙制品，仅器物部工艺组收藏的就有 2000 件（宫廷部生活科还有象牙生活用具），绝大部分是明清时期的传世作品，主要为清代宫廷所遗留，如象牙镂雕群仙祝寿塔、象牙雕群仙祝寿龙船、象牙丝编织花鸟扇、象牙丝编织席等，象牙雕《月曼清游》册就是造办处牙雕的代表作。北京故宫至今还保存着 43 根完整的象牙，应是当时清宫造办处制造牙雕的原料。

北京故宫藏有清宫遗留的犀角雕刻工艺品近百件，又接受香港收藏家叶义先生捐献的 81 件，加上购买等，共 200 余件，大都为明清时期的精品。有史可查的著名匠人尤通制作的犀角槎杯，及带有鲍天成款识的螭纹执壶、带有尤侃款识的芙蓉鸳鸯杯等作品，都是弥足珍贵的遗存。

北京故宫还收藏着一批明清宫廷中的百宝嵌。百宝嵌工艺是以金、银、宝石、翡翠、玛瑙、玉石、青金、松石、珊瑚、蜜蜡、象牙、玳瑁、沉香、螺钿等材料制成各种景物，再将其镶嵌于紫檀、黄花梨、漆器之上，使之构成山水、花鸟、异兽和人物故事等完整图案。作品大者如屏风、书柜，小者如笔筒、盒、匣之类，色彩富丽，做工精妙。这种百宝嵌制品，用料繁多，加工也十分复杂，需多种工艺技巧相互配合。

匏器即葫芦器，是一种人工与天然相结合的工艺品，该工艺由明末宫廷太监梁九公首创。清代在康熙皇帝参与下，成为别具一格的工艺新品种。北京故宫收藏的 500 余件匏器，大部分是清代皇宫遗留，多有款识，数量以康熙与乾隆朝为多，质量也以这两朝所制为精。匏器珍品如康熙款匏制蒜头瓶，内有阳文楷书"康熙赏玩"，是在西苑太液池瀛台西北丰泽园中所制。又如匏制缠枝连纹槌壶，为乾隆皇帝所赏识并在壶颈之上题写七律一首。

台北故宫所藏雕刻品为 650 余件，除"多宝格"中之外，单独贮存者约 100 余件。其中象牙雕刻，大者如雕牙提盒、雕牙九层塔，小者如雕牙小舟、小盒等，均为精品。竹雕亦有明代朱三松制品。雕木以黄杨木为多。珍品主要有明朱三松款雕竹荷叶水盛、清吴之璠雕竹牧马图笔筒、清木雕搔背罗汉、明雕犀角山水人物杯、清乾隆封岐雕象牙山水人物小景等。清象牙透雕提食盒，为玲珑巧雕之作。

台北故宫收藏的微雕赤壁夜游橄榄核舟，高 1.6 厘米，长 3.4 厘米，舟上设备齐全，舱中备有桌椅，并摆着杯盘菜肴，小窗镂空，可开可合。舟上 8 人，异趣纷呈，为苏东坡泛舟夜游赤壁故事。舟底镌刻着细字《后赤壁赋》全文，下有"乾隆丁巳五月臣陈祖章制"款，为不可多得的珍品。

台北故宫还收藏有一批清宫的多宝格。例如"吉范流辉多宝箱"，高 34 厘米，长 43.7 厘米，宽 25.8 厘米，盒分两层，盒盖浮饰博古图，两层隔层中各分隔出 5 小格，共收纳 10 件小铜器。这些铜器皆经编目，著录尺寸、纹饰等，台北故宫为之断代，再配合清朝内廷如意馆画师所绘制的彩色图样，装裱成 10 开册页，名曰"吉范流辉"。由于台北故宫依循清宫往例保存文物，这些多宝格中的珍玩仍然原样地收纳在原屉格中。

5. 织绣书画 织绣书画，是指织绣与书画结合，用织绣的材料和方法再现书画形象的作品，它是织绣工艺品中独特的一类。北京故宫博物院藏织绣书画 1600 余件，绝大部分是清代藏品，另有少量宋至明代藏品，所藏明代《顾绣宋元名迹册》是顾绣的代表作，亦堪称中国古代刺绣艺术的巅峰之作。南宋沈子蕃的《缂丝梅鹊图轴》与《缂丝青碧山水图轴》、元代《缂丝东方朔偷桃图轴》《缂丝赵佶花鸟方轴》、明代《缂丝花卉图册》等，都是缂丝书画的精品。康熙时的《彩织极乐世界图轴》，纵 498 厘米，横 197 厘米，用 19 种不同颜色的彩色纬丝同时织制，为存世最大幅的织锦画。

台北故宫博物院织绣收藏，分刺绣与缂丝两种。刺绣作品共 179 件，其中时代最早者为五代绣《三星图》，又有宋代 34 件、元代 1 件；缂丝 175 件，其中宋代 70 件。这些作品质量精美，尤其是缂丝，几乎件件是精品。著名的有宋代沈子蕃《缂丝山水》与《缂丝秋山诗意》、朱克柔《缂丝鹡鸰红蓼》，元代《缂丝崔白杏林春燕》，明代吴圻《缂丝沈周蟠桃图》等。许多缂丝作品都著录于《石渠宝笈》。

6. 金银器 北京故宫藏清代金器约 2200 件，主要为清宫遗存。分为礼器、祭器、册、宝、生活用具、金币、首饰、宗教用品等，数量多，品种全，且包含了清代制金的各种工艺。礼乐用器，著名的有乾隆"奉天之宝"金印,重6100克;乾隆五十五年(1790)所制金编钟,共16枚,耗金11 459两。宫廷宗教所用金器主要有金佛像、金七珍、金八宝、金塔、金佛龛、金坛城等,保藏金塔20多座,形式多样,其中有不少大金塔和嵌宝石金塔。例如,乾隆皇帝为供奉母亲孝圣宪皇太后生前脱落的头发,特下诏铸造金发塔,共耗金3440两(清制单位),通高147厘米,是现存金塔中最高、最重、做工最精细的一件。陈设用器主要有金甪端、香亭、炉、金鹤、金天球仪。祭器有金盆、金爵杯,数量较多,用于家庙供奉、皇帝陵墓和祭祀活动。还有大量的清代金酒具、金餐具,有各式的金酒壶。金瓯永固杯和万寿无疆杯是皇帝御用的极品。

北京故宫的银器分为工艺和生活用具两个部分。工艺部分的银器共有898件,其中清宫遗存819件,占到91%。年代上起元代,下至清末。绝大部分为清代作品,兼有少量的元、明器物以及少数民族和外国的文物。元代朱碧山银槎杯,是工艺美术史上的一件重要作品。清代官造作品的数量比较大,多用于观赏和陈设。代表作品有錾刻鎏金勾莲纹执壶、贲巴壶、龙柄奶茶壶等,累丝的勾莲纹束颈瓶、云龙纹葵瓣式盒、缠枝花卉纹花篮等。

台北故宫除藏有少量金佛像外,尚未看到其他金器的发表。台北故宫也珍藏着一件朱碧山的作品,与北京故宫所藏相仿佛,同样珍贵。

7. 玻璃器　清康熙三十五年(1696),清宫玻璃厂在德国传教士纪里安的指导下建成,清代官造玻璃器的制作从此开始,并延续至清末宣统时期。

北京故宫藏有玻璃器4010件,其中清宫遗存3400多件,绝大部分是清宫玻璃厂烧造,同时还兼有少量民间作品及外国玻璃器。目前已知具有康熙款识的传世作品 7 件，北京故宫珍藏的透明玻璃刻面纹水丞即为其中之一。雍正朝的玻璃制造又有发展，烧炼的颜色达 30 种之多，北京故宫藏有 21 件作品，每一件都质地晶莹，色泽纯正。乾隆朝是玻璃工艺全面发展阶段，烧造有 8 个品种的玻璃器，北京故宫藏有一批代表性作品。金星玻璃是造办处在外国技师指导下烧造的珍贵品种，制作量不是很大。其中的三羊开泰山子和天鸡式水丞，艺术性很高，也是存世孤品。玻璃胎画珐琅是玻璃工艺中最为珍贵的品种，北京故宫拥有开光花卉纹瓶、通景花鸟纹瓶、花蝶纹瓶以及鼻烟壶等 40 余件作品。①

根据台北故宫出版的玻璃图录得知，台北故宫收藏的玻璃器包括佩饰器、文房具、容器、陈设用品、装置配件等。最有代表性的是玻璃胎画珐琅，包括立件和鼻烟壶，在数量上和质量上超过了北京故宫。如玻璃胎画珐琅西洋人物渣斗、玻璃胎画珐琅福寿纹折方瓶和玻璃胎画珐琅葫芦蝙蝠纹玉壶春瓶等，都是乾隆朝玻璃胎画珐琅的代表作。②

8. 如意 如意是中国传统工艺品中最富特色的品类之一。乾隆朝时，如意作为礼物，由皇帝馈赠外国使节。同治皇帝大婚时，如意成为典仪中的瑞器。北京故宫如意收藏总数在 2500 柄以上，以其丰富的造型、繁复的装饰及精湛的工艺，成为一件件精美绝伦的工艺品。各种质地皆备，如金、银、铜、铁、瓷、玉石、珐琅、竹木、珊瑚等。形制多样，如双头、四头如意等。九柄成组如意最具宫廷特色，北京故宫藏有多套，乾隆帝六十万寿（1770）时制作的一套 60 柄金累丝如意，也完好地保存了下来。

① 张荣主编：《光凝秋水：清宫造办处玻璃器》，紫禁城出版社 2005 年版。
② 张湘雯主编：《若水澄华：院藏玻璃文物特展》，台北故宫博物院 2017 年版。

　　台北故宫收藏的 120 余柄如意，与北京故宫同源，在性质上亦接近，很多作品甚至完全相同。

　　9. 鼻烟壶　鼻烟壶是因满族人吸闻鼻烟的习俗而生的，是宫廷生活用品，也是玩赏品。鼻烟壶按其质地的不同可分为玻璃、金属胎珐琅、玉石、瓷、有机材质五类。北京故宫共收藏各种质地的鼻烟壶 2000 余件，其中玻璃鼻烟壶 900 余件。台北故宫收藏鼻烟壶 1000 余件。两岸故宫都有一批鼻烟壶精品。

　　10. 成扇　成扇是各地根据宫廷需要，按年节进贡的地方物产。清宫成扇以折扇和团扇为主。清代乾隆、嘉庆时期宫廷书画扇极其丰富。北京故宫现藏成扇类文物万余件，绝大部分属于清宫旧藏。其中有团扇、折扇等 6964 件，由古书画部管理的有 1816 件，都是挑选出的艺术水平高的书画作品，列为二级文物的即多达 688 件，由古器物部工艺组管理的成扇中，二级文物多达 4209 件。

　　台北故宫收藏折扇 1882 件，其中清宫旧藏 1599 件，扇面都是书画作品，由书画部门管理。

　　11. 古琴　北京故宫珍藏的古琴多达 40 多张，其中 30 多张为清宫遗存，自唐代以迄清代，传承有序，形制齐全，更有一些举世闻名的瑰宝，如可视为唐琴标准器的"大圣遗音"，还有"九霄环佩""飞泉""玉玲珑"等唐琴，数量为世界博物馆之最；此外，宋琴有"万壑松""玲珑玉""玉壶冰""海月清辉"等，元琴有"朱致远制"等，明琴有"奔雷""蕉林听雨""天风环佩"等，时代最晚的是谭嗣同的"残雷"琴。另外还有供观赏用的铁琴、铜琴、石琴，以及康熙时期精致的制琴模型。

　　台北故宫藏有文物南迁时的宫廷古琴 3 张，加上近年征集的 1 张，古琴收藏应不少于 4 张。

12. 玺印　北京故宫除收藏帝后玺印外，还收藏自战国至民国各个时代多种质地与形制的官、私玺印 2 万余件（套），其中清宫旧藏的历代印章 500 余件，其余印章来自社会的征集以及收藏家的捐献。数量众多，品类亦较全，官印和私印两大门类均成系列，故宫因此成为全国古印的渊薮。

台北故宫所藏历代官私铜印 1600 多件，主要是清宫《金薤留珍》所收的 1290 余方古印。乾隆时将宫中藏印排比分类，并钤拓成谱，名为《金薤留珍》。1926 年，故宫博物院曾钤拓此印谱 24 部，限量发行。

13. 珠宝盆景　北京故宫珍藏有 1400 余件各式珠宝盆景，都是传世作品，大多使用玉石、翡翠、玛瑙、珍珠、象牙、蜜蜡等多种珍贵的材质，仿制出生动自然、惟妙惟肖的各种花卉、果实、景观等，再配以珐琅、玉石、陶瓷、漆器等制成的花盆式容器，就构成了雍容华美带有吉祥含义的宫廷陈设。珠宝盆景因制作地不同，故也有着不同的地方风格和特点，但珍奇名贵却是其共同特点，往往一盆一景就价值连城。如青玉洗式盆水仙盆景，盆长方形，菊瓣纹，四角雕成双叶菊花形，每花均以 12 块红宝石为瓣，绿料为芯；盆下腹的叶纹间以 10 根绿料为脉，8 块红宝石为蕾；盆中以青金石制成湖石，周围植有 5 株水仙，象牙为根，染牙为叶，白玉为花，黄玉为蕊。

14. 石鼓　石鼓为 10 块圆柱形巨石，形状若鼓，故名。每石各刻诗一首，诗的内容记叙贵族游猎，所以也称"猎碣"。对其制作年代的说法历来不一，近代马衡、郭沫若认为是战国时秦国物。石鼓铭文布局讲究，书体圆融浑劲，整肃端庄，不仅有着史料价值，在书法史上也占有极为重要的地位。它的发现与保存历经曲折。抗日战争中，这些石鼓也随故宫文物南迁，颠沛流离。现北京故宫专设"石鼓馆"

对外陈列展出。

15. 石器 北京故宫现藏石器 1395 件，其时代从新石器时代直至清代末期。大多数为清宫旧藏，种类亦很多，有寿山石、田黄石、大理石、牛油石、英石、云石、灵璧石、木变石、菊花石、昌化石、硝石、钟乳石、青田石、岫岩石、化石及许多叫不上名字的蓝石、紫石、花石等等，粗略统计有 51 种之多。其中陈设用品、实用器皿以及赏玩性质的作品多种多样。一批寿山石伏虎罗汉和寿山石东方朔等作品，雕琢精细，人物的毛发、眉眼、衣纹及神态逼真、传神。另有田黄石雕的寿星（其上有周彬款）、田黄石雕伏虎罗汉（其上有玉璇款），不仅田黄石质上佳，雕琢得亦极为精致，此两件为国家一级文物，具有很高的价值。还有一批岫岩石爵杯，包括清代中期乾隆、嘉庆到清代晚期光绪、宣统各个时代的制品，底足均刻有款识。

16. 清宫照片 清代后期，西洋摄影技术传入中国，后传入宫中，因得到慈禧太后的认同，拍摄照片一度在宫中盛行。这些照片，自溥仪出宫后由故宫博物院收藏至今。北京故宫现收藏宫中遗存照片18 000 余张（另有玻璃底片 20 000 多张）。其中主要是人物照，约1000 多张，另外还有建筑、场景、动物、风景、书影等题材。拍摄于1903 年的慈禧太后系列照片，总数在 700 张以上；包括紫禁城、西苑三海、西郊园林在内的大量宫殿园林照片，在很大程度上指导着今日对现存古建筑的保护与利用；19 世纪 80 年代，清廷曾拍摄过一批参与筹建北洋海军的官弁人员组照，众多影响中国近代史的人物影像得以保存；还有反映溥仪退位后"小朝廷"生活的历史照片及其日后寓居天津的生活掠影，以及民国时期在政治、文化、实业、教育、军事、外交等方面的知名人士；等等。这些均是故宫博物院在影像收藏方面的特色种类。

44　故宫典制文物

典章制度是国之大法，也是皇权的表征。典制类文物主要有卤簿仪仗、典制乐器、帝后玺印、武备及其他与施政等有关的文物。这类文物，基本都保存在北京故宫。

1. 卤簿仪仗　卤簿仪仗是君主专制社会皇权尊威无比的最外在的体现和象征。清代，根据不同的场合，卤簿有四种不同的规格：祈谷等大祭祀中使用的大驾卤簿，共有旌旗伞盖等 713 件；朝会中使用的法驾卤簿，共有 553 件；行幸皇城中使用的銮驾卤簿，共有 104 件；巡幸外地时使用的骑驾卤簿，共有 162 件。同时对后妃也规定了不同等级。故宫现存卤簿仪仗文物 1900 余件，有陈于太和殿檐下的完整成套的金八件（金提炉二、金盂一、金水瓶二、金香盒二、金盥盆一）；有设于太和殿前御道两侧，用于整肃大典秩序的静鞭等；有从太和殿丹陛上下一直排列到午门以外的各种伞、盖、扇、旗、节、旌、鼓等等，组合非常繁复，以表现盛大仪式的场面和肃穆庄严的景象。

2. 典制乐器　主要是典礼中的中和韶乐、丹陛大乐等乐器。故宫的清代宫廷乐器遗存有 2300 余件，其中以坛庙祭祀和殿陛朝会使用的乐器规格最高、数量最大，代表了先秦以来中国历代王朝宫廷雅乐所用乐器的种类和形制。如祭祀和朝会中所用的中和韶乐，依"八音克谐"的传统,有编钟、编磬、琴、瑟、箫、笛、排箫、箎、埙、笙、搏拊、柷、敔等16种乐器,指挥器为麾,同时用乐舞生、歌生、执节掌麾者达数百人。丹陛大乐有戏竹、大鼓、方响、云锣、杖鼓、拍板、管、笙、笛、箫等。其中如镈钟、编钟、建鼓、方响、柷、敔等,后世已十分罕见。皇帝四种卤簿所用的"卤簿乐"乐器也为数可观,有大铜角、小铜角、金口角、金锣、铜鼓、花腔鼓、得胜鼓、铙、小钹、海笛等。此外还有一些具有民族特色的乐器,如萨满教祭祀用的"嚓啦器"、"太平鼓"、腰鼓及柳条编簸箕形节等满族特色乐器,匏制三弦、胡琴、马头琴等蒙古族乐器,乾隆时期安南国进贡的"铜万象钲""铜万象镯"等。

清代宫廷乐器,有年款的早自顺治元年(1644),下至宣统二年(1910),绝大部分是康熙、乾隆两朝所制,其中康熙时期的金编钟、乾隆时期的金镈钟和全套的和田碧玉描金云龙纹特磬,无不弥足珍贵。还有一批晚清时期的军乐器,如大小铜鼓、长号、黑管等,为反映中国近代音乐史上西方音乐传播的重要实物。

故宫还藏有清代宫廷以及故宫博物院建立以来搜集、珍藏的前代乐器珍品。其中明代以前的乐器多达328件,有150余件先秦"钟磬之乐"时代的青铜钟、铜铙、玉磬等,还有已成为传世孤品的唐代大忽雷、小忽雷,北宋宫廷典制重器——徽宗时所制的大晟编钟6枚,明代宫廷的嘉靖款云龙纹玉编磬一套12枚等。

台北故宫藏有宋徽宗时的大晟编钟2枚。

3. 帝后玺印 帝后玺印是皇权的象征。故宫藏有明清帝后玺印5000余件,占已知全部帝后玺印度藏量的90%以上。其中典制玺册约占1/10。

清代典制玺册包括国宝、官印、册封宝册、徽号宝册、谥号宝册五类。其中最重要的是代表皇权的清帝"二十五宝"，它是中国历代王朝所遗存的唯一一套代表皇权的御宝，具有极高的历史价值。乾隆十一年（1746），乾隆皇帝对当时所有皇帝宝玺加以整理和完善，确立了有清一代的皇帝宝玺制度：考定为二十五宝玺；确定了各玺的名称、尺寸、纽式和用途；统一篆刻，除第四方"皇帝之宝"为满文外，其余均用满汉两种文字篆刻，左为清篆，右为汉篆；固定二十五宝收藏于交泰殿。重新排定后的二十五宝，每一方御宝的用途都有明确规定，各有所用，集合起来，便代表和囊括了皇帝行使国家最高权力的各个方面。清代皇帝依靠这些御宝，得以发布各种文告，指令王朝的各个机构有效地运转，维系封建国家的延续。

故宫还收藏有皇帝册封后妃时颁发的象征后妃身份等级的"册宝"（如皇后之宝、贵妃之宝）、皇帝尊崇先帝所遗的太后妃嫔所上的"徽宝"（如道光八年进恭慈康豫安成皇太后徽号册宝、同治十一年进慈安端裕皇太后徽号册宝）、嗣皇帝为先帝与后妃所上的"谥宝"（如顺治五年上肇祖原皇帝谥号册宝、乾隆元年上太祖高皇帝谥号册宝、宣统元年上德宗景皇帝谥号册宝）等，具有极高的历史价值与艺术价值。

此外故宫收藏清代官印100多方。官印为官吏职掌或政府机构行使权力的凭证。如白金龟纽"监国摄政王宝"、金"圣旨步军统领衙门"牌、银扁柱纽"总管内务府印"、银柱纽"袭封衍圣公印"、铜柱纽"太医院印"等。

在皇帝宝玺中，除代表帝后权力的宝玺外，大量的乃是清代皇帝平时钤诸御笔、鉴赏书画、刻印图书及收藏玩赏的各式各样的宝玺，亦可统称之为皇帝闲章。这些闲章按其内容和用途可分为年号玺、宫殿玺、收藏玺、鉴赏玺、铭言吉语玺、诗词玺以及花押等。它们都是皇帝和后妃的御用之物，制作时多由皇帝下旨，由内府各作御用工匠完成，选料严格，制作精细。印材料主要是贵重的玉石、翡翠、寿山石、青田石、昌化石、檀香木、象牙等；印纽雕镂精致，印文摹刻工整，极具皇家雍容华贵的特色。[①]

故宫博物院珍藏的这类玺印，极为精美的有康熙帝的"宣文之宝"，雍正帝的"雍正尊亲之宝""雍正亲贤之宝""雍正敕命之宝""朝乾夕惕""亲贤爱民"等。帝王的闲章，在不同角度、场合也可以起到某种征信作用。故宫博物院保存的"御赏""同道堂"两方咸丰皇帝的闲章，曾成为同治时期两太后垂帘听政的主要标志，成为见证晚清一段历史的重要实物资料。[②]

台北故宫约有清代帝后玺印 20 来方，其中乾隆"鸳锦云章"循连环田黄石印一套九方，为乾隆皇帝于晚年嘱治的玩赏印，九方方印体量甚巨，均经精雕细琢，印纽雕工尤为精巧。

4. 武备文物　武备，即武器装备。故宫现珍藏武备文物约 15 000 余件，大部分是清代皇帝御用品。大致可分为冷兵器和火器两大类。按《大清会典》则分为甲胄、弓箭、刀剑、马鞍、囊鞬、枪炮、旗纛、海螺、金鼓、藤牌、战舰及传统兵器等几类。

故宫所藏冷兵器主要包括以下几大类别：防护装具中有太祖努尔哈赤、太宗皇太极以及顺治、康熙、雍正、乾隆、咸丰等皇帝御用的成套盔甲和清代八旗盔甲 8000 多件；远射兵器中有弓、箭、囊鞬（又称撒袋）等，清箭种类繁多，形制各异，清宫中贮有清代皇帝御

①　郭福祥：《明清帝后玺印》，国际文化出版公司 2003 年版，第七章；恽丽梅：《清代典制玺册综论》，载朱诚如、徐凯主编：《明清论丛》第十四辑，故宫出版社 2014 年版。

②　徐启宪：《"御赏""同道堂"章与慈禧篡权》，《故宫博物院院刊》1979 年第 3 期。

用礼仪用箭、军事用箭、行围狩猎用箭等；护体兵器中有清代皇帝御用腰刀、宝剑和匕首等；杂兵器、格斗兵器中有玉嵌石柄花漆鞘刺、长剑、青龙偃月刀、镋、阿虎枪、片刀、戟、骁骑长枪、铜吞龙钺、矛、长柄斧、杵式铁鞭等；马装具中有清代皇帝御用马鞍与御用马鞭等。这些皇帝御用装备，其上或拴以皮签或以黄条记录，或镌刻有明确的款识。当然有的非实用器物，而是艺术品。如铜镀金镂缠枝莲马鞍，附有满文皮签——"圣祖仁皇帝御用鋄金丝线秋辔鞍一副，康熙二十一年恭贮"。有的记载着皇帝用此射杀多少只野兽猛禽，如高宗御用金桃皮弓，弓面刻有满、汉文"乾隆十六年上在木兰德尔吉围场射中一狼宝弓""乾隆十九年上在吉林围场御用宝弓射中一黑一熊"。

火器主要包括火铳、火炮和空心铁弹以及皇帝御用的各式火枪等。火铳、火炮既有明代遗存，也有清代皇帝命名的"神威将军炮""威远将军炮""神捷将军炮"等。外国枪支有荷兰改鞘枪、马戛尔尼进献自来火枪、火绳燧发双用枪、西洋气枪、双用气火枪、双筒火枪、四筒火枪、燧发枪、燧发手枪、扣刨击发枪、自来火手枪等。

清宫武备中有一批专为皇帝收藏制作的武备工艺品，其中最具代表性的是乾隆年间制作的"天、地、人"腰刀90把和宝剑30把，其所耗费的时间和财力都十分惊人，如腰刀前后历时47年，分为四批最终完成。故宫今存"天、地、人"腰刀58把、宝剑27把。

故宫也有少数民族领袖进贡给皇帝的武备，例如：乾隆四十五年（1780）西藏六世班禅额尔德尼为乾隆皇帝七十万寿盛典进献的铁镀金玲珑马鞍；乾隆三十六年（1771）从数千里之外的伏尔加河流域回归故土的蒙古土尔扈部首领渥巴锡进献给乾隆皇帝的两把腰刀。

清宫中还有一些武备，虽然不是皇帝御用，但也和皇帝有密切关系，其中最重要的是八旗兵丁穿戴和使用的盔甲和弓箭。故宫收藏的八旗盔甲都是绵甲，为皇帝大阅时八旗兵丁穿用，皆以绸为面，蓝布为里，内絮薄丝绵，面饰有等距离铜镀金圆钉。

　　故宫博物院许多武备文物，其上系有皮、纸、牙、木签，记录进宫年月、何地制作、进献者名、恭贮数量、类型名称等，既利于宫廷保管和取用便捷，对于鉴定武备兵器文物的朝代亦不可或缺。

　　北京故宫所藏清宫武备，体系完整，时代跨度长，是研究清代政治、军事、典章制度以及帝王宫廷生活的重要实物见证。[①]

　　5. 其他　故宫还收藏大批有关典制的其他文物。如太和殿举行典礼时文武官员站列有序的 72 座铜铸"品级山"；官员觐见皇帝的千余件红、绿头签，选秀女的千件头签；出入宫禁凭证的 9000 件腰牌。朝廷政务也留下了大量的文物，如皇帝的朝服、宝座、宝座前的黄案，黄案前给官员跪拜奏事备用的垫，等等。还有作为"遗念"收藏的先皇的遗物和赐物，主要是武备。

---

　　① 毛宪民：《清宫武备兵器研究》，文物出版社 2013 年版。

45　故宫生活文物

紫禁城内廷以后三宫为中心，是皇帝处理日常政务、生活起居和皇室生活居住的主要场所，留下了衣、食、住、行等方面大量的各种生活用品，如今成为了解宫廷和诠释历史的珍贵文物。

1. 服饰　服饰制度是历代礼仪制度的重要组成内容之一，服装的色彩、纹样、款式、质地无不反映服用者的身份等级和社会地位。故宫藏清代宫廷服饰类文物 62 000 余件，包括成衣 16 000 余件、冠履近 3000 件、佩饰 6000 件、活计 27 000 余件；此外还有清代织绣材料类文物 60 000 余件，包括匹料 30 000 余件、衣料 10 000 余件和绦带 20 000 余件。其中一部分是从热河行宫和沈阳故宫运回的。

成衣中，绝大部分是清代皇帝和后妃穿用的服装，另有极少量官员穿用的服装。按清代服饰典制，帝后服装有礼服、吉服、行服、常服和雨服、戎服、便服。故宫成衣藏品涵盖了这几类服装的全部，所属年代跨越整个清代。服装质料有绫、罗、绸、缎、纱、缂丝、兽皮等，一应俱全，式样丰富多样，花纹装饰精美繁复，制作工艺高超精湛。冠帽中，以清代皇帝和后妃的冠帽占绝大多数。

此外，故宫又藏有 10 多万件明清织绣文物，即材料类的文物。清代中晚期的文物占绝大多数，几乎全部来源于江南三处官营织造局。以上许多织物除北京故宫外很少有收藏。因此，北京故宫这批藏品是研究明清织物最为丰富、完整、宝贵的实物资料。

2. 家具与地毯　明式家具是中国家具发展史上的高峰，一直以其简洁流畅而备受推崇和赞誉。故宫博物院所藏明代家具最为丰富。故宫藏传世明代硬木家具精品，大多是明晚期的作品。清式家具的风格可以概括为"精巧华丽"四个字。[①] 明清宫廷家具来自民间又高于民间，代表了中国传统家具的最高水平，也是明清家具的精华。

故宫现藏明清家具6400余件，以清代为主，年代最早为明代宣德年（1426—1435），最晚为清末民国时期。其风格特点可分为明式家具、清式家具和清末民国家具。明式家具以黄花梨为主，其次为紫檀、榉木和楠木，还有相当数量的雕漆、彩漆和大漆螺钿家具。清式家具以紫檀木为主，其次为黄花梨、花梨木、酸枝木等，漆饰家具也占相当数量。此外，还有部分外国家具，主要是日本家具。[②]

故宫明清家具种类丰富，数量巨大，主要有6类：（1）床榻类，包括相当数量的宝座，计约150件。（2）椅、凳、墩类，约1100件。（3）桌、案、几类，约1600件。（4）橱、柜、箱类，泛指各种存贮用具，分橱、橱柜、柜、柜格、书格、箱子等，约450件。柜子大小不一，大者有坤宁宫和宁寿宫炕上陈设的两对大立柜，总高度达5.185米。（5）屏风类，约1750件，以清代为主，包括各式座屏、插屏、挂屏、围屏等，种类齐全，数量亦多，很能体现清式家具的风采。（6）其他类，包括镜台、衣架、盆架、灯架和护树围子等，均为清代作品。

故宫收藏的明清家具中，一批有具体年款的家具有着重要的价

---

①　《故宫博物院藏文物精品全集·明清家具》上下，香港商务印书馆2002年版，朱家溍导言。

②　胡德生：《明清宫廷家具》，紫禁城出版社2008年版，前言。

值。这批家具的年代有明宣德款、万历款、崇祯款，清康熙款、雍正款、乾隆款。质地有雕漆、填漆戗金、描金漆、罩金漆、推光漆，嵌螺钿、洒螺钿等。形式有桌、案、椅、榻、橱柜、书架、箱匣等，造型纹饰和制作均优美精致，这对于研究明清家具的造型、工艺及时代特征是不可多得的实物资料。这些家具的特殊价值，还在于其中大多数仍然存放在原来的殿堂及位置，反映了当年的陈设原状。

中国制毯用毯历史悠久。明清两代皇宫曾有过"凡地必毯"的辉煌景象。故宫保存着当时皇宫实际使用过的各种毛（丝）毯1000余块。依其用途，分地毯、地平（宝座下台面）毯、炕毯、壁毯、窗户毯、桌毯、宝座毯、靠背毯、脚踏毯、楼梯毯、戏台毯、轿毯、马鞍毯等，达10余种之多，至今仍有纤维粗、弹性好、光泽强、抗压力大的特点。依其工艺，有栽绒毛毯、栽绒丝毯、栽绒盘金银线丝毯、平纹毛毯、斜纹毛毯、缂毛毯、漳绒毯、毛毡毯等手工织造毯与西方传来的机织毯。这些毛毯的来源，既有宫廷内府机构直接织造，也有通过贸易在国外订购或西方访华使团进献的礼品及藩属国贡物，而最主要的则是北京、新疆、内蒙古、宁夏、甘肃、西藏等地的贡品。

现藏手工栽绒地毯，有10件左右当是明代中期的编织物，其余都是清代（直至清末）的地毯。

3. 生活用品 故宫所藏清宫生活文物，主要是当时实际使用的日常物件，遗存到今天而成为文物，数量多达几万件，包括餐饮炊具、烟酒茶及其器具、沐浴盥洗化妆器具、取暖纳凉器具、照明器具等。例如：尚有未开封的晚清皇帝举行大婚所用的成罐喜酒；当时全国各地进贡的名茶尚存有400件左右；沐浴盥洗化妆器具类别、形制可谓五花八门，仅梳妆用具即达3000余件，且还存有从国外进口的香水。另有玩具近700件，火镰1500余件，鞘刀约2000件，香约200件，蜡烛 1600 余件，等等。

4. 医药药具　故宫现存医药文物 3000 余件，可分为医药和药具两大类。其中医药又包括药材、中成药、西洋药品几类。药具按材质划分主要有石质、银质、铜质、瓷质、木质、砂质、玻璃等；按用途划分，有制药用具、盛药用具、诊疗用具、教学用具等。例如：当年御药房配置丸散膏丹的银质器皿和模具，设计精巧、携带方便的药袋、药柜，当年备用的牛宝、马宝、猴宝、狗宝、蜘蛛宝等罕见的名贵药材，西洋传教士进贡的西药和葡萄酒，太医院购置的西洋人体解剖模型、化验用的显微镜、消毒用的蒸气发生器、比较准确的天平，等等。

5. 戏曲文物　戏剧是我国传统文化的重要组成部分。有清一代，戏曲演出在宫廷日常娱乐和节日庆典中必不可少，清代帝后（尤其是清中期的乾隆与后期的慈禧）曾大力提倡戏曲艺术，组建南府、景山等宫廷戏曲演出机构，遴选民间艺人进入宫廷戏班，令四大徽班进京，安排民间戏班进宫承应演出，等等。为此，内廷特意搭建戏台，制作戏曲服装、砌末道具，创作了许多专为宫廷演出用的剧本。

故宫现仍庋藏清代宫廷所用的戏曲文物万余件，从种类上讲有行头和道具两大类，行头又可细分为戏衣和盔靴两类，其中戏衣数量最多，另有剧本、戏画、戏台等，此外还有少量伴奏乐器。[1]

戏衣类文物有 8287 件，其中 8 件为明代戏衣，另有各类配件、饰件等资料 1300 余件。除了汉族传统服装式样外，还有一些融合了满族服饰特点的戏衣，如箭衣、马褂、旗衣等。还有一些专用服装，如八仙衣、十二月花神衣、牛郎衣、织女衣等，以及兽形衣、飞禽衣、

① 张淑贤：《清宫演戏情况与相关文物》，载《故宫博物院藏文物珍品全集·清宫戏曲文物》，香港商务印书馆 2008 年版，导言。

水族衣等。皆用料考究，工艺精美，为宫廷戏班所独有。靠类有男靠、女靠、霸王靠、猴靠、软靠、大铠、门神铠、牛形铠、马形铠等，可以满足戏台各类角色扮演的需求。这些文物，为研究昆曲、弋剧的演出及京剧戏衣的渊源流变提供了极其难得的实物资料。

一些清宫戏衣都在衬里加盖印铭或墨书文字，如黄地纳纱绣花蝶纹男帔，衬里墨印"大戏记用""如意""同春""仁和""长春"等；拼各色缎菱形纹道姑衣的衬里钤楷体阳文墨印"同春""长春""仁合""南府内头学记"，并墨书"女豆沙水田衣"；织金地缂缠枝莲孔雀羽纹云肩斗篷外国衣，衬里有楷体朱印"大戏记用"一方，并墨书"雕啼国""安南国"等字。这些印铭与墨书或为演出地点，或为戏曲名目，或为宫廷戏班名称，或为民间戏班名称，对研究清宫戏曲文化以及晚清戏曲名家在宫廷内的活动，有着非常重要的史料价值。

故宫现藏盔头类文物 1228 件，另有资料和散件数百件。根据剧中角色扮相的需要而制作，主要有各类巾、帽、冠、盔类文物。

故宫现存道具类文物资料 4409 件。有舞台装置、生活用具、交通工具、刀枪把子、刑具等类，属于衣、靠、盔、杂四箱之"杂箱"。清宫所遗存砌末种类齐全。刀枪把子类文物以各类武器为大宗，形制最齐全，颇具皇宫精美、奢华的特色。尤其值得提及的是三套台衣，各由六七百件各式条块组成，可完全把畅音阁大戏台包裹起来，以适合皇帝万寿等特定演戏场合的需要。

故宫博物院现藏清宫戏本 11 498 册，6467 部，3200 余种。包括元明杂剧、明清传奇（即民间同样常演的戏）和清代乐部根据小说名著所编连台本戏以及乐部所编"月令承应戏""节令承应戏"等等，按其抄写年代，最早有顺治年间教坊司时期遗留下来的，绝大部分是康熙至道光南府时期及道光七年（1827）以后升平署时期抄写的。

　　故宫收藏唱片文物 838 件，应为清末与逊帝溥仪暂居内廷时所遗留。以胶木唱片为主。其中既有戏剧，又有曲艺。

　　故宫还收藏戏剧人物画，均为绢本设色，有 160 幅分装两册，还有 15 幅及 50 幅各一册。这些画册为咸丰年间如意馆画师按照徽班演出剧目所绘。这些戏曲人物多为写实作品，可与遗存的各类剧本、戏衣、砌末互为参照，是研究清代中后期宫廷戏曲曲目和人物服饰穿戴的宝贵图像资料。

　　故宫现仍保存宁寿宫畅音阁大戏台、重华宫漱芳斋戏台、漱芳斋内风雅存小戏台以及宁寿宫倦勤斋小戏台 4 个戏台。畅音阁戏台规模宏大，建有三层，上有天井，下有地井。舞台下层为"寿台"，天花板与地板都是活动的；中层为"禄台"，上层为"福台"，设有多座木梯可下到"寿台"。

46 故宫宗教文物

故宫博物院收藏大量的宫廷宗教文物，主要有藏传佛教文物、道教文物与萨满教文物。

1. 藏传佛教佛堂与文物　乾隆时期在宫中遍设佛堂。北京故宫至今仍完整地保留着一批清代藏传佛教殿堂。故宫原有独立佛堂35处、暖阁佛堂10处，其中雨花阁、宝华殿、宝相楼、吉云楼、佛日楼、梵华楼等20多处至今保存比较完好，不仅建筑完整，而且室内保留的清代匾联、供案、神佛造像、佛塔、供器、法器、唐卡、壁画等基本维持原样。现存清宫佛堂，除少数为明代遗留的佛殿如英华殿和清初顺治、康熙所建的慈宁宫后殿外，几乎全部为乾隆时期新建或在旧建筑基础上改建的。每座佛堂供奉的主神不同，均有宗教崇拜的不同功用，其内的陈设布局依据格鲁派（黄教）教义，模拟西藏寺庙神殿，所以清宫佛堂内几乎囊括了西藏神殿中各类神像、神器。

故宫存藏包括造像、唐卡、法器、法衣、经籍等在内的藏传佛教文物5万多件，是中国内地保存最完好、收藏最宏富的藏传佛教文物宝库。

故宫收藏藏传佛教造像2万多尊，有金铜、石、木、泥等各种质地的佛雕像（以金铜佛像时代最早，最有代表性），成为中国除西藏地区之外相关藏品最丰富的地方。这些藏品原为清宫旧藏，主要是西藏、蒙古等地的贡品和元、明、清三代的宫廷作品，可以说汇聚了各地藏传佛像的精华，集中反映了藏传佛教造像的发展脉络，显示出不同时代、不同地区的造型特点与艺术成就，而且蕴涵了丰富的历史文化信息，在中国藏传佛教造像研究中具有无可替代的地位。

　　故宫藏传佛像的珍贵之处还在于保留了清代喇嘛高僧的鉴定记录。大量的黄条和佛龛题记，反映了清代藏传佛教高僧对佛像的认识与研究水平。其中贡献最大的，是乾隆时期著名的高僧三世章嘉若必多吉国师。经他们确定的佛像名称与分类，至今仍具有重要的参考价值。如"扎什琍玛"佛像为历世班禅敬献，可以断定是后藏日喀则地区扎什伦布寺系统造像工匠所制，"噶克达穆琍玛"是原噶当派寺院工匠所制，"巴勒布琍玛"是尼泊尔工匠所制，这就使得原来只是古代藏文文献中提到的佛像分类名称，得到实物证实。

　　故宫珍藏着 2000 余幅唐卡，主要分绘画唐卡与织绣唐卡两大类。绘画唐卡是唐卡的主体。清代宫廷唐卡，皇家气派鲜明，采用各种名贵的锦缎，按宫廷的固定形式装裱，轴头用银镶宝石、象牙、紫檀等材质，制作考究。西藏进贡的唐卡也大多由宫廷重新装裱，豪华精美。织绣唐卡，则采用中国传统的刺绣、缂丝、织锦工艺制图画，是唐卡中的贵重作品。织绣类唐卡中，还有用各色绸缎按画稿剪贴，用针线连缀牢固，局部刺绣而成的作品，称为"堆绣""堆绫"唐卡。

　　故宫唐卡来源于两部分，一是贡品唐卡，是历辈达赖班禅及西藏、甘肃、青海、蒙古等地民族宗教上层的贡献，多为西藏画家的作品，清宫廷称为"番画""藏画"。二是清宫廷绘制唐卡，主要由皇宫内中正殿念经处画佛喇嘛绘制，但有些作品则是由宫廷画师，甚至西洋画师，共同参与分工合作完成的，清宫廷称为"京画"。清宫唐卡在构图、色彩、人物、背景的处理上形成了独特的艺术风格，集中代表了 18 世纪西藏唐卡艺术在内地传播发展的面貌。

　　故宫唐卡绘画内容丰富，包含了藏传佛教的各类图像，神灵众多且等级分明。此外还有各种坛城唐卡。这些唐卡大部分收藏在箱柜中，至今大多品相完好，色泽如新。长期挂在佛堂中的唐卡，至今仍保持着原初的状态，对了解清代宫廷藏传佛堂内佛像的组合配置，是难得的实物资料。故宫唐卡基本上每幅背后都缝有一方白绫，上书汉、满、蒙、藏四种文字的题记，说明唐卡进宫的时间、来源、名称、鉴定人、挂供方位，非但在当时就具有宗教与图像学两方面的权威性，也为我们今天的研究提供了可靠的依据与线索。

　　故宫所藏供器与法器、法衣计 7000 多件，品类相当丰富。这些器具有些是西藏地方进献皇帝的礼物，但大部分为清宫制作，用料考究，工艺精湛，如雨花阁内三大珐琅坛城，梵华楼、宝相楼内六座珐琅大塔，都是清代的珐琅工艺珍品。法衣有佛衣、佛僧帽、佛冠、佛玉带、佛玉圭等，是清代藏传佛教大喇嘛举行重大法事活动时穿用的法服。

　　故宫现存有一些历世达赖班禅进献的文物。如明永乐款铜铃杵，为明初宫廷制造，上镌款"大明永乐年施"，所附黄签写"达赖喇嘛恭进大利益铜铃杵"，原为明朝皇帝赐赠给西藏高僧，后达赖喇嘛又进献给清朝皇帝。红漆描金佛舍利盒，乾隆三十八年（1773）和四十年（1775），八世达赖喇嘛进献的两颗"燃灯佛"舍利和两颗"迦叶佛"舍利就存放在此盒内。乾隆四十五年（1780），六世班禅参加乾隆皇帝七旬万寿庆典，敬献了大量寿礼，相当部分仍保存在故宫，如金刚铃、金刚杵、右旋白螺等。

　　2. 道教殿堂与文物　故宫道教殿堂有紫禁城内的钦安殿、玄穹宝殿与现陟山门街的大高玄殿。

故宫道教文物500多件，存于钦安殿、玄穹宝殿两处殿堂，包括供奉道教的神像、供器、法器、经书。钦安殿主供三尊高大的玄天上帝鎏金铜像，八尊一人高的铜侍从神像，以及明代铜钟、大鼓等，北墙则贴有绘道教诸神画，东西壁的南北两端还有四时值神图画。玄穹宝殿供铜鎏金昊天至尊玉皇大帝、三官大帝、文昌帝君铜像、侍从铜像，各种供器、神牌等。道教文物中有部分明代文物，大部分为清代文物，种类齐全，保存完好，是研究明清两代宫廷道教文化的重要实物。

3. 坤宁宫与萨满教文物 萨满教是原始宗教的一种晚期形式，曾广泛流行于我国东北地区。从努尔哈赤建立"后金"政权起，萨满教祭祀活动就成为早期宫廷的重要仪式。

清代将坤宁宫大部分改为宫中祭神场所。坤宁宫在清代一直是宫廷祭祀最重要的所在，除每日有固定的朝祭、夕祭等内廷祭礼，遇有重要节日，皇帝还会率后妃、诸王贝勒等齐聚坤宁宫，举行隆重的萨满教大祭活动，所祭神像包括释迦牟尼、关云长、蒙古神等15至16个。终清一世，均未改变。故宫保存着坤宁宫使用过的大量萨满教祭祀用器：各类乐器如三弦、手鼓、拍板等；法器如神刀、腰铃、抓鼓等；祭祀实用器有祭神用的香案、幔帐、五供、灯盏、灯架，杀猪和煮肉用的各类铁器、木案、铁锅以及瓷坛、碗盘等；祭祀用的神偶、布偶、木偶及子孙绳等。

47　故宫外国文物

　　清宫存藏至今的外国文物，主要在北京故宫博物院。此外，台北故宫博物院、沈阳故宫博物院、南京博物院、承德避暑山庄、颐和园、中国第一历史档案馆等也有一些。北京故宫的外国文物还没有一个确切数字，有些还需要进一步研究确认，目前已知的约在 10 000 件左右，包括艺术品（陶瓷、漆器、玻璃器、书画、织绣等）、科学仪器、钟表、武备、书籍、生活用品及其他。

　　故宫外国文物的来源，有西洋传教士进献、藩属国贡品、外交使团礼品、臣工进献、通过贸易渠道采办等多种方式。

　　1. 西洋仪器　明末清初西方传教士来华，科学知识及文学、艺术、语言、绘画等都成了传教的手段。作为这次中外文化交流的重要舞台，故宫得以珍藏了一大批反映西学东渐的科技文物。

　　这批西洋仪器中，广为人知的是钟表。北京故宫现有中外钟表 1650 件，其中外国钟表 1500 件，占到 90% 以上，中国制造 150 件。

　　这些外国钟表，产地包括英国、法国、瑞士以及美国、日本等国，种类包括钟、怀表、唱机、八音盒、街头风琴、炮车模型、船舰模型、机械玩偶等，制作年代包括 18 世纪至 20 世纪初，不仅反映了这 200 年间世界钟表发展的历史，也体现了当时钟表制造业的最高水平。尤为可贵的是，多数至今仍能正常使用。

西方钟表进入皇宫，促进了宫廷钟表制作的发展。宫廷造办处设有做钟处，在传教士的指导参与下制造与修理钟表。

北京故宫收藏的一座座钟表，远不止计时工具，还是一件件精美绝伦的工艺美术品。英、法、瑞士等国制造的钟表，采用了齿轮联动的机械构造，在钟的外表装饰了人、禽、兽及面具等，能够定时表演，出现耍杂技、演魔术、写字、转花、鸟鸣、水流等景观，动作复杂，形态逼真，配上悦耳的音乐，令人惊叹不已。又由于文艺复兴运动的沾溉和影响，这些钟表不可避免地反映了文艺复兴之后欧洲在造型艺术、装饰艺术等方面的特点。①

北京故宫收藏清宫遗存的天文、地学、算学及测量绘图仪器760件，其中一级品即达109件。这批文物收藏有三个特点：

其一，数量巨大且种类齐全。天文仪器有日月星晷、天体仪、浑仪、星盘等；地学仪器有地球仪、象限仪、测角器、铜版地图、指南针等；算学仪器有算尺、比例尺、分离尺、角尺、矩尺、比例规、算筹、手摇计算机、几何体模型等；测量仪器有象限仪、全圆仪、测角仪器；绘图仪器有套式绘图仪等；光学类仪器有折射望远镜、反射望远镜等。

其二，清宫遗存各类仪器之多之精，不仅与当时的科技活动紧密相连，也与皇帝个人喜好有关。康熙皇帝倾心于自然科学，向南怀仁学习天文历法、星象学、地学等，特别是康熙四十七年至五十七年（1708—1718），进行了历经10年的大地测量活动，测量后绘制出亚洲最先进的地图《皇舆全览图》。乾隆年间，又仿康熙朝之例，进行了第二次全国地理勘测，绘制了铜版地图《乾隆内府舆图》，这是中

---

① 郭福祥：《时间的艺术　交流的记忆——清宫钟表总说》，载故宫博物院编：《故宫钟表》，紫禁城出版社2004年版。

国实测经纬度地图完成的标志。

其三，在传教士帮助下，宫廷造办处也进行改制研制。富有名望的传教士为朝廷设计制作具有一定水平的仪器，诸如德国汤若望制作的"新法地平日晷"、比利时南怀仁等制作的"银镀金浑天仪"、德国戴进贤等参与制作的"铜镀金三辰仪"等。有的仪器经过改进后增加了新的功能。如清初宫廷制造的手摇计算器，在借鉴西方相关制作理论的基础上进行研制，机芯内设置的齿轮系统，使计算机具备了加减乘除的使用功能，比之同期清宫内西方制造的滚筒式计算机，在设计与使用功能上，都略胜一筹。①

汇集于清宫的仪器，真实地反映了清代科技理论的变化与发展。清代，科技仪器制作一改传统度量单位，全面引用西法，如分圆周360度，分一日为96时刻的度量单位，从而拉近了中国与西洋历法、地理测量等学科的距离。清宫当年的各类科技仪器，在中国古代重理轻技的大学术环境下，不仅在宫廷史领域，而且在中国古代科技发展史上具有重要意义。

2. 藩属国贡品与外国礼品　琉球贡物。历史上琉球是中国东海中的一个岛国（即今日本冲绳群岛）。琉球一直奉明清两代正朔，定期朝贡，并接受册封。朝贡一直持续到清光绪五年（1879）日本吞并琉球，设置冲绳县为止，时间长达507年。2003年至2008年，故宫与日本冲绳县教育委员会合作，共同调查北京故宫所藏琉球文物，确定院藏琉球时期相关文物110余种，700余件。主要为"红型"（染织品）、漆器、武备器具、绘画、书籍及泥金折扇等工艺品，俱为琉球王国时期进献的文物。2004年与2008年，在冲绳县举办过两次古琉

---

① 刘潞主编：《故宫博物院藏文物珍品全集·清宫西洋仪器》，香港商务印书馆1998年版，刘潞：《导言：清宫西洋科技仪器的命运》。

球王国珍宝展览。

廓尔喀贡物。廓尔喀即今尼泊尔，雍正年间，入贡清廷，后中断。乾隆五十六年（1791）廓尔喀再次侵藏，洗劫日喀则的扎什伦布寺。次年，清政府命福康安等人率军入藏作战，败廓尔喀。廓尔喀与中国建立起五年一贡的朝贡关系。从乾隆五十四年（1789）开始，廓尔喀共向中国进贡 8 次，直至光绪三十二年（1906）。在廓尔喀的贡品中，刀剑很有名。故宫收藏有廓尔喀腰刀、左插刀、云头刀、手插刀等。

马戛尔尼使华礼物。清乾隆五十八年（1793），由马戛尔尼任全权大使的使团带有英王庆贺乾隆帝 83 岁寿辰的信函和各种礼品访华。马戛尔尼带来的礼品共 19 宗，总计 590 余件。这些礼品均代表了 18 世纪英国工业生产的工艺水平与科技水平。故宫现存有数件火枪、望远镜架子等。中国第一历史档案馆存藏马戛尔尼带来的第 10 件礼品，为 1 套 16 册总计 2108 页的"杂样印画图像"大型图册。

日本文物。故宫博物院藏有日本江户至明治时期（17—19 世纪）的绘画、书籍、瓷器、珐琅器、金属器、漆器、织绣、家具等。日本素有"漆器之国"之称，故宫藏日本文物中以"洋漆"为多，达 2900 余件。清代由于皇帝的喜好，长期购买日本漆器，并在宫廷专设洋漆坊大量制作。故宫藏日本七宝烧 133 件，七宝烧在中国被称为珐琅器。藏日本陶瓷约 500 件，其中 19 世纪中晚期烧制于日本有田地区的伊万里烧，作为清宫殿堂陈设给宫廷增添了亮点。故宫现存的日本家具种类繁多，有屏风、柜格、桌案、椅凳、箱盒等类，在功能和造型方面结合巧妙，既美观又实用。

北京故宫藏有一大批日版汉籍、日籍，内容涉及哲学、政治、医学、绘画、书目、建筑、风土等多方面，版本有木刻本、铜刻本、铜活字本、抄本、彩色套印本和铅印本等。成书、翻印的时间上至明，下迄清代早、中、晚各期。装帧、印刷亦十分精美。例如，原藏于方略馆的日本《开国五十年史》，为大隈重信所撰，宣统元年（1909）由日本遣员送至北京，外务部代为进呈，盛于黄绫包面木盒，签题有"大清国大皇帝陛下"，卷首有大隈上奏文，折首书"外臣伯爵大隈重信跪奏"，并有醇亲王、庆亲王及载振、鹿传霖、袁世凯、徐世昌等大臣题序数十篇。故宫还保存有两部完整的光绪十四年（1888）日本迈宋书馆铜印《西清古鉴》，此书为日本摹刻武英殿聚珍本，光绪十九年（1893）购回铜版进呈宫内，在宫内又利用此铜版重新印刷，现存有一部，装帧考究，明黄绫书衣，签题"钦定铜版西清古鉴"。

3. 其他外国文物　武备：有高丽刀、马来西亚乌木鞘剑、欧洲产小型臼炮、五一鞘燧发枪、乾隆御用荷兰改鞘枪、西洋气枪等。漆器：缅甸产 150 余件，另有俄罗斯、泰国等产漆器。瓷器：有泰国、朝鲜、越南、英国、法国等国瓷器 100 多件。地毯：挂毯约 50 余件，主要来自欧洲。医药：200 件左右，来自美国、西洋等地。种类包括各种香露、成药、日本医疗器械。生活用具：1000 件左右，有玩具、银器、鼻烟壶、卷烟、咖啡具、灯具、电话、自行车、洋蜡、香料、化妆品、香水、粉盒。能使用的有 100 件左右。唱片：300 件左右。为西洋纸唱片、铁唱片。另有高丽纸、高丽布、缅甸布等等。

故宫博物院存藏的这些外国文物，有着重要的价值：这些外国文物种类丰富，相当一部分是艺术珍品，为明清不同时期的收藏，且涉及多个国家，是一个难得的外国文化艺术宝库；这些外国文物大多具有重要的历史价值，往往与一些重大历史事件相联系，是中国明清时期外交史、文化交流史和宫廷史的重要载体与见证；这些外国文物多与故宫的同类文物存在密切关系，反映了中外文化的交流，它们一起构成了完整的故宫收藏。

48 故宫非清宫文物

长期以来，故宫博物院在着力于征集流失的清宫旧藏外，也重视购藏反映中华文化艺术的其他珍贵文物，这些非清宫文物现在已达到25万件（套）。有的种类因其数量巨大或相对集中以及价值珍贵等，成为重要的文化遗产。以下重点介绍8种：

1. 甲骨 世界现存殷墟甲骨，据调查统计共有13万片。其中，北京故宫所藏甲骨总数，20世纪60年代调查粗估有22 463片，占世界现存殷墟甲骨总数的18%，仅次于中国国家图书馆（34 512片）和台湾"中央研究院"历史语言研究所（25 836片），可见北京故宫系世界第三大甲骨收藏单位。故宫所藏甲骨来源为国家转拨、私人捐赠和院方收购三方面。许多铭文内容十分重要。从殷商世系讲，包括了武丁、武乙、文丁、帝乙、帝辛各期；从占卜内容讲，保留了殷王社会活动和日常生活的诸多方面的史实。例如：殷王武丁贞卜妇𡥗患疾刻辞龟甲，器形、内容皆很完整；武丁占问攻战刻辞卜骨，反映了准备5000人征战的大规模用兵；殷王武乙、文丁、帝乙连贯世系的占问祭祀先公先王卜骨，反映了重要的世系内容；殷王帝辛（即纣王）刻辞卜骨，则反映了殷商末期刻辞的形式与最后存在的商代占卜行为。经过多年整理研究，60卷册的《故宫博物院藏殷墟甲骨文》由中华书局开始出版。

2. 汉地佛教造像　故宫藏各类汉地佛教造像约 3500 件。金铜佛像中时代最早的是一尊带有犍陀罗风格的持净瓶菩萨立像，被定为公元 2—3 世纪制作，是一件国内难得的较早的佛教造像。最为著名的还是河北曲阳县白石佛造像与广东韶关南华寺木雕罗汉像。曲阳白石造像 20 世纪 50 年代在其县城西南修德寺旧址埋葬坑内出土，较完整者在 600 件以上，其中有明确纪年者 271 件，始自北魏晚期，止于盛唐天宝年间。纪年发愿文排列有序，题材丰富，材质温润洁白，雕刻精美。这批造像精品现都由故宫收藏。韶关南华寺木雕罗汉像最初为 500 尊，现存 360 尊，故宫收藏 50 尊。它雕造于北宋庆历五年至八年（1045—1048），所用木材多数为柏木，少数为楠木、樟木、檀香木。像座有束腰须弥座、长方形透雕镂空花石形空心座、半圆形透雕空心座等多种。像身以现实人物为参照对象，形态各异。所刻发愿文内容丰富，是研究世俗信仰的重要资料。南华寺是慧能传法之地，禅宗从始祖达摩传至六祖慧能，佛教才完成了真正意义上的中国化，木雕罗汉像则是形象上对此理论进行的诠释。

3. 石刻墓志　故宫收藏石刻墓志 234 方。这些墓志在时代上从三国至清代。例如 1919 年河南洛阳城北马坡村出土的西晋永嘉二年（308）"晋尚书征虏将军幽州刺史城阳简侯石尠墓志"与"处士石定墓志"同刊同出，殊属难得，为国家一级文物。1919 年河南洛阳城北出土的"魏征东大将军大宗正卿洛州刺史乐安王元绪墓志铭""魏故卫尉少卿谥镇远将军梁州刺史元演墓志铭"及北魏孝昌二年（526）"魏武卫将军征虏将军怀荒镇大将恒州大中正于景墓志铭"等，书法价值颇高，内容亦为史籍之重要补充。

4. 刻石类文物　故宫还藏有其他刻石类文物 553 件（套），包括我国历史上各时期的碑刻、石经（幢）、塔铭、造像（座）、黄肠石、石棺、井栏、墓镇等石刻题记。有重要价值的刻石不少，其中有些被列为国家一级文物，例如清末陕西西安出土的东汉"朝侯小子碑"隶书体碑文，为存世汉碑中的精品。故宫还藏有三国时期魏国遗刻"三体石经"的残部，铭文为《尚书·周书·君奭》内容。三体石经遗存的文字书体，至今仍是研究文字与书法的珍贵实物资料。

5. 凌家滩玉器 1987 年安徽省含山县发现的凌家滩是一处新石器时代遗址，其反映的文化内涵晚于同一地域的河姆渡文化而早于良渚文化，被命名为"含山文化"。凌家滩遗址出土了 197 件陶、玉、石器，其中 104 件重要文物为故宫收藏。著名的有环套合璧、多孔玉璧、双虎首玉璜，最早制成的玉器皿——勺，有着神秘纹饰的玉板，世不多见的玉龟甲和玉整体直立人等，都引起考古界的高度重视，也反映了含山文化玉器的特性。特别是出土的玉板，为片状，中部微隆起，边缘呈阶状凹下，表面饰有阴线琢出的圆环图案及向四面放射形的箭头状图案。玉片纹饰神秘，出土时又夹于玉制的龟背甲及腹甲之间，因此受到人们的关注。

6. 明清尺牍 从 1949 年以来，故宫收进大量尺牍，共 43 210 件，除个别明以前和部分近代尺牍外，明代尺牍 1 万余件，清代尺牍 3 万余件。其中还有一些外国人的尺牍，如《朝鲜名人尺牍册》等。这些尺牍从装裱形式上看，绝大多数都装裱成册，有蝴蝶装，有经折装，还有的裱成手卷形式。从文字内容上看，涉及政治、军事、经济、文化，更多的则是社会生活方面的。这些尺牍具有文献及书艺的双重价值。

7. 封泥 故宫藏封泥类文物 345 件，其中 300 件属官印，其余属私印。时代为两汉、魏晋、南北朝时期。在玺印学分期断代方面，这正是一个相对独立的时期。这些文物涉及这一时期的王国、侯国等封爵内容，中央多个机构职官，地方行政州、郡、县、乡职官，将军名号与武职属官，国家特设官与颁赐少数民族职官，姓名私印和宗教印等。其中尤以较多的地方行政职官内容为特点，地望涉及国家的广大政区。我国汉代官印收藏中，郡太守和州刺史的实物印章传世并不多，故宫收藏的这批郡太守封泥约有 30 余方，是当时郡太守官印的真实遗存，品相比较完好。故宫所藏封泥的原印，多已不存于世，因而这批封泥就成为极重要的遗蜕实物，相当珍贵。

8. 陶俑　故宫藏陶俑 4000 余件，始自战国，历经秦、汉、魏晋南北朝、隋、唐、五代、宋、元、明、清，逾 2000 余年而未间断，构成一部完整的古代陶俑发展史。其中汉与唐所占比例较重。众多考古发掘品的价值最引人关注。1951 年河南辉县百泉发掘的东汉动物俑、具有典型四川陶俑特征的听琴俑以及有明确出土地点或考古发掘地的隋唐五代陶俑等，都有鲜明的特点。陶俑传世品中精品也不少。郑振铎捐献的一组乐舞群俑，共 8 件，2 件为舞俑，6 件为乐俑，各具神态，栩栩如生。他捐献的另一件昆仑奴俑，特意烧制成黑色，以表示黑人皮肤。唐墓中出土的昆仑奴俑，数量不多，且多穿敢曼（用羊皮或布等围系成的短裤）。此俑却穿右衽衣，右衽衣是华夏传统服饰，这表明其已经接受了唐人的生活方式。这种造型的昆仑奴俑，传世仅存此一件，是唐朝对外文化交流的历史见证。

四

故宫学研究对象之三：故宫博物院

49 古物陈列所

古物陈列所是民初内务部总长朱启钤一手办起来的。朱启钤在北京城市近代化建设上起了极为重要的作用，又拟将奉天（沈阳）故宫、热河（承德）行宫两处所藏文物集中于北京故宫，筹办古物陈列所。此议获袁世凯批准后，从 1913 年 11 月到 1914 年 10 月，民国政府内务部偕同清室内务府人员，先后赴热河行宫与沈阳盛京故宫，将两处 20 余万件陈设物品运京，存于太和、中和、保和、武英诸殿。

古物陈列所的设立宗旨是："默察国民崇古之心理，搜集累世尊秘之宝藏，于都市之中辟古物陈列所一区，以为博物院之先导。"[①] 1914 年 2 月 4 日，古物陈列所成立，热河都统治格兼任古物陈列所所长。10 月 10 日，古物陈列所在武英殿宣告正式开幕，成为中国第一座国立博物馆。

古物陈列所的陈列展览起初设在武英殿，后来展室扩大到太和殿、中和殿、保和殿、文华殿、传心殿等处，1930 年又增辟了洪宪馆、武器馆、毡毯陈列室、戏衣陈列室、石刻陈列室等专馆，这些专馆大都在年节纪念日开放。太和殿展室，精选明清刺绣、缂丝、雕漆、珐琅等类围屏、插挂屏、宝座、鹿角椅、品级山，以及大轴名人

---

① 《内政部设立古物陈列所有关文件》，转引自《中华民国史档案资料汇编（第三辑）·文化》，第 268—269 页。

字画等。中和殿陈列有明清时期大件珐琅器物、紫檀雕花柜、清世祖禁止中官干政铁牌及各项佛供、乐器等。保和殿陈列有御用金漆床几、绘画、钿翠、御笔行草、各种围屏和历代名人大画轴。武英殿主要陈列青铜器、瓷器、珐琅、唐琴、宋元明版书籍、名人写经等，其中以青铜器最为系统，展出的有商周秦汉各代铜器；其次为瓷器，展出的有宋代诸名窑瓷器，以及清珐琅、瓷器等。文华殿主要陈列唐宋元明清各代书画、缂丝、刺绣围屏、玉石挂屏及大件珐琅器具、牙雕、钟表等。传心殿陈列室，为仿内廷生活原状陈列。陈设物品有御书房、寝宫各种御用文具、书籍、字画、床柜、宝座等。该陈列室仅于令节开放。

1915 年在已毁的咸安宫的旧基上建成文物库房宝蕴楼，工程款 20 万元，是用美国退还的庚子赔款支付的。

古物陈列所还陆续接收了南薰殿收藏的历代帝王贤哲图像、雍和宫经书文物、柏林寺藏经版等。

1926 年秋，曾任临时参政院参政的书画家周肇祥接任古物陈列所所长后，对古物整理、鉴定极为关注，采取了一系列举措：呈准内务部，在该所附设鉴定委员会，延聘当代鉴赏专家，分书画、金石、陶瓷、杂品四组，对所藏古物分别进行鉴定。鉴定工作进行一年有余，已将书画、铜器各类鉴定完毕；到 1928 年 2 月，周肇祥所长去职，尚有少量工作未能完成。

古物陈列所重视展览工作。为了吸引观众，规定各殿陈列物品每周都进行更换，稀世珍品随时更易，不做长时间陈展，以便慎重保护。普通展品"或旬月一换，或逢令节纪念等日减价期间，分别选择更易"。据不完全统计，从 1928 年 7 月中旬到 1934 年，六年间该所共接待观众 422 000 人次，最多一月（1932 年 10 月）观众达 17 457

人次。

古物陈列所为了扩大对文物藏品的宣传，选择文物中珍品，如钟鼎彝器、杯皿盘匜、觚瓶色觥、盅盘炉盒，以及名人碑帖字画图像等类，以照相影印形式出版发行，后来又自建照相室，逐渐配备所有照相设备，出版了《内务部古物陈列所书画目录》《宝蕴楼彝器图录》《武英殿彝器图录》《历代名人书画（唐至清）》《元明人书画集册》以及《西清续鉴乙编》《宝历月刊》《历代帝王像》等专书期刊。①

1937年2月，创办"古物陈列所附设国画研究室"，为专门学校艺术专业及同等学力人员深造而设，不收学费。聘请黄宾虹、张大千、于非闇等为导师，招收全国青年画家，入所临摹历代绘画。开办10年之久，招收5期研究员266人，培养了陆鸿年、田世光、俞致贞、郭味蕖、晏少翔、石谷风等画家和美术研究者，发挥了博物馆在辅助美术教育、艺术研究及人才培养方面的社会功能。令人欣喜的是，这批档案及部分导师演讲集录基本完好地保存在院办档案室，大量临摹作品亦完好保存于院古书画部的文物库房之中。

民国十九年（1930），故宫博物院理事会以理事蒋介石领衔，12位理事签名，向行政院呈报了一份"完整故宫保管"的呈文，请求将古物陈列所保管权移交1925年成立的故宫博物院。10月25日，行政院指令，同意将设在紫禁城外朝的古物陈列所与故宫博物院合并。11月3日开始双方会同办理归并事宜。11月15日，故宫博物院会同内政部及卫戍司令部、公安局各机关办理接收古物陈列所手续完毕。② 后因多种原因，以及九一八事变发生，三方面接管方案至此

---

① 《古物陈列所廿周年纪念专刊》，北平古物陈列所编辑兼发行，1934年12月。
② 故宫博物院编：《故宫博物院八十年》，紫禁城出版社2005年版，第44—45页。

搁浅。

1933 年，古物陈列所保管的文物，也被奉命装箱随同故宫博物院第二批南迁文物南迁。计有铜器、瓷器、书画、玉器、珐琅、雕漆、珠宝、钟表等共 10 余类，111 549 件。这批文物一直随同故宫南迁文物保存，抗战胜利后东归南京。

民国三十五年（1946）12 月 3 日，行政院决议：故宫博物院改隶行政院，古物陈列所归并故宫博物院，古物陈列所留存北平文物（88 202 件）及所辖房屋馆舍，拨交故宫博物院。古物所南迁文物，全部拨交中央博物院保管。民国三十七年（1948）3 月 1 日，古物陈列所正式并入故宫博物院，9 月 1 日开始点收古物陈列所文物，11 月22 日结束。故宫院区从此实现完整保管。

应该看到，早期的古物陈列所的不足是明显的。"陈列所"的定位使它在发挥博物馆功能上存在欠缺，如展品陈列"殆如骨董店耳"①、"纷若列市，器少说明，不适学术之研究"② 的批评也不少。北洋政府还以各种名义提取古物陈列所文物，例如国务院秘书厅为"惠赠"友人，1918 年 9 月 11 日与 11 月 15 日提取文物 64 件，1919年 6 月 18 日与 8 月 16 日两次又提走 21 件，主要是各种精美瓷器，还有珐琅器、古铜器等，乾隆款冬青釉中碗一件，估价仅 1 角钱。③ 这种状况后来当然得到纠正。

但是一个比故宫博物院早建立 11 年且存在了 34 年的古物陈列所，

---

① 《鲁迅日记》1914 年 10 月 24 日，载《鲁迅全集》第 15 卷，人民文学出版社2005 年版，第 137 页。

② 《顾维钧等筹设中华博物院的有关文件》，载中国第二历史档案馆编：《中华民国史档案资料汇编（第三辑）·文化》，江苏古籍出版社 1991 年版，第 286 页。

③ 《国务院秘书厅为"惠赠"友人提取古物陈列所古物清单》，载中国第二历史档案馆编：《中华民国史档案资料汇编（第三辑）·文化》，江苏古籍出版社 1991 年版，第 220—222 页。

毕竟有着不平凡的意义。它是中国第一个以帝王宫苑和皇室珍藏辟设的博物馆，也是近代民主革命的重要成果。尤其是在 1914 年至 1924 年的十年间，在逊帝溥仪仍居后宫，封建复辟阴影几度笼罩下，古物陈列所犹如一面共和大旗，在封建堡垒的中心猎猎飘扬。古物陈列所代表了我国 20 世纪 20 年代博物馆的水平，也受到观众欢迎。1925 年故宫博物院成立前，人们说到的"去故宫"，就是到古物陈列所。毛泽东主席曾向美国记者埃德加·斯诺谈到他当年"在公园里，在故宫的庭院里"看到了"北方的早春"。① 这个故宫，当然是故宫前身的古物陈列所。

　　古物陈列所对故宫博物院而言，无疑也起了一定的借鉴作用。

---

　　① 埃德加·斯诺：《西行漫记》，董乐山译，生活·读书·新知三联书店 1979 年版，第 128 页。

50　清室善后委员会

　　1924年第二次直奉战争中，冯玉祥倒戈，于10月24日发动了震惊中外的"北京政变"，软禁曹锟，解散国会，成立黄郛摄政内阁。在冯玉祥主导下，摄政内阁于11月4日召开会议，通过《修正清室优待条件》。11月5日，溥仪在《修正清室优待条件》上签字，携同眷属出宫。

　　黄郛内阁行动迅速，自始至终都在抓紧处理溥仪出宫后的善后问题。1924年11月7日，摄政内阁令国务院组织"办理清室善后委员会"（后来简称"清室善后委员会"），以"会同清室近支人员，协同清理公产私产"，而"所有接收各公产，暂责成该委员会妥慎保管。俟全部结束，即将宫禁一律开放，备充国立图书馆、博物馆等项之用，借彰文化，而垂永远"。①

　　国务院随即聘请李煜瀛为善后委员会委员长，于故宫神武门内东耳房设善后委员会筹备处办公地址，会同国务院、警卫司令部、警察厅及清室内务府人员，查封宫中各宫殿。11月9日，查封乾清宫及养心殿。查封宫殿事宜，至12月1日完竣。

　　1924年11月14日，《政府公报》上公布了《办理清室善后委员

---

　　① 中国第二历史档案馆编：《中华民国史档案资料汇编（第三辑）·文化》，江苏古籍出版社1991年版，第292—293页。

会组织条例》。《条例》共八条，第一条说明成立善后委员会的依据与目的："国务院依据国务会议修正清室优待条件议决案，组织办理清室善后委员会，分别清理清室公产、私产及一切善后事宜。"第三条规定了委员会的6项职务：（1）清室所管各项财产先由委员会接收。（2）已接收之各项财产或契据由委员会暂为保管。（3）在保管中之各项财产由委员会审查其属于公私之性质，以定收回国有或交还清室。如遇必要时得指定顾问或助理员若干人审查之。（4）俟审查终了，将各项财产分别公私交付各主管机关及溥仪之后，委员会即行取销。（5）监察员负纠察之责，如发见委员会团体或同人有不法情事，得随时举发之。（6）委员会办理事项及清理表册清单随时报告政府并公布之。第四条规定："委员会以六个月为期，如遇必要时得酌量延长之，其长期事业如图书馆博物馆工厂等当于清理期内另组各项筹备机关，于委员取销后仍赓续进行。"《条例》考虑周到，所涉及的方面都有明确规定。

清室善后委员会成立于11月21日。其委员初为12人，继增加清室方面员额并委员长共为15人。委员长为李煜瀛，委员为汪兆铭（易培基代）、蔡元培（蒋梦麟代）、鹿钟麟、张璧、范源濂、俞同奎、陈垣、沈兼士、葛文浚等9人，清室代表为绍英、载润、耆龄、宝熙、罗振玉等5人。另有监察员一项，除以京师警察厅、高等检察厅、北京教育会为法定监察员外，并由委员会特聘吴敬恒、张继、庄蕴宽3人为监察委员。此外由各院部各派助理员2人。均先后遴派到会。清室善后委员会在隆宗门内小军机处设善后委员会办事处。

清室善后委员会首要任务是点查清宫物品，分清公产与私产。

12月20日，清室善后委员会召开第一次会议，讨论并通过了《点查清宫物件规则》。22日清室善后委员会举行点查预备会议，并就开放故宫为公共博物馆与图书馆等展览场所事进行讨论，议决设立国立图书馆、博物馆筹备会，以易培基为主任，筹备员为汪兆铭、沈兼士、范源濂、袁同礼、张继、刘馥；设工厂筹备会，以吴敬恒为主任，筹备员为石瑛、孙鸿哲、俞同奎、陈阳杰、彭济群、顾孟余，规划古建筑维护事宜。

参与点查工作的人员主要有清室善后委员会委员长、委员，或其指定之代表、监察员、各院部所派助理员、委员会所聘请的专门人员即顾问、事务员、守卫军警、前清内务府人员等。

在故宫物品点查中，顾问是相当重要的力量。故宫博物院现保存清室委员会 1925 年 3 月与 1926 年 9 月两份人员名单。其中 1925 年 3 月顾问共 43 人，为陈去病、柳诒徵、顾实、易培基、蒋梦麟、刘馥、王斧、罗庸、裴善元、严智开、吴瀛、胡适、钱玄同、王星拱、马裕藻、沈尹默、马衡、皮宗石、朱希祖、单不庵、顾颉刚、黄文弼、邓以蛰、徐炳昶、李宗侗、胡鸣盛、欧阳道达、杨树达、徐季龙、叶瀚、高鲁、黄节、高步瀛、陈汉章、李泰棻、陈万里、孙伏园、阎文灏、江瀚、王耒、萧友梅、张一鸣、廉泉。1926 年 9 月名单，则已达到 142 位，其中有俄国人钢和泰，还有一位名誉顾问，是德国人苇书。

1925 年的 58 人助理员名单，来自不同机关。例如，徐鸿宝与周树人（鲁迅）都是教育部派来的，徐后来成为故宫博物院古物馆馆长，鲁迅却一次点查活动也未参加过。袁同礼则是作为前国务院推荐人员成了助理员。事务员有 11 人，董作宾、魏建功、庄严名列其中。这时候，单士元、单士魁、张德泽等是书记。1926 年 9 月，助理员名单为 60 人，仅增加了 2 人。

清室善后委员会设有点查事务室，事务室下有组务股、保管钥匙档案股、券务股、统计股、收发股、报表股、新闻股、编目股、测量股、摄影股等。管理事务室的是胡鸣盛，庄严当时是编目股事务员。

清宫物品点查工作从 1924 年 12 月 24 日开始，至 1930 年 3 月基本结束。先后公开刊行《故宫物品点查报告》六编 28 册，以故宫中路各殿堂为第一编（5 册），东路为第二编（9 册），西路为第三编（5 册），外东路为第四编（5 册），外西路为第五编（2 册），宫外各处为第六编（2 册）。各编以各宫、殿、堂、园为单位分册，注明物品名称、件数，并加以编号，注明制造年代、残缺状况、包装形式等项。

在查点清宫物品的过程中，清室善后委员会与清室及段祺瑞临时政府的反对、抵制、阻挠等活动进行了坚决的斗争。清室善后委员会于 1925 年 3 月在毓庆宫发现 1920 年所记《诸位大臣借去书籍字画玩物等糙账》。7 月在养心殿发现《赏溥杰单》一件，所录多为宋元明版图书、唐宋以来历代书法名画，又发现清室内务府大臣金梁、康有为及庄士敦等图谋复辟文件一批。清室善后委员会认为事关国家共和政体的安危，当即抄录致函京师地方检察厅（后转向京师高等检察厅），请其对有关人员分别提出公诉。但在段祺瑞临时政府的包庇下，这件事最后不了了之。

1925 年 3 月，清室善后委员会已将故宫中路各殿宇点查完毕。因要求参观故宫的来函不断增多，清室善后委员会决议于 4 月 12 日开放故宫中路，供民众游览。为维持秩序和限制人数，清室善后委员会制定《参观故宫暂行规则》，绘制《故宫中路平面图》，规定参观时间为每星期六及星期日下午 1 时至 6 时，参观地点为故宫中路各殿宇，票价每张大洋 1 元。

清室善后委员会坚持开展工作并为成立博物院做了充分准备。

1925年9月29日，清室善后委员会召开会议，决定依照法、俄、德诸国前例，以明清皇室庋藏文物，成立"故宫博物院"，并通过了《故宫博物院临时组织大纲》《故宫博物院临时董事会章程》《故宫博物院临时理事会章程》。

1925年10月10日，故宫博物院开院典礼在乾清门前举行。李煜瀛理事长以故宫博物院筹备经过为主题做报告。前摄政内阁总理、理事黄郛等人士分别到会致辞，阐明故宫博物院建院开放的重要意义。

善后委员会成立后也同时管理小朝廷的田园房产，设立了田园房产接收保管处，该处事务由顾问欧阳到达兼管。档案中存有当年1份《查封清内务府官产底册》，计房产65处，有些在故宫内，如东华门内的实录大库、銮舆卫，午门城楼上的雁翅楼等，更多的在故宫外，多是清内务府的办事衙门，也有太庙、大高玄殿、堂子，还有如府右街的电灯房、养蜂夹道的饽饽房、小苏州胡同的官猪圈、西安门11号的玻璃作等。当时北京大学、监督京师税务公署、私立北京华北大学等都提出因房屋不敷使用，要求拨借宗人府等，善后委员会认为以法定手续，未经本会审查不能处置，俟审查完竣后，方能酌核办理。

从1926年3月至1928年6月的两年间，故宫博物院历经四次改组，包括维持员、保管委员会、维持会及管理委员会等四个时期，在动荡局势中勉强维持。为了保存新生的故宫博物院，清室善后委员会在这个艰难的过程中，以不同的方式，继续发挥了重要的甚至是中流砥柱的作用。

1926年，北京爆发"三一八"惨案，段祺瑞临时政府扭曲事实，以涉共产党为由下令通缉李煜瀛、易培基等人。李、易二人遂避居东交民巷，后逃出北京。李、易二人出走后，新成立的故宫博物院顿陷风雨飘摇之境地。3月27日，故宫董事会、理事会旋即召开联席会议，推举董事卢永祥、庄蕴宽为维持员，"主持故宫博物院及清室善后委员会对内对外一切等"。4月，维持员庄蕴宽先生接任视事；鹿钟麟所辖驻守故宫部队与借调自内务部之警卫队交接。交接典礼于4月5日上午举行，由故宫博物院图书馆长陈垣主持，代表善后委员会办理交代，善后委员会委员、监察员、各部院助理员、顾问等也到场参加。

1926年6月22日，北京政府改组，吴佩孚原部下、同情前清的杜锡珪任代国务总理。在前清遗老等的鼓动下，杜锡珪拟改组博物院，设保管委员会，以清室旧臣赵尔巽、孙宝琦为正副委员长接管故宫博物院。在溥仪还宫声浪又盛之时，由此二人接管故宫博物院院务，这引发了故宫同人及社会各界的警觉。为保护故宫博物院，7月23日，清室善后委员会开会，议决在交接故宫博物院时要坚持三条原则，即要求政府明令声明不得将故宫发还溥仪、不得变卖故宫、不毁灭故宫。同时，要求由院组织成立移交委员会，逐项点交、接收清宫物品，以明责任；此外，还发起了监督同志会，监督办理交接事宜。

8月2日，赵尔巽、孙宝琦率随员到故宫博物院就职，并于第二天下午在清史馆设宴招待清室善后会代表陈垣、江瀚、吴瀛和俞同奎等，商谈交接手续。宴后，陈垣以清室善后会代委员长的身份回复对方要求，再次提出坚持7月23日清室善后委员会议决办理交接手续的意见，新保管委立即反对，双方发生激烈交锋。此事报于杜锡珪总理，经过权衡，杜对清室善后会安排所定办法表示同意。见事责重大而交接时日延宕，赵、孙二人决计辞职，并迁怒于陈垣，暗中通过军阀张宗昌于8月8日派宪兵司令王琦逮捕陈垣，经庄蕴宽等诸多社会贤达的营救，陈垣于当日中午获释。10月5日，杜锡珪辞职离京，保管委员会随之结束。

此后 1926 年的"维持会"与 1927 年的"管理委员会"，虽然没有打出清室善后委员会的旗号，但忙碌的却还是那些善后委员会委员、监察员、助理员、顾问的身影。"维持会"是李煜瀛等发起组织的，江瀚为会长，庄蕴宽、王宠惠为副会长，王式通、陈兴亚、吴瀛、李宗侗、马衡、陈垣等 15 人为常务委员。维持会时期是故宫博物院发展的重要阶段，博物院早期的建章立制工作于此时初步完成。在管理委员会时期，江庸为古物馆馆长，马衡、俞同奎为副馆长；傅增湘为图书馆馆长，沈兼士、袁同礼为副馆长；袁金铠兼任总务处长，恽宝惠为副处长。

清室善后委员会处理溥仪出宫后的善后事宜、筹设故宫博物院，做出了历史性的贡献。善后委员会的绝大多数委员、监察员不仅参与了故宫博物院的擘画与肇建，在保护故宫生存的斗争中也起了力挽狂澜的作用。他们的名字都在尔后的故宫博物院理事会名单中不断出现。值得注意的是，直到 1948 年最后一届理事会，李煜瀛、蒋梦麟、陈垣仍然是理事。他们的连任，以及更多人的加入，使典守故宫国宝的精神一脉传承。

51   故宫博物院

　　成立于 1925 年 10 月 10 日的故宫博物院，是在明清两代皇宫（紫禁城）和宫廷旧藏文物的基础上建立起来的，以宫殿建筑群、古代艺术品及宫廷文化史迹为主要展示内容的大型综合性国家级博物馆。

　　故宫博物院是依托故宫遗产建立起来的。"宫"与"院"的合一，是故宫博物院与生俱来的身份，故宫博物院因此成为一座同时兼具宫廷史迹、古代建筑、古代艺术和清宫藏书档案几大特性的博物馆，是世界上极少数同时具备艺术博物馆、建筑博物馆、历史博物馆、宫廷文化博物馆等特色，且符合国际公认的"原址保护""原状陈列"基本原则的博物院和文化遗产。

　　辛亥革命后，末代皇帝溥仪于民国元年（1912）2 月 12 日宣布退位。根据《关于大清皇帝辞位之后优待之条件》，溥仪小朝廷继续占据紫禁城后延达 13 年。民国十三年（1924）9 月第二次直奉战争爆发，冯玉祥发动"北京政变"，摄政内阁通过修正《清室优待条件》，并于 11 月 5 日驱逐溥仪出宫。摄政内阁令国务院组织"善后委员会"，与清室近支人员协同清理公产私产，"俟全部结束，即将宫禁一律开放，备充国立图书馆、博物馆等项之用，借彰文化，而垂永远"。清室善后委员会由政府与清室双方人士组成，李煜瀛任委员长。善后委员会组织领导了清宫物品的查点，坚持开展工作并为成立博物院做了充分准备。1925 年 10 月 10 日，即中华民国的国庆日"双十节"，故宫博物院正式宣告成立。

故宫博物院在民国的国庆日正式对外开放，奉献了丰富的陈列展览。京城人士及百姓无不大喜过望。故宫又将 10 日、11 日票价由 1 元减为 5 角。据统计，仅这两日参观故宫的游客即达 5 万余人次。当时报纸对此热烈场面都有生动的记述，如北京城"万人空巷"，"人们无不向此同一目的涌进故宫，一窥此数千年神秘的蕴藏"等。

故宫博物院的成立是中国博物馆事业发展中划时代的大事。建院时制定的《临时组织大纲》及《临时董事会章程》《临时理事会章程》，直接借鉴西方博物馆管理的经验，运用董事会与理事会的形式，说明故宫博物院自起步就与国际通行做法接轨。

故宫博物院的成立体现了建立在自由、平等、民主基础上的文化共享与文化参与。西方博物馆的诞生以文艺复兴、启蒙运动提供的精神养料为其思想前提。故宫变为博物院，使皇室珍藏社会化，其深层意义是继辛亥革命从政治体制上打倒皇权后，进一步通过改造文化事业，冲击、打破由"家天下"政治形态所形塑的各种传统观念，反映新型的国家意识，以及与之相伴生的市民意识，也为宫廷藏品赋予了维系中华民族文化、传续中华文明血脉的新内涵。

故宫博物院成立后，由于北洋军阀政府的内战及对博物院的干扰，加上经费的困难，举步维艰。1926 年"三一八"惨案发生，3 月 19 日段祺瑞临时政府忽然以共产党的"罪名"，通缉筹建故宫博物院的组织者李煜瀛、易培基，二人被迫匿居于东交民巷，故宫博物院顿失首领。自此至 1928 年 6 月间的两年多时间里，故宫博物院处于异常艰难困苦的时期，经过了"维持员""保管委员会""维持会"和"管理委员会"四次改组，在动荡局势中勉强维持。南京国民政府建立后，国民革命军第二次北伐成功，1928 年 6 月接管了故宫博物院。故宫博物院走上了稳定发展的重要时期。

1931 年九一八事变发生后，为了保护中华民族的珍贵文化遗产，故宫博物院将院藏文物精品装箱南迁。数十万件文物，装了 13 427 箱又 64 包。同时，还附运了古物陈列所、颐和园、国子监的文物珍品 6065 箱又 8 包 8 件，合计达 19 492 箱 72 包 8 件。南迁文物先存上海，后转运至新建成的南京朝天宫新库房储放。抗日战争全面爆发后，这批文物又先后分三批避敌西迁，水陆辗转，最后存放在四川的巴县、乐山、峨眉。西迁文物从 1937 年 11 月开始西迁入川储存，到 1947 年 6 月全部东归南京，在后方整整过了 10 年。在这 10 年的分散保存时期，文物没有大的损失，创造了第二次世界大战中中国人民保护人类文化遗产的奇迹。

1949 年 1 月 31 日，北平和平解放。2 月 7 日，国立北平故宫博物院重新开放。3 月 6 日军管会正式接管故宫，马衡留任院长，全体工作人员均留原工作岗位不变。1949 年 6 月北平结束军管，国立北平故宫博物院划归华北人民政府高等教育委员会领导，中华人民共和国成立后则划归文化部领导。1950 年 2 月，北平市改为北京市，国立北平故宫博物院更名为国立北京故宫博物院，1951 年 6 月又改称故宫博物院。1958 年 7 月，故宫博物院下放北京市，归北京市文化局领导，1962 年又收归中央管理，由文化部直接领导。国家文物局成立后，故宫博物院则由其管理。2002 年 8 月，故宫博物院划归文化部领导，成为文化部的直属事业单位。

故宫南迁文物，除过 2972 箱运台后，南京分院尚存 11 178 箱。20 世纪 50 年代初，这批文物的绝大部分分三次返回北京故宫博物院。根据档案资料，南京库房现仍存 2176 箱、104 735 件。

故宫博物院内部机构也进行了重大调整。1951 年 3 月，文化部文物局制定故宫改革方案，认为院组织机构保持以前形式不适应业务发展的需要，应予调整，决定撤销古物馆，文献馆改称档案馆。5 月 18 日，文化部文物局批准故宫博物院改组，新确定的组织机构是三部两馆一处，即保管部、陈列部、群众工作部、档案馆、图书馆、办公处。1952 年 7 月起到 1966 年 4 月的 14 年间，共经过 13 次大小范围的调整变动，部处机构最后为：院长办公室、政治部、业务工作部、群众工作部、古建管理部、行政处。"文化大革命"初期，国务院下令"故宫除泥塑收租院展览外停止开放，封锁库房"。翌年 4 月，北京卫戍区对故宫实行军事保护。1971 年 7 月 15 日，故宫博物院恢复开放。

20 世纪 70 年代末，故宫博物院各项工作进入调整恢复阶段，80 年代进入发展阶段。1987 年，故宫被列入世界文化遗产名录，对故宫的保护也进入一个新的阶段。1979 年，《故宫博物院院刊》复刊。1980 年 6 月，《紫禁城》杂志创刊。1983 年，紫禁城出版社成立。

1998 年，故宫博物院在行政管理、工程管理和业务管理三个部门进行改革，撤销保管部、陈列部和群工部，新建宫廷部、古器物部、古书画部、展览宣教部和资料信息中心。

2002 年 8 月，故宫博物院由国家文物局所属划归文化部领导，成为文化部的直属事业单位。根据事业发展需要，逐渐增加了一些内设机构并进行了适当调整。现有机构 30 余个，除院办公室、人事处、计划财务处、外事处、法律处、审计室、文物管理处、科研处、故宫学研究所、研究室以及保卫处、开放管理处、工程管理处、基建处、行政服务中心等外，主要业务部门有书画部、器物部、宫廷部、图书馆、古建部、文保科技部、展览部、宣传教育部、资料信息部、修缮技艺部；另有所属的文化服务中心、故宫出版社等。

故宫博物院承担着故宫维护与故宫文物藏品保护的重任。故宫有专门研究与维修古建筑的古建部和修缮队伍，以及文物科技保护机构，持续地进行着故宫的维护；从 2002 年，又开始了百年来规模最大的维修工程。故宫博物院于 2004—2010 年开展了藏品清理工作，首次彻底摸清了家底。为了加强文物藏品的管理，故宫制定了一系列严格的规章制度，重视对故宫非物质文化遗产的传承保护。

在国家的支持下，故宫博物院从 2012 年起实施"平安故宫"工程。其中一个重大项目是在海淀区西玉河进行的故宫北院区建设。北院区建设用地为 11.56 公顷，总建筑面积 10 万余平方米，2022 年 12 月开工，计划于 2026 年 10 月竣工。北院区的开辟与建设，将使故宫保护与故宫博物院发展进入一个新阶段。

故宫博物院的陈列展览分为宫廷史迹陈列展览、古代艺术品展览和特别展览三大类。

故宫博物院是海内外认识中国历史文化的重要窗口，观众数量不断增加，2009 年已经超过 1000 万人次，2012 年为 1534 万人次。作为文化传播与交流的重要场所，故宫十分注重对公众的宣传和服务。截至 2008 年，故宫已向观众提供 40 种语言的自动讲解器。

从 1998 年以来，故宫着力打造"数字故宫"，现已基本建立起面向内部的管理信息平台和面向公众的文化传播、展示平台。2001 年故宫网站（www.dpm.org.cn）开通，使世界各地人们从此有了随时随地"参观故宫"的可能。

随着国家 40 年来的改革开放，故宫博物院的对外交流活动也越来越活跃。从 20 世纪 80 年代开始的主要为单向"走出去"的出境、出国展览，到 90 年代以来立足故宫，频频举办各种国际学术讨论会，再到近年来的"请进来"，引进境外展览、境外人才、境外技术和资金，以及在保持并深化与发达国家博物馆交流合作关系的同时，逐步拓展与发展中国家博物馆的合作关系等，故宫博物院的对外交流活动已达到了一个较高的层面。

故宫博物院有着良好的学术传统。新中国成立后，故宫引进一批各门类、学科的领军人物。20世纪八九十年代以来，故宫迎来了学术研究的春天。进入21世纪，随着故宫学的提出，院内研究中心的成立，学术研究的氛围更加浓厚，也促使故宫新一代学术群体生成。故宫研究院的成立，一系列研究所的建立，以及故宫博士后科研工作站的成立发展，都为故宫学术发展提供了很好的契机，打造了难得的平台。

故宫博物院又被确立为古陶瓷保护研究国家文物局重点科研基地与明清官式建筑保护研究国家文物局重点科研基地等，还被成功批准注册为国家自然科学基金依托单位，这也都标志着博物院的科学技术基础研究进入了一个新的阶段。

故宫博物院有着不同寻常的历史，它曾与五四新文化运动的倡导者在故宫遗产的保护与利用上留下光彩的一页，它曾与中华民族共命运，一起经历了伟大的反法西斯战争的炮火洗礼，今天又是认识中国历史文化的重要场所。故宫不仅与中国博物馆事业有着密切的关系，而且代表着中国当代博物馆发展的水平，是世界著名的颇具魅力的博物馆。

在今天兴起社会主义文化建设新高潮的伟大实践中，故宫博物院努力探索在保护中利用、在传承中创新、在弘扬中发展的新思路、新举措，为实现中华民族的伟大复兴和中华文化的继往开来做出应有的贡献。

52　故宫博物院理事会

　　1925 年故宫博物院成立，与当时国内所有博物馆的管理体制不一样，故宫采用了欧美博物馆普遍的管理方式，即董事会、理事会的形式。选择这种领导体制，体现了对保护故宫这样一个重要民族文化财产的慎重态度，反映了社会各界共同参与管理"公共财产"的理念，也是一个大胆的探索。

　　理事会是民国时期故宫博物院的决策与监督机构。故宫博物院自 1925 年成立时就设有临时董事会与临时理事会，及至 1928 年南京国民政府接管后，继续实行理事会制度，历经八届。在长达 24 年的历史中，理事会可分为三个阶段。

　　1. 博物院创立初期的临时理事会　1925 年 9 月 29 日清室善后委员会筹组故宫博物院，议决《故宫博物院临时组织大纲》，规定其组织机构为"临时董事会""临时理事会"，并公布了《故宫博物院临时董事会章程》《故宫博物院临时理事会章程》。临时董事会"协议全院重要事务，以董事二十一人组织之"，董事会职权包括推举临时理事长及理事、审核全院预算决算、保管院产、监察全院进行事项、议决理事会及各馆提出重要事项、筹备正式董事会及拟订正式董事会条例。理事会则"执行全院事务，以理事九人组织之"，理事会所属古物馆、图书馆，各设馆长一人、副馆长二人，馆长副馆长为当然理事。分设临时董事长与临时理事长。

从二者的职权任务看，董事会相当于后来的理事会，理事会则相当于后来的以院长为首的院务执行机构。10月10日公布了严修、卢永祥、蔡元培、熊希龄、张学良等董事共21人，李煜瀛、易培基、陈垣、张继、马衡等理事共9人。临时理事长为李煜瀛。因故宫博物院成立不久即遭遇厄运，董事会与理事会的作用都没有得到发挥。

2. 易培基院长任内的理事会　南京国民政府接管故宫博物院后，于1928年10月5日公布《故宫博物院组织法》，其中第十四条规定："故宫博物院设理事会决议一切重要事项，理事会组织条例另定之。"10月8日公布《故宫博物院理事会条例》，该条例凡八条，第一条是赋予理事会的职权："本理事会为故宫博物院议事及监督机关，决议及监督一切重要进行事项。"接着又以"例如"形式具体化为七项：故宫博物院组织法之修改事项；故宫博物院院长、副院长之人选事项；故宫博物院之预算及决算事项；故宫博物院物品保管之监督事项；故宫博物院物品之处分事项；故宫博物院专门委员会之设立事项；其余重要事项。实际上包括了故宫人、财、物的管理，制度及机构的设置。规定"本理事会设理事若干人，由国民政府任命之，但理事会成立以后得由理事会公推之"；设理事长一人，常务理事三人至五人，由理事推选之；"博物院院长、副院长、内政部长、大学院院长为当然理事，博物院院长且为当然常务理事"；理事会设秘书一人，由理事长选任。同时对理事会开会有一些具体要求，如每年开大会一次、每月开常务理事会议一次、如有特别事项须得开临时会议等。

1928年10月8日，国民政府任命李煜瀛、易培基、黄郛、鹿钟麟、于右任、蔡元培、汪精卫、张人杰、蒋介石等27人为故宫博物院第一届理事会理事；复由理事会推举马衡、沈兼士、俞同奎、陈垣、张学良、熊希龄等 10 人为理事，同时增加教育部长蒋梦麟。

第一次理事会于 1929 年 2 月 6 日在故宫博物院驻南京办事处召开。李煜瀛当选理事长，易培基当选院长且为常务理事。从 1932 年开始，多次召开在平理事会，由易院长主持，并提出了文物南迁的动议。1933 年 1 月 25 日召开临时会议，决定故宫文物南迁起运日期。

1933 年 7 月 15 日在南京召开理事会，张人杰任理事长，批准易培基院长辞职，推举马衡暂任代理院长。

3. 马衡院长任内的理事会　1934 年 2 月 3 日国民政府公布《国立北平故宫博物院暂行组织条例》，对于理事会的最大改变是故宫博物院院长不再任理事，又对理事、常务理事的人数、职务性质（无给职，即没有薪水）及任职时间都有了规定。又制定了《国立北平故宫博物院理事会议事规则草案》，规定理事会会议分理事会大会及常务理事会议两种，每次会议故宫博物院院长均得列席；对开会的时间、地点、日程编制、会议记录的报送等也有具体的要求。

从 1934 年第二届理事会起，又经过 1936 年第三届、1938 年第四届、1940 年第五届、1942 年第六届、1945 年第七届、1948 年第八届，1949 年 1 月 14 日的第八届第二次常务理事会在南京分院召开，杭立武汇报了文物运台的情况，决议存南京文物尽量运往台湾。这是中华民国故宫博物院理事会的最后一次会议。

长达 24 年的故宫博物院理事会，有如下特点：

1. 不断完善的理事会制度提高了决策的水平　故宫理事会的设立与运行，都依据故宫博物院的组织法规（《故宫博物院临时组织大纲》《故宫博物院组织法》《国立北平故宫博物院暂行组织条例》等）及有关理事会规则（《故宫博物院临时董事会章程》《故宫博物院临时理事会章程》《故宫博物院理事会条例》《国立北平故宫博物院理事会议事规则草案》等）。南京政府时期，从第二届理事会起，重视理事会制度建设，条例越来越详细且不断得到完善。西迁时期，因战时原因，会议较少，但每次都能研究解决一些具体问题。根据需要也召开临时常务理事会。

2. 理事会组成人员坚持了努力保护故宫遗产的精神　绝大多数清室善后委员会委员及监察员参与了故宫博物院的擘画与肇建，在保护故宫生存的斗争中起了力挽狂澜的作用。他们的名字都在尔后的故宫博物院理事会名单中不断出现。直到最后一届理事会，李煜瀛、蒋梦麟、陈垣仍然是理事。他们的连任，以及更多人的加入，使典守故宫国宝的精神一脉传承。

南京国民政府时期第一届理事会的 27 位理事，包括了国家首脑及政、军、宗教、文化、教育等各方面最有影响力的风云人物。这一绝无仅有的豪华阵容的出现其实有着深刻的时代背景，是特殊历史条件下的产物。随着故宫博物院的发展，更多的专业人士成为理事。内政部礼俗司管理古物保护，教育部社会教育司管理公共图书馆，这两个部的部长便成为当然理事。1934 年的第二届理事会名单中，就有张伯苓、翁文灏、张家璈、朱家骅、李书华、李济、顾颉刚、朱启钤、傅斯年、周诒春、陈垣、滕固等当时教育界、文化界的学者和专家。理事会组成由以显赫名流为主向专门人才的倾斜，体现了故宫博物院向纯粹的学术机构发展的趋势。

3. 理事会由行政院直接领导，加强了决策实施的效力　行政院为国民政府最高行政机关。1934 年，原为国民政府管理的故宫博物院改由行政院所属，故宫理事会就由行政院直接领导。理事会办事处附设在行政院内，理事会议一般都在行政院礼堂举行。理事会的组成、换届及理事的选任皆由行政院决定。理事会记录及附件要检送行政院秘书处，"呈请鉴核"，行政院院长则以"指令"形式函复。

行政院负责人与故宫理事会有着重要关系。从1934年至1948年，大多数行政院长都曾任理事会理事。例如，孔祥熙从1938年7月至1944年11月任代理理事长、理事长6年，这期间的理事大会、常务理事会议、座谈会，基本都由他亲自主持。行政院秘书长大多数都曾任理事会理事，如翁文灏1934年做了理事，1936年以行政院秘书长兼任第三届理事会秘书，他后来又担任行政院副院长、院长，但一直在为理事会服务。

理事会直属行政院，有利于故宫文物南迁中许多问题的解决：有利于与文物存移有关的地区、机构的联系，有利于及时调整文物迁移地点，有利于南迁中经费问题的解决。

4. 马衡院长的充分准备，是理事会开好会议的基础　从1934年第二届理事会起，故宫院长在理事会开会时只是列席的角色，但这个会能否开好，院长却是关键。故宫博物院工作现状如何，有什么需要研究和解决的问题，都要院长做好准备，并写成书面材料提前送给各位理事。理事会的决定，又要通过院长去落实。正因为马衡院长是西迁的主持者、落实者，对情况了如指掌，作为理事会的列席人，他就能汇报得清清楚楚，并提出需要解决的实际问题。

故宫理事会留下的大量文献，比较完整地记录了一系列重大决策的形成过程，反映了故宫博物院的发展演变历史。这个管理体制的结构、运作方式及发展历史，对今天故宫博物院以及中国博物馆探索新的理事会管理模式都有启发与裨助。

53 "废除故宫博物院"提案

民国十七年（1928）六月，北伐成功，南京国民政府派员接收了故宫博物院。故宫同人没有想到，在危难中挣扎过来的故宫又到了生死存废的紧急关头。这就是经亨颐关于"废除故宫博物院，分别拍卖或移置故宫一切物品"提案的事件。

经亨颐（1877—1938），字子渊，晚署颐渊，浙江上虞人。1899年因参与通电反对慈禧废光绪帝，被缉逃往澳门。后入日本东京高等师范学校学习，回国后任浙江省两级师范学堂（后改称浙江省立第一师范学校）教务长、校长，1919年兼任浙江省教育会会长。一直在北京、浙江从事教育工作。1928年2月，被选为南京国民政府委员；直至1938年9月去世，仍为国府委员。曾出版《颐渊篆刻诗书画集》。

经亨颐于1928年6月28日提出该议案，第二天国民政府开会即通过，并提请中央政治会议再行复议。故宫博物院同人非常震惊和气愤，决定分头筹划对策。

北平方面，代表易培基接收故宫博物院的马衡等五人于7月8日拟写了传单，将故宫博物院创建经过、建院的必要性及经亨颐提案之不当等情况陈述于国人面前，并于7月9日借招待蒋介石、冯玉祥、阎锡山、李宗仁、邵力子、李济深、吴敬恒、张群等军政要人来院参观的机会，将传单发给他们，传单中说："故宫文物为我国数千年历史所遗，万不能与逆产等量齐观。万一所议实行，则我国数千年文物，不散于军阀横恣之手，而丧于我国民政府光复故物之后，不幸使反动分子、清室余孽、当时横加非议者，今乃振振有辞；同人等声誉辛苦，固不足惜，我国民政府其何以自解于天下后世？拟请讯电主持，保全故宫博物院原案，不胜万幸!"[①]驳斥经亨颐提案之不当，请各界主持保全故宫博物院。

由李宗侗起草、张继以"大学院古物保存委员会主席"名义向中央政治会议递交的呈文，对经氏提案进行了全面深入的批驳。

经亨颐的提案有五项理由，其中之一：设故宫博物院，就要"研究宫内应如何设备皇帝所用的物事应当如何办的，岂不是预备将来哪个要做皇帝，预先设立大典等处吗?"之二："皇宫物品为什么要重视？据我的理想，皇宫不过是天字第一号逆产就是了。逆产应当拍卖，将拍卖大宗款项，可以在首都造一所中央博物馆。"经氏的根本错误是视故宫为前清逆产，是逆产就要拍卖处理；同时他对博物馆性质与作用的认识也是偏颇的。

对经氏的第一项理由，张继驳斥："是说诚荒唐之尤者。研究以前的历史，是完全学术之供应，而非为实行彼时之现象。""如医生研究病状，是为得治病之方法，而绝不是预备患此病也。""故宫博物院亦何不可作此观察？参观者见宫墙高且多，无异囹圄，见宫中生活之黑暗，一无乐趣，或可兴起其薄视天子重视平民之念乎?"

对于"逆产应当拍卖"之说，张继反驳：

逆产应否全数拍卖，已成问题。法国大革命，其雄伟之风，

----

　　① 《故宫博物院开放三天　接收委员函请维持该院原案》，《申报》1924年7月14日。

激昂之气，迈越往古，为后来各国革命者之先导。然方其拍卖法
王室之产业也，亦有"与历史有关之建筑物物品等除外"之令。
且故宫已收归国有，已成国产，更何逆产之足言？故宫建筑之宏
大，藏品之雄富，世界有数之博物院也，保护故宫，系为世界文
化史上尽力，无所谓为清室逆产尽力也。且故宫诸藏物皆由明清
两代取之于民，今收归国有，设院展览，公开于民众，亦至公
也，与拍卖以后仅供私人之玩弄者，孰公孰私，不待辩而即
知矣。

呈文对故宫博物院"大可列入世界博物院之数"的崇高地位做了充分
肯定，而"保护故宫，系为世界文化史上尽力"的观点也振聋发聩。

难能可贵的是，呈文对故宫价值特别是其"世界价值"做了至今
看来仍然十分深刻的论述：

　　一代文化，每有一代之背景，背景之遗留，除文字以外，皆
寄于残余文物之中。大者至于建筑，小者至于陈设，虽一物之
微，莫不足供后人研究之价值。明清两代，海航初兴，西化传
来，东风不变，结五千年之旧史，开未来之新局，故其文化，实
有世界价值，而其所托者，除文字外，实结晶于故宫及其所藏
品。近来欧美人士来游北平，莫不叹为大可列入世界博物院之
数。即使我人不自惜文物，亦应为世界惜之。还观海外，彼人之
保惜历史物品如彼，吾人宜如何努力？岂宜更加摧残？[1]

---

[1]　吴瀛：《故宫博物院前后五年经过记》卷二，故宫博物院1932年版。

　　经过共同努力，9 月中央政治会议召开第 155 次会议，否决了经氏提案，维持原案，公布了《故宫博物院组织法》。命悬一线的故宫博物院得以保存下来。

　　故宫博物院的成立，使清宫旧藏的身份、性质发生根本变化，它们已成为人民共享的文化财产。但故宫又曾是封建皇宫，在许多反对封建、推翻帝制的革命者的头脑中，总有一个阴影挥之不去：如此看重故宫对不对？保护故宫与反封建宗旨是否相一致？经亨颐是位民主革命者、著名的教育家，他对故宫博物院及清宫旧藏的认识是片面的，这既有以推翻帝制为职志的一些革命者的感情因素，同时也由对故宫及故宫文物所承载的多重政治文化内涵解读的差异所致。此事似乎并未影响到经亨颐与一些故宫人的来往，马衡就存有经氏所画水仙及诗句的成扇，上写"叔平先生方家两正"。

　　应该看到，拥护故宫博物院、认识到故宫文物价值的是多数，但持有像经亨颐那种态度的人在当时也不是个别的。如性情一向并不激烈的吕思勉，也曾在这一争论发生不久之前提出过"毁清宫迁重器"的看法，直指清宫的存在引起遗老怀念故君之思，提出的解决办法也是将宫内文物"迁之武昌，建馆贮之，光复之业，子孙不忘"。[1] 蒋介石 1929 年 6 月 27 日曾参观故宫，在日记中也留下颇为不佳的印象："下午，到清宫参观几遍，只感宫殿生活为一变相之牢狱，其腐败、污秽、杂乱，不堪名状。观其历代帝王之像，以顺治为首，次则乾隆，其余无足观者也，只可作为遗迹而已。"6 月 28 日："游观雍和

---

　　① 吕思勉：《毁清宫迁重器议》，载《吕思勉诗文丛稿》下册，上海古籍出版社 2011 年版。

宫，污秽之处也，其拉马堪布之污浊，亦令人欲呕。"①

　　对于封建帝制的遗留（紫禁城及其他皇家建筑和古物），时人的心理是十分复杂的。不仅如此，在以后相当长时期，这种争论也多次发生。

---

　　① 以上引自《蒋介石日记》，原件藏于美国斯坦福大学胡佛研究所。蒋氏日记中的"拉马"，似即"喇嘛"，为蒋手写时简化。"堪布"指藏传佛教深通经典而为寺院或扎仑（藏僧学习经典的学校）之主持者的喇嘛，又为西藏地方政府僧官系统的职称。

54 "完整故宫保管"计划

故宫分"前朝"与"后廷"两部分。辛亥革命后，清逊帝溥仪根据《关于大清皇帝辞位之后优待之条件》规定的"暂居宫禁，日后移居颐和园"，继续占据后廷达 13 年。民国三年（1914），古物陈列所在前朝成立并占用了三大殿。也就是说，在故宫博物院成立之前，故宫的"前朝"与"后廷"分别由古物陈列所和清室各自管理已达 11 年之久。民国六年（1917），教育部所属的国立历史博物馆迁到了端门、午门。

1925 年 10 月 10 日故宫博物院成立，但其管辖范围主要是溥仪曾居住的故宫后廷部分。所谓"故宫博物院"，顾名思义应该是管辖一个完整故宫的机构名称，但事实上，在天安门之内，从端门、午门、三大殿、后三宫乃至神武门，同时存在着历史博物馆、古物陈列所、故宫博物院三个博物馆。因此，李煜瀛理事长书写的"故宫博物院"匾额，也只得安装于神武门。

民国以后，皇家的苑囿、坛庙移交给民国政府。1914 年社稷坛辟为中央公园正式开放（1928 年改为中山公园，1937 年 10 月恢复中央公园原名），开坛庙改公园的先河。接着，先农坛、北海、天坛、地坛先后开辟为公园。这样一来，至故宫博物院成立时，故宫以外的仍由清室管理的便仅剩景山、太庙、大高玄殿、堂子、皇史宬等数处

（画像）之所。太庙是明清皇帝的宗庙，在坛庙中占有特殊地位。大

了。景山有以寿皇殿为主体建筑的宫殿群，为供奉清代历朝皇帝御容
（画像）之所。太庙是明清皇帝的宗庙，在坛庙中占有特殊地位。大
高玄殿为明清两代皇家道观。堂子为清宫特设祭神之所。皇史宬是明
清两代皇室大量档案的"金匮石室"。

从博物院成立一直到抗战胜利后，为争取故宫的完整性，故宫博
物院做了不懈的努力，最终实现了完整故宫保管的格局。

1928 年 10 月 5 日国民政府公布的《故宫博物院组织法》，第一条
规定："中华民国故宫博物院，直隶于国民政府，掌理故宫及所属各
处建筑物、古物、图书、档案之保管开放及传布事宜（按所属各处，
系指故宫以外之大高殿、清太庙、景山、皇史宬、实录大库等）。"在
故宫各项工作逐步走上正轨、博物馆事业蓬勃发展之际，如何整体地
保管故宫，就成为一个十分紧迫的问题。1930 年 10 月 20 日，国立北
平故宫博物院理事会由理事蒋介石领衔，12 位理事签名，向行政院呈
送了一份"完整故宫保管"的提案：

> 为完整故宫保管，俾全变为文化古迹，以正观听而利处
> 置事。
>
> 缘满清既覆，封建告终，本应将中华门以内至于景山所谓禁
> 城或曰皇宫者，整个的废置为博物院，使夷入古迹之列，止供游
> 观者为历史上之凭吊。乃民国十三年以前，因溥仪盘据内宫，故
> 将外廷暂由内部保管，然阙仍名阙，殿仍为殿，自所应当而未予
> 以博物院之总名，至一般人尚有皇居之观念。虽如袁世凯之悖
> 逆，竟欲修整泰和殿，妄思称帝，因属例外，然以有司典守，不
> 正其名称，终淆观听。幸十三年冬间逐出溥仪，将内宫正名为博
> 物院，且属诸文化机关独立保管，而观念为之一清。惟因频年多

故，未遑将殿廷并合，不但保管歧出，欲整理为博物院之形式，诸感困难；而且游观之人，以为殿廷仍属有司，一若将有待行民国典礼之用，观听难免淆杂。本理事会屡加讨论，并以此意商告内部要人，亦邀赞许，故今呈请钧院核议，伏求准请国府令行内政部，即将故宫外廷保管之权转移故宫博物院，使故宫博物院之牌额得悬张于中华门外，则观听正而处置为博物院之形式，亦可整个计划完全实现。①

呈文并附具办法两条，一是"将中华门以内直至保和殿所有一切庙廷向归内政部保管者，由故宫博物院接收，合并内宫一同保管"。这说明，故宫博物院当时针对的是故宫前朝，并没有包括已划归历史博物馆的端门、午门。二是故宫博物院接收外廷后，古物陈列所的文物，来自沈阳故宫的仍移归沈阳故宫，非沈阳的部分将来移送首都另设博物院，可暂借外廷原处陈列。

1930 年 10 月 21 日，行政院第 91 次会议议决："故宫博物院门额不必悬中华门，余照通过，由行政院备案。" 10 月 25 日，行政院指令，批准"完整故宫保管"提案，同意将设在紫禁城外朝的古物陈列所与故宫博物院合并，将中华门（即大清门，在天安门外，今已拆除）以内至保和殿直至景山，以及大高玄殿、太庙、皇史宬、堂子等处一并归入故宫博物院，一同保管。11 月 3 日接收及点验委员钱桐、廉泉（古物陈列所）、俞同奎、吴瀛（故宫博物院）、于学忠、鲍毓麟（张学良指派）会同办理古物陈列所归并故宫博物院之事宜。11 月 15 日，院方会同内政部及卫戍司令部、公安局各机关办理接收古物陈列

---

① 引自故宫博物院 1930 年档案。

所手续完毕（但实际各项管理仍因旧贯，因多种原因，尚未真正合并）。是年 4 月，接管景山，辟为公园，并整修"绮望楼"为考古学演讲厅。12 月 1 日，接收太庙，并悬挂"故宫博物院太庙分院"匾额。

"完整故宫保管"的意愿在抗日战争胜利后终于实现。民国三十五年（1946）12 月 3 日，行政院决议，故宫博物院改隶行政院，古物陈列所归并故宫博物院，古物陈列所留存北平文物（88 202 件）及所辖房屋馆舍，拨交故宫博物院。民国三十七年（1948）3 月 1 日，古物所正式并入故宫博物院；4 月 3 日，故宫博物院接收古物所原寄管的美籍福开森文物，代为管理；9 月 1 日开始点收古物陈列所文物，11 月 22 日结束。故宫院区从此完全统一，格局乃臻完整。

因情况变化，故宫博物院对原《故宫博物院组织法》进行修订，并将其改为《国立北平故宫博物院组织条例》，经国民政府行政院 1947 年 7 月 1 日第 10 次会议通过，10 月 15 日正式公布，其中第一条改为："国立北平故宫博物院直隶于行政院，掌理旧紫禁城全部并所属天安门以内及大高殿、清太庙、景山、皇史宬、清堂子等处建筑物及古物、图书、文献之整理、保管、展览、流传事宜。"

"完整故宫保管"理念具有深刻的意义。"完整故宫"即故宫的完整性，包括故宫古建筑的完整性与故宫文物藏品的完整性。这一"完整"概念的形成，基于故宫同人对故宫价值的深刻认识。故宫的空间是完整的，它不能只有后廷而没有前朝，也不能只有孤立的一个故宫而没有与其关系极为重要的其他一些皇家建筑物；故宫的文物也是一体的，需要完整地加以保护。这种完整性是其价值的整体性所决定的。因此，争取故宫的完整并不是出于扩大自身地盘的狭隘意识，而是保持故宫价值完整的要求。

"完整故宫"体现了故宫人守护民族文化遗产的责任感,也成了故宫保护工作的一个理念。这种理念,在21世纪故宫保护中得到了继承与弘扬。这就是在百年大修中,为恢复故宫建筑整体格局所做的努力。

"完整故宫"的理念,必然要求全面恢复故宫建筑整体格局和历史原貌。由于历史原因,故宫院内外的一些文物建筑被外部单位长期占用,有的达数十年,严重影响了故宫的完整性,有些建筑未得到有效保护,状况很差,有的已成危房。20世纪90年代以来,院内外坚持不懈,多方努力,克服困难,取得显著成效。其中,大高玄殿的收回很有代表性。

大高玄殿(俗称大高殿)建于明代嘉靖二十一年(1542),为我国唯一的曾有皇帝在其内"玄修"的大型道观。清代因避康熙帝玄烨之讳,改称大高元殿。大高玄殿与故宫宫廷建筑为一整体,且布局严整,建筑保有明代特征。1996年,大高玄殿被列为全国重点文保单位。1950年,大高玄殿被借给某单位使用,后该单位拖延不还,形成历史问题。大高玄殿问题引起各界人士的关心,他们以保护文化遗产为己任,不遗余力地呼吁,向有关部门反映这个问题,提出解决建议。党中央、国务院也十分重视,有关领导就大高玄殿回收以及故宫完整保护问题做出重要批示,协调解决具体问题。2010年6月11日,大高玄殿在60年后正式回归故宫。

故宫博物院陆续收回的还有端门及御史衙门。故宫内外也有一些建筑被外部单位作为文物库房长期占用,主要有雁翅楼、宝蕴楼等。这些建筑物的先后收回,不仅对故宫的完整保护有着重要意义,也极大地拓展了故宫博物院的文化空间,为更好地服务社会提供了契机。

55　故宫文物南迁

　　文物南迁是故宫博物院的一段峥嵘记忆。故宫博物院约 1.3 万箱文物精品为防被日寇劫毁，自 1933 年 2 月起迁存于上海、南京，1937 年 11 月后又疏散于西南后方，至 1947 年 6 月全部东归南京。时延十年，地迤万里，辗转颠沛，备尝苦辛，这批中华文明的重要瑰宝才得以基本完整保存。

　　1931 年，日本策动九一八事变，并陆续侵占东北三省，华北之屏障顿失。为谋文物不因敌寇而有损失，故宫博物院当时遂有选择精要迁地储藏之筹备。

　　故宫文物南迁准备工作从 1932 年秋天开始，主要是选择精品及装箱。故宫博物院理事会坚持古物南迁，因此一面呈文行政院，一面精选文物，集中装箱，做好南迁的准备。政府方面对古物南迁持积极的态度，行政代理院长宋子文下令文物迁至上海，并代表政府做出"北平安静，原物仍运还"的承诺，同时内政部所属北平古物陈列所、颐和园、国子监以及历史博物馆也奉命积极准备南迁。

　　日寇于 1933 年 1 月 3 日攻陷山海关，26 日又大举进攻热河，故宫遂决定于 1 月 31 日南运文物，但因受到阻挠，2 月 5 日才正式起运。故宫南迁文物共计 19 492 箱 72 包 8 件，其中故宫博物院 13 427 箱又 64 包，还兼管古物陈列所、颐和园、国子监等文物 6065 箱 8 包 8

件。在文物南迁准备及向上海的迁移中，易培基院长做出了重大贡献。

文物运到上海后，设立驻沪办事处，主任为欧阳道达。继任院长马衡决定全面点查文物，点查工作分存沪文物和留平文物两部分。点验过的存沪文物编印成"存沪文物点查清册"。此后每到一处，无论典守、展览、移运、抽查，故宫文物保管工作皆按要求严格有序进行。同时在南京建设朝天宫保存库，钢筋混凝土结构，地上三层，北部地下一层建有密库。1936 年 3 月工程兴工，9 月落成。

1937 年日本帝国主义在北平发动七七事变，接着又在上海发动八一三事变，中日战争全面爆发，南京情势日趋紧张，根据行政院命令，刚存放在南京库房的南迁文物又分三路避敌西迁：

南路 80 箱，暂存长沙，又绕道桂林，移至贵州安顺华严洞，设安顺办事处，主任为庄严。1944 年秋迁四川巴县（今重庆巴南区）。

中路 9331 箱，溯长江，先存重庆，在重庆成立故宫博物院驻渝办事处。最终疏散到四川乐山安谷乡，择定一寺（古佛寺）六祠（朱潘刘三氏祠、宋祠、赵祠、易祠、陈祠、梁祠）作为文物的临时保存库，在宋祠设立故宫博物院乐山办事处，主任为欧阳道达。

北路 7287 箱，循津浦又转陇海路，小驻陕西宝鸡，旋越秦岭迁于汉中，又穿古道到成都，终贮峨眉。办事处主任为那志良。

抗战胜利，从 1946 年开始，故宫博物院决定将文物东归复员。东归主要分为两个阶段：先将巴县、乐山、峨眉文物集中于重庆，再分批运回南京。

故宫文物南迁具有保护民族文化命脉的意义，对它的保护是社会各有关方面共同努力的结果。故宫文物南迁，其具体的筹划、组织、协调由故宫院长马衡等领导人承担，做重大决策的是故宫博物院理事会，负责押运及具体管理的是故宫同人，但是仅凭故宫上下，要完成如此旷日持久、组织缜密、复杂多变的迁徙行动，显然无法实现；离开了应有的支持和帮助，甚至寸步难行。

抗日战争是全民抗战，作为抗日战争组成部分的故宫文物南迁，同样体现了全民抗战的特点。整个南迁、西迁的过程，得到国民政府以及有关省市政府和铁道、公路等有关部门的支持；在文物迁移途中与存放地，都有军人押送和守卫，起了安全保障作用；特别是得到文物存藏地民众的大力支持。

故宫南迁文物，曾经在多处停留，一些地点停留时间极为短暂，或为临时中转，或停留数月，但也有一些地点停留时间较为长久。例如最初南迁上海，存储达 4 年，后分三路西迁，辗转多次，终于各自安存于三地，南路文物密藏于安顺华严洞 6 年，中路文物妥存于安谷 7 年，北路文物安藏于峨眉 7 年。漫长的时间，艰苦的条件，如果没有当地民众的配合和支持，要保护好这些文物是不可能的。

以四川乐山安谷乡为例，民众为保护故宫文物做出了巨大贡献。当选中乐山安谷乡的一寺六祠为文物存放地的决定做出后，安谷乡乡长刘钊多次召集各保长、执事宗族族长商议妥善安置文物事宜，并积极宣传文物迁移安谷的意义。被选作文物库房的各宗庙祠堂，将各自宗牌收藏，腾出庙堂以备文物存放。安谷人杨宗友将自家田地 5 亩无偿供给守卫驻军。据统计，当时驻各库房的故宫博物院及中央博物馆筹备处职员共计 30 名，此外还临时雇用安谷乡民众 21 名。这些安谷雇员在家食宿，按时到各库房工作，从事木工、泥水工、搬运工、勤杂工，有些还协助文物登记工作。其中有位名叫易泰安的安谷人还曾随文物东归重庆，服务时间长达 8 年。①

1946 年，为奖励乐山县安谷乡协助故宫存放文物事，故宫博物院呈请国民政府题颁"功侔鲁壁"匾额七份，分赠安谷乡储存文物各祠庙，以表彰安谷民众。"功侔鲁壁"是个典故。"鲁壁"为孔子故宅之壁，在鲁之曲阜。史载，汉鲁恭王好治宫室，尝坏孔子旧宅，以广其宫，于壁中得古文经传。匾额题词意为，安谷民众在保护西迁文物方面所做出的贡献可与当年孔子后裔将典籍深藏"鲁壁"之功相媲美。

故宫同人在本院已有精神资源的基础上，形成了具有鲜明特色的故宫精神。故宫精神的核心是视国宝为生命的典守精神。这是从故宫博物院成立以来逐渐树立、在文物南迁中不断强化的观念。这种精神源于对自己所保护的珍贵文物的重大意义以及自己所担当的神圣责任的深刻认识，是故宫同人的价值取向。正如马衡院长所说："本院西迁以来，对于文物安危原无时不在慎微戒惧、悉力保护之中，诚以此仅存劫后之文献，俱为吾国五千年先民贻留之珍品、历史之渊源，秘籍艺事，莫不尽瘁于是，故未止视为方物珍异而已矣。"②

故宫人在保护好故宫文物藏品的同时，还不忘博物馆的职责，重视举办展览：1935 年冬至次年春参加了在英国伦敦皇家艺术学院举办的"伦敦中国艺术展览会"，1940 年分别参加了在苏联莫斯科和列宁格勒举办的"中国艺术国际展览会"，又于 1943 年、1944 年、1945 年分别在重庆、贵阳、成都举办了各种形式的展览，负责保管文物的故宫同人还通过在当地教书、讲演等形式传播故宫文物所承载的文化精髓。

抗战期间，这批文物万里间关，多次险遭灭顶之灾，又多次化险

---

① "故宫文物南迁乐山史料陈列馆"解说词，内部文稿。
② 《国立北平故宫博物院理事会 1940 年度会议记录》，中国第二历史档案馆藏。

为夷，人们都认为是"国家的福命"，是"古物有灵"。这就把故宫文物与中华民族的命运连在了一起，与民族独立、民族尊严连在了一起，其中倾注了深沉的民族感情。故宫文物的保护过程，对于抗战精神的形成、民族认同感的增强起到了积极的作用。故宫文物南迁是中国抗日战争的有机组成部分，完整保留这批文物是抗战胜利的成果，其播迁历程也赋予故宫文物特殊的价值。从世界反法西斯战争的全局看，故宫文物南迁的壮举和成就，也是保护人类文化遗产的伟大贡献。

1945 年 10 月 10 日，华北战区受降仪式在庄严的故宫太和殿前举行，日军第 36 方面军司令官根本博代表华北日军投降，第 11 战区司令长官孙连仲代表受降一方。是日 10 余万人目睹了这一壮观的历史场面。这一天又恰逢故宫博物院建院 20 周年纪念日，古老的皇宫、新生的博物院与中华民族的伟大独立解放事业如此休戚与共，大约也是冥冥之中的安排！

1948 年底与 1949 年初，约占故宫南迁文物总数 1/4 的 2972 箱分三批从南京运往台湾，此后形成了一个故宫、两个故宫博物院的局面。

20 世纪 50 年代初，存贮在故宫南京分院的 6253 箱文物分三次返回北京故宫博物院。1954 年 7 月，南京分院改为南京办事处，1959 年 5 月改为南京库房。1959 年 10 月，经文化部批准，南京库房移交江苏省文化局管理。故宫博物院仍有 2176 箱、104 735 件南迁文物寄存在南京库房，有待运回。

56 "艺术性博物馆"定位

故宫是个什么样的博物院？如何对它定性、定位，这很重要，决定着故宫的文物收藏、陈列展览、学术研究以及整个工作的重点。

新中国成立后，故宫博物院步入正轨，稳步发展。

1953 年 5 月，文化部文物局与故宫博物院共同研究，拟订改进计划，提出故宫博物院的性质是"文化、艺术、历史性的综合博物院，而以艺术品的陈列为其中心。这是和克里姆林宫及冬宫博物院的性质有些相同的"。1953 年 12 月 21 日，文化部第三十七次部长办公会议讨论了《故宫博物院整顿改革方案》，提出故宫博物院的陈列方针，首先应以充分表现中国历代艺术为主，同时注意现代的少数民族艺术品陈列，设立国际礼品馆，可先举办国际礼品展览。1954 年 4 月 14 日，故宫博物院试行《故宫博物院整顿改革方案》，确定故宫为"艺术性博物馆"，要在普及与提高相结合、以普及为主的方针下，首先进行中国艺术品陈列；既要组织好古代文物艺术品的陈列，也要做好宫廷史迹的陈列，在陈列展览工作中要不断提高思想性、艺术性和科学性。[①]

故宫博物院的定位应该从故宫本身的特点和故宫文物藏品的实际

---

① 国家文物局编：《中华人民共和国文物博物馆事业纪事（1949—1999）》，文物出版社 2002 年版，第 73 页。

出发。故宫当然是中国最大的古代艺术博物馆，但故宫作为中国明清两代的皇宫，作为收藏着一个完整皇宫所有遗存的博物院，仅仅着眼于它的艺术品收藏，而忽略它的重要的皇宫特点，对它的价值的认识，就难免是偏颇的。

故宫文物藏品分为两大部分，一部分为传统的古物珍玩，如铜瓷书画、各种工艺品等，另一部分是与典章制度、衣食住行等有关的物品。故宫是艺术性博物院的定性，直接影响到故宫文物的收藏。这主要反映在对艺术类文物与非艺术类文物认识的偏颇。故宫以艺术性博物院的要求来对待和处理文物藏品，把大量被认为不符合艺术性要求的文物划拨了出去。这突出反映在明清档案和图书典籍两个方面。今天看，这些文物其实都是清宫历史文化的重要组成部分，都与"艺术性"文物有着密切联系。例如明清档案，它规范整肃的外形、精美的装潢、优质的纸墨等，反映了当时文书制度和文化用品的工艺水平。特别是各种字体，不仅其本身有着很高的艺术水平和鉴赏价值，而且有着重要的历史与研究价值，其中的内务府档案，对研究清宫历史文化更有特殊意义。

故宫是艺术性博物院的定性，也给故宫古建筑保护带来一定影响。

对故宫的价值，毛泽东主席有着深刻的认识。1949 年 1 月 16 日，他在给平津前线总前委林彪等的电报中，专门就保护北平文化古迹问题做出指示："力求避免破坏故宫、大学及其他著名而有重大价值的文化古迹。"[1] 中华人民共和国成立以来，国家对故宫古建筑的保护十分重视。但在重视古建筑保护的同时，由于认识上的一些偏颇，又使

---

[1] 《中央军委关于保护北平文化古城问题的指示电》（1949 年 1 月 16 日），载北京市档案馆编：《北平和平解放前后》，北京出版社 1988 年版，第 40 页。

故宫古建筑的真实性、完整性受到影响；特别是极"左"思潮的干扰，严重影响了故宫管理。这主要反映在三个方面：

1. 对古建筑的人为的不恰当处理，改变并影响了故宫的真实性
故宫一些古建筑的格局、装饰和建筑材料，甚至构造，由于种种原因改变了原状。例如：钦安殿前原有抱厦被拆除；熙和门、协和门的东西庑房和坤宁门东板房原后檐柱不知何时、何故被撤去，威胁到了建筑安全；乾清宫东西庑房的支摘窗改为现代玻璃窗；故宫一些室外青砖地面改为水泥砖地面；等等。还有一些改变是为了陈列展览的需要。1914 年古物陈列所成立，武英殿、文华殿内部就被改建成适合展览的场所。后来，为了扩大展室面积，保和殿东西庑房的外廊被取消。1966 年 11 月，为了展出著名的泥塑《收租院》，"工"字形的奉先殿被改建成了方形大殿，奉先殿前的"焚帛炉"被拆除。1972 年，慈宁宫大佛堂近三千件文物被运往洛阳，宫内的整个结构、设施被拆除一空。

2. 新增建筑物破坏了故宫的整体风貌和格局 1974 年，以故宫生活用房的名义添建了高度超过 16 米的五栋楼房，俗称"屏风楼"。因建楼的需要，还拆除了西华门两侧城墙的马道，对古建筑造成了破坏。更严重的是，"屏风楼"位于故宫博物院内，但从风格和内涵上与故宫博物院古建筑极不协调，严重破坏了故宫的整体风貌和格局。

3. 一些古建筑的拆除给故宫完整性带来了不可挽回的损失 1958 年，故宫博物院下放北京市文化局管理。在当时的特殊形势下，故宫博物院在有步骤地实施古建维修整理的同时，也着手计划改建工程，对绛雪轩罩棚、养性斋罩棚、集卉亭、鹿囿、建福门等一批不能体现

"人民性"的"糟粕"建筑进行清理拆除，造成了难以弥补的损失。[①]

1966 年"文革"的风暴也在紫禁城内刮起。当时在故宫城隍庙内的文物出版社印刷厂珂罗版车间的工人，向故宫领导提出搬掉城隍庙泥塑神像的要求，故宫博物院领导迫于当时的形势，经请示上级批准后拆除了城隍庙泥塑神像 11 个，泥塑马 1 对。[②]

故宫与故宫博物院密切相关。对故宫价值认识的程度，影响着对故宫博物院内涵的理解与功能的定位。故宫人经过长期的实践与探索，不断深化对故宫价值的认识，使得故宫博物院的内涵更为丰富，看到故宫不只是"中国最大的文化艺术博物馆"，而且是世界上极少数同时具备艺术博物馆、建筑博物馆、历史博物馆、宫廷文化博物馆等特色且符合国际公认的"原址保护""原状陈列"基本原则的博物院和文化遗产，是一座博大精深的中国历史文化宝库。这是故宫几代人与社会有识之士努力探索、实践取得的共识，也是故宫进一步发展的基础。

---

① 李盛来：《悉心经营辉煌永驻——古建中的大工小修》，《紫禁城》2005 年第 5 期。

② 《拟同意除掉文物出版社印刷车间泥塑神像 11 个的请示》，1966 年 8 月 2 日，故宫博物院档案。

57 "革命性改造" 故宫之议

受时代背景以及政治文化等因素影响，对故宫价值的认识在中华人民共和国成立初期也曾出现过反复。20世纪50年代末，在故宫保护上出现的问题，主要是受到极"左"思潮的影响。皇帝、皇宫、皇权都被认为是封建主义的，用"阶级斗争"观点来看，都是应该被打倒批判的，1958年的"革命性改造"故宫方案，就是这一思潮的集中体现。它也使得故宫古建筑保护及博物院发展一度面临严峻的危机。

1958年7月，故宫博物院下放北京市文化局领导。这一年10月13日，根据中共北京市委主要领导和市委要求故宫博物院在国庆10周年前完成大革命的指示，北京市文化局党组提出了一个对故宫进行"革命性改造"的报告。

该报告对故宫的现状和问题进行了分析，认为："过去由于清规戒律的限制，不准动原状，不准用灯光，各次陈列迁就主要宫殿，分散零乱，多而不精，参观极不便利。而且对封建落后的陈迹不能大力铲除，保留得过多。房屋及环境的清除整理，阻力更大，至今未能摆脱残败零乱的现状。库房虽然积极清除了一百多万件非文物，但尚远不彻底。"因此，需要"坚决克服'地广物稀，封建落后'的现状，根本改变故宫博物院的面貌"。

报告随后提出两个改革方案，第一个方案："将紫禁城内前后两部分划分为二，后半部从乾清门后由故宫博物院办陈列，前半部分交园林局建设成为公园。这样博物院的陈列成一线，可以大大精干，在紫禁城东西后部开辟两个便门后，故宫可以四通八达，参观便利。"第二个方案："按第一方案多保留从太和门起三大殿及两庑中间主要宫殿，此外交园林局管理。"①

1959 年 6 月 22 日的中宣部部长办公会议否定了北京市文化局的故宫改革方案。中宣部部长陆定一在会上说：

> 故宫改革方案文件的精神要整个考虑一下。……我们就是要保留一些封建皇帝的东西。不然的话不能古为今用。解放后几年以来，人们对故宫的兴趣越来越少，恐怕是因为故宫改的多了，应该再恢复一些。
>
> 什么是精华？什么是糟粕？文件中的提法值得考虑，我看冷宫应算精华，而不是糟粕。
>
> 我们对故宫应采取谨慎的方针，原状不应该轻易动，改了的还应恢复一部分。
>
> 故宫的性质，主要应该表现宫廷生活，附带可搞些古代文化艺术的陈列，以保持宫廷史迹。
>
> 讲解说明要实事求是地讲清这些史迹即可，少说一些标语口号。
>
> 关于故宫藏品的清理，不要忙于进行，外面向故宫来要东西的先压一压，不必有求必应，大量外调。仓库不够可另搞一些，仓库要现代化，以免藏品受损失。关于房子改造问题，小房、小

---

① 《关于故宫博物院进行革命性改造问题的请示报告》，1958 年 10 月 13 日，故宫博物院档案。

墙可以拆一些，但要谨慎。马路可以宽一些，这是为了消防的需要，不是为了机动车进去。故宫就是要封建落后，古色古香。……搞故宫的目的就是为了保留一个落后的地方，对观众进行教育，这就是古为今用，这点不适用于其他各方面的工作。

　　故宫的方针，第一条是保持宫廷史迹，使人能详细地、具体地了解宫廷生活；第二条才是古代文化艺术的陈列。①

　　改造方案没有获得批准，故宫避免了一场灾难。陆定一的指示，表明在这一狂热思潮面前，在关键时刻，清醒的中国共产党人对于故宫价值和故宫保护的认识是明确的、深刻的，态度是鲜明的，从而坚决有力地制止了可能出现的错误。此后也还出现过类似的改造故宫的设想，但都没有产生多大影响。

　　陆定一的指示相当重要，在故宫保护上起到力挽狂澜的作用。这一指示也使故宫博物院领导解除了疑虑。按照中宣部的指示精神，故宫博物院重新明确了关于故宫的方针任务：

　　　　故宫博物院的任务是，要尽可能的保持清代宫廷原状与历史遗迹联系清史进行陈列，让人们可以从这里得到一种形象的历史知识与政治教育，因此宫廷史迹是故宫博物院的主要内容之一。

　　　　紫禁城范围内的建筑必须加以保护，保持古建筑的原有面貌。修缮以复原为原则，保持原有风格。对于与建筑正体无关之后添的附加建筑物，如小墙小屋等，必要拆除时，也须采取慎重的态度。建筑周围的空隙地点除清除积土、平整地面等工作外，

---

　　①　摘自《陆定一同志对故宫博物院改革方案的意见》，1959 年 6 月 22 日，故宫博物院档案。

要在保持古典的、民族形式的，并与宫殿建筑相协调的原则下，进行园林风景的点缀，成为观众的休息场所。①

故宫博物院的这一方案无疑是正确的，也是故宫多年保护实践的总结，从中也可见故宫人在"完整故宫"保护中的探索和坚守。

---

① 《故宫博物院的方针任务与方案（草案）》，1959 年 10 月 10 日，故宫博物院档案。

58 故宫精神

在 21 世纪第一个十年的后半期，故宫博物院发动全体职工，通过多次认真讨论，形成了以"视国宝为生命"为故宫精神内涵核心的共识。

把故宫精神摆到故宫建设与发展的重要位置，始自故宫建院 80 周年的 2005 年。这一年，故宫人在回顾总结中认识到，80 年历程使故宫博物院形成了具有鲜明特色的理念、品格、气质等，可以称之为"故宫精神"，这种精神在故宫事业发展中起着重要的作用，是故宫的宝贵遗产。

故宫精神有着丰富的内涵，需要梳理、概括、阐发并予以科学表述。概括故宫精神，是当代故宫人的责任。故宫博物院曾就故宫精神的概括及表述做过多次讨论，有过三次较大的活动：

第一次，2006 年 3 月至 9 月，全院用半年时间，集中讨论故宫精神，其中包括两方面工作：一是举办"故宫风采"征文比赛，征文内容是对故宫精神某个方面的理解、阐发和弘扬；二是进行"故宫精神大家谈"活动，院内各个单位组织讨论，提出对故宫精神的概括，然后院里在此基础上进行归纳、提炼，并就故宫精神的表述及内涵，征求广大职工的意见。"故宫风采"共收到 38 篇征文，对故宫精神也概括出了几种表述。

第二次，从 2009 年 8 月至 2010 年 5 月，院工会网站举办"故宫人故宫事"征文活动。故宫是部大机器，内部职工有着不同的岗位、不同的任务。在故宫漫长的发展过程中，不少老专家以其非凡的专业造诣与业绩，产生了重大的社会影响；同时，许多故宫普通职工也做出了应有的、不可或缺的贡献。事实证明，"行行出状元"，每人头上一片天，人人都可以创造出优秀的成绩。"故宫人故宫事"征文，主要反映普通岗位上的故宫人的奉献，包括一些过世的职工，从他们的点滴事例中，能看到不平凡的奉献精神。这次长达 10 个月的活动，共收到来自全院 20 多个部门的征文 70 余篇。

第三次，2010 年 6 月 4 日至 6 月 18 日，北京故宫博物院与台北故宫博物院联合举办了"温故知新：重走故宫文物南迁路"活动。故宫文物南迁时间长、任务艰巨，是故宫精神形成的最重要的时期。两岸故宫同人先后到了南京、贵阳、安顺、宝鸡、汉中、成都、乐山等城市，探寻了 37 个故宫南迁文物存放点，将历史考证与现状调查、档案文献与口述历史相结合，对当年文物南迁的历史有了更为全面的掌握，对故宫前辈的奉献精神有了进一步了解，对今天自己所典守的国宝的价值和分量有了更为深入的体会，对自己所承担的责任和使命也有了更为明确的认识。这是一次对院史的回顾考察，也是故宫精神的探寻和教育之旅。

故宫精神的提出及其内涵的阐发，标志着故宫人对故宫精神从自发的自我激励到自觉的理性追求。

故宫博物院提出，概括、提炼故宫精神，要处理好继承与发展、全面与重点、共性与个性的关系，实现客体与主体的互动，体现故宫博物院的历史、现实及未来发展，还要能为大多数人所接受、认同。

故宫博物院的一些部门经过认真讨论，对故宫精神如何表述提出了不少建议，例如：

古书画部：深厚底蕴，博大胸襟。知荣明耻，敬业乐群。立足文保，勇于创新。面向世界，无愧先人。

古器物部：用热情让更多人了解故宫，用行动无愧故宫远扬声名。

宫廷部：团结，奋进，敬业，贡献，严谨，求实，承古，创新。

资料信息中心：恪尽职守守护典藏，亲和贴心做展示，每时每刻思进取，全心全意为故宫；或故宫利益高于一切。

工程管理处：敬业贡献，尽职奉公，勤奋务实，创新进取。

开放管理处：爱岗敬业，恪尽职守，认真细致，一丝不苟。

行政服务中心：炽热的爱国精神，严谨科学的治学精神，甘于奉献的精神，顽强战斗的精神，与时俱进、开拓创新的精神。

图书馆：典守文物，为职为志；鞠躬尽瘁，无怨无悔；嘉言懿行，德业益人；锐意进取，忠贞艰苦；无取无求，乐于奉献。

文保科技部：爱岗敬业，无私奉献，刻苦钻研，永攀高峰。

保卫处：爱岗敬业，勇于奉献，拼搏进取，开拓创新。

以上概括都从不同角度揭示了故宫精神的一些特征，也在一定程度上带有部门自身的特点和局限。

在 2010 年故宫博物院建院 85 周年之际，院党办从 2006 年以来全院征集的有关故宫精神的 100 多篇文章中，选了 60 篇，结集为《故宫精神·故宫人》一书公开出版（紫禁城出版社 2010 年版），并请德高望重的古陶瓷专家耿宝昌先生题写了书名。

时任故宫博物院院长的郑欣淼在《故宫精神·故宫人》的"代序言"中，综合大家多年来讨论的意见和建议，提出故宫精神内涵的核心是"视国宝为生命"；考虑到故宫博物院的人文传统，立足现实、展望未来，认为"视国宝为生命"精神具体反映在典守珍护、弘扬服务、敬业奉献、开放创新、奋发和谐 5 个方面、20 个字。这 20 字精神，其实互有联系，是一个有机整体："典守珍护"，是故宫人的使命和责任，是故宫人的价值取向；"敬业奉献"，是基于使命感和责任感的职业道德与工作态度；"弘扬服务"，是博物馆的基本功能，也是故宫人日常性的重要工作；"开放创新"，是故宫人的胸襟、视野、境界以及工作思路；"奋发和谐"，是故宫的整体精神风貌，也是治院之道。"典守珍护"与"弘扬服务"都是讲故宫人肩负的重任，"敬业奉献"和"开放创新"是讲完成重任需要具备的品德、素养和工作作风，"奋发和谐"是讲故宫发展的环境、基础和条件。

故宫精神不只是一个理论问题，更是一个实践问题；不是权宜之计，而是要长期进行的工作。针对故宫精神的培育，根据多年来的实践经验，郑欣淼在"代序言"中提出四项任务：要强调化育，要加强制度建设，要抓典型，要把故宫精神培育与日常工作结合起来。

故宫精神就是故宫博物院的精神，是故宫人的精神，它是故宫博物院自身发展的结果，是数代故宫人在创造业绩过程中的积累和结晶，是一种崇高的精神力量。

当然，精神不是万能的，但必须相信精神的力量。在有的情况下，精神的力量更是巨大的。故宫博物院在长期发展中形成的故宫精神，是故宫进一步发展的推动力量，而故宫博物院的进一步发展，也必将使故宫精神得到不断的充实和提升。

59 故宫官式古建筑营造技艺

官式建筑是相对于"民间"建筑而言的，通常也称为宫殿式建筑，包括帝王宫殿、官衙建筑等，一些佛寺和道观也常采用这类建筑形式。宫殿是古代帝王建造的最隆重、最宏大、最高级的建筑，是古代帝王权威的象征，故各朝各代不惜耗费大量人力、财力、物力，殚思竭虑而为之，因而代表了所处时代建筑技术与建筑艺术的最高标准，成了相应时代建筑的最高典范。

明清封建统治的王朝典制比历史上任何一个朝代都要完备，对礼制、宗法的推行比任何一个朝代都要严格，其对官式建筑的影响，使它走向高度的定型化和更为严格的规范化。故宫作为古代宫殿建筑发展的集大成者，是我国古代宫城发展史上现存的唯一实例和最高典范，也是研究古代官式建筑技术的最好范例。

故宫建筑的土木结构特点，决定了需要对其经常不断地进行维修和保养，从而避免和减少古建筑的损坏，防止出现大面积的损毁。

故宫在600余年的建造、维修过程中，在中国古建营造技术的基础上，形成了一套完整的、具有严格形制的宫殿建筑施工技艺，被称为"官式古建筑营造技艺"，其内容包括瓦、木、石、土、油漆、彩画、镶嵌、裱糊等"八大作"的各工种匠作，其主要特点为各部位做法、工序都有严格的定式，选料上乘、工艺严谨、做工精细。正是由于这种工艺技术的保证，故宫古建筑数百年来始终保持着华贵精美、壮丽辉煌的面貌，原汁原味地呈现着其独有的魅力。同时，作为中国古建营造技术的精华，这种工艺也直接影响着整个中国古建营造技术的发展，在中国古建技术领域，特别是中国北方地区的古建技术发展中，发挥着重要的作用。

对于古代官式建筑技术、建筑艺术的传承，故宫博物院有两项优势：

一是有大量古建筑历史资料、文档。故宫存有清代世袭的皇家建筑师"样式雷"家族留下的2000余张包括故宫一些建筑物在内的样式图，还保留了80余具"烫样"，即当时做的建筑模型。清代档案中的奏销档、奏案、陈设档、活计档（零星维修档）、旨意题头档（活计档底本）等，约30多万件、1000多册，其中不少与故宫的建设、维修有关。《明实录》《明会典》《清实录》《清会典》等，都有关于故宫古建筑的记载。1949年以来的维修档案也都完整保存着。故宫在复建建福宫花园时，就从历史资料中收集整理了几十万字的参考资料，并内部印行。故宫百年大修，从各种档案中整理有关资料，就是一项重要的基础工作。

二是故宫长期以来有专门的维修管理机构和施工队伍。清末溥仪出宫后，随着匠人的流失，官式建筑营造技艺薪火难续。新中国成立初期，故宫博物院为了建立一支稳定的修缮工匠队伍，广纳贤才，从民间找到了"八大作"中各怀绝技的十位老工匠，即为后人熟知的"故宫十老"：木作的杜伯堂、马进考、张文忠、穆文华，瓦作的周凤山、张国安，石作的刘清宪、刘荣章，彩画作的张连卿、何文奎等。他们为故宫培养了一批技术精湛的工匠。

故宫的古建修缮队伍，不仅服务于故宫，且惠及社会。在北京乃

至北方，俗称"铁三角"的瓦石作朴学林、木作赵崇茂、油饰彩画作
王仲杰及其他一批名师长期活跃在古建保护第一线，多年来师徒口传
心授，始终延续着故宫这种传统的古建营造技艺。几代工匠共同奋
斗，今天的紫禁城营造技艺才得以薪火相传。

2008 年，"官式古建筑营造技艺（北京故宫）"被国务院公布为
国家非物质文化遗产项目。2014 年，故宫博物院又被确定为明清官式
建筑保护研究国家文物局重点科研基地。

故宫古建筑的重要地位以及故宫的大规模维修实践，都为古代官
式建筑营造技艺传承提供了一个难得的机遇。但是存在的问题也是严
峻的。现在一些工艺已经难以达到古代的水平，一些常用的传统材料
的生产工艺也没得到全面继承，砖瓦石灰及外墙涂料等，都与古代有
一定差距。如果建筑材料达不到要求，工程质量就很难保证。因此对
故宫保护来说，传统工艺技术的传承是一件带有根本性质的大事。故
宫博物院在百年大修中，重视传统工艺技术的传承，努力挽救一些濒
临灭绝的传统工艺，培养更多的能工巧匠，使各个传统的工种都有一
些接班人，以期实现长远地保护故宫历史真实性的目标。

60 故宫传统文物修复复制技艺

我国特有的传统文物（此处特指可移动文物）制作修复与复制工艺，不但包含了精巧的技术，还包含了中国千年的文化精粹，有着自己独特的发展轨迹，是研究和保护中国古代历史文物的重要途径之一。故宫在这方面就很有代表性。

故宫博物院不但收藏了 180 余万件文物精品，还保存了许多中国古代特有的传统手工技艺——传统文物修复复制技术，有些已被列入国家级或者北京市非物质文化遗产项目。2007 年以来，除"故宫官式古建筑营造技艺"外，已有"中国传统书画装裱修复技术""古字画人工临摹复制技术""中国青铜器传统修复、复制技术""古代钟表传统修复技术""宫廷传统囊匣制作技艺"等 5 项被列入国家级非遗名录，另有"传统百宝镶嵌制作与修复技艺""传统木器制作与修复技艺""传统漆器修复技艺"3 项被列入北京市级非遗名录；还有一些在申报之中。

故宫的文物修复复制技术，多有上百年的历史，有的历史甚至更为悠久，是经过世代相传，在不断完善和发展中形成的有着完整工艺流程的技术，具有中国鲜明的民族风格。

例如，故宫保存的中国古代书画临摹复制技术是中国各博物馆中仅有的。中国书画临摹技术的历史非常悠久。据历史文献记载，公元 3 世纪，东晋画家顾恺之不仅创作了很多名画，同时还临摹了许多绘画作品；公元5世纪，南朝刘宋时期的画家刘绍祖，是个"善于传写"的摹画高手；公元6世纪，南齐谢赫撰写的画论《古画品录》中有六法之一的"传移模写"；唐初，皇家设立掌理秘书图籍的官署"集贤院"，曾大规模地进行临摹和研究古书画的工作；宋代大书法家米芾因爱好古人书画，遍临晋唐名迹，可以乱真；宋代以后随着绘画艺术的发展，书画临摹的风尚也随之更加普遍，特别是明清以来，临摹书画之风更盛。但是，随着社会的发展，书画艺术品进入社会经济领域。由于利益的驱使，人们开始利用特殊的技术进行古书画临摹复制，即古书画"作伪"。从明末开始，书画赝品的制作不仅手法多样，且带有地区特色，出现了"湖南造""河南造""广东造""苏州片""扬州皮匠刀"等。民国初期，上海地区集中了一批专以临摹传世名画作伪的书画临摹高手，成员主要有谭敬、汤安、金仲鱼、郑竹友、胡经等等。他们分工合作，制作书画赝品，或绘画，或写字，或摹刻印章，或装裱做旧，所摹作品惟妙惟肖，几乎可以乱真，现在包括故宫博物院、上海博物馆等很多博物馆还收藏有当时他们临摹的作品。与此同时，北京、天津画坛也出现了一批绘画高手，其中包括"湖社画会"的陈林斋和著名女画家冯忠莲（陈少梅之妻）以及专门临摹书法印章的金禹民。

中华人民共和国成立后，故宫博物院成立文物修复工厂，聘请金仲鱼、郑竹友、冯忠莲、金禹民、陈林斋等大师临摹复制故宫收藏的国宝级书画文物。金仲鱼摹制的宋代郭熙《窠石平远图》、冯忠莲摹制的宋代张择端《清明上河图》、陈林斋摹制的五代胡瓌《卓歇图》等，都成了经典之作。这些大师在故宫传承技艺，培养了刘炳森、李湘、余昭华、郭文林、祖莪、常保立等第二代传人。随着国家美育的发展，更多来自中央美术学院、清华大学美术学院等美术院校的新生力量加入到书画临摹传承体系之中，成为第三、四代传承人。具有一定专业基础的年轻血液的加入，为古书画临摹复制技艺带来更多新的活力和可能性。①

　　故宫古字画装裱修复领域也曾大师聚集。孙承枝主持修复的唐代韩滉《五牛图》、杨文彬主持修复的宋代米芾《苕溪诗卷》、徐建华主持修复的明代林良《雉鸡图》等与装裱修复工作室集体完成的倦勤斋通景画，都已成为这一技艺的典范。事业在继续，人才在成长。纪录片《我在故宫修文物》里的杨泽华，已是徐建华传授的古字画装裱修复技艺的第三代传承人。

　　故宫的这些技艺，大多是在"故宫"这个特殊环境下完善和发展的，具有鲜明的故宫特色，有的甚至是故宫特有的。

　　例如，故宫钟表的制作、修复技术成形于 18 世纪后半叶，已延续了 300 多年。这项技术源于清宫造办处做钟处，当时的做钟处是承制御制钟的地方，也兼修宫廷钟表，集清宫钟表制作修复、广钟制造、西洋钟表修复等主要技术于一身，以宫廷钟表为主要修理对象，传承有序。直到清末，清宫造办处做钟处仍负责宫廷钟表的制作、维修与保养。辛亥革命后，原做钟处的工匠仍然留在紫禁城中从事清宫钟表的修复与维护。1925 年故宫博物院成立，原做钟处的工匠又被留在了故宫博物院，并为故宫修复钟表文物。中华人民共和国成立后，这些工匠继续在故宫博物院从事古代钟表修复工作，同时传承技艺，培养了一批技术精湛的钟表修复专家。

　　又如传统百宝镶嵌制作与修复技艺，是以故宫馆藏的珍宝 1134 件、雕刻工艺 11 423 件、玉石器 31 796 件、金银器 11 650 件、生活用

---

① 张天语：《为有源头活水来——故宫博物院古书画临摹复制传承谱系》，《紫禁城》2022 年第 12 期。

具 39 832 件、其他工艺 13 599 件中涉及镶嵌工艺的文物为对象，延承清宫造办处的修复技艺，因此该项目仅分布于北京故宫博物院内。该项技艺所保护的镶嵌类文物绝大部分收藏在故宫博物院，有些部分分布于其他博物馆，如南京博物院、台北故宫、沈阳故宫、承德避暑山庄博物馆、美国大都会博物馆、英国大英博物馆等，但完整保留传统百宝镶嵌制作与修复技艺的只有故宫博物院一家。

　　故宫的这些修复技术，在技术、材料及工艺流程方面都有着严格的要求，且传承有序。如传统漆器修复技艺以传统髹饰工艺作为核心技术，使用与文物原件相同的传统工艺和材料，以明清宫廷收藏与制作的珍贵漆器文物为修复对象。传统漆器修复主要包括查验并记录伤况、原件工艺分析研究、修复材料与工艺的试验、制定修复方案、传统工艺修复、修复记录等程序。其中传统工艺修复主要包括除尘、加固、回贴、整形、补全胎体、补全地仗层，然后运用雕刻、描绘、罩明、晕染、戗划等技法补全装饰层。这一传统漆器修复技艺承袭了清代宫廷造办处的漆器修复技艺，始于 1925 年建院之初，当时在陈列部下设有修整组。20世纪 50 年代初，经由王世襄先生介绍，原清宫造办处老艺人的传人多宝臣、郭德龄、胡增瑞等被征调进入故宫博物院，成为职业的漆器修复师，继而通过师父带徒弟的形式，培养了第二代漆器修复师陈振声、杨玉珍、刘志笃三人，由陈振声培养出第三代漆器修复师张克学，由张克学培养出第四代漆器修复师张军、闵俊嵘和王晓军，目前由张军和闵俊嵘培养第五代漆器修复师华春榕、王陆伊、张彤、徐婕、王凯飙和许德豪，将漆器修复技艺一代一代传延到现在。

　　这一批批接力传承的文物修复者，在红墙下、在小室中，青春入宫，皓首穷"艺"，经年累月，满怀对历史文化遗产的感情，修复着这些凝聚千百年光阴的稀世珍宝，演绎着新时代的"工匠精神"。

61 百年大修

持续不断地维修是故宫保持基本完好的重要保证。故宫向来有"十年一大修,一修要十年"的说法。这是古建筑保护最基本的、经常性的工作。

从 1925 年博物院成立后,除 1927 年因博物院自身处境艰难未安排项目,1970 年仅有零星工程外,其余每年都有维修项目,即使在抗日战争时的沦陷期间维修工程也未停过。从 1949 年至 2001 年,故宫的各种维修项目达 600 余项,同时坚持了严格的修缮制度,保证了修缮的质量,对故宫的完整保护起了重要作用。但是,从清末直至 20 世纪末,由于社会的动荡或经济条件的限制,从总体上看,故宫没有得到足够的维护机会,很多问题积累了下来,有些是非常严重的。最主要的是自然力造成的影响。

2001 年 11 月,国务院召开了"关于研究故宫古建筑维修和文物保护有关问题"的会议,决定对故宫进行百年来规模最大的一次修缮,被国内外称为百年大修。

故宫维修原则深受中国营造学社影响,并随时代变化和文物保护理念提升而发展。这就是"不改变文物原状",就是最少干预、尽最大可能保存原构件,亦即尽可能多地保留原有建筑历史信息,保持文物的真实性和完整性。

　　这次保护维修坚持了"完整保护，整体维修"的原则。故宫博物院与有关方面合作制订的《故宫保护整体规划大纲》由国务院授权国家文物局做了批复。贯穿"规划"的原则是保护和保存文物及其环境的真实性、完整性，实现文物价值的延续。明确了展现庄严、肃穆、辉煌的风貌，充分展示历史文化价值与内涵的目标。在确定的故宫保护对策中，把通过合理利用促进古建筑保护列为一项，认为科学地拓展开放有利于古建筑的保护，从根据古建筑相对价值划定的类别及其可辟为展室的几种形式出发，把古建筑保护工程与为将来使用配置的有关设施建设结合在一起。以上这些提法的形成是故宫博物院成立以来故宫保护经验教训的总结，在故宫修缮中发挥着重要的指导性作用。

　　延续18年的维修计划分为两个阶段：从2002年到2008年，把中轴线及其以外的主要建筑修复好；从2009年到2020年紫禁城建成600周年时，全面完成古建筑内外环境整治和整体保护工作，实现制度化、规范化、数字化的维护管理，进入良性循环。

　　《中华人民共和国文物保护法》规定不可移动文物保护的总原则是"不改变文物原状"。故宫修缮过程中，与文物"原状"关系最大的是木结构材料、琉璃瓦与建筑彩画三个方面；故宫对此都进行了认真的探索与实践，较好地解决了碰到的问题，积累了经验。

　　在木构件的保护上，遵循最少干预和减少扰动的工作原则，根据木构件的不同病害，有针对性地采取不同的方法进行维修和保护，主要有加固（木材加固、铁活加固）、局部剔补、拼接及木构件的更换等方法。

　　故宫古建筑屋顶覆盖的琉璃瓦和琉璃构件是宫殿建筑的主要特征。故宫维修对实施揭瓦的屋顶琉璃装饰构件，采取清洗、黏接及必要时对严重风化部位修补、封护的办法，尽最大可能地让构件回到原来的位置上。故宫在揭取过程中对琉璃瓦逐块编号，要先了解每一块瓦的保存状况，再决定复位或更换。

对外檐彩画的保护处理，需要根据价值评估和保存状况，进行具体研究。新复原的彩画，一般不"做旧"。故宫彩画维修都由故宫古建部进行设计，专业彩画工人施工，完全使用传统工艺和技术。

此外，故宫一些古建筑的格局、装修和建筑材料，甚至构造，由于种种原因改变了原状。这次维修中，为了保存古建筑的原状，经过勘察调研和认真论证，对其加以修复。

太和殿维修无疑是最引人关注的工程。故宫于2004年5月开始着手对太和殿进行详细的勘测和反复的调查研究，历时一年零四个月完成工程方案设计，分别对具体维修项目和外檐彩画复原做出了详尽的设计图和说明。在施工过程中，贯彻尽可能少干预的思想，尽可能多地保存原材料。在维修屋顶时对约10万块琉璃瓦和构件全部进行了编号，拆卸后逐块甄别，凡是不破碎的均力争把它们安装回原来的位置。故宫古建修缮中心在每一工序前都对原状进行数据测量，如每坡瓦的垄数、每垄瓦的块数、坡长、屋顶各面的坡度曲线等，保证屋顶恢复健康后与原屋顶具有同样的外观。太和殿的外檐旧彩画是20世纪50年代末的作品，当时并没有完全尊重历史原状。这次按照太和殿内檐彩画（康、乾时期）复制外檐彩画。复制按照传统工艺技术操作，彩画色彩丰富，龙纹饱满，与维修后的整个太和殿融为一体，展现了恢宏富贵的皇家气势。

作为百年大修收官之作的养心殿工程，鉴于其地位重要、影响巨大以及文物建筑复杂的特点，故宫特确定其为"研究性保护项目"，即突出维修工程中的科学性，加强学术研究，力求使维修的每一个步骤、每一个方面都能有科学的依据，都是扎实可行的。

故宫博物院在大修中除认真抓好传统技艺继承外，还积极引入现代科技，十分重视科研工作的重要作用。例如，与中国林业科学研究院木材工业研究所合作对故宫古建筑木构材料进行全面勘查，针对糟朽范围深度探查，为保护维修方案提供依据，用现代木材分类法对故宫大木构件树种进行鉴定分类和物理力学性质测试分析，并进行了《故宫古建筑木构件树种配置模式及物理力学性质的变异性研究》，初步建立了故宫古建筑木构树种数据库。

2005 年 3 月，故宫成立古建筑科技保护工作小组，负责故宫古建筑及其修缮工程中科技保护项目、古建筑环境监测以及涉及新材料、新工艺的试验和使用工作。2007 年 4 月，故宫又成立了古建筑研究中心。2014 年 8 月，成立明清官式建筑保护研究国家文物局重点科研基地及故宫研究院古建筑研究所。

从 2003 年以来，故宫博物院与美国世界建筑遗产基金会合作，进行了故宫宁寿宫倦勤斋保护工程。倦勤斋的研究保护项目是故宫博物院成立以来对内檐装修进行的首次大规模保护工程。鉴于清代，特别是乾隆年间，内装修具有空前绝后的复杂性，而倦勤斋内装修又代表当时的最高水准，所以这一项目既有开创性又有挑战性。参与该项目的中美双方专业技术人员团结合作，从前期历史、艺术、工艺、技术调研，病害记录分析，空气环境分析，采光分析，原状陈列复原研究，传统工艺材料的恢复研究等等，直至全面实施保护，攻克一个又一个难题，做到研究与保护的密切结合，为以后故宫内檐装修保护进行了有益的探索和尝试，并且积累了理论与实践方面的宝贵经验。40余万字的《倦勤斋研究与保护》（紫禁城出版社 2010 年版）就是这些研究成果的反映。此后合作又继续扩展到进行乾隆花园的整体维修，包括符望阁、竹香馆、玉粹轩、三友轩、延趣楼、萃赏楼等项目。随着工程的进展，将继续整理编纂内装修研究和保护的图书，《乾隆花园研究与保护：符望阁（上）》（故宫出版社2014年版）已正式出版。

在故宫保护研究方面，"故宫古建筑保护工程实录"丛书的出版具有标志性意义。根据故宫维修的整体安排，需要及时地整理、编写并出版维修工程报告，收录有关维修的信息资料和相关的档案文献，为故宫以后的维修保护以及研究工作留下完整的资料，故宫博物院决定编写"故宫古建筑保护工程实录"大型丛书，《武英殿（一）》《武英殿（二）》（故宫出版社2011年、2019年版）就是百年大修的第一份科学报告。工程报告将进一步推进故宫古建筑保护工作的科学化和规范化，进一步促进故宫古建筑的保护研究工作，也为故宫学研究提供了第一手资料。2013年《钦安殿》、2015年《慈宁宫花园》也陆续出版。太和殿、神武门、东华门、寿康宫彩画等工程实录正在继续编写中。"太和门东西庑工程竣工报告"及"慈宁宫工程竣工报告"的编写工作也正在进行中。

21世纪初期，同时开始的北京故宫、天坛和颐和园三处世界遗产地的修复工程引起国际社会的关注，也引起一些疑虑。2007年5月，中国国家文物局、国际文化财产保护与修复研究中心、国际古迹遗址理事会和联合国教科文组织世界遗产中心在北京联合举办了"东亚地区文物建筑保护理念与实践国际研讨会"。与会专家通过对故宫等三处世界遗产地维修工程的考察，进行了热烈的讨论，澄清了事实。会议做出的《关于北京世界遗产地保护与修复的评价与建议》（即《北京文件》附件），不仅统一了国际社会对故宫等三处世界遗产地维修状况的认识，而且在此基础上产生了更为重要的成果，这一成果即《北京文件——关于东亚地区文物建筑保护与修复》。这个文件所强调与阐述的原则与精神，不仅有助于对故宫等世界遗产地的进一步保护，而且为地区合作奠定了基础，从而更好地制定针对东亚地区其他古迹遗址保护与管理的理论和实践指导原则。

从 2002 年 10 月 17 日武英殿试点工程开工、拉开故宫百年大修序幕以来，这项工程就成为郑欣淼、单霁翔、王旭东三任院长不断接力的过程。经过 18 年的持续努力，基本完成了故宫的修缮任务，达到了预期目标，不仅使故宫逐渐恢复庄严、肃穆、辉煌的历史面貌，而且是中国官式古建筑营造技艺的一次大力传承。

故宫维修保护工程的意义体现在三个方面：一是进一步使故宫古建筑的保护进入良性循环的轨道；二是维修的思路、原则、要求、标准、方法不但对国内，而且也对国际文化遗产保护做出了贡献；三是对故宫"完整保护、整体维修"理念的实践，体现出对故宫保护的文化传承意义。

62 《关于北京世界遗产地保护与修复的评价与建议》

　　21 世纪初期开始的世界文化遗产地故宫的大规模修缮，不仅国内高度重视，国际社会也颇为关注；而且，故宫维修与同列世界文化遗产名录的明清皇家建筑天坛、颐和园的维修几乎是同时进行的，因此更为海内外所瞩目。在一段时期内，国际上出现了对北京这三处世界遗产地维修工程的质疑。

　　自 2003 年联合国第 27 届世界遗产大会以来，世界遗产委员会讨论了若干个关于北京三处遗产地的保护状况的调查报告，并且对这些遗产地面临的诸如来自城市发展的压力、缺少适当的缓冲区、管理机制方面的难题以及当前修复工作的理念与文件依据等问题表示关切。

　　在立陶宛维尔纽斯举行的世界遗产委员会第 30 届会议上，世界遗产委员会特别关注到关于当时在北京故宫、天坛和颐和园进行的修复工程的报告，报告称，这些修复工程"仓促进行，缺乏文献依据和清晰的原则以指导修复工作"。委员会对成员国提出：澄清为何修复工程仓促进行；澄清这些地点修复工作采用的原则及使用的文献依据（包括建筑彩画的文献依据）；在"故宫保护总体规划"中纳入风险准备和旅游管理的内容；与其他东亚国家合作，合作研究在保证世界遗产地真实性的同时对建筑彩画进行修复的课题；等等。

　　故宫维修工程是中国政府决定的，有众多中国国内相关方面颇有影响的专家可供咨询、提供指导，有周密的计划、严格的程序，而且当时已进行了4年，武英殿试点项目为大家所称赞，其他工程也得到肯定，而如果情况真的是世界遗产委员会报告中所质疑的那样，故宫维修工程就存在着严重的问题，甚至是修坏了。

　　中国政府是负责任的。中国的文物保护事业是开放的。中国文物管理部门是认真的。正是在这样的背景下，中国国家文物局、国际文化财产保护与修复研究中心、国际古迹遗址理事会和联合国教科文组织世界遗产中心于2007年5月24—28日在北京联合举办了"东亚地区文物建筑保护理念与实践国际研讨会"。来自澳大利亚、加拿大、科特迪瓦、芬兰、法国、德国、伊朗、以色列、意大利、日本、蒙古国、菲律宾、韩国、泰国、英国、美国和中国的60余名专业人员出席了研讨会。会议议程包括考察并讨论目前正在进行的北京三处世界遗产地的修复工作。

　　东亚会议是为回应世界遗产委员会对北京故宫等三处遗产地维修工程的质疑而召开的，因而对这三处遗产地维修状况的考察、研究及评估，就成了会议的重点。会议组织了赴北京三处世界遗产地的实地参观。在故宫的神武门，考察了彩画工艺所使用的传统工具及其工艺特点；在太和殿工地，考察并详细了解有关琉璃瓦知识及其加固技术；在慈宁宫工地，考察故宫维修的必要性以及工程管理状况。对故宫等三处世界遗产地维修工程的考察，澄清了事实，消除了疑虑。

　　会议最后通过的作为《北京文件》附件的《关于北京世界遗产地保护与修复的评价与建议》（以下简称《评价与建议》），表达了与会专家的共识，是会议的重要成果。

在每一个地点，都介绍了该地点遵循的原则和方法及其结果。在建筑现场，可以观察到对建筑彩画的处理、对屋顶琉璃瓦和地面的维修、古迹周边环境的现状，并且从某种程度上观察到了旅游管理的情况。（《评价与建议》）

1. 遗产地采取的保护原则是什么？

与会者听取了关于北京文化遗产地修复采取的总体原则的介绍。《中华人民共和国文物保护法》中提到的"不改变文物原状"的概念得到了特别的强调。根据该项法律，保护和维修的目的，是"处理病虫害和延长文物寿命；恢复古代建筑的健康状态"。与会者认可了由《中华人民共和国文物保护法》和《中国文物古迹保护准则》（2002 年）所确定的国家级框架，这个框架为保护中国文化遗产的真实性提供了应有的重视、准确的定义和严格的规定。

北京当前在世界遗产保护方面采用的做法，证明了从明清以来几个世纪中发展而来的建筑传统，反映了流传至今的遗产的持续性和多样性。我们承认，有关负责部门和遗产地管理者成功地根据保护政策和战略的连贯和共同的基础进行工作。上述单位的许多问题已得到了适当和应有的关注。我们还注意到，为记录整个修复过程，一些出版物已经或将于修复工程完工后出版。同时，在对上述单位进行参观和听取情况介绍过程中，已经注意到了一些具体的问题并就此与相关负责的单位管理者进行了讨论。

所有上述世界遗产地在过去几个世纪里都遭受了持续的风化和损坏。因此，一些建筑在过去已经重建过，甚至在最近，许多建筑仍然需要重复的维修。这样的重建和维修依据了多样的理念。因此，目前修复工作中面临的一些问题，与那些早年工程中所采取的方法有关。（《评价与建议》）

2. 保护工程是否仓促进行?

这个问题尤其针对北京故宫，已经得到澄清，故宫的大修工程将持续至 2020 年。故宫说明并不急于完成这一工程，并且为了实现保护工作的高标准，可以拿出一切必要的时间。（《评价与建议》）

3. 维修工程所使用的文献依据是什么?

关于彩画修复的文献依据，与会者得到了关于修复工程中决策过程的报告。这些决策的基础是历史纪录、目前内檐上仍然存在的部分古代建筑彩画、老照片和绘画、图书资料以及明清时期关于工艺技巧以及建筑的维护与修复方面的手册。会上还提供了有关内部和外部彩画根据不同时代和保护状况而采取的不同处理方法的信息。（《评价与建议》）

4. 关于风险准备和旅游管理

关于委员会在故宫保护总体规划中加入风险准备和旅游管理内容的决定，与会者得知，有关部门正在重新评审当前的规划，以便在其中加入上述两方面的内容。（《评价与建议》）

在实地参观之后，与会者还对故宫等地维修工程中对琉璃瓦、木结构、彩画的保护提出了评价与建议。

所有建筑的屋顶都由木结构支撑的琉璃瓦片构成。这些瓦片中最古老的可以追溯到 300 年前。在修复过程中，特别注意保护所有能够再利用的部件。工作过程中发现，大约 70% 的现存屋顶瓦片可以被回收利用，而 30% 需要替换掉。

与会者观察到，将旧瓦片和新瓦片放在一起清洁往往使近期修复的屋顶呈现更加光亮的外观。但是我们感觉在北京日常环境中，这种光亮将在相对短的时间内褪去。

在三个遗产地，建筑结构总体处于良好状态，不需要很多干预措施。但是也强调了安全是在决定修复程度时的一个关键性的考虑因素。

关于北京故宫的建筑彩画，一向采用的政策是尽特殊努力保护建筑内部的原件（建筑内部所处的环境条件破坏性较小）。这些表面已经得到小心的清理，小的问题已经解决。因此，我们可以认为它们的真实性得到了很好的尊重。

在建筑外部，彩画表面暴露于更加恶劣的条件下。它们遭受了严重的风化，造成了色彩的褪化和缺失。我们观察到，外部表面通常进行过定期的修复。据遗产地管理者介绍，这种定期修复的周期取决于彩画所在的建筑地点、彩画在建筑上所处的位置以及观察到的状况。例如，我们发现刚刚于 1997 年重画的一座大门建筑上的彩画已经开始剥落。但是这位管理者确认，对彩画实施的新的处理均采用传统的工艺。

我们还注意到，建筑外部彩画除了装饰功能之外，对建筑还起着重要的保护作用。彩画必须保持良好的状况才能起到这一保护作用，因此需要定期进行修复。遗憾的是，这在上述三个遗产地造成了修复效果的某种标准化。值得建议的是，如果现有建筑外部彩画表面保存了相当大量的历史资料，那么需要检测使用其他处理方式对其进行保护的可能性。这样，重要的历史信息将能够作为"活着的文献"在原位得到保存。

关于传统工艺，我们观察到，最近重画的彩画即使使用了传统的方法，也迅速腐蚀，这可能显示了材料（颜料和工业产品）变化带来的一些问题。因此，希望对传统工艺、技术和材料进行进一步的研究，以便在未来继续改善修复的效果。在这一方面，与会者注意到委员会的建议仍然有效，即就建筑彩画这一主题在亚区域水平（包括中国、日本、韩国和越南）组织合作性研究，并鼓励成员国中国保证这方面的后续行动。（《评价与建议》）

《关于北京世界遗产地保护与修复的评价与建议》即《北京文件》附件，不仅统一了国际社会对故宫等三处世界遗产地维修状况的认识，而且在此基础上产生了更为重要的成果，即《北京文件——关于东亚地区文物建筑保护与修复》。这个文件所强调与阐述的原则与精神，不仅有助于对故宫等世界遗产地的进一步保护，而且为地区合作奠定了基础，从而更好地制定针对东亚地区其他古迹遗址保护与管理的理论和实践指导原则。

《北京文件》重申并发展了《奈良真实性文件》和《联合国教科文组织文化多样性世界宣言》（1999）的主要观点，指出："文化遗产的根本特征是源于人类创造力的多样性。文化多样性是人类精神和思想丰富性的体现，也是人类遗产独特性的组成部分。因此，采取审慎的态度至关重要。在修复过程中必须充分认识到遗产资源的特性，并确保在保护和修复过程中保留其历史的和有形与无形的特征。"

世界遗产事业的特征是全球性、开放性和与时俱进，所倡导的是各国政府保护文化的多样性。《北京文件》的形成，也反映了中国文化遗产保护事业的发展水平，标志着有中国特色的文化遗产保护理论的日渐成熟。中国的文化遗产保护工作，必须尊重国际公约，尊重国际公认的保护原则；同时，也应该尊重我们自己的历史和实践。

中国是文物大国，现在也是世界遗产大国，中国的文物保护管理工作历史虽然比欧洲一些发达国家晚，但经过几十年的摸索、努力，也已经形成丰富的具有中国特色的经验，形成了《中国文物古迹保护准则》。东亚会议的重要性不仅在于会议的理论成果，还在于来自16个国家和3个国际组织的专家亲历考察和体验了北京的三个世界遗产地的保护工程现场，中国的34位专家参加了会议，在会议上和文件起草过程中充分表达了自己的意见。这是有深度、有意义的沟通与交流。对故宫等遗产地维修工作的肯定，也是对中国文物保护、世界遗产保护事业的肯定与尊重。故宫维修虽然获得国际遗产组织的充分肯定，但不是说没有差距、没有不足了。多年来，故宫博物院继续努力，认真执行《北京文件》及其附件提出的建议和要求，找寻差距，改进不足，不断提高着古建维护水平。

63 "平安故宫"工程

"平安故宫"是一个旨在全面提升故宫博物院的文化遗产保护、展示传播和服务观众能力,实现故宫博物院的高水平保护利用和可持续发展的工程。

2012年初单霁翔接任故宫博物院院长后,在持续、广泛、深入调研的基础上,于同年5月通过文化部向国务院提出开展"平安故宫"工程的建议,以彻底解决故宫存在的火灾隐患、盗窃隐患、震灾隐患、藏品自然损坏隐患、文物库房隐患、基础设施隐患、观众安全隐患等七大安全问题,该建议获得国家相关领导的高度重视。经过多方、长期和深入细致的讨论,2013年3月,故宫博物院《"平安故宫"工程总体方案》正式上报国务院。4月,"平安故宫"工程被批准立项。

根据工程总体方案,"平安故宫"工程的保护对象,一是故宫木结构宫殿建筑群的安全,二是逾180万件文物藏品的安全,三是每年约1500万中外观众的安全。工程的近期目标是争取用3年时间,在2015年,即故宫博物院成立90周年之时,有效缓解目前存在的防火、防盗、防雷、防震、防踩踏等方面的重大安全隐患,解除其中最紧迫、最危险的隐患点;中长期目标是用8年时间,在2020年,即紫禁城建成600年之时,基本实现故宫博物院进入安全稳定的健康状态,全面提升管理和服务水平,迈进世界一流博物馆行列。

"平安故宫"工程的重点内容包括 7 项：

1. 故宫博物院北院区建设 故宫博物院拟在海淀区北部新区的西玉河地段建设北院区，旨在解决故宫博物院大量大型珍贵文物（如家具、地毯、巨幅绘画、卤簿仪仗等）因场地局限而长期无法得到及时、大规模的科学保护和有效展示的问题，同时把传统文物修复的技艺展示给公众，也为腾退古建筑空间并及时保养、维修创造条件。故宫博物院北院区未来也将成为该地区的重点文化项目和重要的公共文化设施。此项目已得到北京市政府和海淀区政府的大力支持，进展顺利。北院区建设用地为 11.56 公顷，总建筑面积 10 万余平方米，已于2022 年 12 月开工。北院区的开辟与建设，将使故宫保护与故宫博物院发展进入一个新阶段。

2. 地下文物库房改造 在 20 世纪八九十年代建设时，受当时技术条件制约，故宫博物院地下文物库房一、二期不能实现针对不同质地藏品的温湿度调节，文物库房藏品存在严重安全隐患。本次工程，对原有地下文物库房进行升级改造，完善、加固地库结构，改善防水、防震措施，按照现行国家工程建设消防技术标准改造文物库房；同时计划在一、二期地下文物库房之间建造三期工程将之连为一体，并在地下文物库房与未来作为故宫博物院集中办公区域的西河沿文物保护综合业务用房之间建立地下连接通道。故宫博物院地下文物库房改造与内务府区域环境综合整治和故宫博物院基础设施改造工作紧密相关，需要综合考虑、统筹规划。

3. 基础设施改造 故宫博物院基础设施大部分建于 20 世纪 50—80 年代，有的甚至更久远，布置分散，老化、腐蚀严重，存在很大隐患。改造按照"整体规划、论证先行、分区分阶段实施"的原则，根据相关消防技术标准规范要求整体规划设计火灾防控系统，在充分调研分析故宫博物院整体火灾风险的前提下，采取针对性措施，提出与故宫博物院消防安全需求相一致的消防标准要求并付诸实施。同时，在确保安全的前提下，对现有基础设施，如给水、消防、避雷、雨水、污水、供热等管线以及供配电和智能化系统、设施等进行全面规划建设和升级改造，实现优化管理，方便维护和检修，以便及时发现问题、消除隐患，以布局合理、完善先进的基础设施为故宫安全奠定坚实基础。

4. 世界文化遗产监测　故宫博物院于 2011 年正式成立"故宫世界文化遗产监测中心"，建立"监测信息化平台"，对文物建筑、馆藏文物、观众动态等 10 个方面进行持续监测。目前，监测项目中，完成普查和家底清理工作的项目有室外陈设、基础设施、植物和馆藏文物；开始数据库系统建设的项目有室外陈设、环境质量（包括气象信息与空气质量）、植物监测、白蚁监测、观众动态（检售票系统部分）；进行全面信息采集的项目是室外陈设、基础设施（电力部分）；已完成招标程序进入建设阶段的项目包括观众动态、展厅温湿度监测（二期）、检售票系统建设；进行监测预研究的项目有室外陈设、文物建筑、安全防范、环境质量等。

5. 故宫安全防范新系统　故宫博物院在按原计划于 2014 年完成目前的应急安防工程外，规划建设智能化程度高、功能设置完善、性能可靠、综合防范能力具有世界先进水平的故宫博物院安全防范新系统。该系统主要包括以下 10 个方面的内容：警情联动处置系统；实现安检力量的专业化、社会化；端门区域安全防范系统改造更新；门禁系统升级改造；运用物联网技术对文物藏品进行全时空防范；建立应急指挥平台；高压消防泵站及高压管网的改造；二期地库空调系统改造；视频监控无缝隙覆盖（加密工程）；完善各类应急预案。

6. 院藏文物防震　北京地处燕山地震带与华北平原中部地震带的交会处，历史上多次发生强震。故宫博物院文物库房中和日常展陈的文物虽采取了一些传统的简易防震措施，但很不系统、规范；因库房面积严重不足，瓷器等脆弱文物无法装入囊匣，而是集中叠累，存在严重的防震安全问题。"平安故宫"工程拟对故宫博物院的文物库房和展室进行全面排查，采用封闭式、轨道式金属密集柜、文物囊匣和现代减隔震技术相结合的手段，逐步实现对院藏文物的全面抗震防护。同时，制定并落实文物建筑本身和内装修等非结构构件及附属设施的抗震措施，全面提升所有库房和文物建筑的抗震能力。提出关于地震引起的次生灾害的防御对策，全面落实临震和震后的应急防护机制、紧急抢救和修复等综合防灾措施，力求能够防御北京周边发生 8 级左右特大地震的威胁。

7. 院藏文物抢救性科技修复保护 针对大量院藏文物濒临腐蚀、锈蚀等严重自然损坏状况，"平安故宫"工程拟建立大型、综合文物修复中心，以现代科技与传统技艺、院内人才与社会力量相结合的方式，对藏品进行全面和持续不断的修复。建立完善相应类别的文物修复工作室，购置更新必要的仪器设备、珍贵材料，强化人员培养，分轻重缓急开展文物保护修复任务，使故宫博物院文物保护修复工作得到较大改观。

经过多年来的持续努力，"平安故宫"工程成效显著。例如，通过故宫北院区和地库改造以及拆除"彩钢房"等项目，在改善藏品保管条件的同时，使更多的地面文物库房、办公用房得到腾退、修缮和及时保养，并有计划地对上百万件文物藏品进行了系统保养修复，环境质量稳步提升，安防设施全面覆盖，开放区域适度扩大，等等。有些项目还需要继续努力，总体上达到了预期目标。[①]

---

① 单霁翔：《紫禁城百年大修与"平安故宫"工程》，《建筑遗产学刊》2016 年第 4 期。

64　故宫博物院北院区

2022 年 12 月 30 日，故宫博物院北院区项目正式开工。北院区是国家"十四五"规划重大文化设施，是中央和国家机关在京重点建设项目，也是"平安故宫"工程子项目之一。

故宫北院区项目位于北京市海淀区西北旺镇西玉河村一带，其基础部分为原故宫窑厂，曾是故宫博物院下属企业北京紫禁城窑厂的厂址。据考察研究，明代两个崔氏兄弟在此烧砖，到清代时，这里成为宫廷烧制琉璃构件的皇家琉璃窑。民国时期，故宫从崔家窑购买了部分窑场，用于烧制故宫古建筑修缮用砖瓦。现存东窑之北 1 窑、北 2 窑为老窑，已有数百年历史，始建年代不可考；东窑-北 3 窑、西窑整体为 20 世纪 80 年代，由于古建保养修缮工作百废待兴、古建修缮量激增而加建的砖瓦窑。1998 年前后这些窑场全部关停。

21 世纪初，加上购买的土地，窑厂占地约 80 亩。作为故宫古建大修的内容之一，故宫博物院对"北京紫禁城窑厂"的利用做出了新的规划，决定在此修建业务用房及库房。建设项目包括办公楼、宿舍楼、库房、食堂及特殊业务用房。总建设用地面积为 10 775 平方米，建设规模为 8850 平方米，投资 2130 万元。基地建设项目得到国家及北京市 10 多个部门的大力支持。故宫博物院认为，这一项目的建成将对整治院内西河沿料厂环境、消除院内安全隐患、腾退古建筑、缓解办公用房紧张、改善办公条件、确保故宫古建大修顺利进行、实现故宫总体规划目标有着重要意义。西玉河基地"业务用房及库房建设项目"于2009年6月15日正式开工，2011年投入使用。此地遂被称为"西玉河基地"。

2013年，故宫博物院北院区项目作为"平安故宫"工程的子项目之一开始推进。通过坚持不懈的工作，该项目不断取得进展。2015年完成设计方案征集工作，2017年取得国家发展改革委关于项目建议书的批复，2021年3月取得可行性研究报告的批复并纳入国家"十四五"规划项目和中央在京重点建设项目，2022年6月正式取得初步设计方案和投资概算的批复，7月启动一标段施工总承包招标程序，12月确定了一标段施工总承包中标单位。整个项目已近10年，终于迎来了它的正式开工建设。

北院区建设在现有西玉河基地基础上向南、向东扩建。该项目依山傍水、区位显要，规划设计合理、功能设施先进，总投资21亿元，建筑面积10万余平方米，是一座集文物展示、修复、保存和文化传播、观众服务等功能于一体的现代化博物馆。未来，故宫博物院北院区将与故宫博物院本院形成优势互补，延伸和强化故宫博物院文化传承和传播职能，为故宫文物的科学保护与有效展示提供更加强有力的支持。

故宫博物院院长王旭东在开工仪式上说，北院区项目建设，是故宫博物院百年发展进程中意义重大、影响深远的一件大事。故宫博物院将全力支持工程建设，按照工程总体进度要求，制定严格的项目管理和审查制度，压紧压实各方责任，确保工程顺利开展。同时，扎实做好北院区未来的整体发展规划，统筹协调故宫博物院本院与北院区的关系，真实完整地保护并负责任地传承弘扬故宫承载的中华优秀传统文化，满足人民日益增长的精神文化需求，增强中华文明传播力和影响力，推动文明交流互鉴。

65 "四个故宫"建设

"四个故宫"("平安故宫""学术故宫""数字故宫""活力故宫")建设，是故宫博物院院长王旭东于 2019 年正式提出来的。2020 年，王旭东发表《使命与担当——故宫博物院 95 年的回顾与展望》(《故宫博物院院刊》2020 年第 10 期)一文，对"四个故宫"建设的内涵及其之间的关系，结合故宫院史与面临的任务、努力的方向，进行了充分的论述。

在纪念故宫建成 600 周年及迎接故宫建院百年，亦即进入 21 世纪第三个十年之际，王旭东提出，故宫博物院发展的指导思想，是以习近平新时代中国特色社会主义思想为指导，深入落实"保护为主、抢救第一、合理利用、加强管理"的文物工作方针(2022 年公布的新的文物工作方针是"保护第一、加强管理、挖掘价值、有效利用、让文物活起来")，真实完整地保护并负责任地传承弘扬故宫承载的中华优秀传统文化。王旭东强调，根据这一指导思想，落实到具体工作，故宫要以"平安故宫""学术故宫""数字故宫""活力故宫"建设为支撑，将故宫博物院建成国际一流博物馆、世界文化遗产保护的典范、文化和旅游融合的引领者、文明交流互鉴的中华文化会客厅。

关于"四个故宫"建设，简介如下：

1. 平安故宫 在"四个故宫"建设体系中，"平安故宫"是最为基础和首要的任务。通过"平安故宫"建设，可以更好地落实"保护为主"的思想，充分利用科技和管理的手段，真实完整地保护好故宫这份人类共有的文化遗产。通过故宫北院区建设、故宫整体修缮保护工程、文物清理、安防提升、消防提升等项目，着重加强对故宫世界文化遗产的预防性保护等手段，确保故宫古建筑及收藏的各类文物的绝对安全，同时保护故宫观众的安全以及意识形态安全。

2. 学术故宫 "学术故宫"是支撑故宫博物院事业不断前行的核心。从故宫博物院肇建时研究机构的定位，到"学术故宫"的建设，是故宫博物院学术传统的新发展。通过实施英才计划、培养太和学者等举措，形成一支稳定且充满活力的、围绕故宫承载的中华优秀传统文化展开多学科研究的学术团队，通过院内各类实验室、故宫研究院、故宫学院等开放包容的学术交流平台，开放课题等学术举措，《故宫博物院院刊》等一系列高品质的学术成果发表阵地，推动故宫博物院学术研究沿着整体性、体系性和开放性的方向迈进。

3. 数字故宫 "数字故宫"是保障。"数字故宫"起始于"信息化"的目标，随着网络技术的发展，已形成了新的包容性更大、指导性更强的理念。在其指引下，故宫博物院在确保数据安全的前提下，将通过完善全院网络及信息化办公平台，持续推进文物基础影像采集，建立"数字文物库""数字多宝阁""全景故宫"等项目，推动各类数字资源高效管理与利用等手段，全面推动文物数字化保护，使文化与科技充分融合、相互支持，激发文化创造力，让更多的人通过"数字故宫"了解故宫、研究故宫，使故宫博物院更好地发挥其珍护传统、传承文明的文化使命。

4. 活力故宫 "活力故宫"是在全面系统把握新时代故宫博物院事业发展的内外部环境特征和其内在联系的基础上提出来的建设发

展目标，是"四个故宫"建设体系的根本。"活力故宫"建设着眼于服务当代，通过充分挖掘文物蕴含的中华优秀传统文化精华，并将其创造性地转化为大众喜闻乐见，与日常生活密切相关的展览展示活动、文化创意产品、新媒体展示方式、公众社会教育资源等，赋予中华优秀传统文化新的时代内涵和现代表现形式，让文物的灵魂活起来。"活力故宫"建设还要求把博物院的建设发展融入到国家的经济社会发展进程中去，让故宫人的活力迸发出来。通过走出去请进来，加强与"一带一路"沿线国家和地区的交流合作，促进故宫人才交流、故宫文化交流，为人类命运共同体的构建贡献故宫人的力量。

66　故宫陈列展览

　　陈列展览是博物馆发挥其功能的最重要工作。近百年来，故宫博物院把不断改进、提升展览水平作为永恒的课题来抓，力争讲好故宫文物故事，传播故宫文化。

　　以宫殿建筑为陈列展览的场所，以丰富的皇家收藏为陈列展览的主要内容，以再现明清时期宫廷政治、生活场景为主旨的宫廷史迹原状陈列，是故宫博物院陈列展览的主要特色。

　　陈列展览作为故宫博物院最重要的日常工作，是不断发展、提升的。

　　1925年10月10日，故宫博物院宣告建立。这一天，新生的博物院精心筹划，为参观者开辟了多处专门展览室，首度将清宫所藏历代文物公诸国人：设于坤宁宫北侧的古书画陈列室分书画、铜器、瓷器三馆；设于文渊阁、昭仁殿的图书陈列室展陈《四库全书》及历代善本册籍；设于养心殿、乐寿堂的文献陈列室展陈康、乾两帝戎装盔甲、乾隆帝鞍马戎装画像、后妃画像、《南巡图》、《大婚图》，以及雍正帝以降诸帝朱批谕旨等文献、金梁等人密谋复辟文献、溥仪与妻妾生活照片等。顺贞门内竖起了大幅《故宫略图》，指引参观路线。北京城内万人空巷，争睹皇家宝藏。

　　皇宫成为博物院，陈列展览是个探索的过程。1928年后，故宫博物院逐渐步入正轨，陈列展览也有了重大发展。在故宫博物院历史档案中，陈列展览始有专门记录是在 1929 年。

为了加强文物展览工作，故宫制定了三项处理原则：对具有历史意义的重要宫殿保留原有格局，加以修缮后，以宫廷原状形式开放；凡原为文物集中贮放处所，且保存条件良好、具有历史意义之宫殿，皆维持现状，保留原有典藏风貌；对与典制无关或不太重要的配殿，则将原存其中的文物分类迁存于各库房集中保管，在整理装修后，辟为文物陈列室，举办各类主题展览。

故宫的文物管理机构分为古物馆、图书馆、文献馆，即三大馆。故宫大致将奉先殿、斋宫、毓庆宫及东六宫划于古物馆，以奉先殿为总陈列室，斋宫及毓庆宫为美术品陈列室，东六宫为古物分部陈列室。外西路之寿安宫、英华殿各处则划属于图书馆，作为收藏室及阅览室。宁寿宫各宫殿，划属于文献馆，作为各史料陈列室及办公室。故宫陈列室的布置摆设，皆由各馆自行负责，总务处则派员协同照料。新增文物陈列室颇多。院内展览极一时之盛。

1931 年日本发动九一八事变，故宫文物开始准备南迁，故宫展览再没有大的变化。

中华人民共和国成立后，故宫展览有了重大改进与发展。1954年，故宫试行《故宫博物院整顿改革方案》，确定要在普及与提高相结合、以普及为主的方针下，首先进行中国艺术品陈列：既要组织好古代文物艺术品的陈列，也要做好宫廷史迹的陈列，在陈列展览工作中要不断提高思想性、艺术性和科学性。基于上述思想，故宫博物院对陈列展览格局进行了一次完整规划，确定前三殿、后三宫、养心殿、西六宫等处为原状陈列的重点，采取"保存清代历朝发展中的原状，表现某一时代特色"的方法，在大量调查研究的基础上，重新进行了布置。后又陆续开辟重华宫、体顺堂、燕喜堂、军机处等用于宫廷史迹原状陈列。在艺术品陈列方面，规划设计了大量专门用于陈列展览的区域。开辟前三殿及东西两庑建成以展示历代艺术品为主体的综合性陈列馆，内东路、外东路开辟陶瓷、青铜、书画等陈列专馆。这次陈列展览格局的规划与实施，使原状与艺术品陈列两个重点方向得以兼顾，基本确立了故宫博物院的两大展览体系。

在 20 世纪七八十年代，故宫原状与艺术品陈列两个主要方面内容未做调整。随着改革开放新时代的到来，原状陈列内容得到进一步丰富，艺术品陈列也取得巨大成果。20 世纪 90 年代中期，故宫又对陶瓷馆、青铜器馆和绘画馆进行了一次大规模的改陈工程，称为"三馆"改造。

进入 21 世纪，根据《故宫保护总体规划大纲》，整个展览格局重新调整，将展览区域做了明确划分：故宫中轴线和西六宫主要殿宇继续保持皇家的政务活动和内廷生活原状；中轴线西庑房，紧密围绕皇室政务和典章制度举办相关的长期展览和临时展览，如中和韶乐卤簿仪仗、车马轿舆及其他典制文物等；书画、陶瓷、青铜等器物类展览逐渐移至紫禁城两侧；开辟文华殿、武英殿、慈宁宫等新展区，以进一步扩大开放参观面积；继续保持、完善钟表馆和珍宝馆两个亮点的展览；于 2014 年正式开放宁寿宫新石鼓馆以替代原有的老石鼓馆，于 2015 年开放慈宁宫雕塑馆、东华门城楼古建馆、寿康宫系列展区；改陈更新乾清宫两侧的万寿展和大婚展。

故宫陈列展览一直都在殿堂中进行，虽往往可收相得益彰之效，但也受到诸多限制。为了解决"宫"与"院"的这一矛盾，故宫博物院多年来着力于筹建新的现代化展馆，在选址、论证上做了大量工作，至今仍在继续推进。

　　2005 年，午门城楼的改造缓解了这一矛盾。改造工程在保持原古建不受损坏的前提下，在室内营造颇具现代感的玻璃房，形成与古建相隔离的展示场所。这里配置了先进的灯光照明设备、安防报警设备、气体灭火设备、恒温恒湿设备以及安全美观的钢木结构现代化展示柜。午门展厅成为设备一流的现代化多功能综合性展厅，于 2005 年获得联合国教科文组织颁发的"文化历史遗产保护创新奖"，同年还获得"2005 年全国十大科技成就奖"。午门城楼上的现代化展厅自启用以来，举办了一系列引进的国外重要展览。

　　进入 21 世纪，故宫博物院展陈设备与手段的更新也向前迈了一大步。重新设计改陈的钟表馆、珍宝馆，引进大量现代高科技技术，在灯光照明、展柜设计、环境控制等方面均有所创新。陈列内容更加丰富，形式新颖独特，并引入了现代多媒体技术，为观众营造出优雅的参观环境。故宫也重视先进展柜的引进与更新。最新的展柜除了具备和汉氏展柜一样的硬件条件外，还采用了最新的低反射玻璃和文物隔震系统。

　　故宫的陈列展览分为古代艺术品展览、宫廷史迹陈列展览和特别展览三大类。

　　1. 专馆陈列　专馆陈列即设立专门的艺术馆进行陈列，是指通过特定的主题或者内容来介绍中国古代文化历史的一种展览形式，它建立在故宫的文物藏品优势上，一般都经过多次改陈，是故宫建院以来持久不断地举办且深受公众喜爱的展览项目。故宫博物院比较著名的专馆陈列主要有历代艺术馆、珍宝馆、钟表馆、陶瓷馆、书画馆、青铜器馆、石鼓馆等。2015 年，故宫博物院 90 周年院庆期间开辟东华门城楼为古建馆、外西路宝蕴楼为故宫院史陈列馆、慈宁宫为故宫雕塑馆。

历代艺术馆是故宫于 1959 年 9 月布置完成的迎接新中国成立 10 周年的献礼之一。这个大型陈列专馆布于保和殿及其东、西庑，展览面积达 4140 余平方米，按中国艺术发展的历史进行布置，扼要展示了中国各个时期艺术发展的概况。展品共计 1583 件（套），主要是清宫旧藏，还有许多展品为中华人民共和国成立后的新藏品，更有长沙马王堆汉墓的丝织品、西安秦始皇陵兵马俑等重大考古出土文物。此馆于 20 世纪 80 年代进行改陈，一直持续到 90 年代，是一部形象的中国古代艺术发展史。

珍宝馆于 1958 年 7 月 1 日在养性殿、乐寿堂开馆。养性殿陈列文物 181 件，乐寿堂陈列文物 622 件，其陈列的文物除金、银、珠宝和玉器外，还有一部分织绣品。颐和轩为原状陈列。故宫博物院特请郭沫若先生为珍宝馆题写了馆名。珍宝馆自正式开放以来，已经成为故宫博物院历史上展出时间最长的常设展览。从 1958 年至 2004 年，根据形势的变化和人们的需求，珍宝馆先后进行了五次大的改陈。

钟表馆。20 世纪 30 年代，故宫就在永和宫举办过钟表专题陈列。60 年代设立专馆展览。1985 年，奉先殿设为钟表馆。钟表馆精选了 162 台钟、23 只表，其中有英国、法国、美国、日本、瑞士、意大利和中国钟。23 只表系由英、法、瑞士等国制造。另外，博物院还将故宫保存的最大的自鸣钟和铜壶滴漏移置钟表馆内，增强了陈列效果。因此，故宫钟表馆可以称得上是一座世界性的钟表工艺品陈列馆。2004 年，钟表馆进行了一次大规模改陈，在展柜、照明光源、展览形式以及室温控制和安全保卫等方面都有了较大改善和提高。

陶瓷馆。故宫建院初期就有瓷器陈列室。20 世纪 50 年代，故宫开辟了陶瓷陈列专馆，并在 1985 年和 1995 年进行过两次大规模改陈。2008 年，新陶瓷馆建在文华殿正殿及东西两庑，面积约 1000 平方米，收藏、展览400多件具有代表性的精品，曾是故宫最重要、最知名的展厅之一。2021年5月1日起，故宫陶瓷馆又从文华殿"搬家"到武英殿。新改陈的陶瓷馆反映了中国陶瓷8000年延绵不断的历史，展品从原来的400余件（套）增加到1000余件（套），按照年代和类别划分为17个主题，且"五大名窑"汇聚一堂。

书画馆。故宫博物院收藏有丰富的中国古代书画，自建院起就设有书画馆；20世纪30年代到50年代，故宫将钟粹宫辟为书画馆；60年代至90年代，书画馆移至皇极殿及东西庑展厅，又增设保和殿西庑展厅。2008年，故宫博物院正式将武英殿展区开辟为故宫书画馆，并推出常设"故宫藏历代书画展"，展览分为"晋唐宋元书画""明代书画"和"清代书画"三大部分，以中国美术史为脉络来展示院藏古代书画，所选展品均为中国美术史上的经典之作，每一部分都以这一历史时期内的绘画特点、画风转变、主要流派和代表画家为展示重点，每一件作品都具有很强的代表性，较为完整地体现了中国美术史体系。"故宫藏历代书画展"是故宫博物院的常设展览之一，共计九期，既适于为一般观众普及美术史知识，也为专家学者与高等院校相关专业学生的学术研究提供实物参考。自2018年起，故宫书画馆与陶瓷馆对调。

此外，故宫还有承乾宫的青铜器馆、宁寿宫的石鼓馆、慈宁宫的雕塑馆以及设于厦门鼓浪屿的故宫外国文物馆。

2. 原状陈列　故宫原状陈列是将宫廷历史文物乃至艺术珍品、图书典籍与宫廷史迹有机结合，力图反映某一史迹（殿堂）的历史原貌，或某一史迹在历史上某一特定时期状貌的一种长期陈列。目前宫廷史迹原状陈列主要有三大殿、后三宫、西路殿堂等16处，另有宫廷历史常设陈列，如宁寿宫区的珍宝馆，奉先殿的钟表馆，畅音阁、阁是楼的戏曲馆以及慈宁宫的雕塑馆、东华门城楼的古建筑馆、南大库的家具馆、箭亭的武备馆等；还有清宫历史常设的专题陈列，如清宫卤簿仪仗展、皇朝礼乐展、清帝大婚庆典展、天府永藏展、宫阙述往展等。

朱家溍先生对故宫原状陈列的贡献很大。太和殿是明清两朝举行重大仪式的地方，它的原状陈列很有意义。朱家溍先生与故宫专家通过查阅大量档案并去文物库房遴选，最终完成了太和殿的原状陈列。中和殿、保和殿的原状陈列也都是由朱家溍先生主持复原的。乾清宫一区的布局，明清两朝基本相同，现存建筑为清嘉庆时期重建，布局为清代原状。

坤宁宫在明代为皇后寝宫，清代正间改为萨满教祭祀场所，西暖阁作为萨满教祭祀时萨满祭祀人员的出入场所，东暖阁则作为皇帝大婚时的洞房。1959 年，朱家溍先生主持，先后对明间萨满教祭祀原状和东暖阁清代大婚洞房进行了原状恢复陈列。"文革"中，坤宁宫萨满教祭祀原状又被拆除，文物收入西暖阁临时库房保存。2002 年，宫廷部重新恢复了坤宁宫明间萨满教祭祀原状。这次恢复的总体设想是原状式，而不是原状恢复，因此确定不再只做一般的某一具体场景的复原，更着重于文物的展示，与朱先生的设计理念略有不同。

3. 文物特展 特展是有别于常设展览的一些临时展览，其共同特点是展览主题引人关注，投入人力、物力较多，花费时间较长，所用的文物也比较重要、比较多，往往需要借用本院以外机构的相关文物，一般都会举行学术研讨会甚至国际学术研讨会，都要印制图录、开发相关文创产品等，可以说是特别准备的展览，或称大展。有的特展会产生重大而长久的影响，因此是故宫展览的重要组成部分。

20 世纪五六十年代，故宫就举办过"反对美国侵略集团阴谋劫夺我国台湾文物展览""敦煌石窟艺术展览""五省重要出土文物展览""明定陵出土文物展""永乐宫壁画展"等一系列具有政治意义和文物研究价值的临时性展览。70年代举办了"'文化大革命'出土文物展览""西沙群岛出土文物展览""陕西宝鸡市出土文物展览""长江水文考古展览""各省市自治区征集文物汇报展""战国中山王墓出土文物展览"等。八九十年代，故宫博物院临时展览的举办数量剧增，许多展览在当时产生了非常巨大的反响，如"中国古代体育文物展""中国文物精华展""故宫建院六十周年纪念展览""故宫博物院五十年入藏文物精品展"等。

进入21世纪，故宫博物院自办和引进的临时性展览为数不少，其中有一些具有重要意义的临时性专题展览和引进展览。以下四个展览就具有代表性：

"铭心绝品——两晋隋唐法书名迹特展"。2003年7月10日，隋人书《出师颂》被故宫博物院行使优先购买权从拍卖市场以2200万元购藏。这不仅使宫藏国宝重归故里，而且弥补了故宫藏品中隋代书法的不足，使故宫两晋隋唐之早期书法名迹形成系列。为庆祝隋人书《出师颂》重回故宫，故宫博物院遂于2003年8月下旬在保和殿西庑绘画馆举办"铭心绝品——两晋隋唐法书名迹特展"，与《出师颂》共同展出的有本院收藏的西晋陆机的《平复帖》，东晋王献之的《中秋帖》、王珣的《伯远帖》和唐代冯承素摹的《兰亭序帖》等存世名迹。该展将诸墨迹和与之相关的法帖拓本中上佳者一并展出，以期使观众更加深入地了解这些作品的艺术价值和历史影响。

"兰亭特展"。该展为故宫博物院2011年推出的年度大展。"兰亭特展"在午门展厅举办，展品共计110件。"兰亭特展"展出了故宫博物院及境内外兄弟博物馆珍藏的综合书法、碑帖、绘画和器物等各类"兰亭"文物。其中，16件（套）为外借展品。故宫博物院藏品则有晋陆机的《平复帖》、王珣的《伯远帖》，唐代虞世南、褚遂良和冯承素等最早、最接近原作的摹本和历代名家临本。乾隆帝集诸家大成的"兰亭八柱"帖首次全部与观众见面。另有陶瓷、玉器、文房用具中与兰亭有关的文物共同展出。展览以独特的角度，通过"王羲之的兰亭""唐太宗的兰亭""乾隆皇帝的兰亭""谁的兰亭：中国特有的文化现象"四部分，展现《兰亭序》的产生、至尊地位的确立及其对后世的影响，从而剖析在威权社会中帝王对文化艺术的巨大引导和推动作用，以及后世书法追踪的方向，文人的生活情趣、生活方式的潮流和对普通人生活的示范效应。

"石渠宝笈特展"。该展为2015年故宫博物院庆祝建院90周年的重点项目。展览分为武英殿及延禧宫两个展区，由"典藏篇"和"编纂篇"两个部分组成，展览于2015年9月8日上午开幕，分为两期，11月8日结束，展出文物176件（套）。展品多为宋元时代的一级文物，如《游春图》《清明上河图》及《伯远帖》《冯承素摹兰亭帖卷》《写生蛱蝶图》《渔村小雪图》《听琴图》《明宣宗行乐图》等家喻户晓的名家书画作品。展览以《石渠宝笈》著录书画为主轴，详细地介绍了作品的流传经过、递藏经历，同时也展示了故宫博物院在建院90年中征集、保存、维护书画等工作中所取得的成就。两个展区相互呼应、共为一体，可使观众更深入、全面地了解、研究《石渠宝笈》及其著录的书画珍品。

以上三次特展都举办了相应的国际学术研讨会。

"丹宸永固——紫禁城建成六百年"。2020年既是紫禁城建成600年，又是故宫博物院成立95周年，"丹宸永固——紫禁城建成六百年"为其中最重要的展览。这是在抗击新冠疫情斗争中举办的展览。

展览通过"宫城一体""有容乃大""生生不息"三大单元、十八个历史节点介绍紫禁城规划、布局、建筑变迁及其所涉及的宫廷生活，重点展示故宫博物院成立95年来，特别是中华人民共和国成立以来，在文化遗产保护方面的努力和成果。展览使用午门区域的西雁翅楼、正楼及东雁翅楼三个展厅，展出文物及史料照片450余件。展览于9月10日正式向公众开放，11月15日结束。这是一个成功的展览。

67 故宫对外展览交流

故宫博物院一成立，就不仅是中国的故宫，也成为世界的故宫，成为中外文化交流的重要通道。

对外展览（包括国外、境外）是故宫对外交流中最为重要的部分。回顾故宫博物院近百年的历程，以展览为重点的对外交流始终没有停息过。建院早期由于政局的动荡，对外展览有过短期的停顿，后来又受到战争的影响；但即使是在最艰苦的岁月里，故宫人仍然致力于让世界了解中国，凭借精彩的展览，让世界惊叹于中国光辉灿烂的传统文化和艺术。

故宫第一次参加国际展览是以图片形式进行的。1929 年，故宫博物院将文渊阁建筑之内外构造、文渊阁藏书及庋藏图书之设备拍成照片六种，并加以染色，作为展品，参加国际图书馆协会于 6 月在意大利罗马举办的国际图书展览会。

故宫第一次文物出国是 1935 年冬至次年春赴英国参加的"伦敦中国艺术国际展览会"。这是 20 世纪初举办的规模最大、影响最为深远的中国古代艺术品展览，此次展览共计有 15 个国家参加，提选展品总计 3000 余件；中国提选 1022 件，其中故宫博物院选品共 735 件，其他文博机构及个人共 287 件，最终被选中陈列选品有 857 件。地点为伦敦皇家艺术学院百灵顿厅。这是中国历史文物也是故宫博物院文物首次出国展览。参观者逾 42 万，为英国人民了解中国悠久的历史和璀璨的文化打开了大门，在英国甚至欧洲掀起了一股"中国热"。

　　故宫第二次外展是在 1940 年。这一年，故宫 100 件精品文物在莫斯科国立东方文化博物馆开幕，并取得良好效果；后来展品又运往彼得格勒展出。苏德战争爆发后，这批文物于 1942 年运回中国。

　　中华人民共和国成立后，故宫外展在新的国际环境下逐渐发展。20 世纪 50 年代故宫组织了赴苏联及各东欧国家的大型巡展，70 年代曾组织赴日本的"明清绘画展"和"陶瓷标本展"。70 年代初期，由于外交形势的变化，故宫的对外交流工作进入了一个新的阶段。1974 年，中日邦交正常化两年之后在日本举办的"明清工艺美术展"，标志着故宫赴外展览的复苏。

　　改革开放以来，故宫以更为开阔的视野和更为开放的意识，加强国际联系沟通，故宫的对外展览也出现新局面，不仅数量大幅增加，展览主题也由传统的器物和书画扩展到生活用品、家具内饰、武备仪仗等古代宫廷文化及生活多个方面。1984 年两次赴美的"紫禁城文物展览"和"紫禁城中和韶乐乐器展"，1985 年赴德国的"故宫珍宝展"，1986 年赴美国的"故宫钟表工艺展"，1987 年赴中国香港的"清代广东贡品展览"，均收到良好效果。从 1988 年开始，外展数量进一步增多，展览主题也开始多样化。经对故宫 1990 年到 2000 年 10 年间各种外展的统计，计在日本 21 次、美国 10 次、西班牙 2 次、法国 2 次、葡萄牙 1 次、韩国 1 次、墨西哥 1 次、荷兰 1 次、瑞士 1 次、意大利 1 次、德国 1 次以及中国香港 7 次、澳门 3 次、台北 5 次，合计 57 次。又据统计，从 1980 年首赴新加坡举办"故宫珍宝展"以来，截至 2014 年底，故宫赴港、澳、台三地区及北美、欧洲、大洋洲、亚洲等十几个国家的境外展览，总数已达 250 多次。

2004 年故宫外事处成立是个标志性事件。随着故宫对外交流的步伐不断加快，交流的范围不断扩大，其交流的形式也不断变化。总的发展趋势表现在以下三点：一是由过去单一的对外展览为主转变为全方位、多层次的交流；二是从以前单方面赴外展览转变为与从国外引进展览、交换展览并重；三是从过去只针对发达国家的交流转变为面向更加广阔的国家和地区，包括更多的发展中国家。同时，继续保持与港、澳、台等地博物馆的展览和学术联系，特别是保持与台北故宫博物院的联系。

故宫对外展览新发展的特点是重要展览项目增多，展览水平进一步提升，其中配合国家大局和重要外交活动而赴外国举办的一些展览，更是广受关注、影响深远。

"中法文化年"的重点项目是 2004 年 1 月 24 日至 5 月 31 日由故宫博物院在法国凡尔赛宫博物馆举办的"康熙时期艺术展"，该展正值胡锦涛主席访法和北京文化周隆重推出期间，迎来了法国"中国文化年"的第二个高潮。作为法国"中国文化年"的压轴戏，"神圣的山峰展"是由故宫博物院与上海博物馆等八家文博单位的绘画和器物精品组成的大型展览。法国总统希拉克参观展览并参加了开幕式。

配合国家主席胡锦涛访英，2005 年故宫博物院赴英国皇家艺术学院百灵顿宫举办"盛世华章展"，胡锦涛主席与英国女王伊丽莎白二世出席，盛况空前。

2006 年 10 月赴丹麦克里斯钦堡宫殿举办的"中国之梦展"，丹麦女王玛格利特二世与丈夫亨里克亲王等出席了开幕式。

2007 年赴俄罗斯的"故宫博物院皇家珍藏展"，是我国在俄罗斯举办"中国年"活动的重点文化项目，国家主席胡锦涛为该展览图录题写了贺词。

2011年赴美国夏威夷檀香山博物馆的"紫禁城山水画精品展",由檀香山博物馆与2011年亚太经合组织领导人峰会共同举办,来自亚太经合组织21个成员的政府高层领导人,包括来自中美两国的高层代表团,均参观了该展。

2011年在法国卢浮宫举办的"重扉轻启——明清宫廷生活文物展",是卢浮宫与故宫博物院对等交换的展览,也是故宫首次在卢浮宫这一西方最重要的古典文明的核心地带高水准、大规模地展示中华文化遗产,打破了中国乃至东方文物从不在卢浮宫博物馆展出的惯例,具有重要而深远的意义。胡锦涛主席和萨科齐总统是这个展览的监护人。

2012年1月,为纪念中日邦交正常化40周年,"国宝观澜——故宫博物院文物精品展"在东京国立博物馆开展,254件稀世珍宝为展览带来了瞩目的亮点。其中,经国务院特批,《清明上河图》首次走出国门,亮相海外,引发轰动。日本天皇夫妇,前首相鸠山由纪夫、福田康夫、森喜朗等众多政要及学者、文化界知名人士专程前往参观。我国党和国家领导人对展览给予了高度评价并做出重要批示。

此外,还有2010年与2013年在英国维多利亚与阿尔伯特博物馆举办的"紫禁城皇家服饰展"与"中国古代绘画名品展",2014年在加拿大皇家安大略博物馆及温哥华美术馆等举办的"紫垣撷珍——明清宫廷生活文物展"等。

故宫也重视引进国外的文物展览。

1958年5月,"罗马尼亚民间艺术展览"在故宫昭仁殿开幕,展品91件,这是国外艺术品首次在故宫展览。进入21世纪,故宫不只把更多的故宫文物展览送到国外,而且也有计划地把国外重要博物馆的展览引进故宫,让国人可以在故宫看到不同民族的文化瑰宝,看到世界文化的多元性。这既是故宫博物院胸怀眼界的不断开拓，也是故宫跻身于世界大博物馆之列的体现。

2004 年 5 月，巴西"亚马孙原生传统展"在故宫神武门城楼举办，巴西总统卢拉与中国国务委员陈至立出席开幕式。

2005 年午门现代化展厅的建成开启了故宫举办国际大展的历程，其中有些是配合国家的外交活动，引起了很大轰动。

配合中法文化年，2005 年 4 月举办了"太阳王路易十四——法国凡尔赛宫珍品特展"，国务院总理温家宝与来访的法国总理拉法兰共同出席了开幕式，为展览剪彩并参观展览。

为纪念中瑞建交 55 周年，2005 年 9 月举办了"瑞典藏中国陶瓷珍品展"，瑞典王国王储维多利亚公主出席开幕式并剪彩。2006 年引进的"克里姆林宫珍宝展"，俄罗斯联邦总统普京为展览题写祝词。还有 2007 年的"英国与世界：1714—1830 展""中国·比利时传统绘画展""西班牙骑士文化与艺术：马德里皇家武器博物馆珍品展"，2008 年的"卢浮宫·拿破仑一世展"，2009 年的德国"白鹰之光：萨克森-波兰宫廷文物精品展（1670—1763）"、法国"卡地亚珍宝艺术展"等。这些展览分别从法国、瑞典、英国、俄罗斯、比利时、西班牙等不同国家引进，合作单位大多是世界著名的博物馆。这些展览多数以两馆交换的形式进行，即双方根据对等原则，各自挑选展品赴对方馆内展出。

后来还有 2016 年的"梵天东土 并蒂莲华：公元 400—700 年印度与中国雕塑艺术展"、2017 年的"茜茜公主与匈牙利：17—19 世纪匈牙利贵族生活展"、2018 年的"贵胄绵绵：摩纳哥格里马尔迪王朝展（13—21 世纪）"等，也都展现了不同文化的精髓，得到了观众的好评。

2017年在故宫展出的"浴火重光：来自阿富汗国家博物馆的宝藏"也很有意义。代表着20世纪阿富汗考古发掘成果的231件（套）顶级文物，在讲述阿富汗历史的过程中，让观众更深入了解了那条古老的文化之路。这次阿富汗文物展览既是丝绸之路精神的传承，也为增进中阿两国传统友谊增添了浓重的一笔。

从以上展览可以看到，故宫多年来也着意于与世界皇宫类博物馆的交流。故宫博物院已形成了以宫廷文化生活为主题展览的响亮品牌并颇受欢迎，此外还在展览主题方面积极创新，做了一些有益的探索，如2007年故宫与比利时布鲁塞尔美术宫合作举办的"中比绘画五百年展"，首次以中、外双策展人的形式策划展览，将中国与西方绘画对比展出。

68 伦敦中国艺术国际展览会

　　故宫南迁文物存沪期间的一件大事，就是参加在英国伦敦举办的中国艺术国际展览会。这是世界历史上中国艺术品第一次集中综合展示，也是故宫博物院文物珍品第一次出国展览，在近代中国对外文化交流史以及故宫博物院发展史上都占有重要地位。

　　1934年春，以斐西瓦乐·大维德爵士（Sir Percival David）为首的英国大学中国委员会，为提升西方人士对中国文化的认识，倡议举办"伦敦中国艺术国际展览会"，并组织理事会，积极推动；除向欧美各国征集中国艺术品参展外，又与我驻英大使郭泰祺接洽，拟邀故宫及国内各公私收藏机构与个人共襄盛举。中国政府也认为展览"在谋中国艺术品之国际欣赏，借以表扬我国文化，增进中英感情"方面很有意义，于是同意参展，遂授权郭大使与英方签署备忘录，议订展览时间为1935年冬至次年春，地点为伦敦英国皇家艺术学院百灵顿厅。两国政府成立理事会，联合督导。理事会以两国元首为监理，最高行政长官为名誉会长，两国朝野名流及驻英各国使节为名誉委员。又公推李顿爵士（Earl of Lytton）担任理事长。他因调查九一八事变的李顿调查团而为中国人所熟知。

　　中国对赴英展览极为重视。教育部长王世杰主持成立了"筹备委员会"，故宫马衡院长，古物馆徐鸿宝馆长，专门委员郭葆昌、唐兰、吴湖帆，以及教育部有关司长、专家等为委员，负责征集。

选提参展文物是第一要务。筹备委员会对此提出基本原则：要选择足以代表本国艺术文化者；依艺术史上发展次第作系统的展览；以故宫藏品作标准；在以故宫与古物陈列所为主外又征求有必要的其他公私藏品；展品时代起自商周而止于清代；等等。后来，筹备委员会又做出一项重要决定：于本国文献有特殊重要价值之古物，不运往展览。这种既注重选择能体现中国文化的参展选品，又强调特别重要的古物不能出国展览的要求看似矛盾，实则含有强烈的民族国家关怀，都是站"在为国家争体面的立场上"①。

筹委会的专门委员会负物品初选之责。专门委员会首先请专家拟展览物品的选择标准，由唐兰、容庚拟铜器之标准，郭葆昌拟瓷器，朱文钧、陈汉第、邓以蛰拟书画。故宫博物院按照这些标准，以运沪古物馆文物业经审定者为限，就本院所藏物品进行了两个多月的筛选工作。初选铜器 117 件，瓷器 959 件，书画 451 件，缂丝 47 件，玉器 231 件，景泰蓝 58 件，剔红 36 件，折扇 60 件，图书 38 函，木器 12 件，杂项 55 件，总共 2064 件。

按规定，赴英参展文物的最后选定，还有两道程序，一是专门委员会的初审，二是中英联合选择委员会的复审。专门委员会的审查是 1935 年 2 月在上海分组进行的。1935 年 3 月，英方理事会所派的大维德等五位专家来到了中国。

在共同选择文物时，英方专家有些看法与中国专家不同。英方专家对中国所选文物的总体印象是"深觉出品中，偏于艺术之表显者占大多数，恐非多数英国民众所能欣赏，最好能注意引起一般人

---

① 林语堂：《对于伦敦艺展的意见》，《大公报》1935 年 4 月 13 日。

兴趣之古物，如历代皇帝之冠冕等"①。但英方提出的皇帝冠冕，中方并没有同意。有些展品是应英方要求而加入的，如19件乾隆御用家具及文具，"原无艺术上之价值，徒以英人对帝王重视异常，坚请附带运英展览"。这些显然不是南迁之物，因其在上海预展会开幕的第三天才从北平运来。② 又如，中方因郎世宁是外国人，其画作不足以代表中国文化，拟不选，但在英方坚持下始选了两幅，③ 其中一幅就是反映中西融合画风的著名静物画《午瑞图》。中英专家这些看法的不同，不只是出于艺术观念的差异，而是因为双方选品的意旨不同。英方所注重的"引起一般人兴趣之古物"，中方则认为不能代表中国文化，中方坚持选择的是传统的正宗的中国文化艺术精粹。

经过慎重选择，筹备委员会共挑选出1022件文物赴伦敦展览。其中故宫博物院有735件，数量最多，种类最全，约占总数的72%。

珍贵文物，自然需要精美包装。经行政院批准，故宫两次提用未处分完物品中的绸缎264件，作为装置锦匣、锦囊的材料。

展品是珍稀文物，其安全特别重要。中国出展的前提条件是英方必须确保文物安全，做到万无一失。故宫理事会又通过了筹委会的重要决定：在展览古物运出之前，在国内先行举行预展，回国时亦举行展览，以昭大信。

英方囿于经济困难，以保险费甚巨之由，且据其六次举办国际艺术展览，虽未保险，也未发生重大安全事故，"仅有关于框架器具之

---

① 《伦敦艺展会美日有出品参加，英来华专员将由沪赴日，希望我将历代皇冠送陈》，《大公报》1935年3月7日。
② 《艺展预展第三日乾隆家具等运到》，《申报》1935年4月11日。
③ 《艺展预展会昨晨开幕，某专家谈选择经过》，《申报》1935年4月9日。

细微损伤"的经验，主张对中国古物不予保险。这引起中国知识界、文教界的激烈反对。陶孟和、徐悲鸿及中华艺术教育社等纷纷力主不保险则不出展，要求以"重金保险"，虽然这不能补偿"古物一失，永难再复"之损失，但可加重英方之责任意识，迫使其对古物尽力维护。

两国为此进行了多次协商，以解决"注重切实的保障，并不拘泥保险"的问题。英方以正式照会回复"为预防海盗及其他意外起见"，"愿派军舰护送装运展览品之邮船"，当中国古物入英时，"不在海关查验，而在展览场所同中国代表验看"。筹委会也专门讨论了古物安全问题，拟定了古物出国前、出国时、出国后、归国时及归国后的安保措施，十分细致周详。①

选定的文物首先在国内举办预展，为"以昭大信"之举。1935 年 4 月 8 日至 5 月 5 日，参展国宝在上海外滩仁记路中国银行旧址举行预展。29 天的预展期间，参观者达到近 6 万人次。展览特印中英文详细目录各 1 册，开展当日各售出千余册。

1935 年 6 月 5 日，英国军舰萨福克号（H. M. S. Suffolk）抵沪，装好参加伦敦艺展的 1022 件文物，6 月 7 日黎明离开上海码头，艺展会中方秘书唐惜芬和庄严随船照料。军舰 7 月 25 日晨抵达英国朴次茅斯港口，行程共计 3 万余里，历时 48 天。9 月 17 日上午，参加展览的中国文物在皇家艺术学院举行开箱仪式。

这次展览共收到来自 15 个国家的公私机构和个人的出品 3352 项，后经专家鉴审，提选出 3040 项展品。中国 1022 件出品中，被选中陈列者有 857 件，共 786 项，未被选中者 165 件。中国作为此次展览会

---

① 《伦敦中国艺术国际展览会筹划近况报告》，刘楠楠选辑：《北平故宫博物院参加伦敦中国艺术国际展览会史料选辑》，《民国档案》2010 年第 3 期。

之展品的源出地，其展品仅约占 1/4，这不免让国人十分尴尬，心情复杂。

　　1935 年 11 月 28 日中国艺术国际展览会在皇家艺术学院百灵顿厅正式开幕。门前高悬中英两国国旗及伦敦中国艺术国际展览会横额，墙上敷设颇具东方色彩的中国麻布。展览于 1936 年 3 月 7 日闭幕。这一历时四个半月的展览吸引了超过 42 万名参观者。除英国外，来自德国、意大利、法国、比利时、奥地利、美国、中国等众多国家的观众专赴伦敦参观。在此期间，皇家艺术学院配合展览举办了 24 场有关中国艺术的专题讲演。12 月 17 日，英国国王乔治五世与玛丽皇后到会场参观。此外，展览会还编印售卖了 108 914 册图录，各种刊物登载了以中、英、法、德、日等语言撰写的有关中国艺术的文章 100 多篇。

　　中国参展古物，在英人看来，就是古董艺术品，但中国却更强调它的"国宝"意义，它所承载的民族精神。"古物是国家的至宝，是国家文明的象征。"① 中国驻英大使郭泰祺在英国皇家亚细亚协会为伦敦中国艺术国际展览会举行的庆祝宴上，强调中国送展之每一珍品都"伏有中华全国之好意"，并谓"中国美术绵延历三千余年，实为创造力之象征。中国今日在空前之困难中，而犹能奋勉从事国家复兴事业，端赖此创造力鼓起其精神"。②

　　这次展览的一个重要成果，就是拓宽了西方人对中国艺术的认识。大多数西方人一直认为中国艺术品就是陶瓷器，其他的都是工艺品、装饰品，观展后才发现一直被其视为装饰品的中国艺术品亦有精

---

　　① 薛铨曾：《伦敦艺展会中国展品过目记》，《中国新论》第 2 卷第 6 期，1936 年 7 月。

　　② 《英皇偕后参观中国古物展览》，《申报》1935 年 12 月 3 日。

美的艺术，尤其是认识到一直为西方所忽视的书画才是中国艺术的主流。与瓷器、青铜器及玉器相比，西方对中国书画的研究和认知还很浅陋。

展览结束之后，中国展品随即于 1936 年 4 月 9 日直接回国，由大英轮船公司的兰浦拉号邮船运送，沿途有军舰分段护送，英方共动用了 1 艘巡洋舰和 4 艘驱逐舰，中方人员郑天锡、唐惜分、庄严、傅振伦等 7 人随行监护，于 5 月 17 日平安抵沪。6 月 1 日至 22 日，中方筹备委员会在南京考试院的明志楼举行了回国展览，以昭信天下。

在对故宫文物藏品价值的认识上，文物南迁是一个重要的提升阶段。在这个过程中，人们更多地把这些文物与中华民族的历史文化、与国家的命运结合起来，不断强化着它的国宝意义。在赴英展览筹备中，无论是对参展文物的选择，或是上海的预展，还是知识界、文教界围绕文物安全的争论，无不充分体现了这一点。

2005 年故宫博物院在英国伦敦皇家艺术学院百灵顿宫的展览也值得重视。这是相隔 70 年后，故宫又在同一地点举办的展览。400 余件精品文物，反映了清代康熙、雍正和乾隆三朝历时 130 余年间政治、宗教、军事、文化、艺术等各个领域的强盛与辉煌，在英国媒体上再次掀起讨论中国文化的热潮，并再现了 70 年前的盛况。但两次展览的时代背景不同，效果也有不小差别。

1935 年故宫文物避寇南迁，赴英展览文物就是从南迁文物中挑选出来的。中国的艺术珍品虽然在英国乃至欧洲引起巨大反响，但中华民族却到了最危难的时刻。当时的中国还是一头"睡狮"，是被外国人所看不起的。故宫博物院派往英国办展览的一位先生就对此很有感触，他说："夫艺展之在英伦，固曾轰动一时，若谓由是可以增睦邦交，提高国际地位，虽非缘木求鱼，亦等镜花水月。"① 2005 年 11 月的故宫文物展，胡锦涛主席夫妇和伊丽莎白女王夫妇共同出席开幕式并为之剪彩，随后一起观展。参观过程中，胡主席极为愉悦地以主人身份为女王介绍展品以及中国的文化与历史。胡主席参加文物展开幕式的消息成为当时中外媒体最为广泛报道的新闻之一。中国国家主席对本国文化的热爱与熟悉也为英国人民所了解，并赢得了他们的尊敬。这充分说明，国家的盛衰与文物的尊严有着直接关系。

① 庄严：《伦敦中国美术国际展》，载庄严：《前生造定故宫缘》，紫禁城出版社 2006 年版，第 143 页。

69 故宫与卢浮宫的合作

2004 年 11 月，卢浮宫博物馆馆长应中国国家文物局和故宫博物院邀请访问故宫，双方初步确立了合作意向。两馆存在很多共同之处，双方均为古皇（王）宫和一流的博物馆，几个世纪以来都是各自国家历史的象征，每年均接待数百万参观者。加强两馆联系、建立全面合作关系，是双方发展的需要，也是今后博物馆馆际交往的发展方向。

2005 年 10 月 10 日，故宫博物院与法国卢浮宫博物馆在经过多次协商后签署了《故宫博物院与卢浮宫博物馆 2005—2010 年合作协议书》。根据协议，两馆将互换展览，卢浮宫计划首先于 2008 年在故宫博物院举办"拿破仑一世"展。另外，双方还将在出版、网站、观众接待及管理、博物馆教育、文物修复技术等各个领域展开全面合作，并建立管理人员和技术人员定期互访机制。这是故宫博物院建院以来与世界一流博物馆签署的第一份全面的、长期的合作协议。

2008 年 4 月 4 日至 7 月 4 日，法国"卢浮宫·拿破仑一世展"在故宫午门展厅举办。该展亦为 2008 年"中法文化之春"活动的开幕展。100 件（套）卢浮宫收藏的艺术品，将拿破仑时代的辉煌呈现在中国观众面前。展品包括雕塑、油画、版画及工艺品，主要反映拿破仑时期政治、军事、艺术及其家族生活的各个方面。卢浮宫博物馆馆长亨利·卢瓦耶特在开幕式当天下午，与该展策展人伊萨贝尔·勒迈斯特女士在故宫博物院报告厅分别举行讲座，对卢浮宫博物馆及"卢浮宫·拿破仑一世展"进行了介绍。

2010 年 11 月 4 日，在国家主席胡锦涛和法国总统萨科齐的共同见证下，故宫博物院与卢浮宫签署了两馆 2011 至 2015 年度框架合作协议。这是故宫博物院与该馆签署的第二个五年期合作计划，新一期的五年协议涵盖了合办展览、人员交流、官方网站的合作，游客的接待管理等方面。胡锦涛主席在签字仪式之前与萨科齐总统的会谈中特别强调："支持故宫博物院和卢浮宫博物馆建立长期稳定合作关系。"

2011 年 9 月 26 日至 2012 年 1 月 9 日，故宫"重扉轻启——明清宫廷生活文物展"在法国卢浮宫举办。展览定名为"重扉轻启"，意为将禁卫森严、多重院落的紫禁城层层宫门徐徐打开，让观众徜徉其中，领略明清皇宫神秘的政治活动以及典雅、精致的文化、艺术生活。为体现中法文化的交融，展览的法语名称定为"卢浮宫迎接紫禁城——中国皇帝和法国国王"。展览并没有设在卢浮宫惯常的临时展览区，而是以经过全面整修、焕然一新的历史展厅为基础，将展品穿插在卢浮宫藏品之中。130 件（套）文物种类包括在北京建都的金、元、明、清四个朝代的书画、服饰、家具、瓷器、青铜器、玉器、漆器、珐琅器、印玺、建筑构件等，集中体现了中国传统文化的内涵，折射着那个时代的历史风貌。

故宫这场大型文物特展，打破了中国文物只能在集美博物馆等东方文化博物馆展出的惯例，在卢浮宫这一西方最主流的古典文明的核心地带，第一次高水准、大规模展示中华文化遗产，实现了具有历史意义的突破，也具有重大的象征意义。

卢浮宫博物馆馆长亨利·卢瓦耶特曾就两馆深入合作有过一系列

设想。他说，两大博物馆首先围绕历史主题开始了最初的合作，通过
"卢浮宫·拿破仑一世展"与"重扉轻启——明清宫廷生活文物展"，
平行地把两座皇宫进行了一次类比介绍。

　　我觉得我们还可以就这一角度，来进行其他主题的策划。比
如说，法中风景画对比、法国艺术大师如何从中国文化中得到灵
感进行创作、中国18世纪的一些艺术品受到法国艺术怎样的影
响等等。我们与故宫之间在博物馆陈列、策展学、博物馆如何加
强多媒体信息功能等领域也有重要的合作与讨论。除此之外，合
作关系也将会在针对博物馆作为社会公共设施怎样更好地迎接社
会公众、开展公共服务等方面进行全方位讨论。①

---

　　① 《故宫和卢浮宫：欧亚两端的对视与交集——对话故宫博物院院长郑欣淼与卢
浮宫博物馆馆长亨利·卢瓦耶特》，《中国文物报》2011年11月9日。

70　澳门故宫国宝系列展

　　1999 年 12 月 20 日，澳门正式回归祖国。在这普天同庆的日子，故宫博物院与澳门艺术博物馆合作，举办了以"盛世风华"为主题的故宫文物展，联系着传统与今天的康、雍、乾三朝书画器物精品，使庆典活动锦上添花。

　　自此以后，故宫国宝每年亮相濠江，至 2021 年已举办了 23 次展览。"妙谛心传""日升月恒""邃古来今""永乐文渊""天下家国""钧乐天听""九九归一""玉貌清明""斗色争妍""君子比德""清心妙契""朱艳增华""太乙嵯峨""平安春信""大阅风仪""海上生辉""星槎万里""一代昭度""御瓷菁华"等，从这一连串深蕴传统文化内涵的展览名称中，就可想见展览的多姿多彩。鲜明的主题，精美的文物，从中既可了解神秘的明清宫廷的文化生活，又可对中华五千年文明史有可触可感的具体认识。

　　这是两地博物馆携手合作、精心筹办的结果。作为澳门民政总署下属机构的澳门艺术博物馆，是在澳门回归时应运而生的，它很年轻，但有一个富有远见又勇于任事的领导集团，其成员朝气蓬勃、充满活力。故宫是个近百年历史的博物馆，养成了为人称道的谨严与认真。可贵的是，两个博物馆从发挥自身文化桥梁和文化媒介作用的高度认识到了合作办展的意义，看到这是自己应该承担的文化使命。在主题的确定上，在文物的选择上，在围绕展览的社会宣传以及学术讨论上，两馆都是殚精竭虑，力求做得更好。不断地探索，不断地总结，故宫在澳门的展览已有了自己的特色，并成了人们关注的文化"品牌"。两馆的真诚合作也在不断发展，除过展览，还包括人员的交流、博物馆全面业务的交流，为博物馆间的合作交流积累了经验。

这一系列展览的成功举办，与澳门特区政府的重视及社会各界的大力襄助分不开，与澳门良好的文化氛围分不开。澳门人保护历史文物的意识很强。漫步在澳门历史城区，那20多处历史建筑保存完好，这是400多年来中西文化交流互补、多元共存的结晶。为了保护在清末以《盛世危言》一书轰动朝野的郑观应的郑家大屋，特区政府不惜向开发商支付了一大笔补偿费用。在澳门人的努力下，澳门历史城区被列入世界文化遗产名录。这是澳门的殊荣。对于今天的文化建设，澳门也很重视。正是有了这个文化环境，故宫博物院的展览才受到了澳门公众的热烈欢迎。人们通过故宫的历史文物——这座文化传承的桥梁，进一步加深了对源远流长的中华文明的认识，增强了民族认同感，提高了民族自豪感和自信心。

长期以来，澳门在中西文化交流史上占有独特的地位。从16世纪中叶到19世纪前，澳门成为中国境内接触近代西方器物文化最早、最多、最重要的地区，是当时中国接触西方文化的桥头堡。同时，澳门过去也是外国人认识中国的一道门户。故宫的展览今天仍然发挥着这样的作用，这些展览不仅在澳门引起了反响，而且在香港及东南亚地区产生了重大影响，并波及欧洲，成为了解中国历史文化的一个途径。

71 香港故宫文化博物馆

香港故宫文化博物馆是一所展示中华文化艺术的专题博物馆，全面和深入地展示了故宫博物院的珍藏，位于香港特别行政区西九文化区境内。

2012 年，香港康乐及文化事务署与北京故宫博物院签订合作协议，商定双方每年合办一场大型专题展览。2015 年，香港特区政府向中央人民政府提出建设香港故宫文化博物馆的书面建议。2016 年 12 月 23 日，北京故宫博物院与香港西九文化区管理局宣布"香港故宫文化博物馆"项目启动。2017 年 5 月 9 日，西九文化区管理局董事局接纳香港故宫文化博物馆项目的公众咨询报告，同意与北京故宫博物院拟订合作协议建设香港故宫文化博物馆。同年 6 月 29 日，时任香港特区政府政务司司长兼西九文化区管理局董事局主席张建宗与时任北京故宫博物院院长单霁翔签署《兴建香港故宫文化博物馆合作协议》，中国国家主席习近平出席签署仪式。

2018 年 5 月 28 日，香港故宫文化博物馆举行动土仪式。2022 年 5 月 10 日文化博物馆大楼全部竣工，内部工程及展厅装修接近完成。同年 5 月 31 日，该馆获"梦蝶轩"（收藏家卢茵茵与朱伟基的收藏堂号）捐赠 946 件中国古代金银器文物藏品。6 月 22 日，香港故宫文化博物馆举行开馆仪式。7 月 3 日，该馆向公众开放。

香港故宫文化博物馆占地约 13 000 平方米，建筑面积约 30 000 平方米。其中，博物馆内共有九个展厅，展厅总面积 7800 平方米。博物馆内设有故宫学堂，面积 1600 平方米。博物馆内还设有演讲厅，面积570 平方米，共有 400 个座位。香港故宫文化博物馆内外还有休憩空间、中庭、纪念品店及餐厅等。

香港故宫文化博物馆开放层数共六层，其中地上共四层，地下共两层。地上四层，第一层有展厅 2，第二层有展厅 3、4、5，第三层有展厅 6、7、8，第四层有展厅 9 和观景台。地下一层有地下大堂及展厅 1 等设施。九个展厅中，展厅 1 至展厅 7 为专题展览区，展厅 8 及展厅 9 为特别展览区。

香港故宫文化博物馆大楼由许李严建筑师事务所设计，严迅奇建筑师主设计，中国建筑工程（香港）有限公司承建。博物馆建筑展示了对传统美学的新阐释，其设计灵感来自中国传统建筑、中国艺术、香港城市景观三大元素。参观者在中庭可以眺望香港岛天际线及大屿山的景观。该馆借鉴了北京故宫建筑和藏品，并以融汇古今、结合中西的方式重新诠释故宫文化。馆内则传承紫禁城中轴线的理念，结合香港向上发展的都市建筑风格，把中轴线向上延伸，较为巧妙地将九个展厅安排在不同楼层。

香港故宫文化博物馆建筑设计注重安全。博物馆超过 8000 个阀门、1224 个风嘴获得较为精准的调校，馆内空调温度控制精度在 ±2℃，湿度控制精度在 ±5%，并配备有恒温恒湿、防风抗灾、安保防盗等功能。香港故宫文化博物馆把现代科技融入场馆建设和文物保护，并运用了较为先进的消防系统。

香港故宫文化博物馆建筑曾获得工程、安全、环保、科技等 19 项大奖。2022 年 11 月，入选"2022 中国新时代 100 大建筑"的最终名单。

香港故宫文化博物馆内设有董事局，负责订定该馆的愿景和使命，以及为该博物馆的策展事宜、专业水平和营运制订策略、政策和指引。

香港故宫文化博物馆将轮流展出故宫绘画、书法、青铜器、陶瓷、金银器、珐琅、玉器、漆器、玻璃、玺印、织绣、首饰、雕塑、图书典籍、古建藏品等精选的故宫艺术藏品。此外，博物馆也会专题介绍紫禁城的文化历史和宫廷生活，呈献特别展览，以及设立数码展厅。

2022 年 7 月，来自北京故宫的 914 项文物在香港故宫文化博物馆首次展出，其中 166 件为国家一级文物，该展还通过 3D 扫描、互动感应装置展示清代郎世宁的《八骏图》。九个展厅的内容分别为：1. 紫禁万象——建筑、典藏与文化传承；2. 紫禁一日——清代宫廷生活；3. 凝土为器——故宫珍藏陶瓷；4. 龙颜凤姿——清代帝后肖像；5. 器惟求新——当代设计对话古代工艺；6. 同赏共乐——穿越香港收藏史；7. 古今无界——故宫文化再诠释；8. 国之瑰宝——故宫藏晋唐宋元书画；9. 驰骋天下——马文化艺术。

香港故宫文化博物馆是国家"十四五"规划纲要中"支持香港发展中外文化艺术交流中心"的重要实践，是故宫所代表的中华优秀传统文化与现代化、国际化香港之间的创造性结合，是内地与香港文化文物合作的里程碑事件，是香港与内地共享中华优秀传统文化、赓续传承中华文明的创新性实践。这座屹立在维港之滨、形似方鼎的金色巨型建筑也有望成为具有世界级影响力的文化新地标。

72　台北故宫博物院

抗日战争胜利，故宫南迁文物东归，又存藏在南京文物保存库。1948年9月以后，国内政治军事形势变化很快。中国人民解放军发动的辽沈战役行将解放东北全境，平津战役与淮海战役正在准备进行之中。平津被围，徐蚌紧急，南京岌岌可危，南京国民政府准备逃往台湾。

1948年底与1949年初，约占总数1/4的2972箱故宫南迁文物分三批从南京运往台湾，开始贮存于台中糖厂。1950年，在台中县雾峰乡北沟觅地修建库房，文物被搬运入库。1957年，北沟陈列室开放。1965年，在台北近郊外双溪建立台北故宫博物院，从此形成一个故宫、两个故宫博物院的局面。

台北故宫外双溪新馆从建成以来，已进行了五次扩建，增建馆舍面积，新建图书文献大楼等。21世纪以来，又在嘉义兴建了故宫博物院南院。

据台北故宫博物院2014年年报统计，截至2014年12月底，台北故宫博物院典藏文物共计696 344件册，可分为基本文物典藏与到台后新增加的文物两大部分。基本文物典藏631 831件册，其中原属国立北平故宫博物院的运台文物597 556件、原属国立中央博物院筹备处藏品11 865件、原属国立北平图书馆（今北京中国国家图书馆）善本旧籍、古舆图 21 602 件。

原属国立北平图书馆的"善本旧籍"为该馆专藏宋元明早期珍籍的甲库善本。该批善本旧籍抗战中移存美国国会图书馆，于 1965 年底从美国运到台湾，连同原存国立中央博物院图书馆联合管理处保管之"古舆图"，全数寄存台北故宫，并在 1985 年由台湾"教育部"移交该院典藏。

中央博物院筹备处运台文物多是古物陈列所藏品，而古物陈列所藏品也属于宫廷文物，国立北平图书馆的甲库善本亦以清学部图书馆所收内阁大库旧藏为基础，加上故宫博物院，这三方面文物即占台北故宫博物院现有文物总数 696 344 件册的 90%，说明台北故宫博物院的基本典藏主要是从大陆运去的文物，且绝大多数是清宫旧藏。

其中，故宫博物院运台文物数量尤巨，约占台北故宫现有文物总数的 86%，并且无比珍贵，使台北故宫博物院成为清宫旧藏的另一个重要庋藏地。具体来说，有铜器 2631 件、瓷器 18 391 件、玉器 9768 件、文具 1664 件、漆器 561 件、珐琅 1030 件、雕刻 309 件、杂器 10 056 件、丝绣 232 件、折扇 1599 件、名画 3888 件、法书 1139 件、碑帖 307 件、善本书籍 147 909 件册、清宫档案文献 386 573 件（其中宫中档案奏折 155 809 件、军机处档折件 190 889 件、档册 39 875 件）、满蒙藏文献书籍 11 499 件册。

台北故宫博物院在文物的保护上下了很大功夫。"防微杜渐，预防胜于治疗"是台北故宫维护典藏的重要准则。台北故宫已进行过数次文物清点，弄清文物保管现状，并加强与改进文物管理工作。

台北故宫博物院的陈列展览在不断发展之中。1965 年对外开放之初，台北故宫仅有 16 间陈列室和 8 处画廊，展出文物 1573 件，经过几次扩建，陈列室已增加 34 间，展出的文物达 4000 余件。多年来，台北故宫也举办过一系列有影响的展览。以进入 21 世纪以来为例，如"千禧宋代文物大展"（2000 年）、"大汗的世纪——蒙元时代的多元文化与艺术"（2001 年）、"乾隆皇帝的文化大业"（2002 年）、"大观——北宋书画、北宋汝窑、北宋图书特展"（2006 年）、"雍正——清世宗文物大展"（2009 年）、"文艺绍兴——南宋艺术与文化"（2010 年）、"山水合璧——黄公望富春山居图特展"（2011 年）、"康熙大帝与太阳王路易十四特展"（2011 年）、"十全乾隆——清高宗的艺术品味"（2013 年）等。台北故宫博物院 1999 年从大陆引进"三星堆传奇——华夏古文明的探索"展览，此后又举办了"汉代文物大展"（主要为马王堆汉墓与南越王墓的文物，1999 年）、"天可汗的世界——唐代文物大展"（陕西文物，2001 年）、"赫赫宗周——西周文化"（陕西文物，2012 年）、"商王武丁与后妇好——殷商盛世文化艺术"（部分文物来自中国社会科学院考古研究所与河南博物院，2012 年）等展览。台北故宫博物院多年来又引进了一系列西方绘画与雕塑等的展览。在此期间，台北故宫文物也多次到国外展出，1961 年到 1962 年赴美国巡回展览，1996 年赴美四大城市巡展，1998 年赴巴黎大皇宫博物馆展出，1999 年赴中美洲展出，2003 年赴德国展出，等等。

台北故宫博物院重视学术研究及与其他机构进行合作交流，如 20 世纪 60 年代起，协助台湾大学历史研究所增设中国艺术史组，这是台大艺术史研究所的前身。该组培育出许多艺术史研究人才，部分并在故宫任职。1978 年，台北故宫又与"国史馆"合作校注《清史稿》，后由"国史馆"整理增订出版为《清史稿校注》。台北故宫也展开编辑和研究的工作，先后出版了多种期刊、专书、目录，以及画轴、手卷等。此外，还积极选派人员出国培训、考察，参与国际性学术活动，并结合一些特展、大展，多次主办国际性的学术讨论会。

台北故宫在教育推广与艺文体验方面做了很多努力。为了让观众了解陈列室中的展览，特设有"专人导览"与"语音导览"两类。为了提升观众对该院文物的认识，经常举办专题讲座与研习营，增进各类观众对藏品及特展文物的认识。近年来，台北故宫新媒体艺术展屡获好评。

台北故宫博物院在数字化与资讯科技方面取得了重要成果。自20世纪90年代起，台北故宫即参与数字化典藏、数字化博物馆和数字化学习，以及U化故宫等数字化计划，逐步深化各重要典藏资料库的建置，架设内容丰富的10种语言版网站，完成宽频与无线网络系统，发行19万份电子报，进行数字化学习、线上展览，并且将各种电子媒材应用于博物馆展示教育中。

73 两岸故宫博物院八项合作交流协议

故宫只有一个，故宫博物院却有两个。海峡两岸两个故宫博物院在国际上都享有盛名，但它们之间却形同陌路，长期没有正式的来往。1992年，两岸达成"九二共识"，两岸同胞交往由此日益热络，两岸文物交流合作也由此起步。1993年，两岸故宫首次合作编撰出版的大型图册《国宝荟萃》在北京举行大陆首发式。2001年9月10日至25日，应北京故宫博物院邀请，台北故宫博物院前任院长秦孝仪及夫人回大陆参访北京、西安、南京和浙江溪口、杭州等地。

该发生的事迟早会发生。两岸故宫博物院的交流就是如此。2008年，随着台湾政坛局面的变化，"大三通"、直航等的实现，台北故宫领导人的更换，两岸故宫交流更为海内外所瞩目，各方普遍期待着实质性的进展与突破。

2009年初春，睽违一个甲子的两个故宫博物院终于打破坚冰，正式迈开交流合作的步伐。开端始于台北故宫为举办清雍正时期文物大展向北京故宫借展。两岸故宫院长实现首次互访，开启了两岸故宫博物院高层60年来首次正式交流的大门，被誉为"破冰"之举。两院经过认真协商，最终形成了八项共识：

一、落实双方合作机制：

1. 采取机动方式随时进行视频会谈。

2. 建立互访机制，订于每年 7—9 月中旬。

3. 每年互访时，制定未来合作议题。

4. 建立检查机制。

二、使用文物影像互惠机制：

1.《龙藏经》合作出版，以《龙藏经》2 套交换北京故宫博物院影像。

2. 未来双方相关单位继续协商具体办法，以最大优惠条件互相提供影像。

三、建立展览交流机制：

1. 台北故宫 2009 年举办雍正特展，以借展方式向北京故宫借展件 27 组件（共 37 件）。有关借展之第三机构，尽速决定。

2. 以后展览由两院共同研究协商决定。

四、建立两院人员互访机制：

2010 年开始每年互派 1—2 人，进行 2—3 个月之研究访问，人选与具体实施办法进一步研究商定。

五、出版品互赠机制：

1. 确认两院交换图书目录。

2. 自 2009 年 3 月 1 日起两院互赠新出版品及期刊。

3. 北京故宫加赠《故宫博物院藏文物珍品全集》60 卷。

六、信息与教育推广交流机制：

1. 排除相互浏览网页的技术问题。

2. 加强两院数字展示与研究技术的业务交流。

3. 于双方网页介绍双方各项展览与活动讯息。

七、学术研讨会交流机制：

1. 2009 年 11 月 5 日、6 日于台北召开两岸故宫第一届学术研讨会"为君难——雍正帝其人、其事及其时代"。

2. 之后各届学术研讨会由两院共同研究协商议题。

八、文化创意产品交流机制：

1. 两院人员购买双方出版物及文化产品，参照彼此员工相同优惠价格购买。

2. 两院互设商品柜台，由两院相关部门负责后续协商事宜。

这是可喜的成果，但亦非易事。诚意是首要条件，即双方是否真的想开展两个故宫的交流。现在双方都是真心实意的，有一个务实的态度，并发挥了大家的智慧，克服困难，提出一个个具体可行的措施，从而达到互利双赢的目的。例如，牵涉到名称载示，两院搁置争议，采取各自宣布的办法，不再双方正式联署，但因为有了诚意，双方仍会恪守共识。"雍正展"以借展方式进行，两院同意台北故宫寻觅双方都能接受的第三机构，肩负起借展签约任务。共识的特点，多是从个案入手，形成在某个方面合作交流的意向，并建立有利于实行的机制。这样，由"雍正展"发展为建立展览交流机制，由《龙藏经》出版发展为建立使用文物影像互惠机制，由"雍正展"学术研讨会发展为建立学术研讨会交流机制，此外还有落实双方合作机制、建立两院人员互访机制以及出版品互赠机制等。

两岸故宫博物院合办的"雍正——清世宗文物大展"于2009年10月6日举行开幕式。展室大门由两岸故宫院长同时按钮开启，宣告展览开幕。展览在海内外引起轰动。该展览说明，两岸故宫博物院，从文物到人员到精神，它们之间是割不断的。

例如，大量雍正朝的文物精品就具有不可分割的联系和互补性。其中，台北故宫拟定的展览和研讨会主题是"为君难"，这件开题文物——"为君难"印章就是北京故宫的藏品。而此次北京故宫借出的《十二美人图》画面上陈设的一件汝窑椭圆花盆，则是台北故宫的藏品。两岸的珍贵文物在这次"雍正展"上重新聚首，珠联璧合，交相辉映，从而使展品具有非同寻常的完整性、代表性，也使该展览成为名副其实的大展。

两岸故宫博物院从 2009 年初开始交流以来，稳步前进并不断发展。郑欣淼、单霁翔院长与周功鑫、冯明珠院长在其任上都先后做着积极的推动工作。北京故宫后来又多次借文物给台北故宫办展，两院还合作举办了"为君难——雍正其人、其事及其时代""永宣时代及其影响""康熙大帝与太阳王路易十四——十七、十八世纪中西文化交流"和"十全乾隆——清高宗的艺术品味"四届两岸故宫学术研讨会，并且努力拓宽合作交流的内容与形式，以及多方面人员的交流等，形成了一些制度。这不仅有力地促进了两岸故宫博物院的工作，而且在两岸民众中获得了广泛好评。

两个故宫博物院的交流与合作，既是两个博物院事业发展的需要，也是两岸同胞的福祉。国宝长久分隔，故宫的完整性受到影响，人们难以全面了解故宫的珍藏。两个故宫的交流与合作，不仅是清代皇家私藏的圆满团聚，而且是海峡两岸民众以故宫为起点去拥抱共同文化、共同历史的契机。因此，两岸故宫的交流是中华民族的幸事。

74　重走故宫文物南迁路

　　2010 年 6 月，为纪念故宫博物院建院 85 周年、紫禁城肇建 590 周年、世界反法西斯战争胜利 65 周年，北京故宫决定举办"故宫文物南迁史料展"，并倡议两岸故宫重走文物南迁路，台北故宫对此做出积极响应，并建议以"温故知新"作为此次重走活动的主题。

　　两个故宫博物院的形成，与当年抗日战争时期的文物南迁有关。台北故宫收藏着约 1/4 的南迁文物。故宫文物南迁是故宫博物院早期院史中的一件大事，也是中华民族在伟大的抗日战争中的一个壮举。这些承载着中华文化血脉、倾注着中华民族感情的故宫文物，在民族危难时刻，与中国人民共同经历了血与火的洗礼，也被赋予了特殊的意义。两个故宫博物院秉承故宫的精神，都在继续弘扬着中华文化。

　　两个博物院拥有从 1925 年至 1948 年这一长达 24 年的共同院史，而在这 24 年中，又有 16 年是文物南迁时期的院史。这 24 年的不平凡岁月，培育了热爱故宫、珍护国宝、严谨认真、无私奉献的故宫精神，并在严格管理、学术公开、社会参与等方面有着很好的做法和传统，是故宫重要的精神遗产。这些精神遗产在两岸故宫的事业发展中得到了继承和弘扬。两个博物院的一批元老级人物，都曾是国宝南迁中相濡以沫的同事和战友，都曾有过深厚的情谊。在地覆天翻的历史转折关头，个人的作用总是微弱的，故宫同人在去与留的抉择中，道路不同，信念却依然相同，那就是"和文物在一起"。这是两岸故宫博物院交往的重要动力。

这次活动的目的，就是通过"重走"这一形式，亲身追寻与体味故宫前辈迁运文物的艰难历程，进一步探求与认识这一壮举的价值与意义。

活动由北京故宫的 16 人与台北故宫的 10 人组成。自 2010 年 6 月 4 日至 18 日，考察团一行在 15 天的行程中，先后到了江苏、贵州、陕西、四川、重庆等省市的南京、贵阳、安顺、宝鸡、汉中、成都、乐山等城市，探寻了 37 个故宫南迁文物的存放点，串联起当年文物南迁、西迁、东归的部分运输路线。考察活动按照将历史考证与现状调查、档案文献与口述历史相结合的思路，调查收集了散存各地的文献、档案及研究资料，考察了遗址、遗迹的保存状况，聆听了当年参与"护宝"行动人员的介绍，并通过摄影、摄像、录音等多种形式，补充、完善了相关影像资料，取得了丰硕的成果。

其一，考察活动对当年文物南迁历史有了更为全面、深入的了解。特别是遗址考察、人员采访、文献搜求，具有抢救性质。丰富的资料、鲜活的细节，使文物南迁史变得更为生动、形象，人们可以从中了解到民众对保护国宝的支持，感受到故宫人典守国宝的执着与坚定，也是故宫一笔宝贵的精神财富。

其二，两岸故宫共同重走南迁路，是一次唤起共同历史记忆的"寻根"行动。两岸故宫都保留了大量有关南迁的文献档案，从文物开始南迁直至 1937 年底西迁前，有关南迁的档案都保存在北京故宫，台北故宫则保存自 1938 年以后与文物南迁相关的院史档案 153 件。两岸故宫博物院都感到南迁史研究的重要性，但从未进行过实地调查，倒是当年一些南迁工作人员如庄严、欧阳道达、梁廷炜的后人曾多次寻访父辈与自己生活过的地方。庄严的四子庄灵（1938年出生于贵阳，1938年至1941年长于安顺）、梁匡忠的三子梁金生（1948年出生于南京分院，后随文物北返回到北京）均参加此次考察。15天的共同考察，加深着了解，了解一段共同历史的同时，也在进一步了解自己、了解对方。这次考察活动是继2009年两院实现院长互访、在台北故宫合作举办雍正大展、合作举办第一届两岸故宫学术研讨会后的又一次重要合作，必将继续推进两院今后的交流与合作。

其三，当年保护故宫国宝的行动，已逐渐引起社会的广泛关注，其精神也得到传扬。一些文物存放地已被很好地保护起来，作为爱国主义教育的活教材。乐山的安谷还由民间投资，办起了"故宫文物南迁乐山史料陈列馆"，并建起了纪念碑。故宫文物南迁已成为集体的记忆、民族的记忆。

早期故宫博物院院史是两岸故宫的根，是共同走过的路，也是共同的财富，对故宫博物院今后的发展有着重要意义。两岸故宫都感到需要认真研究早期院史，还互相交换有关档案资料，并且做出研究的规划。2010年北京故宫举办"故宫文物南迁史料展"，台北故宫提供了院史档案228件。2011年台北故宫举办"院史留真展"，北京故宫提供了1949年前的院史档案资料8卷111页以及历史照片23张。

"温故而知新，可以为师矣。"拂去历史烟尘，故宫文物南迁的意义正在被人们所认识，而故宫人也更体会到今天自己所典守的国宝的分量与价值，更感到历史赋予的神圣使命，更激励自己继续努力弘扬中华文化，在两岸交流、祖国统一中发挥应有的作用。

五

故宫学研究与机构

75 作为学术机构的故宫

故宫博物院从一开始，就被定位为一个学术机构。

对故宫博物院的学术性质，筹建者有着明确的认识。1924 年 11 月 5 日溥仪被赶出故宫，李煜瀛等人即与冯玉祥、黄郛商组"办理清室善后委员会"事。"二君欲由我委员长，由政府明令发表。吾允担任，但须多容纳几分社会乃公开性质，不作为官办。遂决定委员长与委员不用任命而用聘请，并多延揽学者专家，为学术公开张本，同时并言及博物院事。"① 后李又提出，故宫"学术之发展，当与北平各文化机关协力进行"。

自 1928 年改组后，故宫博物院包括学术研究在内的职责，有了法律上的规定。1928 年 10 月 5 日国民政府颁布了《故宫博物院组织法》及《故宫博物院理事会条例》，规定"故宫博物院直隶于国民政府，掌理故宫及所属各处之建筑、古物、图书、档案之保管、开放及传布事宜（按：所属各处系指故宫以外之大高殿、清太庙、景山、皇史宬、实录大库等）"。

故宫为一学术机构，服务于故宫的工作人员也是明确认识到这一点的，而且是以此为荣为乐的。1929 年故宫博物院全年工作报告中说：

---

① 李煜瀛：《故宫博物院记略》，《故宫周刊》1929 年总第 2 期。

　　本院职员多以学术研究为目的，故尽义务者甚多。即有报酬，亦极菲薄。至多之生活维持费，仅给百元，少只十五元，为各机关所罕有。而同人工作精神，则殊奋发。栉风沐雨，毫无倦容。盛夏严冬，工作尤苦。或冒暑巡行于永巷之间，或呵冻植立于冷殿之内。皆为寻常人所不能忍受者，而本院职员，皆身受之。此无他，一为保存中国历史、文化、艺术计，人人均视为分所当为，故不觉其苦。一则视本院为天然研究所，不为衣食计，而为学问计。同人具此精神，得以维持以至今日。且努力进行不懈，亦职是故。①

　　当时的中国学界不仅明确视故宫为学术机构，且认为其具有"纯粹的学术性质"。例如，在文物西迁的 1938 年 9、10 月间，时任故宫博物院理事的李济，受管理中英庚款董事会委托，曾调查存放于陕西汉中的故宫文物的搬运存放情形。他在报告书中说，文物南迁是必要的，政府对此也是重视的，但"所最成为问题者，为故宫博物院之原有组织是否能负此时期之非常责任"。为什么这么说呢？因为"查原有之故宫组织，为一纯粹的学术性质，其行政机构亦偏重于此类功能。自战事发生以来，其原有之功能已无运用之机会，所需要者远超乎原有工作之范围。济自视察以来，深感此问题之迫切"。当然，视察结果他还是满意的。

　　视故宫为学术机构，说明故宫人以及中国学术界、文化界已认识到故宫丰厚的学术资源，认识到故宫研究所具有的重要的文化价值和学术价值。

---

　　① 《民国十八年本院全年工作报告》，故宫博物院档案。

　　1928年张继以大学院古物保管委员会主席名义驳斥经亨颐提案的一段话，阐释了故宫的世界价值：

　　　　一代文化，每有一代之背景，背景之遗留，除文字以外，皆寄于残余文物之中，大者至于建筑，小者至于陈设。虽一物之微，莫不足供后人研究之价值。明清两代海航初兴，西化传来，东风不变，结五千年之旧史，开未来之新局，故其文化，实有世界价值。而其所寄托者，除文字外，实结晶于故宫及其所藏品。近来欧美人士来游北平，莫不叹为列入世界博物院之数。①

　　当年关于故宫文物该不该南迁，发生过激烈争论，其实质是如何看待故宫文物，即这些文物是一般所谓值钱的"古物""古董"，还是有其特殊的不可代替的价值？故宫博物院认为："查故宫博物院，文物渊薮，甲于世界。"② 支持文物南迁的认为："夫故宫博物院、古物陈列所，所藏古物，咸为希世之珍。为本国之文化计，为世界文化计，均宜早为之所，妥为保存，纵不能一举迁避，亦宜先后施行，……深愿贵会诸公刚果毅断，一洒因循敷衍之积弊，速行有效之处置；古物得免于难，文化不再遭劫，则中华文化幸甚，世界文化幸甚！为功为罪，自取之耳！"③

　　故宫博物院的筹建及其后来院馆的领导及骨干，基本上都是学者教授，或是走出校门的青年学生，这也就保证了故宫博物院从成立之

----

　　① 吴瀛：《故宫博物院前后五年经过记》卷二，故宫博物院1932年版，第32页。
　　② 故宫博物院1932年准备文物南迁时呈行政院的电报草稿，故宫博物院藏。
　　③ 《多齐云致故宫博物院、古物保管委员会函》，1932年8月8日，故宫博物院藏。

初就重视学术研究，有着良好的起点与基础。

民国时期故宫博物院先后经过清室善后委员会、临时董事会、临时理事会、维持会、管理委员会、接收故宫博物院委员、理事会等不同阶段，但学者教授在其中一直占有重要地位。

故宫三大馆中，古物馆馆长、副馆长先后有易培基、江庸、马衡、徐鸿宝，图书馆馆长、副馆长有庄蕴宽、傅增湘、许宝衡、袁同礼、江瀚，文献馆馆长、副馆长有张继、沈兼士、姚从吾，以及总务处处长俞同奎、秘书处秘书长（1934 年撤销）李宗侗，基本都是专家学者。

从 1925 年到 1937 年，故宫博物院由于建院初期的严重干扰以及 1933 年文物南迁，仅有七八年时间维持了正常的工作秩序，这对业务工作及学术研究都有很大影响，但仍然取得了令世瞩目的成果。

新中国成立以来，故宫学术研究得到重视。特别是中国共产党第十一届三中全会以来，故宫的学术研究有了全新的发展，取得了一系列重大成果。随着 21 世纪故宫学的深入发展，故宫又明确提出"学术故宫"的建设。故宫的学术成为故宫博物院发展的重要基础，也在中国学术文化界占有一定的地位。

76   故宫专门委员会

民国时期故宫博物院的学术机构是专门委员会。

1928年10月5日南京国民政府公布《故宫博物院组织法》第十七条规定："故宫博物院因学术上之必要，得设各种专门委员会。"

1929年4月3日，故宫博物院制定《专门委员会暂行条例》：1.本院为处理专门学术上问题起见，特在古物、文献、图书三馆内各设专门委员会，协助各该馆馆长关于学术上一切馆务；2.本委员会设专门委员若干人，由院长聘任之，本院秘书长、总务处长及各馆馆长、副馆长均为当然委员；3.本委员会设主席一人，由馆长或副馆长充任之；4.本委员会遇必要时，得设常务委员二人至四人；5.本委员会因事务之便利，得分组办事；6.本委员会至少每月开会一次，临时会无定期，由主席召集之；7.本委员会委员属名誉职。[1]

故宫博物院从1929年开始聘任专门委员，截至1930年3月，共从院内外聘任专门委员47人，为陈垣、朱希祖、徐炳昶、吴承仕、朱师辙、许宝蘅、萧瑜、曾熙、王树枏、陈郁、张允亮、卢弼、余嘉锡、陶湘、洪有丰、刘国钧、关冕钧、郭葆昌、萧愻、叶恭绰、谢刚国、福开森、沈尹默、容庚、谭泽闿、王褆、陈寅恪、赵万里、钢和泰、傅斯年、魏槐、郑洪年、江瀚、邓以蛰、廉泉、罗家伦、齐如

---

① 《专门委员会暂行条例》，故宫博物院档案。

山、马隅卿、刘半农、周明泰、吴瀛、华南圭、钱桐、朱幼平、陈汉第、金叔初、俞涵卿等。①

1934年4月马衡任故宫博物院院长。1934年9月26日的故宫理事通过了马衡提出的各种专门委员人选提案。这是故宫专门委员会发展的第二个时期，此时的专门委员分两种；一为特约专门委员，一为通信专门委员。特约专门委员直接参与故宫文物清理、鉴定及审查工作，通信专门委员是给予知名学者的荣誉性职衔，也在文物审定等工作中以备咨询，给予指导。

此次会议审议通过的专门委员人选名单共计55人，其中拟聘任为通信专门委员的共43人：朱启钤、汪申、梁思成、容庚、沈尹默、王褆、钢和泰、邓以蛰、俞家骥、金绍基、柯昌泗、钱葆青、狄平子、凌文渊、严智开、吴湖帆、叶恭绰、陈寅恪、卢弼、陶湘、洪有丰、江瀚、马裕藻、蒋毅孙、钱玄同、蒋复璁、刘国钧、朱希祖、徐炳昶、吴承仕、朱师辙、傅斯年、罗家伦、周明泰、齐如山、顾颉刚、蒋廷黻、郑颖孙、吴廷燮、姚士鳌、溥侗、张珩、徐骏烈等；特约专门委员12人：朱文钧、郭葆昌、福开森、陈汉第、唐兰、张允亮、余嘉锡、赵万里、陈垣、孟森、胡鸣盛、马廉。后来又陆续增聘庞莱丞、夏剑丞、褚德彝、张宗祥、刘泽荣、王之相、瞿宣颖、张大千、鲍奉宽、刘衍淮、杨遇夫、张修甫（名厚毂）等为专门委员。

1934年10月，根据上述理事会议通过的专门委员人选名单，故宫博物院分别组织书画审定委员会、陶瓷审定委员会、铜器审定委员会、美术品审定委员会、图书审定委员会、史料审查委员会、戏曲乐器审查委员会、建筑物保存设计委员会、宗教经像法器审查委员会等

---

① 《民国十九年故宫博物院工作报告》，故宫博物院档案。

9 个委员会。1935 年 5 月 9 日，故宫博物院第五次院务会议修正通过《国立北平故宫博物院专门委员会暂行章程草案》。6 月 20 日，故宫博物院理事会第五次常务会通过《国立北平故宫博物院专门委员会暂行章程》。至此，专门委员会工作逐渐走向规范化。

抗日战争胜利后，随着西迁文物的东归、北平本院及南京分院的复员，故宫博物院的工作也逐渐得到恢复。1947 年 4 月，故宫博物院重新聘请了 47 位专门委员：汤韩、张珩、蒋毅孙、朱家济、胡惠椿、张政烺、吴荣培、邓以蛰、张大千、张伯驹、于省吾、唐兰、徐悲鸿、沈尹默、吴湖帆、张允亮、赵万里、王重民、于道泉、周一良、陈垣、陈寅恪、余嘉锡、徐炳昶、王之相、齐宗康、周明泰、胡鸣盛、朱启钤、蒋廷黻、顾颉刚、姚士鳌、傅斯年、刘泽荣、郑颖孙、胡适、启功、郑天挺、关颂声、梁思成、刘敦桢、俞同奎、蒋复璁、哈雄文、郦承铨、闻钧天、韩寿萱。①

专门委员会于 1929 年成立，经过 1934 年的调整，直至 1947 年的重行聘任，在机构的职能与任务、人员的聘任与使用等方面，是有所延承与发展的，经历了一个不断改进提高的过程。例如：从开始的多方提出人选，到后来组织九个委员会，就是从故宫博物院的实际需要出发加以改进的；从开始的统称专门委员到分为通信专门委员与特约专门委员两种，是基于对专门委员进行针对性管理与使用的考虑。

专门委员会是一个非建制的常设机构，它按照《故宫博物院组织法》的要求而设，被视为院组织机构中的一个工作部门，但是没有名额限制，也明确专门委员系名誉职。从民国时期故宫博物院历年工作报告中可以看出，专门委员会自成立以来就成为博物院组织架构的一

① 《国立北平故宫博物院专门委员担任工作表》，故宫博物院档案。

个重要部分。后来专门委员会的人员及工作虽然有变化，但这一定位始终未变。

专门委员会的突出特点，是聚集了一大批中国当时最著名的文史及古物研究方面的专家学者（故宫各馆处负责人亦为专门委员）。在选聘时，故宫博物院注意了以下几点：

1. 尊重各馆处意见　专门委员名单一般由古物、图书、文献三馆及秘书处提出。当时博物院各馆处的负责人本身就是著名的专家学者，他们所提出的人选都是业内公认的翘楚。

例如，1929 年 4 月 15 日，图书馆副馆长袁同礼致函故宫博物院，充分阐述了设置专门委员会的必要性及其重要作用："兹提出专门学者十人，皆精于图书目录之学，倘能来院襄助，于本院将来发展关系甚重，用特函达，即请延聘为本院专门委员，以利进行，不胜企祷。"其随函附录了 10 位拟聘委员名单，并对各位做了简要介绍：（1）朱希祖，字逖先，浙江海盐人，曾任北京大学、北京师范大学史学教授，现任北平大学史学系主任、清华学校史学教授，富藏书，尤精晚明史料。（2）张允亮，字庾楼，河北丰润人，曾任财政部帮办，富藏书，精版本之学。（3）阚铎，字霍初，安徽合肥人，曾任交通部佥事、司法部秘书。（4）卢弼，字慎之，湖北沔阳人，曾任平政院庭长，辑有《湖北先正遗书》等。（5）赵万里，字斐云，浙江海宁人，现任北平北海图书馆善本书库主任。（6）余嘉锡，字季豫，湖南常德人，前清举人，曾任清史馆协修，现任北大学院讲师、民国大学史学教授，著有《四库提要辨证》《唐人著述引书目》等。（7）马廉，字隅卿，浙江鄞县人，现任孔德学校图书馆主任。（8）陶湘，字兰泉，江苏武进人，曾任中国银行驻沪监理官。（9）洪有丰，字范五，安徽休宁人，曾任东南大学图书馆主任，现任清华大学图书馆主任。（10）刘国钧，字衡如，江苏江宁人，曾任金陵大学图书馆主任，现任北平北海图书馆研究部主任。① 后来这 10 人皆被聘任为专门委员，为故宫博物院图书整理做出了贡献。

2. 坚持标准，宁缺毋滥 故宫博物院古物馆负责保管图书档案以外的所有文物，需要的专门委员相当多，其在选聘上也十分慎重，他们提出："本馆物品虽多而最难鉴别者，莫如书画、磁器、铜器三种。清代之书画、磁器可不至有赝品，所难者为明以前物品，当代之鉴赏家能鉴别清磁清画者比比皆是，惟对于明以前物，有真知灼见者甚难其选。现组织专门委员会宜以此为标准，宁缺毋滥，好在将来可以随时增加也。"② 古物馆最初提出的一批候选委员为关冕钧、郭宝昌、萧愻、叶恭绰、陈浏、谢刚国、福开森、沈尹默、丁佛言、容庚，这 10 位都是蜚声业界的名家。

3. 思路开阔，重视交流 故宫博物院专门委员会不仅聘任国内的学者，也聘请了如福开森、钢和泰这样有助于故宫文物审查鉴定的外国学者。在聘任专门委员时，故宫博物院重视与所聘人员的交流，如专门委员马裕藻最初在文献组任职，后马先生致函易培基，表示愿就图书馆中"勉尽绵薄"，院里尊重马先生意见做了调整。鉴于本院工作需要，部分专门委员所聘身份先后有所变化，如江庸先生原是顾问，后改聘为专门委员，华南圭先生原是专门委员，后改聘为顾问。再如汪申、郑颖荪原为通讯专门委员，后改为特约专门委员。

专门委员会的主要工作是审查整理文物，如 1929 年度本院报告对此有所记载，"本年度所注意者，为整理工作。金石、字画、陶瓷、

① 《故宫博物院·组织人事类》卷 43，故宫博物院档案。
② 《古物馆专门委员会》，故宫博物院档案。

书籍、档案，均由各馆聘请专门委员，积极整理"。① 审查鉴定清宫文物是贯穿民国时期专门委员会的主要工作，尤其到了 20 世纪 30 年代的点收存沪文物时期，专门委员以各自专业优长在审查鉴定中发挥了重要作用，也为日后故宫博物院文物整理工作奠定了基础。

此外，专门委员会还做了不少其他工作。整理刊布明清档案：文献馆 1929 年 6 月设立专门委员会，指导职员分别整理各项档案，并同时整理乾清宫皇史宬内阁实录库等处实录圣训起居注及升平署剧本曲本戏衣砌末等，还将宫中乐器集中一处鉴定音律。清点出版清宫典籍：故宫图书馆藏书当时多达 52 万多册，在图书的分类编目、陈列展览、编辑出版等工作中，都有专门委员的重要贡献。据记载，图书馆善本书籍，均经专门委员严格审定，方能入库保存。修缮古建及修建库房：在古建修缮计划、施工监管及验收等方面，故宫聘任的建筑专门委员在其中发挥了重要作用，出力较大者有北平工务局的汪申以及营造学社的朱启钤、梁思成诸先生。除参与上述博物馆基础工作外，专门委员会还承担了一项十分重要的任务，即征集择选文物参加"伦敦中国艺术国际展览会"。

故宫博物院丰富的文物藏品，为专门委员的学术研究创造了难得的条件。在参与专门委员会的工作中，一些专门委员在不同领域中取得了突出的学术成就。例如，沈兼士任文献馆馆长，对明清档案管理和档案学做出了具有开拓意义的贡献。又如容庚，参与数千件青铜器的鉴定工作，写成《西清金文真伪存佚表》一文，对于故宫所藏彝器的辨伪是大有裨益的。又如钢和泰，他是最早关注故宫藏传佛教的学

---

① 《北平故宫博物院报告（民国十八年十二月刊行）》第 1 页，《故宫博物院·计划总结类》卷 11，故宫博物院档案。

者。他曾被允许进入慈宁宫花园，对咸若馆、宝相楼的佛像进行过研究。他拍摄了宝相楼的 766 尊佛像，又搜集了一套有 360 幅佛教人物画像的《诸佛菩萨圣像赞》，后哈佛大学克拉克教授将其整理出版，书名《两种喇嘛教神系》，成为藏传佛教图像学方面里程碑式的作品。

　　故宫民国时期的学术研究，虽然出于战乱等原因，活动未能始终坚持，但仍然是光彩的一页，在故宫博物院学术史上占有重要地位，对于后来故宫学术的发展也产生了一定的影响。

77 故宫学术述略

　　故宫博物院在成立时就被定位为学术机构。建院以来，学术研究不断发展并取得了丰硕成果，形成了良好的学术传统。21世纪初故宫学的概念提出后，故宫学术研究又有了新的机遇。故宫近百年来的学术发展与故宫博物院一样，是成果丰硕且充满生机与活力的。

　　故宫及其珍藏是一个巨大的文化宝库，也是一片有待开发研究的学术沃土。故宫博物院的创始者敏锐地认识到了这一点。李煜瀛在主持组建"办理清室善后委员会"时，就主张"多延揽学者专家，为学术公开张本"。由于五四新文化运动，北京大学已成为当时全社会在文化思想与新学科研究方面的先导。故宫博物院的学术研究，与北京大学国学门有很大关系。北大国学门的一批学人不仅参与了故宫博物院的创建工作，而且把北大的学术风气、研究经验带到了故宫。尤为难得的是，故宫博物院为他们提供了更为广阔的发挥学术研究能力的舞台。

　　故宫博物院民国时期的专业学术机构是专门委员会。依照《故宫博物院组织法》，故宫1929年开始聘任以学术为职志的专门委员。1935年又成立了书画、陶瓷、铜器、美术品、图书、史料、戏曲乐器、宗教经像法器、建筑物保存设计等九个专门委员会，专门委员分特约及通信两种，除本院人员，还聘请社会上颇有名望的专家学者。

其中通信专门委员共 43 人，有朱启钤、梁思成、容庚、钢和泰、吴湖帆、叶恭绰、陈寅恪等；特约专门委员 13 人，有陈垣、朱文钧、郭葆昌、福开森、陈汉第、唐兰、张允亮、余嘉锡、赵万里、孟森、胡鸣盛、马裕藻、汪申等。专门委员会聚集了一大批中国当时最著名的文史及古物研究方面的专家学者，显示了故宫研究的开放性、社会性特点。

故宫博物院成立后，主要精力用于清点、整理清宫藏品，包括档案、图书，同时注重向社会公布。这些专门委员参与故宫文物的审查鉴定、明清档案的整理刊布、清宫典籍的清点出版、文物展览的策划筹备以及古建库房的修缮营建等工作，为推进故宫博物院的文物保护及学术研究做出突出贡献。

专门委员会的工作成果与有益探索，积累了从故宫实际出发的学术研究的特点与方法，丰富了故宫学术的内涵。特别是明清档案的整理研究，是当时"整理国故"的重要组成部分，不仅对推动明清史研究起了重要作用，而且成为确立现代学术的一个契机，在中国传统学术向现代学术转变过程中有着重要意义。

从 20 世纪 50 年代开始，故宫博物院的重点工作是文物清理、鉴定等基础建设，其学术的研究方向也体现在这一方面。例如：唐兰亲自动手对院藏青铜器进行编目制档，这一工作有着很高的学术含量。罗福颐于 1957 年到故宫博物院工作，负责筹建青铜器馆。陈万里、孙瀛洲、冯先铭、耿宝昌等系统、全面地对院藏的 30 余万件清宫藏瓷进行整理、鉴定、定级，做出了重大贡献。陈万里运用考古学的方法对古窑址进行实地考察，为现代陶瓷学奠定了基础。孙瀛洲运用类型学方法对明清瓷器进行排比研究，使清宫旧藏一些被错划时代的瓷器之鉴定得到纠正，尤其是对明清带年款的官窑瓷器的研究取得突破性进展。他发表的一些论述瓷器鉴定与辨伪的文章，为明清瓷器的科学鉴定奠定了基础。徐邦达与王以坤、刘九庵等一起，对院藏书画鉴别整理，并进行认真、细致的考证，发现了许多问题，《古书画伪讹考辨》一书就是他这一时期的收获。朱家溍等人在恢复宫廷原状方面做了重大贡献。结合故宫古建筑修缮的实践，王璞子的《工程做法》注释补图体现了当时古建筑维修的成果与古建筑研究的水平。这一时期成就了一批文物鉴定专家。

20世纪80至90年代，故宫博物院学术委员会成立，并成立了全国博物馆系统唯一的出版社——紫禁城出版社（2010年改名为故宫出版社），在办好《故宫博物院院刊》的同时，又创办了面向社会大众的普及性刊物《紫禁城》杂志，1999年故宫博物院又和北京大学合作创办了大型明清研究集刊《明清论丛》。这一阶段，故宫博物院的老一辈专家出了一批学术硕果，如唐兰对马王堆帛书的整理、罗福颐的古玺印调研、徐邦达的古书画鉴定、单士元的《故宫札记》、顾铁符的《夕阳刍稿》、冯先铭主编的《中国陶瓷史》、于倬云主编的《紫禁城宫殿》、耿宝昌撰写的《明清瓷器鉴定》以及刘九庵、杨伯达等先生的相关著作，涌现了相关学术著作集出版的小高潮。一批经过长期培养与实际工作锻炼的专业人才成长起来，一些人担任了"中国美术全集""中国大百科全书""当代中国"等丛书的主编、副主编、编委等。这一时期，许多中青年研究人员也在崛起。特别是故宫列入世界文化遗产后，中国紫禁城学会及清宫史学会成立，吸引了社会上更多的力量参与故宫研究。在研究过程中，逐渐形成了所谓的"故宫学派"，涌现出一批著名的甚至是"国宝"式的专家学者。

故宫学术研究虽已有诸多成就，但仍存在明显的不足，突出的是学术研究的"碎片化"。故宫研究的材料十分丰富，研究者是在不同领域中进行研究的，但多是就文物研究文物、就建筑研究建筑，而没有注意把文物、古建、文献档案等看作一个不可分割的整体，没有从更为广阔的视域挖掘、认识所研究的具体对象的价值与意义。随着时代发展，其他学科都在发展中努力打破学科界限，产生新的研究成果。故宫博物院的学术研究也要求研究者重视从理论上对实践工作进行探索和总结，要求研究者站在一定的学术高度来审视自己所从事的具体工作，这是故宫博物院学术发展的大趋势。然而，在故宫博物院研究者这一群体中，知识结构欠缺、研究方法单一、理论知识不足、学术视野狭窄等，仍是较为普遍的问题，从整体上影响着故宫研究的继续深入和重大成果的出现。

21世纪初，在对故宫价值深刻认识的基础上，适应故宫学术发展的需要，故宫学这一学术概念应运而生。

所谓对故宫价值的深刻认识，就是认识到故宫是一个文化整体。故宫是个文化整体的实质就是要从联系中看待故宫遗产的价值，认识一个全面的、立体的、生动的、丰富的故宫。也只有这样，对故宫及其文物的研究才能获得更为宽广的视野、更为丰富生动的内容，故宫文化才可以得到深刻的阐扬。从故宫的文化整体性来考察，意味着文化整体性也因此成为故宫学方法论的哲学基础。故宫学倡导的就是从文化整体的角度去评估故宫的文物价值和文化内涵，提出打通学科界限，将院藏文物、古建筑和宫廷史迹这三方面作为互相联系的整体来研究。这种研究将开拓人们对单体文物研究的思路，进入哲学化（强调联系与发展）、美学化（导向审美与评赏）、历史化（注重社会与背景）的思维方式，并且扩展到对其他学科的认识，防止孤立地看待文物，防止文物研究（可移动与不可移动文物）的"碎片化"。这就是故宫学的精要所在。故宫学促进着故宫遗产价值的挖掘，也推进着故宫知识的传播、故宫精神的弘扬。

故宫学虽然是 2003 年提出来的，但其萌蘖则始自故宫博物院成立，尔后以故宫博物院为主体的研究队伍的不断扩大、研究成果的不断涌现，为这门学科的形成打下了良好的基础。这是故宫学术由自发到自省再到自觉的过程，是向更高层次、更高境界的提升。

从 21 世纪第一个十年的中期以来，故宫学术研究的主要机构是故宫研究中心以及后来的故宫研究院。

2005 年至 2011 年间，故宫博物院从院藏文物资源特点以及学术研究优势出发，陆续成立了古陶瓷、古书画、古建筑保护、明清宫廷史、藏传佛教文物等五个研究中心，又设立古陶瓷保护研究国家文物局重点科研基地，为国内外专家学者开展合作性课题研究提供了一个"开放、流动、联合、竞争"的学术平台。同时，通过签署战略合作协议、合作开展文物保护项目和科研课题项目、合办学术会议、合办学术刊物、联合办学等方式，故宫博物院全力拓展与国内外知名博物馆、高等院校、科研院所及其他学术机构的学术交流与合作，拓宽学术研究的视野与渠道，并在数字故宫和信息技术、文化遗产保护、陶瓷考古发掘、藏传佛教艺术研究和保护以及培养人才方面取得了明显的成绩。

2013 年 10 月，故宫研究院成立。这是"学术故宫"建设的有力举措，也标志着故宫学研究进入新的阶段。故宫研究院是故宫博物院设立的学术研究与交流的非建制机构，是以故宫研究院为基本力量，吸纳故宫博物院学术人才，汇集国内外知名专家学者，共同搭建的开放式高端学术平台。故宫研究院以创建"学术故宫"为宗旨，以服务"平安故宫"为指针，引领学术发展，制定科研规划，考评学术成果，实现故宫学术研究、人才培养、学术出版和对外交流等事业的可持续发展；以"科研课题项目制"为基点，创新管理模式，努力发展成为国家级重大科研课题项目学术基地和故宫学研究的中心。

经过多年发展，故宫研究院已有 1 室 15 所（原来的研究中心皆改为研究所），即研究室及故宫学研究所、考古研究所、古文献研究所、明清档案研究所、古建筑研究所、宫廷戏曲研究所、明清宫廷技艺研究所、文博法治研究所、书画研究所、陶瓷研究所、藏传佛教文物研究所、中外文化交流研究所、中国画法研究所、宫廷园艺研究所、书法研究所，在故宫博物院初步形成覆盖全面、专业突出和梯次完备的学术团队。故宫研究院成立以来，以其开放的学术胸襟、创新的机制接纳国内外学术界热心于故宫学术研究的人才，且与院内的专家学者共同构建高端学术研究平台。

基于"故宫在北京，故宫学在中国、在世界"的学术理念，故宫博物院重视与各有关方面的交流合作，包括高等院校、社会学术团体、国外研究力量以及两岸故宫的交流等。例如，故宫相当重视社会学术团体的参与。因为一般来说，专业性的学术团体具有专业学科人才的荟萃、集聚功能，思想文化交流的平台功能，重大学术研究的组织协调功能，学术成果的评价功能。多年来与故宫博物院及故宫学研究关系较多的是中国紫禁城学会、中国史学会清代宫廷史研究会、中国文物保护技术协会、中国博物馆协会、中国古陶瓷协会、中国玉文化研究会等。这些与故宫博物院保持密切联系的学会和协会在故宫学研究及故宫业务工作中发挥着重要的作用。

78 故宫是个文化整体

　　文化遗产的价值是需要挖掘、阐释的。故宫博物院的发展史和故宫遗产的保护史，就反映了人们对故宫价值发掘与认识的过程。故宫博物院成立、故宫文物南迁、故宫被列入世界文化遗产等，都是故宫价值认识过程中的标志性事件。历史实践也表明，如何看待故宫价值，从根本上说是一个与历史观、政治观、文化观等相联系的观念问题。

　　进入 21 世纪，适应故宫保护与故宫博物院快速发展的需要，对故宫价值的发掘也有了新的发展。这就是深入探讨故宫文化并认识到故宫是一个文化整体。文化整体性也成为故宫学的基础与要义。

　　人们可以从不同角度去研究和认识故宫，但是不管怎样，都无法回避它作为皇宫时特有的文化与意义。

　　故宫是明清两代的皇宫，故宫文化是以皇帝、皇宫、皇权为核心的帝王文化、皇家文化。在中国的文化谱系和文化传统中，故宫文化属于大传统。这种文化的生成既有对更为久远的中国封建社会皇家文化的传承，又有其新的发展特点。它延续近 500 年，虽然其间有所变异，并且反映了皇权衰落的历史，但相对来说有着一定的稳定性，充分体现了中华传统的主流文化，也带有多民族文化融合的一些特征。故宫从物质层面看是一座伟大的古建筑，同时又是一座皇宫。中国历来讲究"器以载道",故宫及其皇家收藏是几千年中国器用典章、国家制度、文化艺术、科学技术等积累的结晶,是中国传统文化最有代表性的象征物之一。

故宫文化虽然相当丰富,涉及许多方面,但这些方面之间不是杂乱的、毫无关联的,而是有着紧密的内在联系,是一个文化整体。所谓故宫是一个文化整体,也就是说,故宫遗产价值是完整的、不可分割的。

故宫是一个文化整体,可从空间和时间两个方面来认识。

从空间来看,紫禁城的千门万户、院藏的各种文物,以及宫殿与文物藏品背后曾经的人和事、种种秘辛内幕、宫廷的文化生活,是一个鲜活的统一体。很显然,离开了宫阙往事,没有了附着其中的历史内涵,那些宫廷旧藏的意义和价值势必受到影响。同样,要保护完整的故宫,不只是要保护 72 万平方米以内的紫禁城,还要保护与它有密切关系的一些明清皇家建筑,以及它的保护区、缓冲区。

从时间来看,故宫藏品虽为清宫旧藏,但其中文物包括了中国古代文化与艺术的各主要门类,而且反映了五千年的文明史。又以故宫建筑为例,它虽然建成仅 600 余年,但却是中国几千年来宫殿建筑的集大成,是历史悠久的中国传统官式建筑的结晶和典范。

把故宫当作文化整体看待,在认识上有个过程。这其实也是文物保护理念不断提升的过程,如对文物概念的认识,从具体的"古玩""古物"到一切历史文化遗存的拓宽,从可移动文物到不可移动的古建筑的重视,从有形文化遗产到无形文化遗产的发展,从保护文物本体到同时重视保护它的环境等等,都是不断拓展、逐步提升的。故宫人就是在努力接受先进的文物保护理念、树立正确的文物观的基础上,认真探求故宫的价值,同时使博物院的内涵更为丰富,从而进一步加强文物的保护，突出文物的文化价值，发挥文化遗产对当代社会的重要作用。

故宫价值的文化整体性，也成为故宫学方法论的哲学基础。故宫学倡导的就是从文化整体性的角度去评估故宫的文物价值和文化内涵，提出打通学科界限，将院藏文物、古建筑和宫廷史迹这三方面作为互相联系的整体来研究。这种研究将开拓人们对单体文物研究的思路，进入哲学化（强调联系与发展）、美学化（导向审美与评赏）、历史化（注重社会与背景）的思维方式，并且扩展到对其他学科的认识，防止孤立地看待文物，防止文物研究（包括可移动与不可移动文物）的"碎片化"。

故宫文化的整体性作为方法论和思维方式，对于故宫保护和博物馆事业发展具有重要意义。例如，故宫所藏历代艺术品很多，但过去还有许多明清宫廷遗物并未被当作文物对待。从故宫是个文化整体的视角看，人们认识到故宫本身就是个大文物，其中所有遗物都是反映宫廷历史文化某些方面的实物见证，具有不可替代的文物价值，都需要认真清理和保护。在这一观念的引导下，故宫博物院进行了历时七年的藏品清理工作，其中一个重要成果就是对宫廷历史遗物的彻底清理的重新认识。

故宫文化的整体性有利于加强对清宫流散文物的研究。故宫学倡导"故宫在北京，故宫学在中国、在世界"的理念，认为流散世界各地的清宫旧藏有着内在的联系，它们的文化精神是故宫学的一部分，故宫学是其学术上的归宿，只有在故宫学的视野中看待这些似乎互不相干的一件件孤立的文物，它们才有了生命，有了灵气。而海内外、国内外的广泛参与，把故宫的文物包括流散于世界各地的文物作为一个整体来研究，将其与故宫古建筑联系起来研究，将会进一步挖掘故宫的丰富内涵，认识故宫的完整价值。

从文化整体性出发，故宫形成了"完整故宫"保护的理念，这在百年大修中则具体化为"完整保护、全面维修"的指导方针。

从文化整体性看待故宫价值，故宫既有物质遗产，也有非物质文化遗产，非物质遗产主要是传统的文物修复技术以及故宫官式古建筑修造技艺。这些非物质遗产既是保护故宫及其文物藏品的重要手段，也是故宫文化的重要组成部分。

从文化整体性来看，故宫作为中国传统文化精神的物质载体，代表着我们民族的历史文化，而以博物院形式向公众开放的故宫，被赋予了新的使命和职责，既承接过去，又联系当下，即与今天的文化建设有着深刻的联系。

79　故宫学派

在故宫学研究中，"故宫学派"已逐渐引起学界关注。近百年来，故宫研究者的研究重点从最初的文物点查、整理、刊布逐步转向文物保管、研究与展示等方面，再逐步转向文化遗产保护与利用等综合方面，并且在研究过程中逐渐形成自成体系、独具特色的"故宫学派"。

所谓"故宫学派"，即故宫博物院的研究者在进行故宫学学科理论建设和文物研究过程中所形成的具有一定特色的学术流派，其共性是要求研究者从具体文物入手，以相关的文献档案为依据，利用、借鉴有关研究方法，坚持史与物的结合，力戒空论。例如，徐邦达等先生在书画研究上创立的"鉴定学派"，陈万里、冯先铭等先生在古陶瓷研究上创建的"窑址调查派"，单士元等先生开辟的"宫廷建筑派"，等等。由于各个分支学科条件、机遇等综合因素的差异，故宫博物院的学科发展并不平衡，有的还处在起步阶段。

80 故宫书画研究

辛亥革命之前，清宫旧藏书画一直是皇家的私人收藏，从未进入学术界的视野。推翻封建帝制后，清宫旧藏成为公共财富。1914 年古物陈列所建立、1925 年故宫博物院成立，分批展出清室旧藏书画，向艺术史教科书提供了基本可靠的素材和画例、书例，首次引起了学界的高度重视，也开始了对故宫书画的研究。

1. 民国时期故宫书画审查研究 民国时期故宫书画研究的一个重点，是对藏品的整理审查、甄别真赝。

研究者认为，清室旧藏有许多赝品，需要甄别，由此拉开了研究序幕。由于清宫旧藏中，元以前的书画占世上收藏的一半以上，其鉴定的意义已经远远不止于鉴定本身。只有系统的、大量的、科学的鉴定研究结果，才会使学界编写艺术史教科书成为可能。

民国时期，古物陈列所和故宫博物院在清宫旧藏书画的整理鉴定上做了大量初步的也是相当重要的基础工作。古物陈列所 1925 年出版《内务部古物陈列所书画目录》，记录了宋至清时期历代书画家作品，所录书画条目包括作者、名称、尺寸、质地、内容、款识、题跋、印鉴、收藏印记等项。

故宫博物院古物馆有书画审查委员会，审查鉴定清宫书画藏品。在文物南迁上海后，委员会继续对存沪故宫书画进行审查和鉴定。

在文物南迁时，发生了震惊中外的所谓"易培基盗宝案"。自1935年12月起，黄宾虹受聘为故宫古物鉴定委员，审查鉴定故宫书画。根据黄宾虹所作《故宫审画录》记载，此项工作分五期在京、沪、宁三地进行，共历时348天，鉴定书画4636件，并按真、摹、伪、劣等标准加以鉴定。首都地方法院以"帝王家收藏不得有赝品"为依据，将未审定为"真"的书画作品认定为系易培基所盗换。针对这一简单而又武断的结论，马衡写了《关于书画鉴别的问题》一文。[①]文章通过大量实例，论证了中国书画之赝本，自古有之。帝王之家所藏书画，大多来自民间，自然不乏赝品。书画的真赝鉴定"谈何容易"，而首都地方法院以"帝王家收藏不得有赝品，有则必为易培基盗换无疑"，实在是没有道理。这篇文章虽不长，但其所给出的意见却十分重要。从清宫书画研究角度来看，这是民国时期故宫学者所给出的一份关于清宫书画的概要性鉴定书。

2. 两个故宫博物院的书画研究 从20世纪五六十年代直至80年代，北京故宫博物院所藏古书画先后经过徐邦达、张珩、启功、谢稚柳、刘九庵、杨仁恺、傅熹年等先生的鉴定，他们对这些书画的作者、流派、时代、内容等方面给予了客观的基本定位，这是集体性的学术成果。这项工作具有深刻的历史意义，它是中国历史上第一次由学术界主持，对皇家收藏的历代书画进行的全面鉴定与科学研究，推翻了皇帝个人的独断。故宫研究人员掌握了大量的具有鉴定标尺作用的书画，并对古代书画有着较为广泛的涉猎，因此在书画鉴定方面受到国内外的相当重视。故宫研究人员也形成了重文献考据及鉴定的特色，其科研成果不断补充着艺术史的实际内容。

① 马衡：《关于书画鉴别的问题》，载蔡元培、胡适、王云五编：《张菊生先生七十生日论文集》，商务印书馆1937年版。

北京故宫古书画领域的第一代专家学者有徐邦达、马子云、刘九庵、王以坤、朱家溍等，主要著作有徐邦达的《古书画过眼要录》《改订历代流传绘画编年表》《古书画鉴定概论》等，刘九庵的《宋元明清书画家传世作品年表》《刘九庵书画鉴定集》等，王以坤的《书画装潢沿革考》《古书画鉴定法》等，马子云的《碑帖鉴定》《金石传拓技法》等，杨新、单国强、聂崇正、肖燕翼、王连起、施安昌等第二代学者也为世人所知。

此外，北京故宫从 20 世纪 50 年代就辟有专门的书画馆，现在的书画馆在文华殿。从 2008 年开始，故宫选择中国美术史上的经典之作，以中国美术史为脉络，每三年分九期，共展出 500 余件名迹巨品。2005 年的《清明上河图》展与 2011 年的《兰亭》大展，结合国际学术研讨会，都引起强烈反响。2005 年北京故宫成立了中国古代书画研究中心，其研究对象主要为故宫所藏的历代中国书法、绘画、碑帖和流散在外的清宫旧藏书画，研究范围包括鉴定文物的时代和作者、考释其内容和形式及诸多深层次、多视角的科学研究，并研究书画类文物的科学化管理和修复、复制技术，聘请到 34 位国内外知名专家学者作为研究中心的客座研究员和研究员。研究中心取得了一系列成果。2015 年，研究中心改为书画研究所。

自 1949 年故宫部分文物运台后，其中的清宫书画亦经历了多次整理与审查。1955 年，王世杰、罗家伦、蒋毂孙主持，对运去的清宫旧藏书画（包括中央博物院筹备处运台书画）进行了审查，庄尚严、吴玉璋与那志良三人编辑，出版了《故宫书画录》（1956 年）。该书出版后书画审查仍在进行，对列入正目、简目的书画的品名及说明，都做了较多的改正，故宫遂修订该书，于 1965 年出版了增订本。[①]

台北故宫博物院重视院藏书画的整理研究，其成果体现在展览、出版以及学术会议之中，不仅丰富了中国美术史的理论体系，也不断强化了该院中国艺术研究重镇的地位。台北故宫通过举办海外展览，激起中外学者对中国及清宫书画的研究兴趣。以书画为主要内容的对外展览收到极大反响，突出的是 1961 年以"中华文物"赴美国五大城市博物馆展出 253 天及 1996 年以"中华瑰宝"在美国四大城市巡回展出。特别是 1961 年的展览，激起了北美研究中国绘画史的热潮，促成了美国在 20 世纪 60 年代后成为中国艺术史研究的重镇。台北故宫亦通过举办学术研讨会，加强与中外学者的交流。1970 年举办"中国古画讨论会"，有 14 国的 129 位专家学者与会，会议论文结集为《中国古画讨论会论文集》，以英文出版。1991 年又召开了"中国艺术文物讨论会"，其中书画为重要内容，出版了论文集。台北故宫书画处 20 世纪 70 年代就有张光宾《元四大家》、江兆申《吴派画九十年展》、胡赛兰《晚明变形主义画家作品展》等成果。

此外，台北故宫博物院十分注重与其他学术研究机构的合作，以培养研究人才。例如，自 1971 年起，台北故宫博物院协助台湾大学历史研究所增设中国艺术史组，该组后发展为艺术史研究所，培养出许多艺术史研究人才。再如，台北故宫派遣人员到海外留学深造，扩大研究视角，提升研究水平，逐步在相关领域获得话语权。美国普林斯顿大学于 1959 年设立"中国艺术考古学"博士课程，傅申、石守谦、陈葆真、朱惠良等先后在此攻读博士学位，并于博士毕业后回台北故宫博物院或台湾大学任职，在中国古书画研究方面都有出色成绩。

---

① 那志良：《我在故宫五十年》，黄山书社 2008 年版，第 185—189 页。

3. 中外学者的故宫书画研究　中外学者对于故宫书画研究的着重点主要有两个方面：一是艺术史的角度，二是宫廷历史文化的视野。两岸故宫加上散佚国内外的清宫藏古代书画的特殊地位是所有中国书画研究者所关注的对象。众多的中国美术史以及中国绘画史、中国书法史著作，关于书画名家、书画作品以及书画流派的研究，一般都离不开故宫的藏品。虽然许多经典性的、有代表性的书画作品藏在故宫，但仍有一些重要作品未曾进入宫廷，因此对于中国美术史的研究，往往是把故宫藏品与未被清宫收藏的作品结合起来。而两岸故宫以及一些有清宫书画收藏的博物馆等，由于具有藏品的优势，其研究成果往往会引起同行的关注。艺术史学者与两个故宫的合作，也促使对中国古代书画的研究不断深入。针对故宫古代书画与其他传世中国古代书画，已有一些学者在目录梳理和整体性研究上取得了不少成果。

故宫书画研究的另一着重点是在清宫历史文化的视域中去深入探讨，这突出反映在对清代宫廷绘画的研究上。北京故宫于 2003 年 10 月举办了"中国古代宫廷绘画国际学术研讨会"，台湾大学艺术史研究所于 2011 年 12 月主办了"宫廷与地方——乾隆时期之视觉文化"国际研讨会、北京大学艺术学院于 2012 年 10 月主办了"相遇清代——中国与西方的艺术交流"国际研讨会，这些国际性学术研讨会表明清代宫廷绘画近年来越来越受到学界的关注。从所发表的论文观察，研究者已经不再局限于单纯的艺术风格的研究，而是尝试从画家身份、帝王审美、画院机制、宫廷收藏及纪实创作等多个角度切入对宫廷绘画的研究，试图在更广阔的历史背景下复原创作的原初状态和思想情感。

对于清宫散佚书画（特别是溥仪当年以赏赐其弟溥杰的名义偷运出宫的 1000 多幅珍贵书画）的研究，以杨仁恺的《国宝沉浮录——

故宫散佚书画见闻考略》① 最具代表性。

西方对以中国书画为重要对象的中国美术史的研究，发端于西方各大公私博物馆及个人的中国美术品收藏和鉴赏，这些鉴藏奠定了西方中国美术史研究的基础。一些博物馆和大学重视中国书画的整理、鉴定和研究，有的还举办有关展览和专题学术研讨会。20 世纪 50 年代后，在公私收藏机构的努力下，中国美术史的研究逐步进入了西方各大学、科研机构等学术群体中，它借鉴了西方艺术史的研究成果和方法，并成为西方学术体系中一门独立的人文学科。

洪再辛选编的《海外中国画研究文选（1950—1987）》（上海人民美术出版社 1991 年版）收录了美、英、德、法、日等国研究中国绘画的著名专家学者谢柏柯、罗樾、方闻、高居翰、苏立文、雷德侯、铃木敬等的文章，从中可见西方的整体研究状况。

其中，曾长期执教于美国普林斯顿大学的方闻与加州伯克利大学的高居翰就很有代表性。以方闻为代表的"东部学派"和以高居翰为代表的"西部学派"，俨然已成当今西方中国艺术史学界两大旗鼓相当的史学流派。方闻关注实物材料本身的视觉证据，强调运用本土视觉语汇诠释艺术作品。高居翰同样重视风格鉴定对传统艺术史学科规范的作用，但他同时强调以"方法的多样性"保证"不同艺术史的多元性"。有研究者认为，在长达半个多世纪的学术历程中，方闻和高居翰不仅主导并见证了 20 世纪西方中国艺术史学科的脉动和演变，也共同致力于使中国艺术为西方学界和一般公众获知与接受，并以各自的方式塑造了西方中国艺术史研究的格局与面貌。②

---

① 上海人民美术出版社 1991 年初版，辽海出版社 1999 年出版增订本。
② 陈云海：《西方语境中的中国艺术史研究——以方闻和高居翰为例》，南京师范大学博士学位论文，2010 年。

81　故宫铜器研究

故宫博物院自 1925 年成立起，就十分重视青铜器的陈列展览与整理研究。例如，《西清古鉴》著录的新莽嘉量，是西汉时期著名铜器，故宫博物院成立后此器被发现，引起学术界极大关注，当时著名学者王国维、马衡、刘复、励乃骥等对它做了详细的校量考证，写出了《新莽嘉量跋》《新莽量考释》《新莽量之校量及推算》《新莽量五量铭释》《释庞》等论文，高度评价了它在科学技术、数学、计量等方面所起的历史作用。

在故宫青铜器研究中，容庚先生做出了独一无二的贡献。在我国，青铜器作为一个综合研究的学科，是由郭沫若、容庚奠定基础的。容庚的《商周彝器通考》在当时条件下把青铜器的彝器部分做了尽可能的综合考察，进行了缜密的论证，构成了比较完整的研究体系。① 故宫博物院成立后，容庚参加彝器陈列工作，后任专门委员，又被聘为古物陈列所古物鉴定委员。在此期间，他参与数千件青铜器的鉴定工作，有机会接触原物，辨伪经验日进，写成《西清金文真伪存佚表》一文，这是西清藏器据著录而做的一次大清理，对于故宫所藏彝器的辨伪是大有裨益的。②

---

①　马承源主编：《中国青铜器》，上海古籍出版社 1988 年版，第 6 页。
②　曾宪通：《容庚与中国青铜器学》，《中山大学学报》2008 年第 3 期。

容庚先生又整理编纂了古物陈列所的铜器图录。1929 年编的《宝蕴楼彝器图录》2 册，每器有图形和铭文拓本，并记大小重量、色泽及有关说明。1934 年所编的《武英殿彝器图录》2 册，以摹拓花纹与铭文并重，开著录铜器花纹之先河。1940 年又将颐和园所藏彝器选取 20 器编为《西清彝器拾遗》1 册。以上 3 种 5 册《图录》，提供了研究古铜器和金文的原始材料，也使世人得睹清宫内府藏器的真面目。

两岸故宫有着优良的学术研究传统，其青铜器研究也一脉相承。

北京故宫青铜器研究的代表性人物是唐兰先生。唐兰先生是著名文字学家、青铜器专家，他在 1935 年发表的《古文字学导论》和 1949 年出版的《中国文字学》两书，是我国现代意义上最早的、最完整的古文字学理论著作。他于 20 世纪 30 年代与容庚同时被聘为故宫博物院专门委员，1952 年正式调至北京故宫，曾任学术委员会主任、副院长等职。1935 年"伦敦中国艺术国际展览会"，中国政府决定选择"足以代表中国艺术文化"的文物参加展览，唐兰、容庚二人为遴选商周彝器的专门委员。

唐兰先生重视用金文资料系统地研究古史。他生前还十分重视金文研究的普及工作，写了多篇金文的"白话翻译"，让艰深的青铜器铭文所记载的 3000 年前的历史故事，能为一般来故宫的观众看懂。1999 年北京故宫重新改陈的青铜器馆，以及同时编写的《故宫青铜器》一书，就是追随唐先生的学术思想而设计的。其中铜器的断代，贯彻了先生的康宫原则，铭文的释文和白话翻译等，都继承和发扬了先生的学术成果。

北京故宫青铜器研究的另一位代表人物是罗福颐先生。古文字学家罗福颐先生 1957 年调入北京故宫工作。他的研究范围涉及青铜器、古玺印、战国至汉代竹木简、汉魏石经、墓志乃至尺牍、量器、镜鉴及银锭等。先生长于古文献与文物的综合研究，曾对北京故宫包括青铜器等种类的文物进行过整理鉴定，在古籍整理、铜器铭文、拓本的摹写及著录、考释方面，著作甚丰。

自20世纪50年代以来，台北故宫博物院的学者在传承传统治学方法之基础上，借鉴西方学术研究方法，利用地下发掘的考古资料，结合大量的传世器，对中国古代金石学学科进行了现代科学意义上的研究，取得了丰硕的成果，促进了古代金石学的全面发展。代表人物有前副院长谭旦冏先生、研究员张光远先生等。台北故宫所藏青铜器，经过这些学者的选择、整理和加工，其人文内涵得以提升和凸现，已不再是史料的简单汇集，奠定了台北故宫古彝器研究的学术底蕴。

两岸故宫也都能注意用考古学研究成果重新检讨原藏的大量传世品，从而细化了原有的断代标识。用X射线显像技术研究院藏青铜器，开辟了一个新的研究领域，如北京故宫三件邲其卣，过去曾有著名学者怀疑其中二祀、四祀卣为伪器，经1999年X射线检测，它们的真实性和史料价值得到了肯定。台北故宫的春秋晚期庚壶早在乾隆年间就已著录于《西清续鉴》甲编，但因锈蚀严重，可读出的内容不到百字，铭文始终未得贯通释读，经X射线显像技术检测，其铭文可识出172字，大意已可以读通。

两岸故宫青铜器因系出一源，故时代序列完整和器类齐全且多传世品是其收藏的共同特色，有不少成组的器物分藏于两岸故宫，如清代晚期山东益都县苏埠屯出土的"亚醜"组器，台北故宫收藏鼎6件、簋2件、尊5件、角1件、瓿2件、觯1件、卣2件、方彝1件，北京故宫则收藏鼎3件、簋1件、尊1件、瓿1件、斝1件、卣1件、罍1件。成周王铃是一对仅存的西周早期有铭文的青铜乐器，传世仅

2件，一件阳文的藏于北京故宫，另一件阴文的藏于台北故宫。西周中期的追簋两岸合藏其三，西周晚期的长铭颂组器，北京故宫藏颂鼎1件、颂簋1件、史颂簋1件，台北故宫藏颂鼎1件、颂壶1件、史颂簋1件。春秋晚期的能原镈存世2件，两岸故宫各藏其一，这是一组用越国文字记事的青铜乐器。越国文字多将越王名等短铭记于兵器上，释读十分困难，是目前金文研究中尚未取得彻底解决的课题之一。这两件镈铭中台北故宫的一枚存60字，北京故宫的存48字，由于长铭可从上下文推知文意，故两铭等于为我们提供了可能解读全部越国文字的钥匙。宋徽宗倡新乐，制作大晟编钟，流传至今者成为音乐史研究考察宋代雅乐的珍贵标本，该编钟北京故宫现藏6枚，台北故宫藏2枚。

两岸故宫藏品中都有大量记录族名的青铜器，其中有几件族名器被考证为记录重要古国名的铭文，如北京故宫有记录孤竹国和无终国国名的铜器等，台北故宫也存有许多族名铜器。族名金文的释读和研究，是一个十分困难的课题，迄今尚未得到很好的解决，两岸故宫这批资料的充分利用，无疑会促进这一课题的研究。

82 故宫陶瓷研究

　　瓷器收藏是故宫藏品的最大宗。故宫博物院从建院以来，便十分重视古代陶瓷器的陈列展示与审查鉴定。瓷器陈列是故宫的常规展览。1925 年 10 月故宫开院典礼，设在坤宁宫北侧诸室的古物书画陈列室，第三馆就陈列着瓷器。后又开设承乾宫清瓷陈列室。

　　在故宫建院初期，研究的重点集中在器物的登记、认知方面。故宫古物馆有瓷器审查委员会，由郭葆昌先生主持，他是当时首屈一指的瓷器专家。瓷器审查一直进行到文物南迁时期。祝书元任"代院长"的 1943 年，也曾成立专门委员会，继续在延禧宫审查预备陈列的库存瓷器。

　　在早期故宫的瓷器陈列展览上，英国人大维德爵士起过积极的作用。大维德不仅收藏精美的中国瓷器，也是西方公认的研究中国官窑瓷器的权威。大维德与故宫的关系始于 1929 年，他捐款修缮景阳宫后院御书房及购置宋、元、明瓷器陈列馆的陈列柜，故宫博物院也聘请他为顾问。位于景阳宫御书房的宋、元、明陶瓷陈列馆从展品遴选、展览设计甚至到说明标签的撰写基本上都是在大维德的指导下进行的，他是较早将西方博物馆理念以及先进的展览方式带给故宫并且使之实施的人。1934 年，英国权威陶瓷专家霍蒲孙（R. L. Hobson）对大维德收藏的陶瓷进行了系统分类和整理，从中遴选了 180 件最重要的器物，编著了《大维德所藏中国陶瓷图录》，时任故宫博物院院长的马衡为该书题写了中文书名。[①]

从 20 世纪 50 年代初期至 80 年代初，由于陶瓷藏品特点与工作基础的差异，北京故宫与台北故宫的工作重点与研究方向有很大的不同；20 世纪 80 年代中期以后，两岸故宫的学术交流日多，陶瓷研究也更加深入细化；进入 21 世纪，面对学科的发展和信息大爆炸，两岸故宫在古陶瓷研究领域都有了重大的进步。长期以来，两岸故宫的陶瓷研究从总体上代表着中国古代陶瓷研究的水平，也引领着中国古代陶瓷研究的方向。

从 20 世纪 50 年代以来，北京故宫博物院在陶瓷研究方面呈现出了显著的特点，即着眼于中国陶瓷史的大背景，重视官窑与民窑、瓷与陶、故宫藏品与全国各地博物馆藏品的联系，在研究方法上注重文献与调查考古的结合，学术成果丰厚，也涌现出了几代薪火相传的陶瓷专家，其中有的是享誉国内外的大家。

基于藏品的丰富性与复杂性，对院藏瓷器的整理、研究、认知，一直是北京故宫的重点。20 世纪 50—70 年代对故宫博物院所藏瓷器的整理、编目与鉴定以及藏品等级的划分等，是一个浩大而艰巨的大工程，孙瀛洲、冯先铭、耿宝昌等先生主持参与，并亲自编目制卡，扎扎实实地做基础工作，其本身也是重要的学术研究。近 20 余年来，北京故宫的研究者陆续出版了大量展示北京故宫院藏瓷器精品的图录，特别是《故宫博物院藏文物珍品全集》（陶瓷部分 11 册，其中香港商务印书馆 9 册，1996 年起出版；上海科学技术出版社又增加了《紫砂》与《杂彩》两册，2008 年出版），更是首次向社会大规模

---

① 胡健：《大维德与故宫博物院文物展览的因缘》，《故宫博物院院刊》2010 年第 3 期。

展示故宫博物院收藏瓷器的内容和相关的研究水准。近年来在摸清瓷器家底的基础上，《故宫博物院藏品大系·陶瓷卷》正在陆续编辑出版。

已坚持了 60 余年的古代窑址调查是陈万里先生开创的一项事业，形成了故宫陶瓷研究的一项特长。陈万里 1946 年撰著的《瓷器与浙江》，开古代窑址调查之先河。1950 年他带领故宫人员遍访我国南北各地调查窑址，特别是对北方瓷窑最为集中的河南、河北两省进行了调查，发表了多篇调查报告与重要论文。此举收集了大量的实物材料，其中有部分窑址由于人为和自然的破坏今已不存，使得故宫以往调查所得到的材料更见珍贵；也培养了人才，冯先铭、叶喆民、李辉柄、李智宴等先生就是从这系列的调查工作中逐步成长并成为著名学者的。

和传统的金石学者以及收藏家相比，陈万里将窑址调查所得与传世品对比，既可以准确地判断传世瓷器的生产窑口，也把王国维先生倡导的二重证据法引进到对古代瓷器的研究之中，指导并长期影响着后来考古和博物馆学界的研究工作。窑址调查工作已持续至今，整理出版了《故宫藏传世瓷器真赝对比历代古窑址标本图录》（紫禁城出版社 1998 年版），《故宫博物院藏中国古代窑址标本》的"河南""河北""北京、山东、陕西、宁夏、辽宁""山西、甘肃、内蒙古"等卷，成为研究者认知古代各地窑址产品特征的重要参考文献。

为了追赶学术发展潮流并保持北京故宫在古陶瓷研究中的学术地位，北京故宫近几年加大了参与瓷窑址考古发掘的力度，先后参与了江西景德镇丽阳乡元明瓷窑址和浙江省德清县火烧山原始青瓷窑址的考古发掘工作，其成果反映在《江西景德镇丽阳碓臼山元代窑址发掘简报》《江西景德镇丽阳瓷器山明代窑址发掘简报》等简报（《文物》

2007 年第 3 期）及《德清火烧山原始青瓷窑址发掘报告》（文物出版社 2008 年版）一书中。有专家认为，参与考古发掘及其取得的成果不仅标志着故宫博物院古陶瓷研究再次走向学术发展的前沿，由器物的研究走向史的研究，更标志着故宫博物院走出昔日皇宫，加入了现代科学研究的行列。王光尧等人还参加了景德镇明清御窑遗址、河南新安金元钧窑址、肯尼亚拉姆群岛及滨海遗址的考古发掘与研究，参与印度喀拉拉邦奎隆港口遗址和柯钦帕特南遗址的考古发掘，进行中国古代输出瓷器的考古发掘与研究。

为了整合研究力量，强化现代科学技术在古陶瓷研究领域的作用，在重大课题研究上有所突破，2005 年 10 月故宫博物院成立了古陶瓷研究中心，中心下设古陶瓷检测研究实验室、古陶瓷资料观摩室及古陶瓷专题陈列室等。中心进行古陶瓷实物资料的整理、古代窑址调查、举办有关学术研讨会等。从 2009 年以来，在耿宝昌先生指导下，由吕成龙主持，中心将目前学术界最为关心的宋代汝、官、哥、钧窑瓷器研究中存在的窑址、年代等问题，作为大型课题开展研究，已取得了一系列成果。古陶瓷检测研究实验室在苗建民等研究人员的努力下，已发展为"古陶瓷保护研究国家文物局重点科研基地"。2015 年，古陶瓷研究中心改为陶瓷研究所。

北京故宫博物院的专家在陶瓷整理和研究中积累了丰富的鉴定经验，并认真总结探索，努力把经验上升到理论层面。代表著作有孙瀛洲的《元代瓷器鉴定》、耿宝昌的《明清瓷器鉴定》以及李辉柄的《中国瓷器鉴定基础》等。北京故宫几代专家的论著一直代表着中国古代瓷器传统鉴定的最高水平。

台北故宫博物院复院后，由于基础工作较好，很快完成了文物清点、复查的任务，开始展览与出版工作。《故宫藏瓷》（1961 年，共

29 册）系列图书的出版，体现了该时期关于中国古代瓷器研究的总体水平。稍后台北故宫开始了以古代名窑为主题的展览与研究。在对北宋汝窑、南宋修内司官窑和郊坛下官窑进行考古发掘以前，台北故宫不仅以其收藏的宋代名窑瓷器富甲天下，而且长期在该研究领域占有世界领先地位。20 世纪 80 年代以前该院先后推出的以宋、明瓷器为主题的展览，更是让世人大开眼界，同时为学界同人广泛而深入地了解宋代各大名窑和明代御窑瓷器创造了条件。

台北故宫先后出版的多卷本《故宫宋瓷录》（汝窑、官窑、钧窑卷，定窑、定窑型卷，南宋官窑卷，龙泉窑、哥窑及其他各窑卷）、《故宫瓷器录》、《故宫清瓷图录》、《大观：北宋汝窑特展》、《定窑白瓷特展图录》、《明代宣德官窑菁华特展图录》、《清康雍乾名瓷特展》等专题珍品集成图录和特展图录，尤其是对宋代瓷器的集中出版，均成为该领域研究的阶段性总结。随着考古新发现，虽然大陆的学者在关于汝窑、南宋修内司官窑、郊坛下官窑、钧窑和明代御窑厂及御窑瓷器的研究上因出土资料的优势而取得了新的成果，但台北故宫的学者也依旧拥有相当的话语权。至于对清代珐琅彩瓷器的研究，正如其出版的《清宫珐琅彩瓷特展》《清代画珐琅特展目录》所展示的精品一样，迄今为止台北故宫的学者对珐琅彩器物本身的认识、研究仍然居于一流地位。

20 世纪 80 年代中期以后，台北故宫除沿袭早期以展览课题带动研究走向深入的方法外，关注中国古代陶瓷史的个案研究也逐渐增多，谢明良、蔡玫芬等人都有文章问世。蔡玫芬通过对传世定窑瓷和考古发掘品的对比研究，认为文献所说北宋晚期宫廷"以定瓷有芒不堪用，遂命汝州造青窑器"，只能作宫廷使用汝州青瓷的开始而不能作停用定窑白瓷的证据，这在宋代陶瓷研究中极具创新意义。以瓷器为载体研究清代宫廷文化史也成为台北故宫学人的主攻方向之一。余佩瑾主持的《故宫藏瓷：钧瓷》展览与出版的图录，指出陈设类钧窑瓷器的生产时代可能在元晚期到明早期，是该院以旧藏为主，在梳理文献、对比考古新成果的基础上，对数百年来宫廷传承下来的关于钧窑瓷器知识之发展，这在故宫学史上具有开创意义。

近年来，台北故宫学者更为重视以瓷器等文物为载体的宫廷文化史研究，尤其是对清宫旧藏宋元瓷器所产生的文化影响、瓷器和其他质地的艺术品间的关系、瓷器在皇宫收藏中的地位以及乾隆皇帝等人的收藏观方面都做了有益的探讨。廖宝秀的《华丽洋彩》、施静菲的《日月光华：清宫画珐琅》、余佩瑾的《得佳趣：乾隆皇帝的陶瓷品味》等展览与研究著作，都成为此一学术方向的代表。同时，近年来其研究方向也开始涉及广泛的陶瓷史课题，基本上和内地陶瓷考古的发展方向保持着同步的势态。如施静菲《蒙元宫廷中瓷器使用初探》（《美术史研究集刊》第 15 期，2003 年 9 月）一文，就是利用近年出土的元代瓷器并结合文献对元代宫廷用瓷进行的有益探讨。

83 故宫图书整理研究

清宫图书，主要收藏在北京故宫与台北故宫，两个博物院都很重视藏书的整理、展览与研究。

北京故宫博物院对所存藏的清宫典籍进行了较长时期的清查整理，同时重视其研究，朱家溍、杨玉良等贡献尤多。2005 年，作为故宫百年大修的武英殿试点工程竣工，在此举办了"盛世文治——清宫典籍文化展"。2007 年又举办了"天禄珍藏——清内府书籍精华展"，并召开了第一届清宫典籍国际学术研讨会，出版了《天禄珍藏——清宫内府本三百年》（紫禁城出版社 2007 年版）一书。2013 年举办了"宫廷典籍与东亚文化交流国际学术研讨会"，以明、清宫廷纂修、刊印、典藏的图书为研究对象，关注其文化背景以及在东亚文化交流中承载的学术意义和价值。

多年来，北京故宫图书馆研究重点主要在清宫藏书及内府刻书两个方面。朱家溍主编的《两朝御览图书》（紫禁城出版社 1992 年版）介绍了北京故宫的藏书。故宫图书馆与辽宁省图书馆合编了《清代内府刻书目录解题》（紫禁城出版社 1995 年版）。齐秀梅、杨玉良等撰著的《清宫藏书》（紫禁城出版社 2005 年版），是清宫藏书研究的一部力作。北京故宫图书馆同人又在内府图书文献档案的梳理（如《武英殿修书处档案》）、现藏典籍的整理（如《故宫博物院藏清代珍本方志解题》）及藏书散佚的研究等方面做出了努力。

北京故宫重视清宫藏书的整理出版工作。经多年整理，收录 1 万余册清宫戏本的《故宫博物院藏清宫南府升平署戏本》出版；又与海南出版社合作的《故宫珍本丛刊》、与线装书局合作的《永乐北藏》、与民族出版社合作的《嘉兴藏》以及《钦定武英殿聚珍版丛书》等先后影印出版。武英殿书版也发挥了作用。紫禁城出版社于 2002 年用 4 万多块原版刷印《满文大藏经》20 部。2013 年，故宫出版社（原紫禁城出版社）又用 1860 块清乾隆御制藏满蒙汉四体合璧《大乘首楞严经》经版刷印 200 部。

台北故宫由于收藏多部巨帙名籍，对其整理、研究、传播着力尤多。台北故宫曾把"古籍与密档——院藏图书文献珍品展"作为常设展，每三个月更换展品，同时也办过"宋元秘笈"之类的展览；2011年举办了"龙藏——院藏大藏经展"，展出了康熙八年（1669）清宫泥金写本藏文《龙藏经》，并辅以乾隆年间的泥金写本藏文《龙藏经》及朱印本《清文翻译全藏经》。

1983 年，台北故宫与台湾商务印书馆合作，影印出版院藏文渊阁《四库全书》，时任台北故宫博物院副院长的昌彼得特撰《影印四库全书的意义》一文，明确标举出"四库学"一词。1985 年台北故宫又与台湾世界书局合作影印出版摛藻堂《四库全书荟要》。台北故宫全面整理《四库全书》及《四库全书荟要》中失真失实文字，并据相关版本匡补阙失，于 1989 年出版《四库全书补正》。① 台北故宫研究人员发表了一系列有关清宫典籍特别是《四库全书》的论著。1998年，台北故宫与私立淡江大学合作，举办第一届"中国文献学研讨

---

① 吴哲夫：《四库全书补正工作之回顾与前瞻》，《故宫学术季刊》第十六卷第一期。

会"，以"两岸四库学研究"为主题，邀请海内外四库学、文献学学者50余位参加，发表论文15篇。2008年举办"空间新思维——历史舆图学国际学术研讨会"。台北故宫又与东吴大学合作，研发院藏雍正朝铜活字初印本《古今图书集成》之全文及图像检索资料大系。2009年影印出版康熙八年（1669）泥金写本藏文《龙藏经》。

清宫图书与清代政治、经济、文化有着密切关系，反映了清朝统治者的政治理念、文化政策，影响了清代的学风，也见证了国家的兴衰。清宫图书的征求、编纂、刻印、存藏以及流散等，有着丰富的内容，都是中国图书史、中国出版史、中国印刷史、中国藏书史等以及版本学、目录学研究的重要内容。清宫图书研究是长盛不衰的课题，有众多的研究者，也有丰富的成果，在以《四库全书》为代表的重要典籍的研究上体现得尤为显著。对于《永乐大典》《古今图书集成》以及《天禄琳琅》藏书等的研究也一直有人在进行。

84　故宫明清档案整理研究

随着大内档案的发现以及新成立的故宫博物院对清宫档案的集中管理，民国时期故宫明清档案的整理研究工作就开始了。这种整理，既有形式上的整理，即区别名称、排比时代等，又包括内容的整理，即编辑与出版史料等。

对明清档案进行大规模的卓有成效的整理，主要是由北京大学、故宫博物院、中研院史语所三个重要的学术机构进行的，其中尤以故宫文献馆成果最为重要，影响也更深远。

北京大学是最早开始对明清档案进行整理的学术机构。"八千麻袋事件"发生后，北京大学研究所国学门获取存放于历史博物馆的62木箱、1500多麻袋档案后，即成立整理档案委员会，商订整理方法，从1922年7月4日起开始整理。期间不断改进整理方法，吸收北大师生参与，同时公开整理报告，举办档案展览，扩大了明清档案的影响。截至1924年9月，北大进入注重档案内容以及整理出版阶段，并将档案整理会改名为明清史料整理会，共整理档案523 000多件又600余册，先后出版了《整理清代内阁档案报告（要件)》《整理明清内阁档案史料要件报告》《清九朝京省报销册目录》《嘉庆三年太上皇起居注》及《顺治元年内外官署奏疏》等，为学术研究提供了大量的史料。

　　中央研究院历史语言研究所 1928 年 10 月甫一成立，即着手购买李盛铎手中的内阁大库档案，购得后便成立了"明清史料编刊会"，傅斯年、陈寅恪、朱希祖、陈垣、徐中舒为委员，并招募人员，制定有关工作规则，采用七项程序对内阁大库档案进行整理，同时着手编纂出版。1930 年 9 月《明清史料》甲编前两本印刷出版，1936 年乙编、丙编问世，1948 年丁编编讫。但因时局恶化，史语所将档案装箱南运，后档案随史语所迁台。迁台后史语所继续编刊《明清史料》。"史学即史料学"，史语所将搜集史料、整理史料视为史学研究的全部，将编纂整理视作学术研究的一部分。

　　故宫博物院成立，其图书馆下设文献部，沈兼士主持部务。文献部成立伊始，就开始了明清档案的集结工作。1926 年 1 月故宫收回军机处档案后，立即中断了朱批奏折的整理，集中整理军机处档案。1928 年 10 月 5 日，故宫设立专门的文献馆，明清档案整理便进入新的阶段，按军机处档案、宫中档案、内阁大库档案、内务府档案及其他档册书籍五大类进行整理。除了基本的整理外，文献馆同时还进行了库房陈列、提供查阅借抄、编纂出版等多项工作。故宫文物包括档案南迁后，文献馆继续整理留院的档案，并确立了普遍整理和系统分类的原则，不断探讨分类方法的科学化，1936 年 6 月制定了《整理档案规则》，而后摸索出了适用的档案十进分类法，40 年代出台了《文献馆所藏档案分类简表》。北平沦陷后，文献馆的职员在艰难险恶的环境下坚守岗位，继续进行整理，并编印了一批出版物。

　　故宫文献馆的明清档案整理工作，是对档案管理的探索过程。沈兼士馆长对档案的整理制订了较为细密的计划，并开始对档案整理的原则和方法进行研究，先后撰写了多篇有关明清档案管理的论著，亲自审定一些珍贵史料并撰写序文。文献馆的前辈结合实际工作的一批论文，也是中国现代档案科学起步并发展的记录，如《清代档案释名发凡》（单士元）、《清代制、诏、诰、敕、题、奏、表、笺说略》（单士魁）、《整理档案方法的初步研究》（方甦生）、《整理档案问题》（张德泽）等，还组织有关档案的学术讲座。我国近代档案学形成于20世纪30年代，明清档案整理既是档案学形成的直接推动力量，其实践与理论也是档案学创立时期的重要组成部分。

故宫文献馆从保存与流传珍贵历史遗产的目的出发，在明清档案整理的同时，编纂印行了多种出版物，包括档案汇编、档案编译、档案编目、档案影印、研究论著等。既有《掌故丛编》《文献丛编》《史料旬刊》等综合汇编，这些是中国首次出现的为档案公开之用的期刊，具有非常重要的意义；更有大量专题汇编，主要有《清代文字狱档》《清三藩史料》《太平天国文书》《阿济格略明事件之满文木牌》《读书堂西征随笔》《苏州织造李煦奏折》《清季教案史料》《朝鲜国王来书》《故宫俄文史料》《康熙与罗马使节关系文书》《清外交史料（嘉庆朝)》《清外交史料（道光朝)》《清光绪朝中日交涉史料》《清宣统朝中日交涉史料》《清光绪朝中法交涉史料》等。

由于明清档案分散保存于北京几个学术机关内，文献馆为了使同一题目的档案搜集完备，注重与其他机关合作编辑。《故宫俄文史料》《苏州织造李煦奏折》《清季教案史料（一)》《清季教案史料（二）》等皆是文献馆与北大文科研究所、中研院史语所合作编辑的。故宫博物院文献馆、北京大学文科研究所、中央研究院史语所还于1947年联合编辑出版了《清内阁旧藏汉文黄册联合目录》《清军机处档案目录》等书。

据统计，1949年之前，文献馆出版有关史料书籍刊物凡50余种，350多册，约1200万字。档案文献的编纂公布，扩大了档案史料价值的传播，也使档案在近代文化的发展中起了积极的作用。文献馆编纂的史料重视材料的考证和说明，这主要表现在档案文献的序言、按语中。这一时期史料的序言大多成就于当时名家之手，如蔡元培为《清内阁旧藏汉文黄册联合目录》作序，陈垣为《康熙与罗马使节关系文书》作序，沈兼士为《清内阁库贮旧档辑刊》《故宫俄文史料》作序，余嘉锡为《碎金》作跋，翁文灏和朱希祖为清《乾隆内府舆图》作序，傅增湘为《掌故丛编》作序，许宝蘅为《掌故丛编》题词，等等。这些序言，往往探赜索隐，条理明辨，内容涵盖了有关档案名词考释、档案所涉及的史实考证、与他书记载详略互异情况及其补证价值、档案原件的载体形态和档案的来源，以及相关文书制度等等。①

罗振玉的明清档案整理也很有成就。他从同懋增纸店赎回档案后，就招人检理，并编印了《史料丛刊初编》（1924 年）。而后罗将其大部转卖，自己留下的一部分则随后带到了旅顺，并成立了库籍整理处，聘请中外人士进行整理，出版了《大库史料目录》6 编（1934年）、《明季史料零拾》2 册（1934 年）、《国朝史料零拾》2 册（1934年）、《史料丛编·初二集》12 册（1935 年）、《清太祖实录稿》3 种（1933 年）等，其子罗福颐（后为故宫博物院研究员）参与了编纂。

新中国成立以后，故宫明清档案划归国家档案局，成立中国第一历史档案馆。一史馆遂成为我国保存明清档案的中心，其对明清档案整理与研究的深入开展主要是在改革开放以后。1978 年《清代档案史料丛编》与 1981 年《历史档案》创刊，标志着明清档案的刊布与对档案的研究进入一个新的阶段。在 1985、1995、2005 及 2015 四年，一史馆为庆祝成立 60、70、80、90 周年，先后召开了四次"明清档

---

①　胡鸿杰主编：《档案文献编纂学》，中国人民大学出版社 2012 年版，第 74 页。

案与历史研究学术研讨会",与此同时出版了四部学术论文集。

一史馆在对这上千万件数量庞大的明清档案的精心管理中,重视对档案管理的标准化研究,探讨用统一的标准对其进行规范化分类、立卷、编目整理的方式,在吸收民国时期档案管理经验的基础上,又不断探索,1992 年制定了《清代档案主题词表》《清代档案分类表》《清代档案著录细则》《清代档案整理规则》等,使对明清档案的现代化、标准化管理向前迈进了一大步。

一史馆一直是明清档案编纂出版的主要机构。自 20 世纪 50 年代开始,一史馆就注意与社会学术机构、高等院校、文博单位及出版界合作,共同编纂出版有关专题的档案史料;进入 80 年代以后,一史馆与社会各界的合作规模进一步扩大,合作方式也更灵活多样,且与港、澳、台地区及国外的文化研究机构也有越来越多的专题合作。2009 年,一史馆和台北故宫将各自所存康熙朝《清代起居注册》同期编纂,分别由中华书局和台湾联经出版事业有限公司影印出版,合作销售,嘉惠学林,这是两岸文化交流的一大突破。

从 1949 年至 2012 年,一史馆单独和联合出版了较有影响的明清档案汇编达 258 部,极大地拓宽了清史研究领域,并为清史编纂奠定了重要基础。例如,《澳门问题明清档案荟萃》《中葡关系档案史料汇编》《清代中琉关系档案》《清宫珍藏历世达赖喇嘛档案荟萃》《清宫珍藏历世班禅额尔德尼档案荟萃》《清宫内务府造办处档案总汇》《清代外务部中外关系档案史料丛刊》《明清宫藏台湾档案汇编》《清宫恭王府档案总汇》等,以及服务于国家清史编纂工程的《清宫热河档案》《清宫普宁寺档案》《庚子事变清宫档案汇编》《清代中南海档案》《清代军机处电报档汇编》等,都被列为国家清史编纂委员会"档案丛刊"出版项目。

台北故宫博物院从 1965 年起，对运台的档案开箱整理、分类编号、摘目建卡，所有的整理工作于 1982 年大体完成。档案共计 41 万件册，出版了台北故宫博物院清代文献档案总目与《清代文献传包传稿人名索引》，读者可依据这两本目录提阅该院所藏任何一种清宫档案。目前该院所藏清宫档案目录，已全数开放网络检索。台北故宫博物院编纂明清档案出版物主要集中在 1978 年以前。从 1978 年 10 月至 1985 年 10 月，台北故宫与台湾"国史馆"合作，择院藏清史馆存档原稿并清国史馆历朝国史传包等史料，采取"不动原文，以稿校稿，以卷校卷"的办法，逐条考订现行《清史稿》，注其异同。凡校订得 6 万余条，校注全书 1200 余万字。

台北故宫重视明清档案的陈列展览并召开有关学术研讨会，以加深对这些珍贵档案价值的认识。庄吉发的《故宫档案述要》（1983 年）与冯明珠的《清宫档案丛谈》（2010 年）等都是明清档案研究的重要成果。

中研院史语所的 31 万件册内阁档案到台湾后，该所继续编印《明清史料》戊、己、庚、辛、壬、癸 6 编，按原定计划出完 10 编，每编 10 册，共 100 册。该所以后仍利用这批档案出版、影印了不少刊物。

对于明清档案的研究，除上述一史馆、台北故宫等的研究成果外，海内外还有大量的研究论著及学位论文。中国近代文化的四大发现，产生了甲骨学、敦煌学、简牍学，现经几代学人的努力，也形成了明清档案学。秦国经的《明清档案学》（学苑出版社 2005 年版）就是其中一部有代表性的著作。该书全面研究了明清档案的价值，总结了明清档案工作的经验，探索了明清档案事业发展的规律，既吸收了明清档案界丰富的研究成果，也凝结着作者 40 年不断探求的心血。

85 故宫博物院院史研究

故宫博物院 1925 年 10 月 10 日成立，到 2025 年，即将迎来百岁寿诞。近百年的故宫院史，是与中国百年来的革命史、政治史、文化史、学术史密切相关的历史，是值得认真总结研究的。

长达 24 年的民国时期故宫博物院院史，现有大量丰富的档案与文献资料。

档案方面，北京故宫博物院藏有从 1924 年 12 月开始点查清宫物品直到 1949 年的档案 1724 卷；古物陈列所藏有档案 962 卷，包括人事、财务、来往公文、工作报告、文物保管、陈列展览、古建维修等方面。中国第二历史档案馆藏有与故宫博物院相关的档案资料 240 余卷，大部分内容为故宫博物院的组织条例、理事会的改组情形及工作报告，以及三四十年代的故宫理事会会议记录；其中有关故宫文物南迁及赴海外展览的相关档案 20 余宗，分散于行政院、财政部、教育部、内政部、交通部、公路总局、关务署等机构。台北故宫博物院藏有南迁时期的档案约 200 余件。

《故宫周刊》为故宫博物院早期读者最多、最具影响力且发行时间最长的一份刊物，也是今天研究故宫博物院的重要文献。

故宫前辈学人都曾以自己的亲身经历，对院史做过回顾。李宗侗《玄武笔记》（《故宫周刊》第 101—103 期，1930 年 9 月）、吴瀛《故宫博物院前后五年经过记》（故宫博物院 1932 年印刷）、庄严《山堂清话》（台北故宫博物院 1966 年版）、那志良《故宫四十年》（台湾商务印书馆 1966 年版）、单士元《我在故宫七十年》（北京师范大学出版社 1997 年版）、傅振伦《蒲梢沧桑——九十忆往》（华东师范大学出版社 1997 年版）以及王世襄《锦灰不成堆》（生活·读书·新知三联书店 2007 年版）中对抗战胜利后从天津接收故宫文物的回忆等，都是很重要的著述。

40 余万字的《马衡日记（1948—1955）》（生活·读书·新知三联书店 2018 年版），是研究故宫博物院 1949 年前后历史及马衡院长本人的极为珍贵的第一手材料。

对于民国时期故宫博物院史进行系统梳理编撰的，则是两岸故宫博物院，主要有《故宫沧桑》（南粤出版社、紫禁城出版社 1985 年版）、《故宫博物院八十年》（紫禁城出版社 2005 年版）、《故宫博物院九十年》（故宫出版社 2015 年版）、《故宫七十星霜》（台北商务印书馆 1995 年版）、《故宫跨世纪大事录要》（台北故宫博物院 2000 年版）等，这些著作，都是把民国故宫史与后来两院的历史联系起来论述。

关于民国时期故宫博物院研究与关注的重点、热点，大致有三个方面：

1. 对于故宫博物院成立意义的探讨 20 世纪 90 年代以来，中西方学者逐渐关注文物、展览、博物馆的文化表征意义及其与社会变迁和人文环境之间的关联性，中国学者也在这一研究视角下对故宫博物院开院的文化表征意义进行了诠释。

2. 关于故宫文物南迁的研究 故宫同人关于南迁的回忆录以及李济《受管理中英庚款董事会委托调查抗战时期故宫古物搬运存放情形

报告书》（1938 年 11 月 10 日）、马衡《抗战期间故宫文物之保管》的演讲（1947 年 9 月 3 日）等，都是重要的文献。杭立武的《中华文物播迁记》（台湾商务印书馆 1980 年版）与欧阳道达的《故宫文物避寇记》（紫禁城出版社 2010 年版），则是两部记述故宫文物南迁的重要作品。

2010 年 6 月，两岸故宫博物院联合开展了长达半个月的"温故知新——两岸故宫重走文物南迁路"考察活动。2010 年 9 月，北京故宫举办"故宫文物南迁史料展"。近年来，四川乐山安谷镇由民间人士投资筹划，创办了"故宫文物南迁乐山史料陈列馆"。郑欣森的《故宫文物南迁及其意义》（《华中师范大学学报》2010 年第 5 期）一文，将故宫文物南迁置于世界反法西斯战争与中国抗日战争的广阔背景下，深入探讨其所具有的独特的历史与现实意义。

2019 年，"故宫文物南迁史料整理与史迹保护研究"列入国家社科基金重大项目，郑欣森为首席专家。

3. 关于古物陈列所研究　古物陈列所的档案现由故宫博物院保存。古物陈列所刊印了许多出版物。古物陈列所的地位作用，长期以来未引起足够重视，但近些年来已引起关注。段勇的《古物陈列所的兴衰及其历史地位述评》（《故宫博物院院刊》2004 年第 5 期）与宋兆霖的《中国宫廷博物院之权舆——古物陈列所》（台北故宫博物院 2010 年版）很有代表性。故宫博物院于 2014 年 12 月举行了"古物陈列所百年纪念"学术研讨会，对古物陈列所的历史及其影响做了深入的探讨。

北京故宫博物院高度重视民国时期故宫院史的研究，认为这有助于了解故宫博物院的历史价值和意义，有助于传承故宫精神，近年来已举办了多次专题学术研讨会。

1949 年以后，一个故宫、两个博物院的局面形成。

北京故宫博物院重视研究新中国成立以来的院史，这种研究往往与 1949 年以前的院史结合起来，注意从一个更长的历史过程中总结经验，主要采取的是课题研究与召开学术研讨会的方式。列入院级科研课题的有"故宫博物院院史""故宫博物院文物入藏史""故宫博物院藏传佛教学术发展史""故宫博物院文化展示的发展""故宫消防""故宫博物院陈列设计史""故宫博物院学术成果总目（1925—2005）""故宫保卫""故宫学论著索引"等。其中有的已有出版成果。故宫也有计划地组织召开有关学术研讨会。除上述专门的民国院史研讨会外，还举办了"故宫博物院学术史""文化名人与故宫博物院"等主题的学术研讨会。

在迎接故宫百年院庆时，故宫博物院做出了"百年故宫博物院"的撰写规划，计划共 18 卷：综述卷、组织建设卷、古物陈列所卷、古建保护卷、文物保管卷、图书文献卷、文保科技卷、陈列展览卷、宣传教育卷、开放管理卷、合作交流卷、安全保卫卷、数字化建设卷、学术研究卷、出版卷、文化产业卷、环境保护卷、大事记卷。故宫组织专门协调机构，要求各有关部门认真参与，有的初稿已完成，第一部《古物陈列所卷》已付梓。

台北故宫文物已离开了北京故宫，因此台湾学者对台北故宫博物院的研究，主要着眼于故宫文物本身的价值，以及文物展览所体现出的意义。

台湾政治大学朱静华教授在《故宫之为文化的再现：中国艺术展览与典律的形成》[①] 一文，以"文化再现"（Cultural Representation）

---

① 载黄克武主编：《画中有话：近代中国的视觉表述与文化构图》，台北"中央研究院"近代史研究所 2003 年版。

的概念探讨了民国时期故宫博物院及其文物的政治意义和民族精神，文物迁台后国民党和台湾当局对故宫文物政治、文化内涵的阐释以及中国艺术典律的形成过程。石守谦的《清室收藏的现代转化——兼论其与中国美术史研究发展之关系》（《故宫学术季刊》第二十三卷第一期）认为，故宫博物院的成立，既继承了皇家收藏的高度政治文化象征意涵，也由皇帝的天命所托变成共和政府存续与否之所系，以及国族文化之精华，后随着战争的威胁，它作为国族文化象征的品格也进一步被强化。南迁时期故宫文物曾于1935—1936年赴英参加"伦敦中国艺术国际展览"，产生积极影响。台湾学者对这次海外展览比较重视，多从文物展览与文化外交、国族认同建构之间的关系着眼，认为故宫文物赴英展览的目的与国族形象的构建和文化外交的推广有密切关系，并且将其与台北故宫1960—1961年的"中国古代艺术品赴美展览"以及1996—1997年"中华瑰宝"赴美展览相联系，认为这是在不同历史时期、不同政治背景下，国民党寻求政治认同的三次重要展览。

故宫博物院成立70周年时，台北故宫编写了《故宫七十星霜》一书，全面回顾了故宫的早期历史及在台湾的岁月。十年后，又编印了《八徵耄念》以作纪念，收录了一批故宫人员对故宫经历的回顾，还有高居翰、李铸晋、方闻等学者对从故宫所获教益的怀念。其中，《略记故宫八十年来的重要海外展览活动》（宋兆霖）、《故宫文物的ID》（嵇若昕）等具有一定的资料价值。台北故宫博物院包括了迁台的"中央博物院"筹备处的文物藏品，谭旦冏的《"中央博物院"廿五年之经过》（中华丛书编审委员会，1960年）是记述研究"中央博物院"历史的一部重要作品。

西方学者对故宫博物院的研究，大都与对故宫博物院民国史及此后两个故宫博物院院史的比较研究相联系。

美国珍妮特·埃利奥特（Jeannette S. Elliott）与沈大伟（David Shambaugh）《中国皇家收藏传奇》（当代中国出版社 2007 年版）的一个基本观点是皇家艺术收藏是中国历代统治者确立其政权合法性的重要来源，此书还追溯了中国历代特别是明清时期的皇家收藏，叙述了故宫博物院的成立、战争年代的故宫文物迁移以及两个故宫博物院的发展。美国塔玛拉·哈里希（Tamara Hamlish）的《全球文化、现代遗产：追忆中国皇家收藏》一文指出，北京故宫以中轴线为中心的参观路线、沿着中轴线布置的原状陈列以及中轴线两侧的专题陈列也是一种被构建的仪式空间，这个空间突出展示了中华文明的辉煌和成就；此文还指出在故宫从皇宫变成国家博物馆的过程中，共产党和国民党都对故宫及其文物所蕴含的政治正统的象征性展开了不同的阐释和构建。在《保护宫殿：20 世纪中国博物馆和民族主义的产生》中，她认为，就历史和意识两方面而言，故宫博物院与国家一样，是伴随着全球范围内民族国家及其国家博物馆的诞生而形成的。美国人类学家鲁比·沃森（Ruby S. Watson）对故宫和天安门广场具有浓厚的研究兴趣，她对故宫、故宫文物、天安门及天安门广场的阐释集中于《国家社会主义下的记忆、历史和对立》一书，以及《皇宫、博物馆和广场：在中国创造国家空间》等文章中，沃森认为，故宫从帝国统治的象征成功转变为现代民族国家的象征这一过程，应更为详细地加以研究。[①]

[①] 参阅徐婉玲：《民国故宫博物院史研究综述》，《故宫学刊》2014 年总第十二辑。

86 故宫研究中心

在 21 世纪的第一个十年，故宫博物院学术研究的重要机构是研究中心。2005 年 10 月 10 日，故宫博物院古书画研究中心、古陶瓷研究中心成立，后者下设古陶瓷检测研究实验室。2007 年 4 月 25 日，古建筑保护研究中心成立。2009 年 10 月 20 日，明清宫廷史研究中心成立。2009 年 10 月 16 日，藏传佛教文物研究中心成立。

成立研究中心是从故宫藏品实际、研究力量和研究基础等情况出发的，并且借鉴了故宫民国时期专门委员会的做法。

故宫博物院的古书画、古陶瓷及藏传佛教文物等不仅数量巨大，且精品众多。故宫的古建筑是中国古代官式建筑的集大成者，作为明清两代的皇宫，丰富的宫廷遗存是故宫博物院开展明清宫廷历史文化研究的重要资源。这些得天独厚的条件使得故宫学的文物研究形成了相对突出的五大领域。五个研究中心的成立，有利于发挥自身优势，突出重点，整合研究力量，以取得比较重大的成果。古书画、古陶瓷、藏传佛教文物研究中心成立后，根据不同的研究对象和范围，采取不同的活动方式，创造必要的条件，并在研究场所、研究设备、文物资源的利用与保护、学术成果的出版与管理等方面形成了比较完整的章程和办法，以保障研究活动的顺利开展，提高学术研究的质量，同时也为国内外专家学者进行课题研究的交流和合作提供了学术平台。

　　研究中心人员一般由两方面组成：一是院外、海外、国外有关大学、博物馆和科研机构的著名专家学者；二是院内专业部门人员及相关部门的专家。通过院内外、国内外专家学者的共同努力，可望在已有的基础上取得更大成果，或攻克一些难点问题。院外尤其是国外专家学者的积极参与，可使故宫及其藏品的诸多内涵更为世人所知，使国际学术界更深入地认知中华民族传统文化的精髓。同时，故宫博物院努力借鉴国内外同行的研究方法和学术成果，对本院的学术研究及各项业务工作起到积极的促进作用，并不断培养学术新秀。多年来的实践说明，虽然研究中心不能囊括丰富的故宫学的多方面研究，但研究中心在重点课题上的突破和研究方法上的创新，对故宫博物院整体学术研究水平的提高，起到了重要的促进作用。

　　以 2005 年 10 月成立的古陶瓷研究中心为例。该中心的研究对象主要是故宫博物院所收藏的数量丰富的古陶瓷类文物、从古陶瓷窑址采集来的大量珍贵古陶瓷残片以及世界各地收藏的中国古代陶瓷。研究内容包括：对不同时期、不同产地、不同类型古陶瓷制作原料、工艺、结构及相关性质的科学研究；对古陶瓷年代、窑口、真伪的科学研究；对古陶瓷的科学保管、修复和复制等技术的科学研究。2010 年、2012 年、2013 年、2015 年分别成功举办了"宋代官窑瓷器展""故宫博物院定窑瓷器展""故宫博物院钧窑瓷器展""故宫博物院汝窑瓷器展"并召开了相关学术研讨会。

　　故宫聘请国内外著名大学、博物馆和科研机构的著名专家、教授、学者担任研究中心的客座研究员，聘请本院与古陶瓷专业有关的专家和学者为研究中心的研究员。他们将对故宫博物院的古陶瓷研究、保管、陈列提出指导性意见，并在相关课题研究中发挥学术顾问的重要作用。

　　20 位客座研究员是：戴浩石先生（Jean-Paul Desroches，法国巴黎

吉美美术馆馆长)、伊娃·斯特霍伯女士（Eva Ströber，德国德累斯顿
国家艺术收藏馆东方陶瓷研究员)、苏珊·瓦伦斯登女士（Suzanne G.
Valenstein，美国纽约大都会博物馆研究员)、长谷部乐尔先生（日本
出光美术馆理事)、艾丝维尔多女士（Ayse Erdogdu，土耳其伊斯坦布
尔托普卡普·萨莱博物馆研究员)、郭勤逊先生（新加坡亚洲文明博
物馆馆长)、宿白先生（北京大学教授)、汪庆正先生（上海博物馆副
馆长、研究员)、郑良谟先生（韩国京畿大学校硕座教授、文化财委
员会委员长)、葛师科先生（香港"敏求精舍"收藏家协会现任执
委)、林业强先生（香港中文大学文物馆馆长、教授)、廖桂英女士
（台北鸿禧美术馆副馆长)、蔡和璧女士（台北故宫博物院研究员)、
廖宝秀女士（台北故宫博物院研究员)、叶喆民先生（中央工艺美术
学院教授)、陈铁梅先生（北京大学考古系教授)、关振铎先生（清华
大学材料科学与工程系教授)、李家治先生（上海硅酸盐研究所研究
员、博导、世界陶瓷科学院院士)、罗宏杰先生（上海硅酸盐研究所
所长、研究员)、李虎侯先生（首都师范大学地理系教授）。10 位故
宫博物院研究员是：耿宝昌、李辉柄、叶佩兰、王莉英、吕成龙、苗
建民、陆寿麟、冯小琦、王健华、邵长波。

　　故宫所聘 20 位客座研究员都是蜚声业界、中外闻名的专家学者，
他们的学术造诣与代表性，体现了 21 世纪故宫博物院的学术新视野。

　　2009 年 10 月，故宫博物院成立了藏传佛教文物研究中心，标志
着北京故宫藏传佛教研究进入一个新的阶段。该中心以故宫藏传佛教
文物为学术研究的中心和重点，积极开展明清宫廷史、汉藏佛教交流
史和藏传佛教艺术史等多方面研究，同时扩大研究范围和视野，致力
于田野考察与研究工作，在主要藏文化区，包括甘肃、青海、四川以
及西藏等地的广大藏区开展对寺庙、洞窟所存文物的调查和研究工

作。该中心致力于加强与国内外相关学术机构在藏传佛教文物研究、展览、宣传和出版等多方面的合作，同时本着开放、平等的原则，吸引院内外、国内外知名学者、优秀的中青年学者加入到该中心的研究项目中来，不断提升该中心的研究能力和研究水平，努力使之成为一个具有影响力的国际化的科研基地。

藏传佛教研究中心与四川省文物考古研究院多年合作，对四川甘孜、阿坝藏族地区进行考古和民族学调查，先后出版了《穿越横断山脉——康巴山区民族考古综合考察》（四川出版集团 2007 年版）、《木雅地区明代藏传佛教经堂碉壁画》（故宫出版社 2012 年版）、《2013 年穿越横断山脉——阿坝藏羌文化走廊考古综合考察》（四川大学出版社 2014 年版）三本书，其中"四川石渠吐蕃时代石刻考古调查项目"为唐蕃古道走向或文成公主进藏路线的考证提供了新的论据，填补了青藏高原东部唐蕃古道走向重要环节的资料空白，对研究吐蕃历史、佛教史、佛教艺术、唐蕃关系史具有重要的意义，因此被评为"2013 年度全国十大考古新发现"。

藏区文物地处偏远地区，安全保护工作极为重要，2013 年以来，该中心（所）与多方合作，在藏区推进一系列的文物数字化项目，如对四川阿坝州小金县和金川县五座石窟壁画，西藏拉萨大昭寺寺藏文物，西藏山南地区贡嘎曲德寺壁画，西藏日喀则地区拉孜县甘丹彭措林寺壁画、铜造像、唐卡等，实施了多个数字化项目，为未来维护与研究保存完整的原始材料。

2013 年 10 月故宫研究院成立，以上五个研究中心归入研究院，分别改名为书画研究所、陶瓷研究所、古建筑研究所、藏传佛教文物研究所，明清宫廷史研究中心与明清档案研究所合并，并更名为明清宫廷历史档案研究所。

87 故宫研究院

故宫研究院成立于 2013 年 10 月 23 日，是故宫博物院设立的学术研究与交流的非建制机构。首任院长为郑欣淼，2020 年 6 月卸任，王旭东继任。

故宫研究院以创建"学术故宫"为宗旨、以服务"平安故宫"为指针，引领学术发展，制定科研规划，考评学术成果，实现故宫学术研究、人才培养、学术出版和对外交流等事业的可持续发展；以"科研课题项目制"为基点，创新管理模式，努力发展成为国家级重大科研课题项目学术基地和故宫学研究的中心。故宫研究院下设 1 室 14 所，即研究室及故宫学研究所、考古研究所、古文献研究所、明清宫廷历史档案研究所、古建筑研究所、宫廷戏曲研究所、明清宫廷制作技艺研究所、文博法治研究所、书画研究所、陶瓷研究所、藏传佛教文物研究所、中外文化交流研究所、中国画法研究所、宫廷园艺研究所，在故宫博物院初步形成覆盖全面、专业突出和梯次完备的学术团队。其中，研究室、故宫学研究所为建制单位，其他 13 个研究所都是非建制单位。这些机构后来也有所调整。

故宫研究院成立以来，以其开放的学术胸襟、创新的机制接纳国内外学术界热心于故宫学术研究的人才，与院内的专家学者共同构建高端学术研究平台。

例如，古文献研究所，所长是历史学者、古文献专家王素先生。该所专门从事各类出土文献的整理与研究，包括故宫收藏的甲骨、金文、石刻碑帖、敦煌吐鲁番等文物文献的整理与研究，以及国内外文博科研单位收藏的甲骨、金文、简牍、新出土墓志、敦煌吐鲁番等文物文献的合作整理与研究，以"做项目，促科研"为建所基础，以"走出去，请进来"为发展方向，以项目培养人才，以项目吸纳人才，以项目引领学术新潮流。2012 年，王素先生主持的"新中国出土墓志整理与研究"第二期工程，成功申报并获批列入国家社科基金重大招标项目，计划在 10 余年内，继续整理出版墓志类图书 10 卷、20 册。2014 年，以单霁翔院长为首席专家，由古文献研究所联合院内多个业务部门投标的国家社科基金重大项目"故宫博物院藏殷墟甲骨文整理与研究"，正式获批立项，计划在 10 余年内，整理出版《故宫博物院藏殷墟甲骨文》60 卷册。对于 1996 年出土的长沙走马楼三国吴简，长沙简牍博物馆计划整理出版图书 11 卷、32 册。古文献研究所与长沙简牍博物馆合作，负责整理长沙走马楼三国吴简最后的 4 卷、12 册。《长沙走马楼三国吴简·竹简》（壹—玖）荣获第五届（2021 年）中国出版政府奖图书奖。

考古研究所主要以历代王朝遗存考古、古陶瓷窑址考古为基础，结合出土文物，开展对中国古代文明和院藏文物的研究，其中对紫禁城的考古研究尤为引人关注。考古所把紫禁城考古作为大型综合课题，以逐年配合院内工程建设进行考古发掘为切入点，建立相应的工作程序、科研路径和保护方案，逐步拼缀、完善紫禁城地下文化遗存地图。2014 年 6 月至 11 月，故宫博物院在基础设施改造过程中，经国家文物局批准，对故宫内南三所、南大库、慈宁花园等三处发现古代遗迹的施工区域进行抢救性考古发掘，取得了一系列重要收获和对明清紫禁城的新认识：首次对故宫城墙的现代地面以下部分进行了考古解剖，认清了生土之上城墙基础、墙基、墙体乃至排水系统的完整结构；首次在多处宫殿建筑群范围内通过考古发掘揭露出年代明确、布局特殊的早期宫殿建筑遗址；首次在宫内库房区域科学发掘一处御窑瓷器的集中埋藏坑，填补了宫廷内残损御用瓷器管理制度的研究空白；首次将紫禁城视为一个整体，对城内各处考古发现的早期建筑基础进行精密测绘、科学记录，同时开展多学科的检测，为研究紫禁城建筑群的格局变化、工艺传承与制度沿革等提供了重要的第一手材料。专家们认为，故宫明清建筑基址考古项目体现出故宫考古理念与方法的新尝试，具有多方面的重大学术意义。

　　成立于2010年、现划归故宫研究院的建制机构——故宫学研究所，其任务是：规划故宫学学科建设，构建故宫学学科体系；筹划、组织实施故宫学研究项目，不断推出故宫学研究成果；组织各种形式的学术活动，以专题研讨会的形式，探讨故宫学的重要问题；联络院内外、国内外学术团体、研究机构以及从事故宫学研究的专家学者，开展学术交流与合作。该所组织举办各类专题学术研讨会以及故宫学高校教师讲习班，组织撰写"故宫学视野丛书"，编辑出版《故宫学研究》丛刊等。①

----

　　① 参阅单霁翔、郑欣淼：《新观念、新机制、新举措——创新与发展中的故宫研究院》，《中国文物报》2015年12月15日。

88　中国紫禁城学会

中国紫禁城学会是国家一级学会，业务主管单位是国家文物局，挂靠于故宫博物院，是一个具有独立社团法人资格的学术团体。

1987年，故宫列入世界文化遗产名录。在1990年9月纪念紫禁城建成570周年的学术讨论会上，国内古建筑学界老前辈和专家学者一致倡议设立一个研究紫禁城的群众性学术组织，以弘扬民族文化，推动紫禁城研究的深入，经过五年的认真筹备，中国紫禁城学会于1995年9月18日正式成立并举办首次学术讨论会。学会首届名誉会长为中科院院士、北京大学教授侯仁之，建筑大师张镈，国家文物局古建专家组组长罗哲文，全国历史文化名城专家委员会副主任郑孝燮，中科院院士、工程院院士周干峙；顾问由工程院院士傅熹年、北京市规划局教授级总建筑师李准等7位资深学者担任；会长由故宫博物院顾问、研究员单士元及故宫博物院教授级总工程师于倬云担任。第二届领导成员增加傅熹年、于倬云为名誉会长，故宫博物院副院长朱诚如为会长。紫禁城学会成立以来，会长一直由故宫博物院在职或退下来的院领导担任。

中国紫禁城学会汇集了全国古建文博方面的硕彦泰斗及知名人士。截至2016年，会员人数280人，单位会员17个，包括了全国与明清宫廷建筑有关的主要单位，有天坛、太庙、先农坛、颐和园、景山、北海、雍和宫、香山公园、圆明园、明十三陵、清东陵、清西陵、承德避暑山庄、沈阳故宫、武当山、凤阳明中都以及中国第一历史档案馆、清华大学、天津大学等，还有国外的学者参加。学会设有宫殿保护与利用委员会、建筑历史委员会、宫殿建筑艺术委员会、建筑技术委员会等专业委员会。

紫禁城学会的宗旨是"联络国内外中国古建筑及有关历史、艺术、自然科学等相关学科研究力量，加强对故宫这一国家重点文物保护单位、世界文化遗产保护项目进行广泛深入研究，建立紫禁城学，促进国内外学术交流，以利加强对中国紫禁城（即明清故宫）的保护，使这一体现中华民族的传统文化进一步发挥在社会发展中的作用"。

作为故宫学研究对象的故宫（紫禁城）、故宫文物与故宫博物院三个方面是联系在一起的，而故宫（紫禁城）又是故宫学的核心。这是因为故宫学与敦煌学一样，它的研究首先是从文化遗产的研究开始的。紫禁城从1420年建成至今，虽经多次维修、重建、改建，但仍保持了始建时的基本格局并遗存了许多不同时代的建筑物。它作为我国古代宫殿建筑发展的集大成者，在建筑技术和建筑艺术上代表了中国古代官式建筑的最高水平。雄伟壮丽、千门万户的古老皇宫，每天吸引着数万中外游客驻足观赏，又以其深邃的文化底蕴和巨大的多方面价值成为人们深入研究的对象，研究角度包括故宫与中国传统文化的关系，故宫与中国历代宫殿的关系，故宫与满洲建筑的关系，故宫与北京城市规划和其他明清皇家建筑的关系，故宫与明清陵寝的关系，等等。

由于紫禁城研究在故宫学中的重要地位，因此紫禁城研究的进展情况就在一定程度上影响着故宫学研究的整体水平。故宫名列世界文化遗产，特别是紫禁城学会的成立，标志着故宫学研究进入了一个新的阶段。

中国紫禁城学会开始主要以紫禁城古建筑研究为主，后来逐渐把古建筑与文物藏品及明清宫廷历史文化结合起来，即由"紫禁城学"发展到"故宫学"。2012年紫禁城学会修订了学会章程，明确学会宗旨是：联合国内外中国古建筑及历史、文物、艺术、自然科学等学科研究力量，对故宫及相关的坛庙、园林、陵寝、行宫、衙署、府第等文物保护单位、世界文化遗产和紫禁城文化进行广泛深入研究，逐步建立紫禁城学，促进国内外学术交流，以利于加强对紫禁城（即明清故宫）建筑及其他宫廷建筑的保护利用，使"紫禁城学"这一体现中华民族优秀传统文化的学科，在"故宫学"的视野和框架下，进一步深入发展，在社会进步中发挥作用。

紫禁城学会的业务范围是：承担故宫博物院委托的对紫禁城建筑及相关宫廷建筑历史、艺术、科学价值的研究；开展对紫禁城建筑及相关宫廷建筑保护利用的研究；开展对紫禁城文化包括宫廷典制、人物、经济、文化、习俗、民族、宗教及文献、档案等的研究；对"紫禁城学""故宫学"的研究；进行国外相关内容的比较研究；举办"紫禁城学""故宫学"相关的学术讨论会、学术讲座，并培养专门人才；承担相关部门和组织等委托的科研课题项目，出版书刊；组织学术考察，促进国内外学术交流；承担古建筑保护的咨询等业务工作。

中国紫禁城学会成立以来，坚持每两年召开一次学术研讨会、出版一部约50万至80万字的《中国紫禁城学会论文集》，现已出版十辑。受故宫博物院委托，学会还担负了编纂《明代宫廷建筑大事史料长编》与《清代宫廷建筑大事史料长编》的工作。

89 清代宫廷史研究会

清代宫廷史研究会成立于 1989 年，是中国史学会下属的二级学会，由清代皇家遗址性博物馆或文物单位与清宫档案保管单位共同组成，常设机构在故宫博物院。

研究会创始会员单位有 6 家：故宫博物院、中国第一历史档案馆、沈阳故宫博物院、承德市文物局、清东陵文物管理处、清西陵文物管理处。后来研究会开拓思路，逐步把会员单位类型由皇家遗址、档案保管单位扩大到与皇家相关的王府、公主府，皇家的三山五园等苑囿机构，多年来陆续增加了北京的恭王府、颐和园、天坛、圆明园、太庙、雍和宫、国子监、北海公园、中山公园（社稷坛）、景山公园（寿皇殿）、香山公园（静宜园），内蒙古呼和浩特博物馆的清·和硕恪靖公主府，辽宁的新宾清永陵（赫图阿拉古城）、沈阳东陵（清福陵）、沈阳北陵（清昭陵）、辽阳市博物馆（辽阳东京陵、东京城）、长春伪满皇宫博物院，以及苏州御窑金砖博物馆等，共 24 家会员单位。此外，中国避暑山庄外八庙保护协会与深圳大学故宫学研究院作为特邀单位与会。这就使得清宫史研究会的力量有了很大发展。

作为研究清代宫廷历史的学术性组织，研究会的基本任务是联系和组织清代宫廷史研究者，遵照百家争鸣的原则，发扬学术民主，以科学的态度，结合实际，开展清代宫廷的政治、经济、文化、人物、事件等方面的学术研究，并加强国内外相关学术交流。

清代宫廷史研究会成立以来，学术活动规范，基本坚持每两年举办一次研讨会，由各会员单位酌情主办，其中故宫博物院承办 4 次，沈阳故宫博物院承办 3 次。至 2023 年共举办 14 届研讨会，收到论文 700 余篇，可谓成果丰硕。论文内容涉及皇家生活各个方面：人物方面，关涉皇帝、后妃、皇子、皇女、太监、宫女、臣工、洋人等；事件方面，关涉宫廷政变、清宫疑案、皇室活动等；器物方面，关涉御用品的制作、进贡、购买等；建筑方面，关涉宫殿、陵寝、园林、王府等；典制方面，关涉帝后的餐饮、穿戴、出行、大婚、大丧、医疗、祭祀等；宗教方面，关涉萨满教、佛教、道教、伊斯兰教、天主教等对宫廷生活的影响等；文化方面，关涉宫廷的档案、典籍、读书、教育、书法、绘画、印章、休闲、习俗等。

每次研讨会出版论文集。14 届研讨会出版 14 部：《清代宫史探微》（1991 年）、《清代宫史求实》（1992 年）、《清代皇宫陵寝》（1995 年）、《清代宫史丛谈》（1996 年）、《清代宫史论丛》（2001 年）、《清代皇宫礼俗》（2003 年）、《清代宫史探析》（2007 年）、《清代档案与清宫文化》（2010 年）、《多维视野下的清宫史研究》（2013 年）、《清宫史研究》（第十一辑，2014 年）、《清宫史研究》（第十二辑，2017 年）《清宫史研究》（第十三辑，2020 年）、《清宫史研究》（第十四辑，2023 年）。

清代宫廷史研究会历经 30 余载，有三个鲜明特点与收获：

一是形成了比较稳定的研究队伍。各会员单位都有一批专家学者在清宫史研究中长期潜心于某些课题，他们已经成为某一领域的专家，在各自单位担当起学术带头人的作用，在学术界也颇具影响，成为清代宫廷史研究会的专家群体。各会员单位也十分注重新人培养，一批又一批的学术新人相继迈入清宫史研究的行列，给清宫史研究带来缕缕新风和发展后劲。清宫史研究充满活力与希望。

二是形成了学术研究与业务工作密切结合的治学风气。清代宫廷史研究会的一个显著特点是，把学术研究与业务工作紧密结合起来。各会员单位专家学者都结合自身所从事的宫殿、器物、园林、陵寝、档案等工作实践，把工作经验理论化、学术化，其研究成果反过来又促进业务工作，促进单位的业务建设，提升文化品位和学术含量。应该说，清宫史的科研论文和学术专著，都是业务探研的结晶，都是专家学者们业务实践的学术升华。研究成果既出自业务工作，又推动业务工作，这正是清代宫廷史研究会的活力所在、现实价值所在。

三是合作开发清宫专题档案。清宫档案是清宫史研究的重要基础。研究会的清代皇家遗址性博物馆或文物单位与清宫档案保管机构合作，促进了清宫档案的整理、出版、展览、研究。例如：皇宫生活有《内务府造办处档案》《清宫瓷器档案全集》《奏销档》《清宫金砖档案》《慈禧光绪医方》等；藏传佛教有《历世达赖档案》《五世达赖喇嘛档案》《历世班禅档案》《六世班禅朝觐档案》等；公文修书有《清代文书档案图鉴》《武英殿修书处档案》《纂修四库全书档案》等；洋人活动有《英使马戛尔尼访华档案》《西洋天主教在华活动档案》《庚子事变清宫档案汇编》等；离宫别苑有《清代中南海档案》《清宫热河档案》《圆明园档案》《清宫颐和园档案》《静明园陈设档》等；坛庙陵寝有《清宫天坛档案》《清宫普宁寺档案》《清代帝王陵寝》等；清代王府有《清宫恭王府档案总汇》《清代雍和宫档案》等。①

① 李国荣：《回顾与思考：清宫史研究二十年》，《历史档案》2012 年第 4 期；李国荣：《清宫史研究会三十年的学术辉煌》，载第十四届清宫史研讨会论文集。

90 故宫学与高校

故宫学的学科概念，自提出以来逐渐得到学界和教育界的认可和重视，故宫博物院也十分重视与各有关研究机构尤其是高等院校的交流与合作。

自 2010 年起，一些著名的高等院校与故宫就联合开展故宫学的教学与研究达成合作意向。中国社会科学院研究生院自 2010 年 11 月在其文物与博物馆专业硕士教学中心下设"故宫学"方向课程，学制两年，授予"文物与博物馆专业硕士"学位和学历，至 2022 年，共招生 84 人，其中 70 人已毕业并获得学位。2011 年 5 月，浙江大学"浙江大学故宫学研究中心"正式挂牌。2012 年 12 月，南开大学成立"故宫学与明清宫廷研究中心"。2018 年 5 月，深圳大学成立故宫学研究院。

自 2012 年起，故宫博物院于每年暑假期间举办故宫学高校教师讲习班，学员来自国内知名高校相关专业领域的一线教师，至 2022 年共举办 10 期（2020 年因疫情未办）。参加的有来自全国 27 个省市（含香港、台湾）120 所大学的 240 余名教师，还有美国、日本的教授各 1 名。故宫自 2012 年开始启动招收故宫学访问学者，为愿意并有能力到故宫博物院从事学术研究的国内外专家学者提供良好的研究机会和学术环境，搭建学者之间深层交流的平台。

故宫学逐渐成为一个新的学术增长点。2021年，为深入挖掘和阐释故宫建筑、文物藏品和历史文化遗存背后蕴含的内涵与价值，推动中华优秀传统文化创造性转化、创新性发展，故宫博物院面向国内学者，推出开放课题项目，来自北京大学、浙江大学、山东大学等37家单位的41个项目被确立为"故宫博物院2021年开放课题"。这一项目借助社会科研力量，尤其是高校科研力量，可以解决一些故宫学人目前尚未涉及的重要、重大问题。

令人欣慰的是，不少参加过故宫学高校教师讲习班的学员，担任了国家社科基金重大项目和故宫博物院开放课题的首席专家或主持人，已成为故宫学研究的骨干和中坚力量。故宫与高校在学术研究上的交流合作也出现新的局面。例如：2019年，由故宫博物院郑欣淼担任首席专家的国家社科基金重大项目"故宫文物南迁史料整理与史迹保护研究"，其子课题负责人中就有高校和其他研究机构的人员。2020年，由深圳大学故宫学研究院高志忠院长担任首席专家的国家社科基金重大项目"清代宫廷戏剧史料汇编与文献文物研究"，其子课题负责人之一则是故宫博物院图书馆的李士娟研究馆员，团队核心成员中亦有多位故宫学人，如宫廷戏曲研究所的孙召华研究馆员、刘国梁馆员、毛劢博士等。院内外的科研合作业已常态化。

与此同时，故宫博物院还就陶瓷研究、藏传佛教研究以及文物科技保护研究等方面与美国、法国、日本等国家以及中国香港地区的一些大学积极展开合作，并取得了显著的成果。

令人注目的是，一些大学也陆续开设了传播故宫知识、故宫文化的"故宫学"课程，有的还被评为精品项目，受到学生的欢迎。2009年秋季，台湾新竹清华大学谢敏聪先生开风气之先，设立了"故宫学概论"选修课程，而且给予学生正式学分。学生对故宫知识十分感兴趣，每学期 80 位的选课名额，约有 2000 名学生踊跃申请。为此，校方特增加 15 位选课名额以满足学生的报名需求。深圳大学 2016 年在大陆高校首开"故宫问学"通识课程（选课人数曾位列全校公选课前 10 名），至今已开设 9 个教学班。另外，深圳大学还开设有聚徒教学、科研短课等，选课学生累计近 500 人。

"智慧树"是大型的学分课程运营服务平台，其策划与制作的《走进故宫》课程，由故宫的 14 位专家讲授，设 28 个学时，2.0 学分。作为高校通识教育的在线教程，截至 2022 年底，累计已有 137.2 万名大学生修读该课程，基本上都获得了学分，开设故宫学课程选修的学校为 1182 所，学生满意度达 95.2%。目前我国高校共 3072 所，《走进故宫》课程已覆盖其中 38.5%。

目前与故宫博物院合作的高等院校大都有着先进的教育理念、雄厚的教育资源、严谨的科学态度和优良的学术氛围，而且在学科设置和发展上各具特色、优势突出，并且形成了各自优良的学术传统。与高校的合作将极大地发挥故宫博物院和高等院校在学术资源和学术人才方面的优势互补作用。故宫博物院的发展将得到强大的理论支持和学术后盾，高等院校也将完善自身的学科建设与社会沟通的能力，尤其是故宫学作为学术研究方向和人才培养方向被纳入研究生教育体系，这对故宫学的学术研究和学科建设具有重要意义。

从 2019 年以来，故宫在与大学、文博机构的合作基础上，思路更开阔，步伐也更加大。2019 年 10 月 20 日，故宫与北京大学、敦煌研究院三方签署战略合作协议，启动战略合作，受到文化教育界的广泛关注。

故宫博物院、北京大学、敦煌研究院三方合作的原则是"立足长远、优势互补、务求实效"。北京大学充分发挥历史学系、考古文博学院、艺术学院等院系的优势学科力量，故宫博物院、敦煌研究院充分利用资源优势和现有研究基础，强强联合，建立多学科、跨学科的协同研究机制，充分发掘现有及潜在的物质与非物质文化遗产资源。北京大学充分发挥在云计算、大数据、互联网＋、人工智能等领域的技术优势和科技创新潜力，在文化遗产从挖掘到保护、从传播到传承的多个方面引入前沿技术，提升文物工作的科技水平。三方共同致力推动我国加快建成文物科技创新体系，在基础研究、重大关键技术、国产主要装备、标准体系建设等方面取得突破；三方鼓励并支持专家学者共同申报国家级、省部级科研项目，参与重大课题攻关；三方共同策划、组织具有国际影响的文物和艺术展览，共同推动故宫文化研究、敦煌文化研究工作。三方合作的长远目标是共建"一带一路"，加强同相关国家的文化交流，增进民心相通。

故宫博物院与北京大学签署共建合作协议，以共建研究中心为平台，合作开展文博人才培养、文化遗产保护研究等工作。北京大学在故宫博物院挂牌学生社会实践基地，聘请故宫博物院宫廷历史、古建筑、古书画、古陶瓷、博物馆等领域知名专家学者担任博士生导师。北京大学充分发挥历史、艺术、考古文博等院系的优势学科力量和人文社会科学研究院、国学研究院的雄厚学术资源，集合双方及国内外学术力量，推出一批与故宫相关的重大研究成果。这一战略合作宏图正在逐步具体实施，其成果可期。

六

故宫出版与传播

91　故宫出版

中国皇家历来有收藏典籍的传统。明清两代,帝王更重视图书的编刊。编辑出版图书是宫廷文化的传统,也是故宫博物院传播故宫文化的一个重要形式。

故宫博物院自1925年成立以来,把整理、刊印、传播故宫文化作为一项自觉使命,购买了先进的印刷设备,通过大量的各类印刷品,介绍故宫的文物藏品、明清档案以及紫禁城宫殿建筑,在学术界、文化界乃至全社会都产生了重大影响。

故宫博物院成立初期,因时局动荡,本院处境艰难,多项工作难以正常开展,但仍开始了相关资料与文物的传布工作。从1924年12月24日开始清宫物品点查,至1930年3月基本结束,清室善后委员会、故宫博物院共出版《清宫物品点查报告》6编28册。1926年6月,出版《故宫已佚书画目录》。1926年9月,完成钤拓《金薤留珍》古铜印谱24部,并限量发行。1928年1月13日,鉴于清代掌故成书较少,图书馆决定每月编印《掌故丛编》一册,同年2月出版第一辑,以后每月赓续编印。

故宫文化的传播是故宫博物院的重要使命。1928年南京国民政府接管故宫博物院。政府颁布的《故宫博物院组织法》第一条就规定,中华民国故宫博物院"掌理故宫及所属各处之建筑物、古物、图书档案之保管开放及传布事宜"。"传布"就是故宫文化的播扬流传。组织法又规定总务处的十项"执掌",其中第三项是"关于征集统计材料及刊行出版的事项",又明确古物馆有传拓摄影、图书馆有善本图书影印、文献馆有清代史料之编印等任务事项。

从 1929 年开始,故宫博物院经过改组,各馆处完备,工作走上正轨。1929 年 10 月 10 日,《故宫周刊》创办,连续出版 510 期。

到了 1931 年,流传工作真正被摆在了重要位置上。"前二年(1929、1930)本院之工作,为草创的,为普及的,不论何事,随手举办。办事成绩,虽似较多,但其缺点,则在无统系,无一定目标。本年度则渐由草创工作,进为有趋向之工作,其最大目标,一面倾向于整理保管方面。一面倾向于流传方面。此两种工作,为本年度就财力所及,而尽量发展之趋向。"①

故宫博物院的出版流传,有一个从无到有、从小到大的逐渐发展过程,院方为此采取了一些重要措施:建立照相室;成立故宫印刷所;成立出版管理机构;重视出版物的出售;多方筹集资金。

故宫博物院的出版流传有五个特点:

一是编辑出版与业务工作相联系。故宫各馆处都有出版之责:精印书画、传拓金石为古物馆的工作,整理古籍、编纂史料为文献馆的职责,影印典籍、出版诗文为图书馆的任务,各馆编辑出版自成系统,而编辑《故宫周刊》《故宫》等刊物,又需三馆两处共同承担。

二是印行版别多样,有活字排版、石印、铜版、珂罗版、手钤、墨拓六种不同的方式。

三是印刷物类别繁多。大略而言,可分为书籍、档册、金石、法

---

① 《民国二十年本院全年工作报告》,故宫博物院档案。

书、名画、玺印、目录、风景、仿古笺牍及各项说明十大类别。

四是在以故宫古物文献的传拓、影印为重点的同时，也尝试开发新的文化产品，《故宫日历》就是一例。《故宫日历》有悬挂与案头两种。案头日历 1931 年就有印制，但其日期用字是一般印刷体，没有特点；从 1937 年起，则选用名碑上的字，且有说明，如"十七"下注"爨龙颜碑"，"廿六"下注"樊兴碑"等，又配以器物、书画的图像，十分典雅，卖得也好。

五是有很强的版权意识。版权页的内容完整，包括"编辑处"、"发行所"、"印刷所"、"代售处"、"售价"、印行日期等，开始上端曾印有"版权所有"四个字，且钤有"故宫博物院版权之印"的篆体红印章，后来则改为"翻印必究"四个字。

1929 年至 1936 年，是故宫出版的辉煌时期。1933 年故宫文物南迁，出版受到一定影响；1937 年抗战全面发生，南迁文物又向西疏散，出版遂告停顿。

故宫博物院民国时期出版物，对社会产生重大影响者，主要有两类：一类是清宫书画铜瓷等艺术品的介绍，一类是清宫档案的披露。较重要的出版物有《故宫善本书影初编》《交泰殿宝谱》《历代帝后像》《故宫月刊》《故宫书画集》《故宫砚谱》《故宫方志目》《郎世宁画帧专集》《故宫名扇集》《清内阁库贮旧档辑刊》《历代功臣像》以及多种藏书目录等。

在档案史料方面，故宫出版了《掌故丛编》（后改为《文献丛编》）58 辑，编印《史料旬刊》40 期，汇编了《筹办夷务始末》《清代文字狱档》《清三藩史料》《故宫俄文史料——清康熙间俄国来文原档》等史料。据统计，1949 年之前，故宫博物院共编辑出版各类档案史料出版物 54 种、377 册。[①]

　　明清档案的整理研究与出版，是当时社会上"整理国故"运动的重要组成部分，也对推动明清史研究起了重要的作用。

　　民国时期北平的出版机构，从性质上看可分为专营机构和兼营机构两大类。故宫博物院应属于兼营机构，即系文物收藏与学术研究机构而兼营出版。学术出版或者说学术机构办出版，是北平民国时期出版业的重要特色。据调查，北平在民国时期出版图书总数超过 100 种以上的出版机构，有北京大学、燕京大学、文化学社、地质调查所、北平研究院等五家，故宫博物院在这期间出书近 50 种。[②]

　　新中国成立，故宫博物院进入新的发展时期，各项工作都有重大进展。但是，其编印出版工作仍与往日有很大差距，究其原因，当时故宫的主要任务是清理院内垃圾、整治环境、整修古建筑以及清理文物库房，都是基础性工作。1951 年曾出版发行《故宫概述》，1952 年编印《故宫导引》，都是介绍类的小册子。

　　但在解放初期，故宫博物院在印刷上有了一个好的机遇。时任文化部文物局局长的郑振铎，对编辑出版有关故宫出版物十分重视。1952 年，郑振铎将上海的鹿文波开文制版所和戴圣保申记印刷所的职员与设备全部迁入京城，并于 1954 年成立故宫博物院印刷所。故宫博物院从此拥有了高水平的彩色铜版与珂罗版印刷设备，印刷质量达到当时国际先进水平，出版了《宋人画册》《故宫博物院所藏中国历代名画集》等书籍。1957 年，故宫印刷厂移交新成立的文物出版社。此

　　① 胡旺林主编：《明清档案事业九十年——1925—2015》，人民出版社 2016 年版，附录六《中国第一历史档案馆档案出版物目录》，第 402—404 页。
　　② 邱崇丙、子钊：《民国时期北京的出版机构》，载《北京出版史料》（第八辑），北京出版社 1996 年版。

后，文物出版社又于 1959 年用珂罗版或彩色铜版印制了故宫博物院《两宋名画册》《故宫博物院藏花鸟画选》《故宫博物院藏瓷选集》《故宫博物院藏历代法书选集》等，其中《故宫博物院藏瓷选集》由陈万里主编并撰写说明，陈毅题签，典雅大方。

故宫博物院直到中共十一届三中全会以前，出版物并不多，1958年创刊的《故宫博物院院刊》也仅出了两期。其中有多方面的原因。

需要说明的是，在故宫明清档案又退回故宫管理的 20 世纪 70 年代，这些档案由"故宫博物院明清档案部"整理，中华书局、上海人民出版社还出版了《关于江宁织造曹家档案史料》《李煦奏折》《第二次鸦片战争》《清代档案史料丛编》《清末筹备立宪档案史料》等史料。①

20 世纪 70 年代末以来，随着改革开放的步伐，故宫出版事业也进入了新的发展阶段。1978 年恢复《故宫博物院院刊》，1980 年《紫禁城》（双月刊）创办，1983 年紫禁城出版社正式成立。故宫出版的这三件大事，都与一个人有关，这个人就是刘北汜先生。

刘北汜先生作为紫禁城出版社的创始人，为出版社的发展奠定了可靠的基础。与境外合作出版的渠道也在他的策划下建立起来。故宫博物院与香港商务印书馆合作出版的《紫禁城宫殿》《国宝》《清代宫廷生活》三部大型图录，多次被我国国家领导人作为国家礼品赠送给外国领导人。《故宫博物院藏宝录》《故宫旧藏人物照片集》，深受国内外读者的欢迎。紫禁城出版社还清理故宫院藏古籍旧书版，并由中国书店重新出版了《晚清簃诗汇》《新元史》《退耕堂政书》《明清八家文钞》等十套古籍。

---

① 胡旺林主编：《明清档案事业九十年——1925—2015》，人民出版社 2016 年版，附录六《中国第一历史档案馆档案出版物目录》，第 405 页。

　　截至 2003 年底，紫禁城出版社成立 20 周年。据统计，出版物共376 种。这 20 年中，作为中国博物馆系统唯一的出版社，紫禁城出版社经历了成长的过程，进行了积极的探索，出版了一些有分量、有影响的书籍，如反映故宫珍藏的《故宫青铜器》《明清帝后宝玺》《故宫藏明清流派印选》《故宫博物院藏明清绘画》《故宫博物院藏清盛世瓷选粹》《故宫鼻烟壶选粹》《清宫藏藏传佛教文物》《故宫博物院 50 年入藏文物精品集》等。配合故宫展览的图录有《清代宫廷包装艺术》《故宫藏日本文物展览图录》等。属于学术研究成果的有《明清瓷器鉴定》（耿宝昌）、《中国瓷器鉴定基础》（李辉柄）、《两朝御览图书》（朱家溍）、《中国历代书画鉴别图录》（刘九庵主编）。对书画的研究有《吴门画派研究》（故宫博物院编）、《书画鉴定简述》（王以坤）、《清代院画》（杨伯达）、《碑帖鉴定浅说》（马子云）、《中国历代书画鉴别文集》（故宫博物院编）等著作。

　　紫禁城出版社还投入大量人力物力，利用清乾隆年刊刻的书版，重新刷印《满文大藏经》（全 109 册）20 部，而乾隆年间仅刷印12 部。

　　这一时期，故宫对外合作出版最重要的项目，是与香港商务印书馆合作的《故宫博物院藏文物珍品全集》（60 卷）。

　　从 2004 年开始，紫禁城出版社出现了新的变化。这种变化的背景是用故宫学理念认识故宫的编辑出版工作。2004 年，故宫成立了科研处，成立了编辑出版委员会（由院长任主任），创办了《故宫学刊》，《故宫博物院院刊》和《紫禁城》改扩版。出版社推出了以学术专题专论为特点、倾向于为中青年业务人员搭建一个学术平台的"紫禁书系"和一套关于故宫的知识性、通俗性读物"故宫文丛"两个系列。

从 2004 年以来，故宫博物院陆续确定了一批重点出版项目：(1) 继续编印"故宫博物院学术文库"；(2) 整理出版老专家文集，有徐邦达、单士元、唐兰、罗福颐等；(3) 继续编印《故宫博物院藏品大系》；(4) 陆续出版《明代宫廷建筑大事史料长编》；(5) 编印"故宫古建筑保护工程实录"丛书；(6) 继续编印《明清论丛》《中国紫禁城学会论文集》《中国古陶瓷研究》三种刊物。

2005 年是故宫博物院建院 80 周年，紫禁城出版社出版《故宫博物院八十年》《故宫博物院》《盛世文治：清宫典籍文化》《故宫百年》《清宫藏书》《故宫博物院藏清代帝后玺印谱》《捐献铭记》《光凝秋水：故宫博物院玻璃器》《"太阳王"路易十四：法国凡尔赛宫藏珍集》《瑞典藏中国陶瓷》等。16 卷本的《徐邦达集》开始出版。

2007 年紫禁城出版社出书 64 种（套），再版 2 种。《书画鉴定与研究》《故宫博物院藏品大系》《故宫博物院藏品总目》被新闻出版总署列为"十一五"国家重大出版工程。《故宫古琴》获第 57 届美国印制大奖金奖；《国宝的故事》在全国十佳文物图书的评选中获"最佳普及读物奖"；《清朝皇帝列传》（插图修订本）、《清朝皇陵地宫亲探记》、《中南海史迹》被文化部选入"送书下乡工程"。

新创立的"故宫经典""故宫收藏""故宫藏品"三个系列，思路独特，装帧新颖，令人耳目一新。

紫禁城出版社 2008 年通过在中编办的登记，正式成为独立的事业法人单位。遵照中央转企改制的要求，2011 年 6 月 9 日，原紫禁城出版社正式更名为故宫出版社，成立故宫出版社有限公司，成为故宫博物院主办、文化部主管、财政部出资的中央文化企业。2013 年，经国家新闻出版广电总局批准，出版社获得音像、电子出版资质，这标志着出版社成为具有图书、音像、电子多媒体全方位出版能力的出版机构。

2012 年 8 月，故宫出版社代表故宫博物院正式取得文化部颁发的专业类别为书画的社会艺术水平考级资格证书，为此成立了故宫博物院书画教育中心，实施"三希讲堂"中小学书法教师培训计划。

故宫出版社转制改名以来，紧紧围绕"提升故宫文化传播功能"这条主线，秉承弘扬故宫文化的历史使命，继续坚持"个性化出版、品牌化经营、市场化运作"的原则，加大对外合作力度，着力打造"故宫出版"在全国的品牌效应。在强化制度管理、优化图书选题、开拓市场营销、对外宣传合作等方面不断取得新的成果，开发文化产品的实力也进一步增强。

故宫出版社的出版任务首先是要出好院项目图书。这主要是学术科研成果的出版，包括文集、专著、古籍文献的整理等，《故宫博物院藏品大系》等重点项目，以及《故宫博物院院刊》《紫禁城》《故宫学刊》《明清论丛》等刊物的编辑出版。故宫展览图录的出版也是一项重要工作，例如，配合故宫博物院绘画馆常规展品改陈，出版社曾出版过《故宫书画馆》图录九册，广受欢迎。重要的院展览或引进展，都有精美的展览图录奉献给观众；出版社还根据展览内容，组织编写一些通俗的宣传读物，以扩大展览的影响。

出版社也重视筹划社项目，抓好自主选题，积极运作了一批社会效益好同时又有市场空间的精品图书。例如，2014 年 12 月，出版社筹划组织，出版了《故宫博物院藏明清家具全集》20 卷，收录故宫博物院藏精品家具 2000 余件，这是故宫博物院所藏家具的首次全面展示。在社项目图书的运作上，依托故宫博物院丰富的馆藏资源，同时面向社会，统筹谋划，积极运作了书画、历史与文化、器物、学术与研究以及故宫经典等板块，出版了一大批深受欢迎的精品读物。

　　同时，出版社广泛开展出版合作，拓展出版经营空间。这包括两个方面：一是与兄弟出版社的强强联手。如与安徽美术出版社合作出版《故宫博物院藏品大系》雕塑编 9 卷、玉器编 5 卷、珐琅器编 10 卷；与三希堂合作出版《故宫博物院藏石渠宝笈》原大影印版；与北京圣彩虹制版印刷技术有限公司合作出版《中国古代书画馆藏精品集》《天津博物馆藏书画精品集》等。二是与各级政府以及博物馆的合作。与政府合作始于与江苏镇江丹徒区政府合作出版《米芾书法全集》31 卷，获得成功；后与绍兴市政府合作出版《陆游书法全集》《故宫博物院藏兰亭书法全集》；与苏州市政府合作出版《唐寅书画全集》。又与博物馆合作，打造"中国博物馆大系"，首本《常熟博物馆精品集》已出版；与苏州博物馆合作出版《衡山仰止：文徵明的社会角色》《衡山仰止：吴门画派之文徵明》《六如真如：吴门画派之唐寅》。

　　版权合作有较大发展。《天府永藏：两岸故宫博物院文物藏品概述》《故宫与故宫学》《故宫陶瓷馆》《故宫书画馆》《清明上河图的故事》《书法的故事》《瓷器的故事》等，由台湾几家出版社购买版权，出版了繁体中文版。香港三联书店及香港中和出版有限公司，引进故宫出版社多种图书繁体版权。《后宫的金枝玉叶》也输出了韩文版权。2015 年，科学出版社东京株式会社引进《王羲之王献之书法全集》《清明上河图的故事》《故宫藏画的故事》《瓷器的故事》版权，出版日文版。对外版权的输出对提升故宫出版品牌在海外的影响力具有重要意义。版权输入方面，出版社购买了台湾的《清史事典》（12卷）、《郭良蕙文物散文集》（3 卷）的大陆简体中文版权。

　　故宫策划的重要图书选题受到国家重视。《故宫书画馆》、《故宫博物院藏中国古代窑址标本》、《王羲之王献之书法全集》、《明代宫廷建筑大事史料长编》、《故宫博物院藏品大系》、《明代宫廷史研究丛书》、《养心殿造办处史料辑览》、《钦定武英殿聚珍版丛书》（宣纸线装原大影印本）、《故宫博物院藏清宫陈设档案》、《故宫藏古代民窑陶瓷全集》、《故宫经典》等，列入"十二五"国家重点图书出版规划项目。《清宫图典》《故宫博物院藏戏本与戏画研究》《故宫藏吴昌硕书画全集》《故宫藏四王绘画全集》《中国考古学思想史丛书》《故宫画谱——中国历代名画类编》，则成为"十三五"国家重点图书出版规划项目及增补项目。

故宫图书多次获得国家出版基金资助，有《故宫博物院藏品大系》（2009 年）、《故宫博物院藏中国古代窑址标本》（2012 年）、《钦定武英殿聚珍版丛书》（宣纸线装原大影印本，2012 年）、《大英博物馆藏中国明代陶瓷》（2013 年）、《故宫博物院藏清代景德镇民窑瓷器》（2014 年）、《北京城中轴线古建筑实测图集》（2016 年）、《故宫博物院藏清宫戏本及戏画研究》（2016 年）、《清宫图典》（2017 年）。

获得国家古籍整理出版资助项目的有：《明代宫廷建筑大事史料长编·洪武建文朝卷》（2012 年）、《武英殿修书处档案》（2013 年）、《故宫博物院藏内府珍本》（五种，2013 年）、《故宫博物院藏钦定天禄琳琅书目初编后编》（2014 年）、《故宫博物院藏清宫南府升平署戏本》（前编，2015 年）、《故宫博物院藏清宫南府升平署戏本》（下编，2016 年）、《石匮书》（2017 年）、《故宫书谱》（2017 年）。

故宫图书也产生了重大的社会效益。2012 年，故宫出版社《宫廷活计快乐学》《故宫珍藏历代名家墨迹》《故宫知识 200 问》等 20 种图书入选《2012 年中小学图书馆（室）推荐书目》，彰显了故宫博物院书画藏品为社会公众服务、为全国中小学书法教育服务的功能，同时也有利于出版社中小学书法培训工作的进一步开展。

故宫图书多次荣获文化遗产著作年度最佳奖、中华优秀出版物图书奖等。①

故宫出版社还重视出版与文创的融合，确立了"天府永藏"与"紫禁书院"两大文化品牌，其中"天府永藏"为公司文化产品品牌，"紫禁书院"则为"故宫出版"和"故宫文化传播有限公司"的共同展示平台。多年来公司打造源于故宫的高端文化产品，既有高仿复制产品，也有开发创意性产品，并据此阐释品牌内涵，制定营销以及市场策略，充分发挥电商作用。出版社文创是从零做起的，从2008年开始到2015年，收入只有几百万，2016年，随着线上渠道的拓展和建立，销售额有较大的增长，到2020年最高峰时，收入达到两个多亿。

故宫博物院在民国时期出版各类书籍约460种，新中国成立以来至2022年，出版各类图书约2600多种。近百年来，合计出版图书3000余种。这些丰富的出版物传播故宫知识、弘扬故宫文化，推动了故宫的学术研究，同时也为社会主义文化建设做出了贡献。故宫出版社的图书已产生了重大的社会影响。

---

① 参阅王亚民主编：《故宫出版记》，故宫出版社2018年版，第五章、第六章。

92　故宫藏品出版

　　故宫是由皇宫变为博物院的，接收了清宫旧藏以及大量的宫廷历史文物和生活用品。出于故宫物品的这种丰富性、复杂性以及特殊性，故宫博物院曾进行过多次清点整理，直至 21 世纪初的七年文物清理，才彻底摸清"家底"。故宫藏品的公布出版，与故宫的文物管理、陈列展览、学术研究等联系在一起。这些出版物，多由故宫出版，也包括故宫学人编著而由其他出版机构印行的作品。

　　民国时期，故宫出版物基本都是关于故宫藏品的公布与介绍。《故宫物品点查报告》6 编 28 册，是从 1924 年 12 月 24 日至 1930 年 3 月 24 日故宫物品点查成果的记录，所登记的约 117 万件各类物品，就是故宫博物院成立时的初步"家底"。《故宫已佚书画目录三种》（1926 年），是溥仪在内廷期间所盗走的《石渠宝笈》《天禄琳琅》中最精华的部分。《故宫已佚古物目录二种》（1930 年），是溥仪小朝廷时期抵押、拍卖清宫珍藏各种器物的合同等文书档案的汇编。

　　1949 年前，故宫在档案史料方面，出版了《掌故丛编》（后改称《文献丛编》）58 辑，编印《史料旬刊》40 期，汇编了《筹办夷务始末》《清代文字狱档》《故宫俄文史料——清康熙间俄国来文原档》等史料。图书馆印行了《故宫所藏殿板书目》、《故宫方志目》及《故宫方志图续编》、《清乾隆内府舆图》108 张、《故宫善本书影初编》、影印《天禄琳琅丛书》（第一集）及罕见书籍多种。古物馆出版《故宫书画集》47 期及各种书画集册、单幅图卷近 300 种、谱录 15 种。影响最大的还是 1929 年 10 月 10 日创办、连续出版 510 期的《故宫周刊》。该刊图文并重，图片部分介绍院藏各类文物包括古建筑物，文字部分有专著、考据、史料、笔记、校勘、目录、剧本等。

新中国成立后的 20 世纪 50 至 60 年代，有人民美术出版社出版的《宋人画册》《故宫博物院所藏中国历代名画集》等，以及文物出版社用珂罗版或彩色铜版印制的《两宋名画册》《故宫博物院藏花鸟画选》《故宫博物院藏瓷选集》《故宫博物院藏历代法书选集》等。70 至 80 年代，有人民美术出版社的《故宫博物院藏画集》八册和《故宫博物院明清扇面书画集》五册。1993 年荣宝斋出版《故宫藏明清名人书札墨迹选》（明代）两册。

20 世纪 80 年代，故宫博物院与香港商务印书馆合作，先后出版《紫禁城宫殿》（1982 年）、《国宝一百件》（1983 年）和《清代宫廷生活》（1985 年）三本中英文版大型画册，向读者介绍北京故宫的宫殿建筑、文物珍宝以及宫廷生活三大主要内容，在海内外产生了重大影响。由上海文艺出版社、香港三联书店联合出版的《故宫博物院藏宝录》（1986 年，编者为紫禁城出版社），介绍了故宫 7 大类 163 件院藏珍品。1992 年，两岸故宫各选具有代表性的艺术珍品 76 件，合 152 件，汇编成《国宝荟萃》一书，由台湾商务印书馆梓印，长河一脉，璧合珠联，比较全面地反映了五千年中华民族历史文化的成就与贡献。

20 世纪 80 年代以来，故宫藏品的出版物中，陶瓷类是大头。[①]《故宫博物院藏清盛世瓷选粹》（1994 年）、《故宫藏传世瓷器真

---

① 以下出版物凡没有注明出版社的，或是紫禁城出版社（2010 年及以前），或是故宫出版社（2011 年及以后）。

赝对比历代古窑址标本图录》（1998 年）、《故宫博物院藏明初青花瓷》（2002 年）、《故宫博物院藏清代御窑瓷器（卷一·上下）》（2005 年）、《清顺治康熙朝青花瓷》（2005 年）、《故宫博物院藏古陶瓷资料选萃》全 2 卷（2005 年）、《故宫博物院藏慎德堂款瓷器》（2014 年）、《故宫博物院藏清代景德镇民窑瓷器》（2014 年）、《汝瓷雅集：故宫博物院珍藏及出土汝窑瓷器荟萃》（2015 年）、《明代洪武永乐御窑瓷器》（2015 年）、《明代宣德御窑瓷器》（2015 年）、《故宫博物院藏德化窑瓷器》（2016 年）、《明清御窑瓷器》（2016 年）、《明代成化御窑瓷器》（2016 年）、《故宫博物院藏元代瓷器》（2016 年）、《故宫博物院藏石湾窑陶瓷》（2022 年），以及《故宫博物院藏中国古代窑址标本》的"河南""河北""广西""福建""北京、山东、陕西、宁夏、辽宁""山西、甘肃、内蒙古、浙江"等卷。

书画类也较多，主要有《故宫博物院藏近现代书画名家作品集》徐悲鸿、傅抱石、陈师曾等集（2006 年）、《兰亭书法全集·故宫卷》3 册（2013 年）、《故宫藏四僧书画全集》全 8 册（2017 年）、《故宫藏吴昌硕书画全集》4 册（2018 年）、《故宫藏四王绘画全集》全 10 册（2018 年）、《清代宫廷版画集萃》（2019 年）等。而《米芾书法全集》31 册（2011 年）、《陆游书法全集》4 册（2013 年）、《唐寅书画全集》3 册（2016 年）、《王羲之王献之书法全集》18 册（2017 年）等，更是包括了院内外的书画作品。

其他的有《故宫博物院藏古玺印选》（文物出版社 1982 年版）、《故宫博物院藏雕漆》（文物出版社 1985 年版）、《清代后妃首饰》（1992 年）、《清宫藏传佛教文物》（1992 年）、《故宫鼻烟壶选萃》（1995 年）、《清宫钟表珍藏》（1995 年）、《帝京旧影》（1995 年）、《故宫珍藏人物照片荟萃》（1995 年）、《明清帝后宝玺》（1996 年）、《明清宫廷家

具》（1996 年）、《故宫藏玉》（1996 年）、《故宫青铜器》（1999
年）、《图像与风格：清宫藏传佛教造像》（2001 年）、《藏传佛教众神：
乾隆版满文大藏经绘画》（2002 年）、《故宫雕刻珍萃》（2002 年）、《光
凝秋水：清宫造办处玻璃器》（2005 年）、《故宫藏明清流派印选》
（2005 年）、《故宫博物院藏明清宫廷家具大观》（2006 年）、《经纬无
尽：故宫藏织绣书画》（2006 年）、《雕饰如生：故宫藏隋唐陶俑》
（2007 年）、《金石千秋：故宫博物院藏二十二家捐献印章》（2007
年）、《天朝衣冠：故宫博物院藏清代宫廷服饰精品展》（2008 年）、《故
宫博物院藏历代墓志汇编》（2010 年）、《清风徐来：故宫博物院藏清代
宫廷成扇》（2013 年）、《欧斋墨缘：故宫藏萧山朱氏碑帖特集》（2014
年）、《故宫藏影：西洋镜里的皇家建筑》（2014 年）、《营造法式：故宫
博物院藏清初影宋抄本》（2018 年）等。

故宫藏外国文物，有《故宫藏日本文物展览图录》（2002
年）、《中国·北京故宫博物院藏琉球王朝的珍宝》（日本冲绳，2004
年）、《中国·北京故宫博物院秘藏古琉球王国辉煌风貌》（日本冲
绳，2008 年）。

故宫与香港商务印书馆合作出版的《故宫博物院藏文物珍品全
集》（1997—2010 年），是故宫珍品的第一次全面展示。全书 60 卷，
约有 12 000 余件文物，分为绘画 16 卷、书法碑帖 10 卷、瓷器 9 卷、
玉器 3 卷，青铜器、漆器、文房四宝、明清家具各 2 卷，以及铭刻与
雕塑、玺印、金属胎珐琅器、竹木牙角雕刻、鼻烟壶、明清织绣、清
代宫廷服饰、织绣书画、清代戏曲文物、清代武备器具、宫廷珍宝、
清宫西洋仪器、藏传佛教唐卡、藏传佛教造像各 1 卷。这套大型图册
做到了科学性、资料性和观赏性相结合。

10 卷英文版的《故宫博物院藏文物精品集》（香港商务印书馆

2014 年版），是在《故宫博物院藏文物珍品全集》60 卷的基础上，根据国外社会公众和学术界需求选编的 10 卷本大型图集，分为书法、绘画、陶瓷、玉器、青铜、家具、织绣、珍宝八个门类，收录珍贵文物图片近 3000 幅，20 万文字（汉字）则凝聚了故宫三代专家学者的鉴定与研究成果，是故宫博物院首套大型英文版的文物图集。

《故宫博物院藏品大系》是故宫藏品更大规模的全面公布，从故宫 180 万件藏品中精选最具典型性和代表性的文物 15 万件，分为陶瓷、绘画、法书、碑帖、青铜、玉石等 26 编，总规模预计 500 卷，如此浩大的出版工程，世所罕见，被誉为"纸上故宫"。

《故宫博物院藏品大系》工程从 2008 年着手，2010 年开始出版，到 2021 年，已出版百余卷，其中《书法编》35 卷、《雕塑编》9 卷、《玉器编》10 卷、《珐琅编》5 卷、《善本特藏编》20 卷已出齐，另出了《绘画编》17 卷、《陶瓷编》7 卷。其他各编也都在进行着。

故宫藏品的分类全面介绍，主要有善本等图书、清宫戏本以及明清家具。

2000 年前后，故宫与海南出版社合作出版《故宫珍本丛刊》。该套书共 731 册，影印收录 1100 多种院藏善本书和 1700 多种清代南府与升平署戏本、档案。

2014 年，《故宫博物院藏明清家具全集》由故宫出版社推出，全书按照凳、墩、椅、宝座、床、榻、几、桌、案、橱、柜、格、箱、屏、架及其他等门类，分为 20 卷，共收精品家具 2000 余件。

2015 年与 2016 年，《故宫博物院藏清宫南府升平署戏本》450 册由故宫出版社出版，收录了故宫所藏的 1 万余册戏本。

93 故宫藏品《总目》与《大系》

编辑出版《故宫博物院藏品总目》（以下简称《总目》）与《故宫博物院藏品大系》（以下简称《大系》），这是 2004 年故宫博物院开始文物清理工作时就明确提出的任务。

故宫的文物藏品是否需要向全社会公布？就是在故宫内部，也有不同看法，有人不赞成。故宫博物院领导认为，这是个理念问题。其实，及时、全面公布藏品是清室善后委员会点查清宫物品时形成的优良传统。清室善后委员会的点查工作，从 1924 年 12 月 24 日开始，至 1930 年 3 月基本结束，期间先后公开刊行了《故宫物品点查报告》6 编 28 册，共统计物品 9.4 万余号、117 万余件。故宫文物在南迁存沪期间，还进行了一次逐件点收、详细登记，油印了《存沪文物点收清册》。前人已经做了，实践证明它的效果是好的，今天我们理应继承并发扬光大。

故宫文物目录向社会公开，从根本上说，是基于故宫作为公益文化机构的性质、作为世界文化遗产的地位以及以学术为公器的理念。故宫学的研究不只是故宫博物院的事，还是学界的共同事业，需要社会上、海内外多方力量的广泛参与。故宫博物院要突破传统的宣教观念，以多种形式和多种层次服务于社会，以使世人了解故宫藏品的奥妙，更好地为各界人士观赏、研究故宫藏品等不同需要服务。《总目》

的公开就是为了适应这种需要。同时，公开故宫藏品总目，有利于故宫接受社会的监督，也是故宫人典守国家文化财产的一种负责任的态度。

《大系》的编辑出版也很有意义。故宫曾出版过一些展览图录等，比较零散，用十多年时间编印的 60 卷本的《故宫博物院藏文物珍品全集》，选用了 12 000 件文物，比较概括地介绍了故宫的文物精华，但由于篇幅的限制以及受故宫文物整理研究工作进展的影响，一些文物门类未能被包括，大量应向社会介绍的精品尚未披露，精美的故宫古建筑及其彩饰壁画与大量不可移动文物等都未被列入。现拟在 60 卷基础上，编辑出版《大系》，从故宫博物院 180 万件藏品中精选最具典型和代表性的文物 15 万件，按照陶瓷、绘画、法书、碑帖、青铜、玉石、珍宝、漆器、珐琅器、雕塑、铭刻、家具、古籍善本、文房用具、帝后玺册、钟表仪器、武备仪仗、宗教文物等，分为 26 编，总规模预计 500 卷，如此浩大的出版工程，世所罕见，被誉为"纸上故宫"。

这两部书是故宫文物清理成果的体现，都被列入"国家十一五重点图书出版项目"。但是它们的编制与出版也遇到很多困难，如藏品信息、藏品命名以及有些藏品的断代等都存在一些问题，文物照片拍摄的任务艰巨，特别是人力不足，参与编制的人员又多是文物清理的骨干，他们平时还有日常的业务工作。在文物清理工作开始不久，这两部书的编制就提到了议事日程，故宫成立了专门的领导小组，统筹协调相关工作，克服困难，解决具体问题。两套书都制定了《编辑则例》，设立逐级审查制度，层层把关，保证了图书质量。

2010 年 8 月 10 日召开了《大系》编撰方案专家论证会，徐苹芳、张文彬、王宏钧等学者专家提出了多项中肯意见。2011 年 12 月 7 日召开了《总目》出版论证会。与会者充分肯定了故宫的文物清理和后续的编目、出版工作，认为：这是故宫工作"关键的关键、核心的核心、基础的基础"，"是管理到位的表现"（张忠培先生语），对于其他业务工作将起到极其重要的作用；故宫"真正做了一件大事情"，"是很了不起的"（傅熹年先生语）；"对于其他博物馆也是很好的启示"，"应当好好宣传"（谢辰生先生语）；等等。他们对于《总目》出版的形式及内容设置等也提出了一些具体建议。

《大系》于 2010 年开始问世，到 2021 年已出版百余卷，其中《书法编》35 卷、《雕塑编》9 卷、《玉器编》10 卷、《珐琅编》5 卷、《善本特藏编》20 卷已出齐，另出了《绘画编》17 卷、《陶瓷编》7 卷。其他各编也都在进行着。

《总目》经反复研究审定，于 2013 年 1 月在故宫博物院网站首次公布。此次公布的目录为简目，内容包括藏品编号、名称、时代等，范围涵盖故宫一、二、三级珍贵文物，以及一般文物和陶瓷标本。首批公布的文物类别包括铜器、金银器、珐琅器、玉石器、雕塑、织绣、雕刻工艺、其他工艺、文具、生活用具、钟表仪器、珍宝、宗教文物、武备仪仗、帝后玺册、铭刻、外国文物、其他文物等 18 大类 66 万件，其他类别文物将在今后陆续公布。故宫博物院表示，对于所公布藏品信息的不完善之处，将随着该项工作的深入逐步修订和完善。

故宫博物院文物藏品是一个动态的概念。故宫的文物管理是一个不断接续的永无止境的事业。2010 年以后的文物管理工作，依然任重而道远。《总目》和《大系》作为清理工作的继续，彻底完成还需要花费更多的精力与时间，部分文物还要进一步整理、鉴别、定级，伤损文物需要维修保护，文物管理体制还需进一步完善，等等。近十多年来，故宫博物院已在这些方面继续努力，取得了显著成果。

94 故宫学术出版

从故宫博物院建院以来，特别是新中国成立以来，故宫的专家学者在搞好业务工作的同时，对文物藏品、陈列展览、遗产保护、古建维修，以及中国史、宫廷史和故宫博物院院史等，进行了多方面的科学研究，或发表论文，或出版专著，积累了丰硕的学术成果。

民国时期故宫博物院学术研究的成果主要体现在陈列展览、文物清点整理及相关出版物上。马衡的《凡将斋金石丛稿》（中华书局1977年版），内容涉及金石学概要、铜器、度量衡制度、石刻、石经和书籍制度等，书末殿以序跋杂文多篇。所收文章基本反映出作者治学的主要成就。紫禁城出版社1990年出版《沈兼士先生诞辰一百周年纪念论文集》，纪念先生对故宫的贡献及其学术成就。

20世纪80—90年代以来，故宫博物院的学术成果大量涌现。[①]

青铜器方面，有《唐兰先生金文论集》（1995年）、刘雨《乾隆四鉴综理表》（中华书局1989年版）、杜迺松《吉金文字与青铜文化论集》（2003年）等。

古书画方面，有徐邦达的《古书画伪讹考辨》（江苏古籍出版社1984年版）、《古书画鉴定概论》（上海人民出版社2000年版）、《古

---

① 以下出版物凡没有注明出版社的，或是紫禁城出版社（2010年及以前），或是故宫出版社（2011年及以后）。

书画过眼要录》（2005年）等，刘九庵的《宋元明清书画家传世作品年表》（上海书画出版社1997年版）、《中国历代书画鉴别图录》（1999年），王以坤的《书画装潢沿革考》（1993年）、《古书画鉴定法》（江苏古籍出版社1997年版），马子云的《碑帖鉴定浅说》（文物出版社1986年版）、《金石传拓技法》（人民美术出版社1988年版），故宫博物院编《中国宫廷绘画研究》（2015年）等。

陶瓷方面，有冯先铭主编《中国陶瓷史》（文物出版社1982年版），耿宝昌《明清瓷器鉴定》（1993年），故宫博物院编《故宫藏传世瓷器真赝对比历代古窑址标本图录》（1998年）、《中国古陶瓷图典》（文物出版社1998年版），李辉柄《中国瓷器鉴定基础》（2001年）等。

图书方面，有朱家溍主编的《两朝御览图书》（1992年）、故宫图书馆与辽宁省图书馆合编的《清代内府刻书目录解题》（1995年）、《清宫藏书》（2005年）、《故宫博物院藏清代珍本方志解题》（2013年）、《故宫博物院藏清宫戏本研究》（2020年）等。

故宫院史方面，有刘北汜《故宫沧桑》（1985年），那志良《典守故宫国宝七十年》（2004年），故宫博物院编《故宫消防》（2005年）、《故宫博物院八十年》（2005年），《马衡日记》（2006年），庄严《前生造定故宫缘》（2006年），欧阳道达《故宫文物避寇记》（2010年），朱鸿文、陈秋速、王兰英主编《故宫博物院九十年》（2015年）等

其他方面，如王璞子《工程做法注释》（中国建筑工业出版社1995年版），周绍良《清墨谈丛》（2000年），杨伯达《巫玉之光》（2005年）、《巫玉之光续集》（2011年），李燮平《明代北京都城营建丛考》（2006年），《尹润生墨苑鉴藏录》（2008年），罗福颐《古

玺印考略》（2008 年），《宫廷与地方：十七至十八世纪的技术交流》（2010 年），《黄易与金石学论集》（2012 年），毛宪民《清宫武备兵器研究》（文物出版社 2013 年版），《故宫文物保护修复文集》（2020年），等等。

　　故宫古建研究方面，有单士元、王璞子、于倬云等探讨故宫古建修缮保护的文章。同时，故宫也重视对古建工程技术的研究，20 世纪80 年代以来出版了一批研究成果。例如：故宫博物院与文物保护科技研究所等合编的《中国古建筑修缮技术》（中国建筑工业出版社 1983年版；台北丹青图书有限公司 1984 年版），着重总结老一代古建筑修缮工人的实际操作经验，包括六大作的修缮技术和传统做法，成为文物保护的重要文本。李全庆、刘建业编著的《中国古建筑琉璃技术》（中国建筑工业出版社 1987 年版），以明、清两代官式建筑的做法为标准，对琉璃制作的工艺工程，琉璃构件的详细规格、使用部位施工和注意事项等做了系统介绍。白丽娟、王景福编著的《清代官式建筑构造》（北京工业大学出版社 2000 年版），全面系统地介绍了中国古建筑特别是清式建筑的基本知识，并阐述了清代建筑各构件的尺寸权衡。故宫博物院编《禁城营缮记》（1992 年），涉及诸如地基基础、排水系统、内檐装修、油饰彩画、建筑档案等多方面的研究，有些研究又结合了实地勘察与测量等工作。这些研究融合了故宫保护的经验与成果。故宫博物院编《紫禁城宫殿建筑研究与保护》（1995 年），集中了专家与专业人员的科研成果，对故宫半个多世纪以来紫禁城宫殿建筑的科学研究、维修保养、保护与利用、专业技术队伍建设等诸多方面，做了系统的回顾与总结，体现了理论与实际相结合的特点。

　　故宫自百年大修启动以来，编纂"故宫古建筑保护工程实录"大型丛书，已出版《武英殿（一）》（2011 年）、《武英殿（二）》

（2018 年）、《钦安殿》（2013 年）、《慈宁宫花园》（2015 年）、《宝蕴楼》（2018 年）。另有《倦勤斋研究与保护》（2010 年）、《乾隆花园研究与保护：符望阁（上）》（2014 年）等。

故宫对一些宗教殿堂的原状有计划地进行全面深入的考察研究。《梵华楼》4 卷（2009 年），为集建筑与文物为一体，借鉴考古学方法完成的一部考察报告，是故宫藏传佛教研究的重要成果，也是故宫首次出版的原状佛堂专题报告。《钦安殿原状》4 卷（2021 年），把文物整理核对、测量、照相、制图、查找档案史料等结合起来，全面而系统地对钦安殿原状进行考察与研究，注重原状环境、文物遗存状态，努力把沉寂了数百年的文物进行激活，使人们得以清晰地了解钦安殿原状及其精美的文物，认识原状背后的历史与文化。

故宫博物院有着良好的学术传统、丰厚的学术积淀，为更好地提高本院的学术研究水平，展示故宫学者的研究成果，故宫于 2001 年决定编辑出版"故宫博物院学术文库"，现已出版了 14 位专家学者的文集：于倬云的《中国宫殿建筑论文集》、杨伯达的《中国古代艺术文物论丛》、单国强的《古书画史论集》、朱诚如的《管窥集：明清史散论》、杜迺松《吉金文字与青铜文化论集》、张忠培的《中国考古学：走向与推进文明的历程》、吕济民的《中国博物馆史论》、肖燕翼的《古书画史论鉴定文集》、陈娟娟的《中国织绣服饰论集》、王璞子的《梓业集》、刘雨的《金文论集》、刘潞的《融合：清廷文化的发展轨迹》、郑珉中的《蠡测偶录集：古琴研究及其他》、王素的《汉唐历史与出土文献》。

2023 年起，"故宫学术文丛"8 本由生活·读书·新知三联书店出版，有郑欣淼的《故宫论学》、单霁翔的《博物馆思考录》、赵国英的《画家与鉴藏家：以王鉴绘画研究为例》、杨新的《中国古代书画考鉴与史论研究》、余辉的《唐宋元画家生平丛考》、王素的《敦煌吐鲁番与汉唐西域史》、孟嗣徽的《文明与交融：中古星宿崇拜图像研究》与王子林的《日升月恒：紫禁城的文德光华》。

故宫博物院有一批海内外享有盛誉的学术大家。为了学术上的薪火相传，从 2005 年以来，院里对一些学术大家的成果进行全面整理，予以出版，其中收集了许多未曾公开发表的论著，有的则带有抢救性质。《徐邦达集》16 卷，2005 年开始出版，已出至第 13 卷；《单士元集》4 卷 12 册（2009—2010 年）；《罗福颐集》20 卷，2010 年开始出版；《唐兰全集》12 卷（上海古籍出版社 2015 年版）。

2004 年，故宫推出"紫禁书系"。该系列以学术专题专论为特点，偏重于为中青年业务人员搭建一个学术平台。2004 年首次推出该系列的第一辑，共 5 种 6 本，至今已出到第八辑，共 40 本。

为了加强明代宫廷史研究，故宫博物院 2005 年确定了编写出版"明代宫廷史研究丛书"的重点科研项目，以丛书的形式，对明代宫廷史中的重大方面进行探讨；共计 20 种，为明代宫廷的戏剧史、典制史、书画史、生活史、宗教史、政治史、外交史、工艺史、财政史、园林史、织绣史、建筑史、女性史、宦官史、图书史、陶瓷史、家具史、文学史、教育史、司法史等；已出版 11 种。这套丛书的作者队伍，由故宫内外、海峡两岸学者组成。

随着故宫学研究的深入，故宫编辑出版"故宫学视野丛书"。该丛书旨在展示故宫学研究的新成果，总结学术历程与经典，关注研究空白与薄弱点。2016 年起陆续出版第一批 8 种，有郑欣淼《故宫学概论》、李文儒《故宫学研究中的价值观问题》、王素《故宫学学科建设初探》、章宏伟《故宫学的视野》、武斌《故宫学与沈阳故宫》、魏奕雄《故宫国宝南迁纪事》、春花等人著《清代满文蒙古文匾额研究》、周乾《故宫古建筑的结构艺术》。

故宫的学术成果，还反映在文献史料的整理出版上，主要有：《养心殿造办处史料辑览》（2003年开始出版，已出第1—10辑）、《清宫金砖档案》（2010年）、《故宫博物院藏清宫陈设档案》（2013年）、《武英殿修书处档案》（2013年）、《故宫博物院藏养心殿档案》（2021年）；《明代宫廷建筑大事史料长编》，已出版洪武建文朝卷、永乐洪熙宣德朝卷、正统景泰天顺朝卷；正在整理的还有《故宫博物院藏清代样式雷图档》。

故宫专家学者编纂的一些史料、词典、图典等，也有重要的学术价值。

章乃炜、王霭人合编的《清宫述闻》及章乃炜独编的《清宫述闻续编》，专述清禁垣内宫殿旧制遗事，80余万字，是继《日下旧闻考》后的又一巨著。初编于1941年5月由故宫博物院印行300部。续编于1990年由紫禁城出版社出版，2009年出版修订本。

朱诚如主编的《清史图典：清朝通史图录》（2002年）9卷12册，是大型多卷本《清朝通史》（15卷，2003年）的图录部分，意在利用故宫博物院及全国各地收藏的6000多张包罗宏富的文物图片资料，连缀出简明清晰的历史线索。这些图片，既为清史研究提供了许多有价值的史料，又为该书增加了形象性和直观性，有助于人们完整地了解清代历史及清朝的历史地位。

朱诚如、任万平主编的《清宫图典》（2020年），包括礼仪、艺术、建筑、生活、政务、内务、文化、典藏、出巡、禁卫等10卷，分门别类、清晰完整地揭示了清代宫廷的政治、文化与生活。

万依组织各方专家编纂的《故宫辞典》（上海文汇出版社1996年版），是一部综合性的、根据可靠历史文献和实物资料、在学术研究基础上编写的具有资料性、可读性的辞书。《故宫辞典》增订本 2016 年由故宫出版社出版。

万依主编的《北京志·世界文化遗产卷·故宫志》(北京出版社 2005 年版),记述了从故宫发端到该志下限 2000 年,时间跨度为 580 年的故宫及故宫博物院的历史,是一部资料丰富、内容翔实的志书。

故宫还出版了一大批有关清宫史的资料选辑和研究成果,如"明清史学术文库"、"故宫文丛"、"清宫史丛书"、"晚清宫廷见闻录丛书"、引进版《清史事典》等。

95　故宫学刊物

故宫博物院现有《故宫博物院院刊》《紫禁城》《明清论丛》《故宫学刊》四种刊物。

《故宫博物院院刊》创刊于1958年，开始为不定期刊物，继创刊号后，1960年出版了第2期。1979年《故宫博物院院刊》复刊。自复刊始至1999年为季刊，2000年改为双月刊，2019年改为月刊。

《故宫博物院院刊》是由故宫博物院主办的学术性刊物，重在发掘故宫博物院丰富的学术研究资源，以较为雄厚的故宫学术力量为主，面向社会与学界，形成以物证研究为重点研究中华传统文化的鲜明特色。该刊本属于社科类刊物，但随着近年来多学科研究的渗透和互动，也发表一部分自然科学或人文与自然科学相结合的文章，主要集中于文保科技、古建筑研究。刊物试图将故宫博物院学术研究的触角进一步延伸，促进故宫自身学术研究的深化，加强故宫博物院的学术建设和整体进步。

《故宫博物院院刊》目前主要设有明清历史、文物研究（含古书画、古器物、古文字研究、佛教美术等）、古建筑、考古学研究、文保科技、博物馆工作等栏目。刊物撰稿人为故宫博物院及国内外各学科的专家学者，刊物内容丰富，资料翔实，在海内外具有广泛的影响。目前，刊物已被国内多个学术期刊评价体系评为核心刊物，包括社会科学院、北京大学、南京大学社科中心、武汉大学及中国人民大学书报资料中心。

《紫禁城》杂志创刊于 1980 年，是故宫博物院对外展示和宣传的平台和窗口，开始由香港汉文化发展有限公司出版发行。1995 年改为季刊，由故宫博物院独立出资、紫禁城出版社出版。2004 年由季刊改为双月刊。2006 年改为月刊。

《紫禁城》是一本以明清历史、中国古代宫廷文化为经，以古代文物艺术、建筑营缮、历史掌故为纬的文化艺术类杂志，利用故宫得天独厚的文物资源和专家资源，重视学术问题趣味化、研究成果普及化和传统文化时尚化，从而更好地服务于现代人的文化、艺术和休闲需求，为社会更好地展示中国传统文化的独特魅力和中华艺术的绚丽多彩。

《紫禁城》创刊伊始，就坚持知识性、趣味性和普及性的方向，材料翔实，图文并茂。刊物内容丰富，设置多种专栏：宫廷与文化有人物春秋、文献辑存、明清史事、宫廷丛谈、史海觅踪、感悟皇宫等。文物与艺术有专家讲坛、国宝档案、文物故事、藏品新说、典籍漫说等。建筑与营缮有宫殿苑囿、掌故与资讯等。

《明清论丛》是故宫博物院和北京大学合作创办的大型明清研究集刊，意在繁荣明清政治、社会经济、思想、文化、艺术、科学诸方面的研究，1999 年创办，基本上每年出一辑，至 2021 年已出到第 20 辑。《明清论丛》每辑发表论文约二三十篇，六七十万字，明史研究约占 1/3，清史研究占 2/3，其特色为历史研究与博物考察相结合。以往的历史学、博物馆学研究期刊，刊载的研究领域一般界限分明。北京大学与故宫博物院长期以来有着学术上的交流与支持，双方倾力合作的《明清论丛》，发挥各自优势，熔历史研究和博物探索为一炉，在史学研究类刊物中形成鲜明特色。《明清论丛》的大篇幅、高容量给予了史学研究者充分运用史料、阐述真知的文字空间，每辑都有分量比较厚重的作品推出，受到明清史学界的重视。

《故宫学刊》创刊于2004年，发刊词说："《故宫学刊》是个大型的学术性刊物，暂拟每年出一期，主要刊登两方面的文章：一是故宫学研究的成果。它鼓励创新，支持探索，重视为中青年学者创造条件，也为一些有见地的篇幅较长的论文提供园地。二是关于故宫学学科建设的研究，包括学科性质、研究领域、研究方法等各个方面，欢迎争鸣和探讨。"至2021年，《故宫学刊》已出至第22辑，每辑约五六十万字，有的多达百万字。内容包括故宫学学科建设以及明清宫廷历史与文化、考古学、金石学、古陶瓷、古书画、清宫档案和典籍、藏传佛教和文物科技保护等。

台北故宫博物院办有《故宫学术季刊》与《故宫文物月刊》两种期刊，其所刊载内容绝大部分属于故宫学范围。

96　故宫网站

　　故宫博物院网站（www.dpm.org.cn）开通于 2001 年 7 月 16 日，拥有中文、英文、青少三种版本，具备信息发布、数字服务、互动交流、网站管理、网络安全等多项业务能力，以大量高清文物影像、三维文物模型、专家讲解视音频、全景展厅、虚拟现实（VR）作品等形式向公众提供数字资源与服务。

　　故宫博物院网站中文版于 2017 年上线运行，设有"数字文物库""故宫名画记""数字多宝阁"等多个特色栏目和"云游故宫"等数字内容整合板块，以其权威的信息发布、丰富的内容构成、多样的展现形式、便捷的获取方式，有力地促进了故宫文化广泛、深入地传播。

　　"数字文物库"是故宫博物院向公众提供藏品数字资源服务的"窗口"，首批公布了超 186 万件文物的基础信息和 5 万张精选文物影像，可满足公众在线检索、浏览、学习研究等需求。"故宫名画记"是提供书画文物高清影像的栏目，可实现对书画影像的无极缩放和全方位自由浏览。"数字多宝阁"是基于故宫院藏立体文物的超高清三维影像鉴赏栏目，提供包括青铜器、玉石器、珐琅器在内的 12 种文物类别下总计 300 余件院藏文物的超高清三维影像。"云游故宫"包括看文物、看古建、看展览、看期刊、看视频、看漫画六大栏目，充分利用网页展示、全景展示、短视频、移动应用程序（App）等多种形式，为观众提供综合型全媒体线上服务。

故宫博物院网站英文版于 2015 年上线运行，包括开放参观信息、紫禁城导览、传统文化展示等信息板块，页面以图片为主，简洁清晰，便于用户获取参观导览、展讯等核心信息，是为外国参观者及研究者提供数字服务的国际化工具型平台。

故宫博物院网站青少版于 2015 年与英文版同期上线运行，包括"故宫动态""我要逛故宫""上书房""故宫大冒险"等板块，下设"紫禁学堂""故宫藏宝""故宫小百科""微剧场"等栏目，持续打造特色小专题，推出多款动态漫画和互动游戏，用青少年喜闻乐见的方式传播中华优秀传统文化。

故宫博物院网站发布系统包括信息展示、多媒体展示等前端功能和站点管理、栏目管理等后台模块，具有支持统一的多站点网站群管理、中文采集与检索技术、信息远程发布等多种功能。

故宫博物院网站是故宫博物院迈向数字时代的标志，其充分利用信息技术优势，提高信息利用效率，在运行稳定、综合功能丰富齐全的基础上，利用博物馆教育性、专业性、学术性的特点，面向特定用户群，覆盖故宫各类藏品和学术研究成果，在进一步提升故宫博物院数字服务功能方面发挥了积极作用。故宫网站近三年全年访客数、浏览量持续增加，总访问量已超 1.3 亿，是人们了解故宫博物院、亲近中华传统文化的最佳捷径。

2002 年 9 月，故宫网站获由中国文化部颁发的"盛大网络杯中国优秀文化网站"（文物类）称号。2007 年 9 月，获世界信息峰会大奖"最佳电子文化项目中国提名"。2010 年 11 月，在由国际博协视听与新技术委员会（AVICOM）举办的"国际文化遗产视听与多媒体艺术节"上获"网络艺术综合类金奖"。2014 年在文化部网站群绩效评估中获"在线服务领先奖",2015 年获"年度最佳奖",2016 年获"在线服务领先奖",2017 年获"特色创新奖"。

多年来,故宫博物院制作了不少虚拟现实系列作品,产生了重大影响。

故宫博物院自 2000 年开始运用 VR 技术展示故宫珍贵的文化遗产。经过近 20 年的发展,故宫不断扩充这一技术在文化遗产保护、研究和展示领域的应用场景,基于剧场、穿戴设备、移动终端等交互体验方式,开发了一系列具有故宫特色的应用项目,为更广大的观众群体提供了高品质的沉浸式文化体验服务。

经过 20 余年的积累,故宫博物院虚拟现实作品已经发展为以虚拟现实为顶层技术设计,结合摄影测量、结构光和激光扫描等技术采集加工故宫三维数据,利用 WebGL、UNITY、Unreal、Krpano 等领先的引擎平台和图形库,以物理材质渲染技术、多通道图像渲染技术为基础生产高质量、多平台,涉及多人观赏和个人体验相结合的故宫虚拟现实作品矩阵。

虚拟现实作品内容,包括剧场 VR《紫禁城·天子的宫殿》《三大殿》《养心殿》《倦勤斋》《灵沼轩》《角楼》《御花园》《地下寻真》《如意画苑·韩熙载夜宴图》《紫禁城·天子的宫殿精编版》,穿戴式 VR"养心殿 VR 体验""景德镇御窑遗址 VR 体验""御花园 VR 体验""倦勤斋多人 VR 互动体验",移动终端 VR"V 故宫(养心殿、灵沼轩、倦勤斋)线上体验",形成以 VR 技术为主要实现手段的新型中华优秀传统文化展示、服务与传播成果。

故宫博物院虚拟现实系列作品集合 20 余年来故宫博物院积累的故宫古建筑、院藏文物优质三维数据资源,基于多种交互体验方式

（剧场、穿戴设备、移动终端），不断引入最新 VR 软硬件设备，拓宽应用场景，为更广阔的观众群体提供高品质的沉浸式文化体验服务。

　　故宫博物院虚拟现实作品于 2016 年获得第一届国际数字遗产最佳实践案例竞赛最佳实践奖；2017 年获得中国 3D/VR 产业年度盛典"创新解决方案奖"；2018 年获得第二届国际数字遗产最佳实践案例竞赛入围奖；2019 年获得数字博物馆研讨会数字平台奖金奖；2019 年获得 AVICOM 国际视听多媒体艺术节数字交互装置类银奖，2020 年又获得 AVICOM 国际视听多媒体艺术节数字交互装置类金奖。

　　未来，故宫博物院将借助 VR 技术与 5G 高速网络的深度融合，把"VR+5G"作为强有力的新型传播载体，将故宫优质的数字资源传播出去，让更多来不了故宫的观众能够感受到紫禁城的宏伟壮丽、博大精深，感受到中华优秀传统文化的魅力。

97　故宫纪录片

从 21 世纪初以来，故宫博物院与电视台合作或者自己独立制作，出品了一批关于故宫的专题纪录片。有些机构也制作了与故宫有关的纪录片。这些精心制作的纪录片介绍了雄伟的紫禁城宫殿、丰富精美的故宫文物藏品、历经风雨的故宫博物院，以及故宫典守者的感人事迹与工匠精神，以其强烈的艺术魅力，传播海内外，扩大了故宫的影响。

第一部全面反映故宫的是 12 集大型系列纪录片《故宫》。这是故宫与中央电视台联合摄制的作品。2003 年 7 月开拍，2005 年故宫博物院成立 80 周年时播出。《故宫》被翻译成 6 种语言在 100 多个国家签约出售，发行超过 15 万套，创中国纪录片海外销售新高。该片至今仍受到人们的青睐，已成为经典之作。

在连续五年的《故宫》拍摄任务完成后，央视又整理制作了名为《故宫 100》的纪录片，共 100 集，每集约 5 分钟，2012 年 3 月在央视开播。

《当卢浮宫遇见紫禁城》，周兵、徐欢导演，由上海东方传媒集团有限公司、中央新闻纪录电影制片厂等联合出品，是中国第一部深入探索东西方文化的人文历史纪录片。该片共 12 集，每集 40 分钟，于2010 年 10 月 2 日在上海广播电视台纪实频道首播，2011 年 2 月 17 日在中央电视台纪录片频道播出。该片通过故宫博物院和卢浮宫博物馆两馆的馆藏文物来对比整个中西文明，使不同文明之间展开对话，同时也呈现了卢浮宫和故宫依托宫殿建筑设立博物馆的精妙构思与创意。

周兵执导的12集纪录片《台北故宫》，2009年由九洲音像出版公司、中央新影集团、得意典藏股份有限公司出品。台北故宫博物院珍藏的65万件传世珍宝，绝大多数来自北京故宫，这背后是一场因战乱而起、人类文化史上空前的文物大迁徙。《台北故宫》追溯了故宫文物迁台的历史，展现了台北故宫的现状，并对台北故宫所藏书法、绘画、青铜、瓷器、珍玩等国宝进行了介绍。

《皇帝的秘密花园》是由故宫博物院与英国王储慈善基金会、中央新闻电影纪录片厂合作拍摄的纪录片，2012年8月5日在中央电视台纪录片频道首次播出。该片翔实地记录了对乾隆花园内倦勤斋开展的保护性修复工作。该项工程是故宫博物院成立以来首次大规模对室内装饰装修进行的保护工程，在技术工艺与材料方面面临着空前绝后的复杂性。影片记录了修复专家艰苦卓绝的努力，在不断的尝试和探索中对多种特种工艺与材料的寻找和恢复的过程，以及对通景画的修复，同时也诠释了倦勤斋极高的历史、艺术和文化价值。该片曾向国际市场发行，吸引了世界上数以百万计的观众观看，为之开启了一个神秘而富有中国文化魅力的时空境界。

由叶君、萧寒执导的《我在故宫修文物》，是一部讲述"匠人精神"的纪录片，共3集，每集约50分钟，2016年1月7日在央视电视栏目《纪录片编辑室》中播出。该片重点记录故宫书画、青铜器、宫廷钟表、木器、陶瓷、漆器、百宝镶嵌、宫廷织绣等领域的稀世珍奇文物的修复过程和修复者的生活故事。该片没有板起面孔说话，没有像说明书一样介绍与修复相关的专业知识，而是用年轻的视角走进古老的故宫，第一次近距离展现文物修复专家的内心世界和日常生活。王津、亓昊楠、屈峰、王五胜、王有亮等，这些故宫文物的修复者，成了片中的角色，他们讲述着自己的工作、自己的体悟。《我在故宫修文物》获 2016 中国（广州）国际纪录片节"金红棉"优秀纪录片-最佳系列纪录片提名、2016 年度中国最具影响力的十大纪录片奖及 2016 年度优秀国产纪录片奖。

《故宫新事：养心殿研究性保护项目纪事》由故宫博物院独立出品，共 5 集，每集 20—30 分钟。2015 年底"养心殿研究性保护项目"启动。故宫开始对养心殿进行全面的修缮和保护，这一区域也随之关闭。为了弥补大家无法近距离参观养心殿的遗憾，也为了让大家能继续了解养心殿在修缮期间发生的故事，《故宫新事》系列纪录片应运而生，记录养心殿每一年修缮保护过程中发生的故事。

2017 年的第一集，文物撤陈时专家们小心翼翼地为文物搬家；2018 年的第二集，古建专家"上房揭瓦"为建筑把脉问诊；2019 年的第三集，珍贵的唐卡和隔扇画心在文物保护工作者的手中被小心修复；2020 年的第四集，文物修复师绞尽脑汁为点翠工艺中的珍稀羽毛寻找替代品；2021 年的第五集，故宫学者远赴西藏，实地探寻藏传佛教对养心殿佛堂的历史沿革有着怎样深远的影响。2017 年纪录片一经播出，便收获超过 9.0 的评分。五年时间，5 集纪录片播放量累计近 5000 万次。

《上新了·故宫》是故宫博物院和北京电视台出品、华传文化联合出品、春田影视制作的文化季播节目，共 10 期，每期约 60 分钟。节目于 2018 年 11 月 9 日起每周五播出，于 2019 年 1 月 11 日完结。

该片的 10 期内容分别为：乾隆的秘密花园、三层大戏楼畅音阁、紫禁城的学霸、钮祜禄氏进阶史、紫禁城中的一位传奇母亲、紫禁城中的00后、乾隆最宠爱的小公主、紫禁城里的书城、故宫文物历险记、收官盛典。节目中，演员邓伦和周一围担任文创新品开发员，与一批文创特邀嘉宾跟随故宫专家进宫识宝，并与设计师联手高校设计专业的学生，每期诞生一个创意衍生品。

北京电视台、故宫博物院又共同出品了12集大型系列纪录片《紫禁城》，2021年10月22日起在北京卫视播出。该片"以城看史、以史讲城"，用王者、基业、远路、狂澜、际遇、余晖、交融、盛世、思危、图存、破晓、新生等12个篇章，串联起中国近600年跌宕起伏的历史，全景呈现了大历史独特视角下的紫禁城。

由中央电视台、故宫博物院联合出品的《我在故宫六百年》，是为了纪念紫禁城建成600年的作品，讲述了故宫600年的历史沿革和新中国成立70年来老中青古建保护者们代代相传的独特故事。该片共3集，单集片长约50分钟，于2020年12月31日至2021年1月2日在中央电视台纪录片频道首播。

故宫博物院在紫禁城600岁生日之际出品的纪录片《八大作》，也受到好评。这是反映"故宫官式古建筑营造技艺"的8集系列微纪录片，每集5分钟左右，于2020年8月20日起在网络上线。

紫禁城是古代官式营造工艺的杰出代表。在建造、修缮的过程中，它形成了一整套严苛、规范的建筑施工制度，主要反映在"八大作"即"瓦、木、石、扎、土、油漆、彩画、糊"上，形成了各自的工艺、口诀和规矩，各作工艺既相互独立，又相互联系。这也成为"故宫官式古建筑营造技艺"的主要内容。《八大作》在介绍八大作营造技艺的同时，通过三维动画的方式，展示了"八大作"在紫禁城建造和修缮中的工艺技法和应用实践，以此展示作为非物质文化遗产的"八大作"工艺之精、技艺之美、传承之序，呈现紫禁城 600 年的营缮之道。

2022 年 9 月 1 日，由故宫博物院独立出品的 4 集系列纪录片《我们的清明上河图》，在故宫官方网站、腾讯视频等同步上线。

此外，中央电视台的"国宝档案""科技·纪录片"等节目中，还播出过《探秘紫禁城》、《紫禁城里的外国人》、《清宫金器》、《紫禁城的秘密》（中英文字幕）等纪录片。北京卫视播放过 3 集的《紫禁城内的百年疑案》、凤凰卫视播出过 5 集的《指尖上的故宫》等。

值得重视的是，1996 年日本广播协会（NHK）电视台曾奔赴北京故宫博物院和台北故宫博物院，拍摄了不少极其珍贵的中国国宝，2001 年制作 26 集纪录片《故宫的至宝》，分别介绍了玉器、瓷器、书法、文房四宝、国画、西洋贡品和家具等 26 个类别。该片介绍各类文物的精品时，连细小展品的细节都十分清楚，并带有详细的历史、美术方面的解说。片中"神思者"恢宏大气的配曲《故宫的记忆》非常经典。由于准确地把握了中国古典乐的精神与故宫纪录片的专题气氛，因此它成为一首巅峰之作。此配曲后来常为中国同行所借鉴，甚至已经成了中国历史纪录片的标志性配曲。这套纪录片虽然早，但也是故宫藏品系列纪录片的杰作。

98　大型专题片《故宫》

21 世纪初以来，出现了许多有关故宫的专题纪录片，它们传播海内外，产生了重大影响。

第一部全面反映故宫的纪录片是 12 集《故宫》，这是由故宫博物院与中央电视台为完整真实地展现故宫而合力打造的大型历史文献纪录片。2003 年 7 月 16 日，两家在故宫漱芳斋签订合作协议。10 月 27 日，该片在故宫太和殿举行了开拍仪式，原计划拍摄百集。经过三年的精心筹划和艰苦拍摄，《故宫》精华版（12 集）配合院庆于 10 月 26 日在中央电视台一套黄金时段播出，相关音像产品也同期面世。

12 集《故宫》由周兵、徐欢任总编导，分为《肇建紫禁城》《盛世的屋脊》《礼仪天下》《指点江山》《家国之间》《故宫藏瓷》《故宫书画》《故宫藏玉》《宫廷西洋风》《从皇宫到博物院》《国宝大流迁》《永远的故宫》等。

《故宫》以宏大的视角、深层次的解读，将 600 年历史的故宫、80 年历史的故宫博物院展现在观众面前，第一次用镜头揭示了近 600 年来发生在中国核心地带的宫廷秘史、活跃在历史舞台上的各种鲜活人物的复杂命运、网罗天下的国之重宝。故宫从开放区域到从未展现给观众的非开放区域，包括建筑物的每一个细节，故宫一年四季的景致变化，故宫人与这座宫殿的共同命运传奇，现代化的恒温恒湿地下库房中的珍贵文物，古老建筑的历史变迁、维修和保护经过，尤其是从 2002 年开始的耗资巨大、历时 18 年的故宫维修工程，抗战期间故宫文物南迁的行走路线以及与故宫历史有关的各地遗址和事件发生地等也都进入了此片的记录视野。

故宫博物院对拍摄《故宫》非常重视，在文物保护法规定范围内尽力提供拍摄方便。为了准确地还原历史，故宫博物院与社会上的诸多学者专家组成了强大的学术阵容，保证了此片客观、深入、前沿的学术品位。这部纪录片，使观众在观赏、玩味的同时理性地认识故宫，加深对故宫这一中华民族文化宝库的了解和思考。

《故宫》集中应用了纪录片的新技术。例如，电脑动画共用了四种模式：3D、3D 和实景相结合、二维动画的转换和二维动画。纯 3D 制作，其画面主要以展示故宫的建筑为主；3D 制作和实景拍摄相结合，以表现如万人运石、神木出山和登极大典等画面，在这些动画场景的设计上，力求真实复原，故宫专家在现场指导；3D 动画和实景拍摄相结合的制作到二维动画的转换，如第六集《故宫藏瓷》中景德镇瓷器运输的一组画面，险峻狭长的江面是实景拍摄，江面上的船只是 3D 制作，从江面转换为中国古代地图又成了二维制作；二维动画则以古代绘画为蓝本制作而成，如第一集的《燕京八景图》、第三集的《康熙南巡图》、第五集的《光绪大婚图》、第七集的《平安春信图》、第九集的《万国来朝图》，把绘画和电脑动画技术结合起来，使画面中的人物、云彩、流水活动起来，达到一种独特的视觉效果。

《故宫》的制作精益求精。该片全部镜头都由高清晰度的电影镜头完成，还聘请了国内外具有国际水准的摄影、音乐创作、动画制作等专业人士加盟。优秀的影像和音乐创作，使整部片子成为一场视听的盛宴。

　　《故宫》播出后，社会上好评如潮，各方面反响强烈，引起轰动。据中央电视台统计，《故宫》播出后，创造了央视此类节目的收视率新高。电视片风靡海内外，被翻译成 6 种语言在 100 多个国家签约出售，发行超过 15 万套，创中国纪录片海外销售新高。《故宫》获得多个奖项，已成为故宫纪录片的经典，至今仍受到人们的青睐。

　　12 集《故宫》精华版推出后，纪录片的拍摄工作还在继续，到 2008 年终于完成。央视整理制作了名为《故宫 100》的纪录片，共 100 集，每集约 5 分钟，2012 年 3 月在央视开播。该片讲述故宫 100 座建筑的命运，在 100 座建筑中发生的不为人知的皇家故事。后来，《故宫 100》又合成 8 集播出。

七

故宫学人

99　马衡

马衡（1881—1955），字叔平，别署无咎、凡将斋主，浙江省鄞县人。早年肄业于南洋公学。1917 年 8 月，任北京大学附设国史编纂处征集员。1918 年后，任北京大学文学院国文系讲师、史学系教授兼研究所国学门导师、考古学研究室主任，北京大学图书馆古物美术部主任。1924 年 11 月，受聘清室善后委员会，参与点查清宫物品工作；故宫博物院成立后，兼任临时理事会理事、古物馆副馆长。1934 年，任故宫博物院院长。1935 年，任中国博物馆协会会长。1948 年，任中国博物馆协会理事长。1952 年，免去故宫博物院院长职务，专任北京文物整理委员会主任委员。

郭沫若评价马衡的学术成就时说："马衡先生是中国近代考古学的前驱。他继承了清代乾嘉学派的朴学传统而又锐意采用科学的方法，使中国金石博古之学趋于近代化。他在这一方面的成就是有目共睹的。"①

马衡先生是金石学大师。1922 年北京大学研究所国学门成立，他任考古研究室主任兼导师，并在历史系讲授中国金石学。19 世纪末，不断有殷墟甲骨、西北简牍、齐鲁封泥、燕齐陶器等地下文物大批出现，丰富了金石学研究的内容。马衡先生在此基础上总结金石学研究

---

① 马衡：《凡将斋金石丛稿》，中华书局 1977 年版，郭沫若序。

的成果，并使之系统化，写出了《中国金石学概要》。这部著作对金石学这门学科的含义、研究对象和范围、研究方法以及它和史学的关系等，都加以系统论述，对于旧金石学向考古学过渡，起到了承前启后的重大作用。

马先生重视和提倡科学的考古发掘，他突破了旧金石学足不出户的书斋式研究，主张到野外实地勘察和进行科学的考古发掘。他多次主持或参加野外考古和调查，如 1923 年、1924 年赴河南新郑、孟津、洛阳等地现场调查，1928 年参加辽东半岛"貔子窝"的发掘工作，1930 年主持燕下都的考古发掘。

马衡先生金石学的成就，主要集中在《凡将斋金石丛稿》一书中。除过金石学概论，他在铜器、度量衡制度、石刻、石经和书籍形制等方面都有开创性贡献，亦为世所重。

马衡先生的著作，已出版的有《隋书律历志十五等尺》（北平，1932 年）、《汉石经集存》（科学出版社 1957 年版）、《凡将斋金石丛稿》（中华书局 1977 年版）、《凡将斋印存》（紫禁城出版社 1987 年版））、《马衡诗抄·文卷》（紫禁城出版社 2005 年版）以及《马衡捐献卷》（紫禁城出版社 2005 年版）、《马衡日记（1948—1955）》（生活·读书·新知三联书店 2018 年版）。

马衡先生曾将自己收藏的大量甲骨、青铜器、碑帖拓片、铭刻、书画、竹木、砖瓦、陶瓷、玉器、漆器等 10 多类 27 000 多件（卷）文物捐献给故宫博物院。

100　沈兼士

沈兼士（1887—1947），名取，一名取士、坚士，笔名兼士，原籍浙江吴兴（今湖州），因其祖父、父亲皆于清末在陕西汉阴做官并于任上去世，"三沈"都生于汉阴县且在此度过了青年或少年时代。早年游学日本，入东京物理学校攻读，与鲁迅等人从章炳麟问学，并加入同盟会。归国后，执教嘉兴、杭州间。1912 年秋至北京。不久，先后受北京大学及厦门大学、清华大学、女子文理学院之聘为国文系教授。历任北京大学文学院院长，故宫博物院图书馆文献馆馆长，中央研究院历史语言研究所通信员，北京大学研究所国学门主任，辅仁大学国文系教授、代理校长、文学院院长兼文科研究所主任等职。

沈兼士先生 1924 年曾任清室善后委员会委员，是故宫博物院的重要创建者。从 1925 年 10 月至 1929 年 3 月，他担任故宫博物院图书馆副馆长，图书馆下设文献部，他一直主持部务。其间在 1926 年 12 月，任故宫博物院维持会常务委员。1927 年 10 月，任故宫博物院管理委员会干事，后兼图书馆副馆长。从 1934 年 10 月起，先生为故宫文献馆馆长。

沈先生在北京大学主持国学门时，就进行过明清档案的整理，开保护与整理清宫档案风气之先。1922 年 5 月，北京大学通过努力，接管了教育部和历史博物馆要变卖的 62 箱另 1502 麻袋明清内阁大库档案，北京大学研究所为此成立了内阁大库档案整理会，由沈兼士先生负责。至1924年档案整理告一段落，发现了许多珍贵的史料，先后刊印了相关档案汇编和清册。沈兼士先生和同人们逐渐总结出了一套历史档案的整理方法，为后来故宫博物院文献馆整理档案提供了经验。

故宫博物院图书馆下设文献部成立后，在沈兼士先生主持下，就开始了明清档案的整理。1928年10月，故宫设立专门的文献馆，明清档案整理便进入了新的阶段，按军机处档案、宫中档案、内阁大库档案、内务府档案及其他档册书籍五大类进行整理。除了基本的整理外，同时还进行了库房陈列、提供查阅借抄、编纂出版等多项工作。故宫文物包括档案南迁后，文献馆继续整理留院的档案，并确立了普遍整理和系统分类的原则，不断探讨分类方法的科学化，又开始对档案整理的原则和方法进行研究，将历年经验总结编成《整理档案规程》。对明清档案管理和档案学，沈先生做出了具有开拓意义的贡献。

沈先生对于文献馆编辑整理的珍贵档案史料，都要亲自审定，有时还亲自书写序言来介绍档案内容。单士元先生就曾说过，自己多年来编辑史料丛编所写的按语，都要经先生亲自修改，而且先生于修改后"必亲告以如何识字、如何用字，谆谆教诲青年之真挚感情，使人铭感终身"①。

在故宫博物院任职期间，沈先生组织编辑出版《文献丛编》《史料旬刊》《清代文字狱档》等30多种书刊。

抗战胜利后，先生又奉命到北平，担任教育部平津地区的特派员，负责接收敌伪文化教育机关。于是，他一边积极完成接收工作，一边想方设法保护、收集敌伪档案。因积劳成疾，先生不幸于1947年

---

① 单士元：《忆沈兼士先生》，载单士元：《故宫札记》，紫禁城出版社1990年版，第166页。

病逝。

先生在语言文字学方面著作丰富。他在语言文字学领域中创建了汉语字族学，著有《广韵声系》（辅仁大学，1945 年；中华书局 1985 年版）一书。他还将汉字形、音、义联系起来研究，并探讨其间的关系，突破了《说文解字》中因形取义的陈法，对古代语言研究做出了巨大贡献，为汉语语源学的建立打下了基础。此外，他还著有一些研究具体某个汉字的字族的论文及《段砚斋杂文》（北平东厂胡同协和印书局 1947 年版；知识产权出版社 2014 年版）等。在我国语言文字领域，先生成就卓著，获得学术界很高的评价。①

沈先生的专著，除《广韵声系》《段砚斋杂文》外，中华书局 1986 年还出版了《沈兼士学术论文集》（2004 年第 2 版）。《方编清内阁库贮旧档辑刊序》（1935 年 1 月 30 日）、《故宫博物院文献馆整理档案报告》（1935 年 10 月）、《五译故宫俄文史料序》（1936 年 10 月 3 日）等也是他留下的有关明清档案的重要文献。

---

① 朱兰兰：《沈兼士与明清档案》，载故宫博物院编：《故宫治学之道新编》（上），故宫出版社 2020 年版。

101　陈万里

陈万里（1892—1969），江苏吴县人。1917 年毕业于北京医学专门学校，曾任北京大学校医、江苏省卫生署署长。自 1928 年起开始搜集龙泉青瓷资料。先后"八去龙泉，七访绍兴"，搜集大量瓷片标本，进行排比研究。1930 年赴欧洲考察，通过与西方考古学者交往，对现代科学研究方法有所了解。1946 年撰著的《瓷器与浙江》开古窑窑址调查之先河。1949 年，调任故宫博物院研究员。

陈万里先生早年从医，平生爱好颇多，研究过昆曲，喜好摄影，是中国老一辈的摄影家。自 20 世纪 20 年代起，先生致力于中国陶瓷考古研究达半个世纪。

20 世纪 50 年代以前，先生重点对浙江的越窑与龙泉窑青瓷进行研究，其成果凝结为《瓷器与浙江》（中华书局 1946 年版）一书。该书堪称从传统的"书斋考古"迈向"窑址考古"的一座丰碑，从而使中国陶瓷研究进入了一个崭新的阶段。先生在此书中的许多论证，已为现代考古发掘所证实。

20 世纪 50 年代以后，先生的研究重点转移到了北方。他对"北方青瓷"进行了调查与研究，并根据考古的新发现，于 1956 年 2 月出版了《中国青瓷史略》（上海人民出版社）一书，论述了南北方青瓷的发展及其相互关系与区别。中国青瓷对外的输出与影响，书中也做了简明扼要的论述。

陈万里先生在窑址调查与研究上做出了重大的开创性贡献。他认为，对于中国陶瓷的研究光靠文献是不足的，还必须取得实物资料，并进行古瓷窑址的实地调查与发掘工作。1935 年，他去余姚上林湖考察，目的是寻觅青瓷中最佳者——秘色瓷。通过多次实地考察，他认为"秘色越器"指的就是"秘色瓷"。经过反复调查、对比、走访，考古界达成了共识：浙江余姚、上虞、慈溪一带的"上林湖"，就是越窑秘色瓷的中心窑址。1987 年，陕西法门寺地宫出土的咸通十五年（874）的"物账单"石碑记载的秘色瓷，不仅与上林湖窑址出土者相同，而且也与唐人陆龟蒙《秘色越瓷》诗中"九秋风露越窑开，夺得千峰翠色来"的佳句相一致。

在古代窑址较集中的河南、河北两省，陈先生重点调查了宋代"五大名窑"之中的汝窑、钧窑以及唐代著名的邢窑与定窑，发表了《汝窑的我见》《禹州之行》《邢越二窑及定窑》等古窑址调查报告。在当时国内外学者对汝窑毫无认知的情况下，《汝窑的我见》一文分析了汝窑烧制青瓷的原因以及与越窑青瓷（秘色瓷）的关系，明确提出了汝窑印花青瓷并非汝窑的主要制品。先生这篇文章的发表，对国内外陶瓷研究界产生了一定影响。《邢越二窑及定窑》一文，高度概括了唐代烧瓷成就，"邢是白"，"越是青"，"北方之白"与"南方之青"即"南青北白"，代表了南北两大瓷窑体系以及唐代瓷器发展的主要成就。在邢窑遗址未被发现以前，先生对邢窑白瓷的基本特征以及邢窑窑址所在地，定窑的崛起及其与邢窑的关系，均做了精辟的分析，他的推论为后来的考古资料所证实。[1]

---

　　① 李辉柄：《陈万里窑址调查与研究》，载故宫博物院编：《故宫治学之道新编》（上），故宫出版社 2020 年版。

　　陈万里先生对北方古代窑址的调查，既收集了大量的实物材料，其中有部分窑址由于人为和自然的破坏今已不存，所以故宫以往调查所得的材料更见珍贵，也培养了人才，冯先铭、叶喆民、李辉柄、李智宴等先生就是从这系列的调查工作中逐步成长并成为著名学者的。和传统的金石学者以及收藏家相比，陈万里先生通过窑址调查所得与传世品对比，既可以准确地判断传世瓷器的生产窑口，也把王国维先生倡导的二重证据法引进到对古代瓷器的研究之中，指导并长期影响着后来考古和博物馆学界的研究工作。

　　窑址调查工作至今已持续了 60 余年，成为故宫博物院古陶瓷研究的一项特长，并整理出版了《故宫藏传世瓷器真赝对比历代古窑址标本图录》《故宫博物院藏中国古代窑址标本：河南》《故宫博物院藏中国古代窑址标本：河北》《故宫博物院藏中国古代窑址标本：北京、山东、陕西、宁夏、辽宁》《故宫博物院藏中国古代窑址标本：山西、甘肃、内蒙古》等，已成为研究者认知古代各地窑址产品特征的重要参考文献。

　　先生的专著还有《宋代北方民间瓷器》（影印本，朝花美术出版社 1955 年版）、《陶俑》（中国古典艺术出版社 1957 年版）、《现代陶瓷工艺》（朝花美术出版社 1957 年版）、《西行日记》（甘肃人民出版社 2002 年版）。他的论文收录在《陈万里陶瓷考古文集》（紫禁城出版社 1997 年版）中。

　　1953 年至 1958 年间，陈万里先生还数次将所收藏的陶瓷等文物150 多件，捐献给故宫博物院。

102　孙瀛洲

孙瀛洲（1893—1966），原名孙金安，生于河北冀县，曾在家乡私塾读书。1906 年 5 月来到北京谋生，先后在"同春永""宝聚斋""铭记"等古玩铺任学徒、伙计、采购、副经理等职。1923 年 1 月，在东四南 106 号开办"敦华斋"古玩铺，自任经理，经营该店铺至 1949 年 12 月。1950 年后经营过面粉厂、旧货铺。1956 年 3 月，应邀到故宫博物院参与古陶瓷鉴定工作，同年 7 月，经文化部批准转为故宫博物院正式职工。先生在故宫博物院陶瓷研究室任助理研究员。曾任全国政协第四届委员会委员。

1950 年，孙瀛洲先生为支援抗美援朝，自愿拿出一批家藏珍贵文物义卖，将所得款项全部捐献给国家。1956 年至 1966 年，他又将自己毕生收藏的 3000 多件文物，全部无偿捐献给故宫博物院永久收藏。其中一些文物传世稀少，丰富了故宫的收藏。特别是他所捐献的 2000 多件陶瓷器，从晋、唐、宋、元名窑到明、清时期各朝景德镇官窑瓷器，几乎无所不包，自成体系，其中被定为国家一级文物的就有 25 件。

孙瀛洲先生为人诚实，不但经营文物有方，而且在长期从事文物收藏与研究工作的过程中，也积累了丰富的鉴定经验，尤其擅长古陶瓷鉴定，对宋代汝、官、哥、定、钧等名窑瓷器及明清各朝景德镇窑瓷器都进行过深入研究，闻名海内外，曾博得"大法师""宣德大王"等美誉。他来到故宫后，参与了院藏古陶瓷的整理、鉴定及收购等工作。他带领故宫陶瓷组的人员，对故宫所藏陶瓷进行了重新鉴定，并协助故宫为国家抢救性收购了大量文物珍品，还曾帮助上海、广东、天津、保定等地的博物馆鉴定陶瓷，受到人们的广泛赞誉。他热心帮助青年同志，经常主动、耐心地向他们传授古陶瓷鉴定经验。当年得到先生真传的弟子，分布在全国各地，如今大都成为古陶瓷鉴定领域著名的专家学者，其中有耿宝昌先生这样的当今古陶瓷鉴定领域的泰斗。

在故宫陶瓷组的协助下，孙瀛洲先生将自己在古陶瓷鉴定方面的经验进行总结，先后发表了《谈哥汝二窑》《明嘉靖青花加彩鱼藻罐》《成化官窑彩瓷的鉴别》《我对早期青花原料的初步看法》《试谈永乐、宣德景德镇官窑瓷年款》《元卵白釉印花云龙八宝盘》《瓷器辨伪举例》《元明清瓷器的鉴定》《元明清瓷器的鉴定（续）》等有关瓷器研究及鉴定的论文九篇。另有遗稿《论古月轩瓷器》一篇。以上文章俱收入《孙瀛洲的陶瓷世界》（紫禁城出版社 2003 年版）一书。文章中归纳的鉴定理论与经验，经受住了历史的检验。

例如，他在《元明清瓷器的鉴定》一文中谈道："元代琢器表里釉多不一致，而且常有窑裂、漏釉、缩釉、夹扁的缺陷；永乐白釉器皿的口、底、边角与釉薄处多闪白和闪黄色，釉厚聚处则闪浅淡的豆青色，并且琢器的表里釉多均匀一致；康熙郎窑红釉则有所谓'脱口垂足郎不流'以及'米汤底''苹果青底'等特征。这些都是后世难以仿效之处。"今天看来，先生的这一结论仍符合实际。

成化御窑斗彩瓷器是明代御窑瓷器中的名品，故自明代晚期以来，出现大量仿品，给鉴定成化斗彩瓷器带来很大困难。先生在《成化官窑彩瓷的鉴别》一文中，向人们讲述了鉴定上的一些窍门。如在施彩技法方面："成化的彩瓷，只有平涂，分浓淡，而不分阴阳，无渲染烘托彩，绘老少人物的衣服只绘单色的外衣，无其他内衣作衬托，所以有'成窑一件衣'的说法。"在利用款识鉴定成化官窑瓷器方面："对于成化款识的真伪不能决定时，可以用放大镜在强光下照视，成化款或天字款上都显有一层云朦，有气泡如珠，字的青色晦，胎体透杏黄或微黄色。康、雍、乾时代的仿品虽然在调配颜色、年款的写法上很近似，但在放大镜下可以看出云朦淡，气泡不匀，字的青色涣散，胎色透微黄或白色闪青，底足釉砂相连处少微黄色。"这些从毕生实践中总结出的真知灼见，通俗易懂，非常实用，而且这些结论并未过时。

为了便于初学者尽快掌握利用款识鉴定明清瓷器的方法，先生经过反复推敲，将自己在这方面的鉴定窍门编成歌诀。这些歌诀合辙押韵，朗朗上口，便于记忆，有很强的实用性，可谓一字千金。如关于永乐御窑瓷器年款："永乐篆款确领先，印刻暗款凸凹全。压杯青篆在内心，不是确知不胡言。"关于宣德御窑瓷器年款："宣德年款遍器身，楷刻印篆暗阳阴。横竖花四双单无，晋唐小楷最出群。"关于成化御窑瓷器年款："大字尖圆头非高，成字撇硬直倒腰。化字人匕平微头，制字衣横少越刀。明日窄平年肥胖，成字一点头肩腰。"等等。①

---

① 吕成龙：《孙瀛洲其人其事》，载故宫博物院编：《故宫治学之道新编》（上），故宫出版社 2020 年版。

103　唐兰

唐兰（1901—1979），字立庵，浙江嘉兴人。幼年家境贫寒，1915 年就读于嘉兴县立商校，后学过中医。1920 年，入无锡国学专修馆学习，师事著名政治家和学者唐文治先生，发愤治小学，成《说文注》四卷。

20 世纪 30 年代，唐兰曾在东北大学、北京大学、燕京大学等多所大学讲《尚书》，后又在北京大学讲金文和"古籍新证"，并代董作宾先生讲甲骨文字。曾任故宫博物院专门委员。1939 年入西南联大，任副教授、教授、文科研究所导师。1946 年，任北京大学教授。1947 年，代理北大中文系主任。1949 年，受聘兼任故宫博物院设计员。1952 年，奉调故宫工作，受聘为研究员，先后任陈列部主任、美术史部主任、副院长等职，并以学术委员会主任的身份，主持故宫学术建设。

唐兰先生是 20 世纪中国学术史上有重要影响的学者，他对我国学术事业的贡献是多方面的：

文字学理论。唐兰在 1935 年发表的《古文字学导论》和 1949 年出版的《中国文字学》两书，是我国现代意义上最早的、最完整的古文字学理论著作。在古文字研究方法上，他继承和发展了孙诒让的"偏旁分析法"，提出考释古文字应以偏旁分析为核心，同时以对照、推勘、历史考证相结合的方式作为验证或旁证的科学方法。

甲骨学。1934 年，先生出版了《殷虚文字记》一书，专门考释甲骨文字。1939 年，辅仁大学出版了先生的《天壤阁甲骨文存并考释》一书，对王懿荣所藏 108 件拓片进行了考释。先生于两书中考释出的古文字，许多已成为文字考释的成功案例。先生考释古文字的方法和思路，也多已成为学者们治学的典范。

青铜器及金文。先生治铜器金文以目录为先。1931 年，曾重编过《金文著录表》。1937 年，受美国人福开森之邀请，协助编辑《历代著录吉金目》。这是一部内容丰富的青铜器及金文著录表，收器截至 1935 年底，收书 80 种。福氏在自序中称"诸器分类，唐君立庵之功为多"。

先生还为许多重要铜器写过专文考释。周王䭆钟旧作宗周钟，著录于《西清古鉴》，对其时代众说纷纭，唐兰 1936 年写了《周王䭆钟考》，考证宗周钟的作器者"䭆"，就是"周厉王胡"。当时的学者多认为宗周钟是西周早期器，对他的意见不以为然，可是 1978 年和 1981 年陕西扶风县相继出土了䭆簋和五祀䭆钟，器物形制是西周晚期的，证实了 40 多年前先生的意见是非常有预见性的。1962 年，先生发表了长文《西周铜器断代中的"康宫"问题》。他发现的"康宫断代原则"不断被后来经考古发掘出土的铜器所肯定，现已为学术界普遍接受。这是继郭沫若发现"标准器断代法"之后，金文断代法的又一重大发现。

简帛盟书。20 世纪 60 年代开始，简帛盟书资料大量出土。1972 年，先生发表《侯马出土晋国赵嘉之盟载书新释》一文，对载书中的主盟者、盟誓的原因等进行了全面考证。长沙马王堆一号汉墓发现后，先生对此墓有重要的见解，又围绕该墓随葬遣册及帛书《黄帝四经》、《老子》乙本、《战国纵横家书》等撰写了一系列重要的研究考释文章。

此外，唐兰先生在《说文》学、石刻及碑帖、音韵学、文字改革、古文献、历史学都有深刻的造诣并有重要的贡献。先生研究兴趣很广泛，在哲学、文学、书法、古代绘画、古曲谱、古天文、古地理等许多领域也都做出了可观的成绩。[①]

唐兰先生曾为中国历史学会候补理事（1952 年）、中国科学院历史研究所学术委员（1954 年）、北京历史学会理事（1961 年）、中国古文字研究会理事（1978 年）。其后，还被推举为中国美术家学会理事、中国考古学会理事。1959 年起，为北京市第二届、第三届政协委员。1978 年，为第五届全国政协委员会委员。

唐兰先生主要论著有《殷虚文字记》（北京大学讲义石印本，1934 年）、《古文字学导论》（北京大学讲义石印本，1935 年）、《天壤阁甲骨文存并考释》（辅仁大学，1939 年）、《中国文字学》（上海开明书店 1949 年版）、《西周青铜器铭文分代史征》（中华书局 1986 年版）、《甲骨文自然分类简编》（山西教育出版社 1999 年版）等。《唐兰全集》10 卷，由上海古籍出版社于 2015 年出版。

[①] 刘雨、郝本性：《唐兰的学术道路》，载故宫博物院编：《故宫治学之道新编》（上），故宫出版社 2020 年版。

104 沈从文

沈从文（1902—1988），湖南凤凰县人，中国著名作家、历史文物研究者。1956年5月7日，文化部文物管理局发出《调沈从文到故宫博物院工作通知》。1957年1月23日，故宫再次接到上级通知：沈从文不正式调入故宫，但要来故宫陈列部兼研究员工作。就是说，他人要来故宫，编制则仍在中国历史博物馆。沈从文在故宫工作过10年，为织绣组"研究负责人"。神武门内东长房原织绣组办公室有他的办公桌。"文革"开始后，他就再未来故宫上班。

沈先生的文物研究兴趣广泛，涉及玉工艺、陶瓷、漆器及螺钿工艺等多个方面，但用力最勤、成就尤为突出的是织绣服饰的研究。他在故宫博物院做兼职研究员期间，受到故宫领导和职工的尊重和支持，不仅取得了显著的研究成果，而且为故宫织绣馆的建立以及人才的培养付出了大量的心血。

故宫有着大量丰富的宫廷织绣服饰，沈从文参与并指导了对这些藏品的整理。正如他所说："故宫藏上万种绫罗绸缎，我大抵都经过手。"不只是织绣，他通过努力钻研，对故宫的绘画等多种藏品也极其熟悉。1973年，沈从文先生曾为安徽省马鞍山市恢复太白楼草拟陈列方案和参与展览的40件绘画，其中28件是故宫藏品。他在提到每件画时，或注明在《故宫周刊》某期，或注明"故宫"，或注明"故宫单印过，可用"等。①

　　沈从文对故宫有着很深的感情，曾把自己花钱买的不少织绣样品或其他藏品捐献给故宫。1963年全国政协会议时，他提案建议，将京郊上方山庙宇中所存明代《大藏经》用织锦装裱的经面、经套调来北京。此提案通过后，故宫博物院派人挑选了约1700多种并保存在织绣组。故宫对沈从文的研究工作及其承担的其他工作，始终给予热情支持。1960年，沈从文先生协助工艺美术院校编写、校订专题教材，向故宫求助，故宫即在北五所库房里找了几间房子，提供陈列院藏的一些文物供编写者观看，又提供了大量相关图录、文献和图像资料。

　　故宫博物院丰富的织绣藏品为沈从文先生的研究提供了难得的实物资料，他如鱼得水，潜心研究，写出了一批很有价值的论文，有的生前未曾发表。1956年秋，他撰写了长达18 000字的《中国刺绣》一文，运用院藏文物、历史资料和出土实物，全面论述了中国刺绣的发展历史以及不同时代的刺绣在艺术和技术上的特色，并对"琐丝法""铺绒法""洒线绣""平金绣""缂丝"等现仍常用的几种技法的历史及艺术特征做了详细介绍。故宫博物院织绣组于1956年10月28日将此文作为《中国织绣参考资料》之一种，油印45份供内部交流。

　　1959年，沈从文先生发表《清代花锦》一文，以清宫藏品为基础，研究了整个清代锦缎的内容及其与明代艺术特点的不同。他还发表了《介绍三片古代刺绣》《谈皮球花》《谈挑花》《谈广绣》《谈杂缬》《谈锦》《蜀中锦》《花边》《从文物中所见古代服装材料和其他生活事物点点滴滴》等文章。这是沈从文学术生涯中一个十分重要的时

---

① 《大连会议事情》，载《沈从文全集》第27卷，第288页。

期，为他以后的进一步研究打下了良好的基础。

故宫织绣馆是 1959 年中华人民共和国成立 10 周年时与青铜器馆、陶瓷馆、历代艺术馆同时对外开放的。沈从文先生有筚路蓝缕之功。他为织绣馆拟写了 11 000 余字的《织绣陈列设计》，分"前言""陈列目的""主题结构"三个部分。这一缜密而系统的陈列设计得到批准后，沈从文又与故宫同事一起布展，使这个专馆向群众开放，达到了预期目的。

沈从文先生一直认为，明清丝绸中的精美图案是能直接为生产服务的。送文物上门到工厂、学校，便于生产或教学工作的同志特别是丝绸设计师傅看看，作为学习和参考资料，启发生产设计灵感，丰富新品种内容，并满足民族形式的要求。出于这一目的，他于 1958 年夏秋带故宫博物院和中国历史博物馆部分馆藏明清绸缎、刺绣，先后到杭州、苏州、南京三地，贴近我国丝绸织绣生产基地做巡回展出，历时三个月。在结束杭州、苏州两地展出后，沈从文向单位领导做了阶段工作报告，总结了在两地展出取得的九条经验，提出了两地目前特别需要协助解决的五个问题，并客观分析了这次展出的得失。报告最后说："这种小型展出，似乎还可扩大范围作些试验，例如去四川成都展览文竹器和丝绸，去湖南长沙展览明清日用瓷和刺绣（也可去搪瓷厂和热水瓶厂，甚至于第一汽车厂），去重庆和贵州展览明清描金剔红彩绘漆器，针对生产需要，必然可收到一定成果。"他指出："'一切研究，都为的是有助于新的生产改进和提高'，这个提法对目前文物工作者说来，还像不大习惯，但是事实上却必然要这样做，文物工作才会有新的意义。"① 这些真知灼见，今天读来，犹有深刻

————————
① 《苏杭两地织绣展览一点经验》，载《沈从文全集》第 28 卷，第 363—371 页。

意义。

1958 年 10 月，故宫博物院与湖北省博物馆在汉口联合举办"六百年工艺美术品展览"，800 多件展品全部由故宫提供。沈从文先生对于参展的清代服饰织绣做了认真策划，为此撰写了《清代服饰织绣展览介绍》。在沈从文先生未发表的文字中，还有八则写于 20 世纪 50 年代后期的关于一组明清文物展品的说明，分别是"明宣德炉""明清雕玉""明清景泰蓝""明清漆器""琉璃料器""画珐琅器""明清小说""明清绘画"等，介绍各种艺术传统的特点，言简意赅，融汇着自己的研究成果。①

清宫遗存的服饰织绣品相当丰富，但当时的研究力量则十分薄弱。1956 年，故宫博物院从社会上招收了一批高中毕业生。沈先生亲自指导织绣组的年轻人进行织绣服饰的整理、分类、排架，为他们讲课，买经书皮子，出外考察也常带着他们。在沈先生的指导和扶持下，这些人进步很快，有的后来成为这方面的专家，如陈娟娟女士，后来她成长为故宫博物院研究员、国家文物鉴定委员会委员、中国丝绸文物复制中心副主任，出版了多种著作。

其实在到故宫织绣组做研究工作之前，沈从文先生就曾以专家身份多次受聘于故宫博物院，其中最主要的是 1954 年参加处理故宫积压非文物物资的审查委员会，与叶恭绰、老舍、陈梦家、容肇祖、傅振伦、王世襄、唐兰、单士元等同为委员。委员会成立了木器家具、瓷器、宫廷器物与衣料皮毛四个物品审查组，沈从文与张景华为衣料皮毛组召集人。该组审查任务繁重，在沈先生领导下，进行了认真审查，并提出了一些建议。这次物资审查仅皮货就处理了 10

---

① 《明清文物说明（八则）》，载《沈从文全集》第 28 卷，第 387—391 页。

万余件。

　　沈从文先生还被聘为故宫两个专业委员会的委员。1954 年，故宫成立了由八人组成的近代工艺美术筹委会，沈从文与中央美术学院的程尚仁、庞薰琹、祝大年四人为院外专家。1957 年，故宫成立了由九人组成的文物修复委员会，沈从文与张珩、王世襄、陈梦家为院外专家。

105　马子云

马子云（1903—1986），陕西郃阳（今合阳）县人，幼入乡学，1919年进北京琉璃厂碑帖铺庆云堂当店员，学得金石传拓技法。20世纪30年代，他曾只身裹粮入关中，至咸阳访查茂陵，半月间风餐露宿，拓得霍去病墓前西汉大石兽11幅（拓本今收藏于国家图书馆和法国远东学院）。先生拓铜器全型，能在继承传统的基础上兼取透视原理和摄影呈像特点，精益求精，卓尔不群。与此同时，他又十分注意石刻和碑帖拓本的鉴别与研究。1947年，先生受马衡院长之聘入故宫传拓铜器，并终身从事金石鉴定研究。

在20世纪40至50年代，故宫博物院古物馆设有专门进行金石传拓的机构，叫传拓室。1950年，马衡院长曾请马子云先生传拓西周虢季子白盘。此盘为一重器，长方形，四面各有两个兽首衔环，长130.2厘米，宽82.7厘米，高41.3厘米，是迄今所见最大铜盘，并有铭文111字。经过半年时间，费了许多心血，克服了种种困难，他终于成功地完成了这幅墨拓艺术品。先生后来每忆及此事都要说，这是他平生所拓难度最大、要求最高的一件铜器。虢季子白盘后来拨交中国历史博物馆。

20世纪50年代，先生在国家文物局举办的考古培训班上讲授传拓。后来他将讲义修改整理写成《传拓技法》一文，60年代发表于《文物》杂志，80 年代先生又予补写，将其编为《金石传拓技法》（人民美术出版社 1988 年版）一书。该书分为传拓略史、传拓技法、图版三个部分。传拓略史梳理介绍传拓技法的发展史、代表人物及风格。传拓技法非常详细地讲解传拓的技术，包括传拓使用的工具、材料等，如上纸法、上墨法、选纸和造纸、选墨与磨墨、拓图形法、传拓用具、传拓必须预防损坏古器、收藏和装裱拓本等内容。全形拓是传拓技术及金石学复兴的产物。《金石传拓技法》的意义和价值还在于系统地总结了从古至今传拓技术的发展历史、传承过程及传拓技术的细末，这为当代学习传拓技术的学者们提供了丰富的知识。

先生关于石刻、碑帖考辨的成果集中在《石刻见闻录》与《碑帖鉴定浅说》两书中。

《石刻见闻录》是马子云先生主要专著，出版时改名为《碑帖鉴定》（广西师范大学出版社 1993 年版）。书中记叙碑碣、墓志、摩崖、造像题记、石经及其他刻石，上起周秦，下至宋元，凡 1200 多种。对每种刻石的年代、地点、撰书人、书法、形制，对于拓本断代的考据，纸墨、题跋、印章、递藏皆予详细著录，兼及作者数十年间见闻掌故，资料备而考辨精。该书在收碑品目方面，不仅悉录传统观念上的名碑，同时还吸收了 20 世纪 50 年代以来全国文物普查与考古发掘所得到的大量重要碑志，后者每每引起文物界、史学界的关注。将石刻的编目、校勘、版本、证史与评价书法几方面熔为一炉，是《石刻见闻录》的特点。由于作者所见石刻及拓本极多，书中所载尽是目验之后的记录，所以与某些碑刻著录书相比避免了抄撮失实的毛病，在许多地方对前人著作有着纠谬补阙的作用。该书被列为高等院校文博、艺术等学科规定教材。

《碑帖鉴定浅说》（文物出版社 1986 年版）是先生的另一部重要

著作，与《石刻见闻录》相辅而行，同样是先生一生经验的总结。日本二玄社出版了此书的日文版。

先生的一个重大贡献是对故宫碑帖的全面排比鉴定。至"文化大革命"时，故宫碑帖藏品已有 20 000 多件。1972 年，在马先生主持下，故宫进行院藏碑帖的全面排比鉴定。其方法是以考据与纸墨为主要依据，以题跋、印鉴为辅助依据，参照《金石萃编》《集古求真》《校碑随笔》等书，对所拓时间的早晚，是原石还是翻刻本乃至伪刻，一一加以分析研究；给每件拓本定出级别，将翻刻本及伪刻剔出另放；在碑帖一级品及二级甲的定级上，还听取了院内外专家的鉴定意见。这项工作为此后的编目、陈列和科学研究奠定了良好基础。这项工作坚持了 10 年，达到了基本上鉴定一遍院藏拓本的目的。这项成果反映在《故宫博物院藏刻石碑拓本目录》中。[①]

马子云先生曾任故宫博物院研究馆员、国家文物鉴定委员会委员，多次应邀去各省市博物馆、图书馆协助鉴定工作并指导青年。

马子云先生去世后，家属遵嘱将其所收集保存的碑帖与手拓金石拓片约 1800 余件捐献给故宫博物院。

---

① 参阅施安昌：《马子云学术经历片断的回顾》，载故宫博物院编：《故宫治学之道新编》（上），故宫出版社 2020 年版。

106　罗福颐

罗福颐（1905—1981），字子期，别号梓溪、紫溪，70岁后号偻翁，室名待时轩、温故居，祖籍浙江上虞，生于上海市。

罗福颐为近代著名金石学家罗振玉之第五子，自幼秉承家学，由父兄为他教授四书五经，课余写字刻印，阅读家藏古印谱，手拓青铜器铭文，摹古玺文字和汉魏印文。在此基础上选择了从汉印和金文入手，作为毕生学术研究的生长点。与他父亲的学生容庚、商承祚是青年时代的学友。

先生1938年至1949年在沈阳博物馆和北大文科研究所工作，这一时期的主要著述有《大库史料汇目续编》《明清档案史料之整理及其分类法检讨》《辽彭城郡王刘继文墓志跋》《辽阳马氏四世墓志考》《敦煌石室稽古录》《契丹国书管窥》等。

先生1950年开始在国家文物局工作，1957年转入故宫博物院，接手的第一件工作就是筹建青铜器馆。先生为此付出很多，做了大量开创性的工作，并写出了《谈几种古器物的范》、《眉县青铜器铭文试译》、《新莽始建国元年铜方斗》、《青铜器释名》（青铜器名辞解说）、《克盨》、《后刻花纹的两种铜器》、《对〈商周彝器通考〉的商榷》等一批有关青铜器研究以及普及知识的文章。

故宫的大部分古代玺印，都是经先生之手鉴定、收购、编目入藏的，其中包括天津王氏 5000 多方、海丰吴式芬《双虞壶斋》、闽侯陈宝琛《澄秋馆》、钱塘陈汉弟《伏庐》、桐乡徐俟斋等几大批古铜印。以此资料为基础，先生先后编写了《中国印章学图说》《交泰殿宝谱》《对古玺印的初步知识》《印章概述》《蜜章小考》《对战国古玺印的认识》《古玺印研究》《我国铭刻概述举例》等，推动了对古印章的研究，还专门带了这方面的"徒弟"王人聪。至 20 世纪 60 年代初期，故宫的印章研究已走在了全国博物馆的前列。

1972 年以后，先生重返文物考古岗位，同顾铁符先生一道以极大的热忱投入了当时新出土的临沂汉简整理工作。除摹写缀合残简外，他们还研读先秦诸子及其他古籍，逐字逐句进行比较对照，找到了六种周秦诸子残简，还从中发现了数种重要古佚书，最后将这批残简的绝大部分整理成四大部分：甲、周秦诸子残简六种；乙、佚书丛录残简八种；丙、佚书零拾残简十一种；丁、汉简释文。

1974 年，先生回故宫博物院，着重于古玺印资料的整理和研究，首先是增订《汉印文字征》，主编《古玺文编》，还计划修订旧稿《秦印文字征》，总结历年来研究成果心得，写成《古玺印概论》《近百年来古玺印在学术上的进展》《古玺印封泥辨伪》。同时走访 18 个省市 35 个博物馆和文物机构，主编了《古玺印汇编》《秦汉南北朝官印集》。此外，继《李闯王遗印汇》《北元官印考》之后，还做了《史印新证》《封泥证史录举隅》等考史的研究。

长期从事文博工作使先生很重视文物的断代、辨伪知识以及资料的整理和著录，认为这些有助于学术研究的开展、文物知识的普及和青年文博工作者的培养。

罗福颐先生毕生从事金石文字及文物学的研究，勤奋治学 60 年，给后人留下了丰富的学术遗产，略记有著作 300 多篇（部），篆刻作品千余方，对甲骨、金文、青铜器、玺印、石刻、简册、帛书、造像、度量衡、敦煌文物、少数民族文物、文物鉴定、东北历史和明清档案都有精辟的论述，在学术界享有崇高威望。先生还善于治印，篆刻坚持"宗秦法汉""古为今用"，所刻印章神形兼备，既有古铜印的质朴遒劲，更兼典雅敦厚，具有独特的艺术风格。他的篆刻作品被收入《中国篆刻丛刊》《中国印学年鉴·印人传》等书中。

自20世纪50年代以来，先生先后五次向国家文物局、故宫捐献重要文物，包括甲骨、青铜器、古玺印、陶瓷器、书画碑帖、古籍善本等文物百余件。

先生为故宫博物院研究员，兼任国家文物局咨议委员会委员、中国考古学会理事、中国古文字研究会理事、中华医学会会员、杭州西泠印社理事等职。①

① 参阅罗随祖：《庭闻琐记——我所闻见的先人罗福颐治学》，载故宫博物院编：《故宫治学之道新编》（上），故宫出版社2020年版；弘毅：《罗福颐先生学术活动简述》，《考古》1982年第7期。

107　王以坤

王以坤（1905—1996），字禹平，河北枣强人。早年曾在北京琉璃厂南新华街长春会馆内的玉池山房学习书画装裱技艺，并从事装裱职业近 30 年，其间一直静心学习，刻苦钻研。因玉池山房地处京城，公私收藏甲于海内；其师即玉池山房创始人马霁川先生又为京城著名装裱师，对字画装裱精益求精，如达不到标准绝不交货，因此颇得佳誉。在如此严师的教授下，王先生对书画古装颇有心得。与他同门者有号称"古书大夫"的国家图书馆文物修复专家韩魁占、曾多年为张大千装裱书画的北派名手江海沧、香港古玩字画界鉴定专家张鼎臣以及书画装裱名手刘金山、张金科等先生。新中国成立后，王以坤先生先入北海团城，做文物征集工作，于 1953 年调到故宫博物院负责古书画的鉴定与保护工作。

王以坤先生是装裱师出身的书画鉴定家，其鉴定虽然主要也是依靠眼力来从笔墨、风格鉴定真假，但其进入故宫后，更有机会得以纵观历代书画，眼界更为开阔；后与徐邦达先生结缘，同时又与启功、刘九庵等大家一起探讨学习书画鉴定，学习了大量的考订知识，并且吸取了科学鉴定的理念，成为书画鉴定专家。

王以坤先生有两部著作传世：《书画装潢沿革考》（紫禁城出版社1993 年版）与《古书画鉴定法》（江苏古籍出版社 1997 年版）。一是书画装潢，一是书画鉴定，这两部书是王先生一生工作的总结。

《书画装潢沿革考》一书，通过对中国书画历代沿革的论述，介绍装潢的源流、历史、格式、内容，说明书画装潢是伴随书画传统艺术生发的一种特殊装潢工艺。书中对从南北朝直至民国时期的装潢状况做了述说，其中对唐代的三种装潢形式与宋代的宣和装及绍兴御府书画式着墨尤多；在此基础上，简述了修复技术的发展历程。该书将书画装潢的知识系统化、理论化，使这一特殊工艺更为人们了解，为书画装潢事业的传承发展做出了贡献。

《古书画鉴定法》是探讨古书画鉴定的著作。书的前几章讲如何用科学的方法来分析辨别古代书画的真伪，最后详细介绍了书画造假的各种方法，而很多方法都运用了装裱的技艺，这也彰显了王先生作为装裱师的优势。如在第四章的"旧书画做假及实例"一节中，他将做伪方法结合实例进行详细描述。在"带有地区性特色的做假"一节中，还将地区性特色的做假按时间顺序做了归纳总结。书中又分门别类地介绍了做假的特点、鉴定方法等，还举例说明了"书画鉴定的全过程及注意事项"，重视将目鉴和考订的内容相结合，等等。这些都凝结着王先生一生的心血，十分珍贵。

108　单士元

　　单士元（1907—2011），北京人。先生自幼家贫，矢志于学。1924 年 11 月，单先生作为北京大学的旁听生当了一名书写员，参与到当时的故宫文物点查工作中。故宫博物院成立，他先后在文献馆、图书馆工作。中华人民共和国成立后，他以饱满的热情投入故宫博物院建设和文博事业中。1956 年，加入中国共产党，同年任故宫博物院建筑研究室研究员、代主任。1958 年，任建筑研究室主任、第一任古建筑管理部主任。1962 年，任故宫博物院副院长，并先后在中国人民大学档案系、北京大学历史系开设历史档案学课程。1984 年，任故宫博物院顾问。从 17 岁投身故宫到 91 岁辞世，单士元先生在故宫博物院整整工作了 74 年。

　　单士元先生是中国古代建筑史研究，特别是紫禁城宫殿建筑历史研究的开创者之一，是清代历史档案研究的开拓者之一，也是明清历史研究领域中卓有贡献的著名学者。

　　他作为学者、专家的人生道路，起始于青年时代的勤奋。一边工作一边求学，几乎是他整个青年时代的主要生活。他在故宫博物院工作期间，于 1925 年进入北京大学历史系学习，1929 年又考入北京大学研究所国学门，进行清代文字狱的专题研究。当时，赵尔巽等编撰的《清史稿》已问世，单先生于是对该书进行研究，利用文献馆的大量历史档案，于 1934 年完成了《总理各国通商事务衙门大臣年表》的毕业论文；1936 年经北大研究所诸教授审定，评予成绩为优良。孟森教授认为此书"可以补旧史之阙，可以拾《清史稿》之遗，可以助研讨外交史者知人论世之力"，评价颇高。自 1938 年起，单先生曾先后在北平师范大学、中国大学、中法大学、女子文理学院等校任教，主要讲授中国通史、明清历史、中国近代史等课程。单先生还撰写并发表了明清史方面的著作和论文，是一位学识渊博的明清史专家。

单士元先生长期在故宫博物院文献馆工作，在清代档案的编目、整理、编辑出版等方面做出了重要贡献。在我国档案学界，他是最早提倡档案目录学的学者。整理文献的同时，单士元先生还参与了故宫博物院接收内阁大库流散档案，主要是军机处档案的初始整理工作，对其中明末清初档案择要写出了若干介绍文字，又将清代军机处档案、档簿等写出提要，并摘录其原文举例说明。这期间，单先生在沈兼士先生指导下，与同人共同编辑了《文献丛编》《掌故丛编》《史料旬刊》等民国时期故宫博物院重要出版物，并陆续撰写和发表了不少有关明清档案的论文。

单士元先生作为中国古建筑专家，更是建树颇多。1930 年，由朱启钤先生发起的中国营造学社的成立，开始了在现代建筑学、美术史、文献学的基础上，将中国古代建筑作为一项专门学术课题进行研究的历程。单士元先生加入营造学社，担任编纂工作。他以搜集和整理文献史料为开端，注重古代建筑的历史沿革、工艺材料，兼顾造型艺术、结构功能，与王璞子先生合作，于 1937 年出版了《明代建筑大事年表》。在此期间，单先生还多方搜集史料，草成《清代建筑年表》书稿数十万字。

中华人民共和国成立后，单士元先生凭借研究紫禁城宫殿建筑的深厚学术根基,开始了他参与并负责管理、保护这一重要文化遗产的使命。在 20 世纪 50 年代后期,他为故宫古建筑提出了"着重保养,重点修缮,全面规划,逐步实施"的修缮方针,并先后主持了三大殿保养油饰、角楼落架大修、高大建筑安装避雷针等重要工程。为了传承古建筑的工艺技术,单士元先生深入实际,注重传统工艺技术的研究,还聘请了一批在社会上享有盛名的匠师,将他们充实到故宫工程队伍之中。这是一个具有远见的举措,不仅可以确保工程质量,而且可以通过口传身授的方式,培养出一批批技术骨干。这种古建筑传统工艺技术的有序传承已成为故宫博物院宝贵的无形文化遗产。

2009 年,共 4 卷 12 册的《单士元集》(紫禁城出版社 2009 年版)出版,收录了《明北京宫苑图考》《清代建筑年表》《明代营造史料》,以及包括《紫禁城七说》《太和门和三大殿》《故宫南三所考》《天坛》等在内的 40 余篇有关故宫与明清宫廷建筑的文章。

单士元先生曾先后担任中国建筑科学院历史与理论研究室代主任、中国建筑学会中国建筑史学术委员会主任委员、国家文物鉴定委员会委员、北京文物委员会委员、中国档案学会顾问、北京历史学会顾问、中国紫禁城学会会长,为第五届、第六届全国政协委员会委员。

109　顾铁符

　　顾铁符（1908—1990），江苏无锡市人。1924 年在无锡梅村中学肄业后，一直从事文化教育工作，先后担任小学教员、中学教员、中山大学研究院技佐、中正大学师范科讲师等职。1946 年 11 月至 1950 年，在中山大学文学院先后担任讲师、图书馆主任。1950 年至 1954 年，任中南区文化部文物科科长兼武汉大学讲师。1954 年起任文化部文物局业务秘书。1958 年调故宫博物院工作，先后任副研究员、工艺美术史部副主任、代理保管部副主任等职。1964 年后，专门从事研究工作，1982 年晋升为研究员。

　　顾铁符先生的文物考古研究涉及许多领域，诸如史前考古、古陶瓷、青铜器、古建筑、简牍帛书、碑刻造像等，并长于结合文献进行综合考证、辨识，订正、辨识了很多罕见出土文物的器名。他熟悉历史文献，曾运用考古的成果与文物对史籍记载做过许多质辨研究。他还掌握了大量的物理、化学、生物、天文、气象等多学科的自然科学知识，把它们运用到考古研究中去。几十年来，顾铁符先后在国内外刊物上发表了数十篇有关文物考古学的论文，其中 28 篇汇编为《夕阳刍稿》（紫禁城出版社 1988 年版）一书。

　　顾铁符先生尤长于楚文化研究。早在 20 世纪 50 年代，在中南大区的文物工作实践中，他逐步认识到了楚国在周代历史上的地位，以及它在我国文化传统中所起的重要作用，从此便和楚文化结下不解之缘，长期致力于楚史和楚文化的研究。他对楚民族的渊源和楚国历史文化，进行过较为系统的探讨和论述。《楚国民族述略》（湖北人民出版社 1984 年版）一书，是他多年研究楚国历史的代表作。他从民族学入手，论述了楚人的历史，并用翔实的史料和民族学材料，论述了楚国境内的东夷、南蛮、西戎和越族的历史情况，以及楚国各民族的文化，取得了大量学术成果。

1960 年、1961 年，顾先生曾先后两次将 3 件文物捐献给故宫。1992 年，家属遵其遗嘱将其所藏 8 件文物捐献给故宫。

顾铁符先生曾担任中国考古学会第一届、第二届常务理事，楚文化研究会顾问，国家文物鉴定委员会委员，国家文物局咨询委员会委员。①

---

① 参阅冯普仁：《顾铁符与文物考古研究》，故宫博物院编：《故宫治学之道新编》（上），故宫出版社 2020 年版。

110　王璞子

王璞子（1909—1988），原名王璧文，字璞子，后以字行世。生于河北正定。中共党员。1928 年至 1930 年，在中法大学学习。1933 年至 1937 年，在中国营造学社从事古建研究，与单士元先生合作，1937 年出版了《明代建筑大事年表》。此后，在北平市政府工务局文整处和其他部门任职，从事建筑设计和施工管理，并兼古建专业课教学。1952 年起，在河北省宣化市政府建设科任工程师。1956 年，调入中央二机部第一设计院任工程师。1957 年调入故宫，担任工程队、古建部高级工程师，从事古建保护与研究，在午门、三大殿、角楼等一系列重大修葺工程中亲力亲为，深入施工现场解决问题，对保证合理施工、确保工程质量起到重要作用。1979 年，被评为高级工程师。1980 年，被国家文物局评为先进工作者。

王璞子先生毕生从事古建研究与保护。其研究范围包括中国古代建筑史的诸多门类，并以精通文献法式、考证精当著称于古建界。其中，又以元大都和古建筑法式的研究见长，他的相关论文至今仍是古代建筑史和建筑技术史研究的重要参考。

元大都是北京城市发展的重要阶段，上可溯辽金，下可接明清。目前所见城阙宫殿虽为明清两代遗迹，然究其嬗变因革之原委，不能不以元大都为起点，王璞子先生则是元大都的早期研究者之一。《元大都城坊考》(《中国营造学社汇刊》第 6 卷第 3 期,1936 年)一文,提出元大都中轴线位于今北京城旧鼓楼大街与故宫武英殿一线。这一元大都中轴线东移说的论断,影响深远。《元大都寺观庙宇建置沿革表》(《中国营造学社汇刊》第 6 卷第 4 期,1937 年),成为研究元大都寺观庙宇建置沿革的必备参考。《元大都城平面规划述略》(《故宫博物院院刊》1960 年第 2 期),可以看作是有关元大都平面规划问题研究的进一步深入。先生编订的《元大都考》一书当年未及付梓,其手稿一直由先生家属妥善保存,这部系统研究元大都的专著如能出版,将成为元大都研究的重要参考。

在研究元大都的同时,王璞子先生又对辽金及明清城市和宫室加以研究,形成了完整的研究理论体系。1943 年,他就曾踏查北京广安门外西南约六七里的凤凰咀村,后又持续进行研究,发表了《凤凰咀土城》(《文物参考资料》1958 年第 8 期)一文。他经过考证史料,结合实地踏勘结果认为,金代的中都是因辽南京城增益而成的,辽金二城已非同在一地,凤凰咀土城非辽南京城之旧,更非金内城之东壁;继而得出结论:凤凰咀土城应当是金海陵天德三年(1151)因辽南京城所拓广的中都城西南隅的遗址。难能可贵的是,文中还附有1943 年凤凰咀土城的实测图。他的《辽金燕京城坊宫殿述略》(载《科技史文集》第 11 辑,上海科技出版社 1984 年版),是对辽金城坊与宫殿的全面考证。

王璞子先生早年即从事古建法式研究,其关于石桥、石闸、石涵洞做法的论文,至今仍是研究石作技术的重要文献。

自 20 世纪 50 年代起,王璞子先生一直致力于清工部《工程做法》的研究。我国古代营造术书流传不多,最重要者首推《营造法式》与《工程做法》。清代《工程做法》是继宋《营造法式》之后又一部官方颁布刊行的建筑工程专书，是维护、修建乃至重建明清古代建筑的"文法课本"。由于《工程做法》原书以文字说明为主，术语连篇又缺乏详图示例，非久谙其事者难以骤然通晓。王璞子先生以渊博的学识和丰富的实际经验，在对其进行系统详细研究整理的基础上，对其进行注释。王金榜先生和张中又先生绘制补充插图，使之方便应用。王璞子的《工程做法注释》（中国建筑工业出版社 1995 年版）一书，不仅突出了理论性，而且增加了实用性，为明清建筑的保护与研究奠定了基础性工作。

基于对《工程做法》的研究，王璞子先生还重新厘定了有关建筑法式的概念，诸如古建筑的大小式问题。一般认为，带斗拱的为大式建筑，不带斗拱的为小式建筑。先生则指出，大小式建筑的区分，要结合大木结构、间架配置、屋盖做法、檩木多寡、檐宇做法，以及门窗装修、装饰色彩等诸多方面综合判定。①

先生曾任中国土木建筑学会会员、北京市土木建筑学会会员和中国圆明园学会会员。2007 年，紫禁城出版社出版了《梓业集——王璞子建筑论文集》，收录了先生 50 年间的学术论文。

---

① 黄希明：《梓业匠心——王璞子的古建人生》，载故宫博物院编：《故宫治学之道新编》（上），故宫出版社 2020 年版。

111 徐邦达

徐邦达（1911—2012），字孚尹，号李庵，又号心远生，晚号蠖叟，1911 年生于上海，祖籍浙江海宁。早年，曾从苏州老画师李涛学画山水和古书画鉴定，先后入著名书画鉴定家赵时棡、吴湖帆之门，至而立之年以善于鉴定和创作书画知名于上海。1941 年，在上海中国画苑举办了个人画展，声誉日增，但他却严词拒绝为汪精卫 60 岁作画贺寿。

1949 年初，放弃选择在国外生活的机会，被上海市文管会聘为顾问。1950 年，被中央文化部文物局局长郑振铎调到北京任该局文物处业务秘书，在北海团城负责征集、鉴定历代书画，汇集了许多散落在民间的书画珍品，保护了 3000 多件古书画。1953 年，跟随这些国宝奉调到故宫博物院并开辟了绘画馆，为故宫博物院书画收藏、展览和研究做了大量的工作。

在中国古文物鉴定中，古书画是众所认定最难的一门。到目前为止，我们还是运用传统的方法，凭借鉴赏家的一双眼睛，对古书画进行鉴定。邦达先生是传统鉴定方法的集大成者。他继承了传统的鉴定方法，又汲取了现代考古学严谨的科学手段，将文献考据与图像比较有机地结合起来，对数百件早期书画进行了伪讹考辨，对明清文人画的鉴定进行了开拓性的研究。他不仅仅是辨伪识真、慧眼独具的大鉴定家，而且是将古今鉴定的经验上升到理论层面的学者。

徐邦达先生把古书画的鉴定析为"鉴"与"考"两个概念。所谓鉴，即通过比较众多的作品，只需对作品本身进行目力检测，便可知其是非真伪。对于大量存世的明清时代的书画，目鉴尤为重要。但要达到目鉴的准确性，鉴赏者非见之众多不可，有如先生所见之多者，海内外屈指可数。然而，对于时代较远或是某些难于明了的书画，仅只依靠目鉴，不能遽下断语，这就需要广为搜集有关文献和其他旁证材料，详加审订考据，才得以明辨是非。先生博学多闻，每对一件疑难作品和问题进行考据时，爬罗剔抉，条分缕析，使人心折。①

1983 年起，国务院委托国家文物局组织中国古代书画鉴定组，甄别各地文博单位所收藏的历代书画，徐邦达和启功、谢稚柳、刘九庵、傅熹年等历时数年完成此重任，并承担了培养后学之责。

先生著述丰富，总字数达 600 万字的《徐邦达集》，是他研究书画艺术 60 年心血所成。其中，反映徐邦达先生古书画鉴定研究成就的主要是《古书画鉴定概论》《古书画过眼要录》和《古书画伪讹考辨》三部著作。

《古书画鉴定概论》是先生积数十年书画鉴定丰富实践经验的总结，是他的理论观点和方法的概述。只要看看此书目录的章节分类，便可见其对古书画鉴定问题研究探讨的系统全面。这本书凡七次修改易名，是先生下放干校被监督劳动时打的腹稿并最后定名的。

《古书画过眼要录》是先生所见古书画真迹珍品的详细记录，是对历代书画著录继承总结后的发展，其研究的深度和广度都大大地超越了前人。对每件作品所下的按语，有作品年代风格的判断，有内容

---

① 杨新：《徐邦达传略》，载故宫博物院编：《故宫治学之道新编》（上），故宫出版社 2020 年版。

史实所涉典故的考证，以及对前人题跋著录错误的纠正，简明精确，字字精金。

《古书画伪讹考辨》则是对传世有影响的书画伪品的剖析鉴别，历代种种花样翻新的作伪手段，都逃不过先生的燃犀法眼。[①]

20世纪80年代以后，邦达先生在两岸文化交流中，产生了重要的学术影响。他多次出访欧洲和北美，考察流失海外的中国书画并与国外专家进行学术交流。他也曾多次将自己创作的书画精品和珍贵的古画收藏捐献给国家。

先生曾为故宫博物院研究馆员、中国文联荣誉委员、国家文物鉴定委员会常务委员、杭州西泠印社顾问、九三学社社员，荣获文化部颁发的造型艺术终身成就奖。2009年，先生被文化部、国家文物局授予"中国文物、博物馆事业杰出人物"荣誉称号。

---

① 参阅王连起：《简介古书画鉴定研究的集大成者恩师徐邦达先生》，载故宫博物院编：《故宫治学之道新编》（上），故宫出版社2020年版。

112　王世襄

　　王世襄（1914—2009），号畅安，生于北京，祖籍福建。1938 年毕业于燕京大学；1941 年毕业于燕京大学研究院，获硕士学位。1943 年冬，赴川西李庄任中国营造学社助理研究员，学习中国古代建筑学。抗战胜利后，世襄先生从事京津地区战时文物损失的清理工作。1946 年底，任中国驻日本代表团第四组专员，负责调查交涉归还文物事宜。

　　1947 年 3 月先生到故宫博物院工作，任古物馆科长及编纂。1948 年 6 月至次年 7 月，在美国、加拿大学习博物馆管理。1951 年 5 月，任陈列部主任。"三反"运动中，被列为重点审查对象，后经查明无问题开释。经过多种努力，又因多种原因，世襄先生未能调回故宫，这成为他的终身遗憾，但故宫的一些专门活动，还是请世襄先生参加。1957 年，故宫成立文物修复委员会，委员有吴仲超、唐兰、张珩、王世襄、陈梦家、沈从文、陈万里等，世襄先生受到相当的尊重。世襄先生有些研究工作，也与故宫藏品分不开，得到了故宫的支持。

　　1953 年，先生开始在中国民族音乐研究所工作，从事有关音乐史方面的研究。他曾被错划为右派。1962 年"摘帽"后调回国家文物局工作。"文革"后历任国家文物局文物保护科学技术研究所（原文物博物馆研究所）、古文献研究室、中国文物研究所副研究员和研究员。

王世襄先生是我国著名文物学家和重要的文物收藏家，毕生从事文物研究工作。他研究范围广博，除对那些已近于文物中"显学"的书画、雕塑、金石、建筑诸方面有精深的研究和丰富的撰述外，尤致力于那些当时尚较少有人注意的领域，包括家具、乐器、漆器、匏器、刻竹、金石牙角雕刻、匠作则例等具有一定工艺性质的文物乃至介于文物与民俗之间的种种器物，如豢养鸽、鹰、犬、蟋蟀等的专用工具等，他都有琳琅美富的收藏和深入系统的研究，撰成多部专著，填补了这些方面的空白，在文物学家中独树一帜。

在王世襄先生的学术成就中，家具、髹漆、竹刻三门，尤称绝学。

先生的家具研究建立在他精美的家具收藏基础之上。在家具中，他又以明式家具研究开拓出了一个全新的学术领域。这主要反映在他的《明式家具珍赏》《明式家具研究》两部巨著上。《明式家具珍赏》是介绍明至清前期中国古代家具的大型图录，被译成英、法、德三种文字，连同中文共有 11 个版本。

《明式家具研究》是研究专著，全书 25 万言，700 多幅图，附有名词术语简释 1000 条，根据实物，结合文献，对明式家具的时代背景、地区、种类形式、结构、装饰、用材、年代鉴定诸方面进行深入分析。尤为难得的是，书中所收作者自藏的家具，都由其夫人袁荃猷女士对家具的结合方式和榫卯做精确测量，绘成精美的图纸，图文对照，大大增强了该书的科学性和实用性。

自 20 世纪 40 年代起，王世襄先生也开始结合文献、实物和工艺技术对古代漆工艺和漆器艺术品进行了深入研究，其成果最早体现在他所撰的《髹饰录解说：中国传统漆工艺研究》（增订本，文物出版社 1983 年版）中。至 20 世纪 80 年代前后，他参加了《故宫博物院藏雕漆》的编选，并撰写了《中国古代漆器》和《中国美术全集·漆器》两部重要专著。他研究漆器也特重工艺，除反映在注释《髹饰录解说》中外，他也与老匠师共同探讨古代工艺特点和优长之处，并引古论今，对当代如何提高漆艺水平提出意见。他对中国古代髹漆技术进行的理论与实际相结合的系统研究，开拓了一门新的研究领域。

王世襄先生的舅父金西厓先生精研竹艺，撰有《刻竹小言》，这是近代关于刻竹艺术的重要著作。世襄先生也广搜实物和文献，对竹艺进行了深入研究，先后撰成《竹刻艺术》《竹刻》《竹刻鉴赏》三部专著。

王世襄先生青年时，曾参加过一些民俗性很强的活动，故有时被戏称为"玩家"。但和别的"玩家"不同，他在游戏之余，还注意搜集有关资料。晚年，他在此基础上广搜史料和实物，撰成专著，为这些时异境迁、日渐泯灭的民俗活动留下历史痕迹。他为经历过的豢养鸽、猎鹰、獾狗、蟋蟀、蝈蝈等广罗古今文献史料和实物，追本穷源，形成一部部专著，在民俗学上做出杰出贡献。

世襄先生 1994 年被聘任为中央文史研究馆馆员。曾任国家文物鉴定委员会委员，第六届、第七届全国政协委员会委员。2003 年，获荷兰"克劳斯亲王奖最高荣誉奖"。2009 年，被文化部、国家文物局授予"中国文物、博物馆事业杰出人物"荣誉称号。出版专著 30 多部，写有论文 90 多篇。①

---

① 参阅傅熹年：《历经坎坷 立志不渝 披荆斩棘 独树一帜——文物学家王世襄在学术上的卓越贡献》，《燕京学报》2004 年 5 月。

113　朱家溍

　　朱家溍（1914—2003），字季黄，浙江萧山人，故宫博物院研究员、国家文物局文物鉴定委员会委员、中央文史研究馆馆员、九三学社社员，著名的文物专家和历史学家。

　　朱家溍先生的父亲朱文钧先生（号翼庵）是著名金石学家，曾任故宫博物院专门委员，负责鉴定院藏古代书画碑帖。先生自幼受家学熏陶，酷爱祖国传统文化，精研文物及历史等。1941年于北京辅仁大学国文系毕业后在后方粮食部参加工作。1943年开始在重庆参加故宫博物院文物保管和研究等工作。1945年抗日战争胜利后回到北平，历任故宫博物院科员、科长、编纂等职务，担任文物提集、整理、编目、陈列等工作。工作中，广泛研究中国古代法书名画和工艺品及古建筑、园林、明清历史、戏曲等。1950年任故宫博物院副研究员兼陈列组组长，负责各项大型文物陈列设计和布置，依据明清档案和历史文献等，逐步恢复太和殿、养心殿等部分重要宫殿内部陈设原状。1966年后参加故宫藏书的鉴定和编选出版工作。

　　朱家溍先生先后主编了《两朝御览图书》《明清帝后宝玺》等图书，由先生主编的《国宝》荣获法兰克福国际书展一流图书奖，他还参加了《故宫珍品全集》《中国美术全集》《中国美术分类全集》等的编写，发表数十篇重要学术论文。他的专著《故宫退食录》被评为

1999 年十大畅销书之一。

朱先生是个博学多识的人。他在故宫工作 60 年，曾做过征集、保管、陈列、图书馆和宫廷原状恢复各个部门的工作。就专业门类而言，他先后涉及书法、绘画、碑帖、工艺品、图书典籍、宫殿建筑、苑囿、清代档案。他还当过两年梅兰芳的秘书，不仅对戏曲深有造诣，而且擅长表演。

新中国成立初期，他本来做古书画鉴定征集工作。后来，院里调进徐邦达、王以坤、刘九庵几位专家，书画的力量增强了，但工艺研究方面力量很弱。按照院领导意见，朱先生转到了工艺组，工作实践和刻苦钻研使他成为多方面的专家、故宫博物院的通人。1992 年国家文物局成立了一个专家组，去各地博物馆和考古所鉴定确认全国各省市呈报的一级文物。这个组里有专看陶瓷的，有专看青铜的，有专看玉器的，这三类以外的文物，不论是书画碑帖还是工艺美术品类的各种器物，都由朱家溍先生负责鉴定，他是国家文物鉴定委员会中鉴定门类最多的专家。

朱家溍先生在古籍版本学、文献目录学方面深有造诣，多年从事故宫古籍整理和版本鉴定工作，贡献巨大。20 世纪 80 年代初，为配合全国公藏系统联合目录《中国古籍善本书目》的编纂，先生主持了《故宫现存善本书目》的鉴定和编选工作。根据新颁布的善本标准，对馆藏古籍进行鉴别，筛选出符合条件的善本，共有 2600 余条；接着对入选善本详细编目。先生按照著录要求，先在卡片正面著录书名、著者、版本、分类等基本事项，然后在背面著录该书版式、行款、序跋、藏书印记等资料，都用蝇头小楷工整书写，一丝不苟。90年代，先生作为《两朝御览图书》的主编，主持了这部书的策划、图书选目、图片遴选和文字定稿的工作。在《故宫珍本丛刊》的编纂中，先生负责全书统筹及入选图书的审定，经过反复斟酌，最终确定了1100余种珍本图书和1600余种清代南府与升平署剧本和档案。戏曲也是先生擅长的研究领域，而馆藏的剧本和档案过去从未系统整理出版，因而先生在分类、挑选和排序方面，都给予了具体指导。

朱先生有着丰富的故宫历史文化知识。宫廷史迹原状陈列是故宫陈列展览的一个重要种类。故宫室内陈设研究的开拓者是朱家溍先生。特别是在太和殿、养心殿、坤宁宫和储秀宫的原状陈列中，他详细查阅清宫内务府档案及历史文献，深入各文物库房查找有关文物，亲自设计和布置出符合历史真实的原状陈列。这些大量的、默默的工作，他甘之如饴、一丝不苟。《明清室内陈设》（紫禁城出版社2004年版）是他的有关研究成果。

故宫藏有大量极其珍贵的藏传佛教文物。《文物》杂志1959年第7期刊登的朱先生的《故宫所藏明清两代有关西藏的文物》一文，论述了多件从不为外界所知的重要文物，开启了故宫博物院在新中国的藏传佛教研究。20世纪90年代，他还参与了"清宫藏传佛教艺术展"（1992年）、"西藏文物精粹展"（1992年，与西藏文管会合办）等藏传佛教文物的展览。

朱家溍先生还乐于奖掖后进，热情扶持后辈，受到故宫同人和文博界特别是广大青年文物爱好者的尊重和敬爱。

114　刘九庵

刘九庵（1915—1999），曾用名刘久安，河北省冀县人。1930年至1942年，在北平琉璃厂"悦古斋"店当学徒。1942年后，自行经营书画业务。1956年，进故宫博物院工作，任副研究馆员、研究馆员。

刘九庵进入故宫博物院后，从事故宫书画征集、整理、鉴定、研究等工作，之后与徐邦达、朱家溍等一道，开创并奠定了故宫书画鉴定和科学研究的学术基础。

1983年，文化部文物局成立中国古代书画鉴定组，刘九庵先生与谢稚柳、启功、徐邦达、杨仁恺、傅熹年、谢辰生等先生一起，对大陆范围内现存古代书画进行全面考察，足迹遍布全国25个省、市、自治区，对208个古代书画收藏单位的61 000多件古书画逐一进行鉴定，历时达七年之久。人们对此次大规模鉴定比较熟悉。但是在此之前的1962年至1964年，先生就参加过文化部文物局组织的以张珩为首的全国博物馆鉴定小组，先后与张珩、谢稚柳、启功等一起，经天津、哈尔滨、长春、沈阳、旅顺、大连，跨越四省市，鉴定当地博物馆所藏古书画，历时约半年。此外，他还于1974年借赴美参加出土文物展览之便，观看了华盛顿、波士顿、纽约、堪萨斯、旧金山五城市美术馆绘画藏品；还曾赴港、台，参观各博物馆和私人的书画藏品。

2020 年，凝结刘九庵一生学术心血的《刘九庵书画鉴定研究笔记》由故宫出版社出版发行。这部 19 卷、300 余万字的笔记，涵盖刘九庵自 1956 年至 1997 年共计 42 年的古书画鉴定心得、工作日记、书画过眼著录、相关文献抄录、研究专题的材料汇集等内容。

刘九庵先生自幼在琉璃厂当学徒的经历，使他逐渐总结出"在实践中思考、在比较中鉴别"的经验，获得比书斋学者更为丰富、具体的目鉴经验和实际知识。对于辨伪，一般鉴定时能定其真伪，排除伪品也就够了，但刘九庵先生对伪本也进行研究，还要尽可能找出作伪者。正如傅熹年先生在《刘九庵书画鉴定文集》的序言中所说：

> 在古字画店工作，面对的大量字画中既有真品，也有伪品，既有大名家，也有不知名者。收藏家可以只买名家真品、佳品，置小名家和伪物于不顾，但在古字画店工作则必须对大小名家和真迹伪品兼顾，才能做到沙里淘金，巨细不遗。这方面的"基本功"造就了他较全面、细致的鉴定能力，特别是对同为名家真笔的佳作和次品的识别和对真品、伪品的辨别能力。这是他与一般收藏家、鉴赏家在鉴定上侧重点不同之处。①

刘先生好学敏求，治学严谨，考证精微，过眼字画勤于笔记，又善于总结。在书画和明清人书札的鉴定上有独到之处：既熟悉"小名头"的书画，又能从细微处发现问题、解决问题。他撰写并发表了重要的学术论文 30 余篇，其中《记八大山人书画中的几个问题》《再记八大山人书画中的几个问题》《王宠书法作品的辨伪》《祝允明草书自

---

① 《刘九庵书画鉴定文集》，文物出版社 2007 年版，傅熹年序言，第 2—3 页。

诗与伪书辨析》《金农的亲笔与代笔画考析》和《张大千伪作名人书画》等文章，不但史料翔实，论证谨严，而且观点新颖，富有创见性，为美术史基础理论的研究增添了新内容。

浓缩刘先生一生鉴定经验的，是他晚年编著的《宋元明清书画家传世作品年表》（上海书画出版社1997年版）。该书所收作品均是目鉴为真迹、有纪年的精要作品（包括书画家早期及晚期罕见作品），以及少数有精善出版物，又公认为真迹的宋元作品。最重要的是从作品上有干支、有年岁者，推出书画家之生年，或是另行考定其卒年，补画史所缺者160多人。这是先生长期积累、不断考订，一生谨严、精细、勤奋治学的成果，是美术史研究和书画鉴定研究方面的重要参考文献。

刘九庵先生还努力传播书画鉴定知识。1994年，先生成功举办了首次中国书画赝品展。来自全国35个单位的200多件书画赝品，皆是有较高水准的作品，分门别类以摹、临、仿、代、改、造各种手法加以区分，另选真迹作为对比，取得了极好的教学效果。同时，先生主持，为全国各地学员开办了四期培训班。根据这些展览与讲座，他主编出版了《中国历代书画鉴别图录》（紫禁城出版社1999年版），使他的教学思想、成果得到更广泛的传播和认识。

先生还将自己收藏多年的书画，如明徐渭《墨花图》卷、清邓石如《隶书屏》等百余件，分别捐赠给故宫博物院、广东省博物馆、河南新乡市博物馆。

先生曾任国家历史文物咨议委员会委员、国家文物鉴定委员会常务委员、全国书画鉴定小组成员等职务。①

----

① 参阅刘凯：《书画鉴定家刘九庵的治学之道》，载故宫博物院编：《故宫治学之道新编》（上），故宫出版社2020年版。

115 于倬云

于倬云（1918—2004），原名于文汉，祖籍天津市。1942年毕业于北京大学工学院建筑系，同年即供职于旧都文物整理委员会工程处，开始进入古建筑保护行列。曾任北平建设总署营造科、旧都文物整理委员会工程处技士，北京古建筑修整所工程师。1954年调入故宫博物院，负责故宫古建筑的维修设计。历任故宫博物院古建部设计组组长、副主任。1983年任高级工程师、教授级高级工程师。

于倬云先生从新中国甫一成立即参与到故宫建筑的抢救维修之中。1949年，由故宫和文管会成立三人工程小组，先生作为成员之一，参与制定了第一个五年治理与抢险规划。1954年故宫博物院设修建处，这是北京市建设局（原称规划局）批准的设计单位，先生是注册工程师，主持故宫古建筑修缮整治工程，先后完成了端门修缮工程，东南、西南、东北、西北角楼修缮保养工程，武英殿大木加固保养工程，三大殿保养工程，三台地面揭墁工程，三台栏板、阶条等石活归安工程，畅音阁加固工程，午门正楼抢险工程，东西雁翅楼、角亭加固及瓦顶翻修工程，北五所及缎库、茶库等库房防潮工程等。经先生主持复原重建、修缮、维护、抢险加固的工程近百项，无一不凝结着他的心血。文化部1985年授予于倬云先生"全国文物系统先进个人"荣誉称号，称先生是故宫古建维修技术的奠基人。

于倬云先生致力于现代科学技术与古建保护的结合。我国古建筑防雷的创始安装工程，是于倬云先生在 1955 年设计的故宫午门避雷针工程。此项工程设计安装的成功，是现代科学技术在古建保护中运用的大胆尝试，此项研究成果得到肯定并在全国推广。

20 世纪 80 年代，于倬云先生主持了《有机硅涂料及其在古建筑彩画保护应用研究》项目，与化工部专家合作，该项目荣获 1988 年化学工业部授予的三等奖。从 20 世纪 80 年代到 90 年代，先生先后参加了国家文物局组织的《古建筑木结构维护与加固技术规范》（国标）和《古建筑砖石结构维护与加固技术规范》（国标）的编写。在前一个"木结构规范"中，先生负责相关砖石部分的编写，而在后一个"砖石结构规范"中，先生负责的又是相关木构部分的编写，可见先生深厚的理论与实践功底。两个规范中的古建名词解释，也都由先生主持编写。《古建筑木结构维护与加固技术规范》颁布后，获得了建设部 1996 年科学技术进步一等奖。先生凭借丰厚的现代科学知识功底和保护实践经验，开创了故宫文物建筑科学保护的先河。

于倬云先生在古建筑法式与建筑技术的研究方面成就斐然。特别是在中国古建木构架、斗拱及构造等方面，他更以多年的修缮设计、施工经验，从工程技术、力学原理等多方面，对古代建筑技术的发展做全面的认识与了解。《斗栱的运用是我国古代建筑技术的重要贡献》、《宫殿建筑是古代建筑技术的重要鉴证》、《中国古建筑木作营造技术》序，以及《古建筑六题》等文章，都既引证史料又凭借图解、计算，以现代科学的方法表述，其论据科学、论断精辟，是前所未见的。因为先生有力学理论的基础，对木结构十分熟悉，又有施工操作经验，所以他是少有的能超出文献范围，从广阔的角度来研究中国木构建筑技术的人。

　　于倬云先生对紫禁城宫殿建筑布局的形成、发展，做了全面的考证及阐述，对设计思想、设计理论以及建筑艺术等方面都进行了广泛深入的研究，提出独特的见解。在文物建筑的保护与研究中，他特别注意对传统文化内涵的挖掘，对蕴含在紫禁城宫殿的两个特殊因素"礼"与"五行"之含蓄与奥秘，进行了深入的研究探讨，并在修缮工程中给予高度重视和保留，使研究跨至新的水平、新的境界。在此基础上，先生也不断发表有新见解的专著和论文。①

　　他主编的《紫禁城宫殿》（香港商务印书馆1982年版）是第一部全面系统介绍故宫建筑的图文并茂的大型图书，并相继出版了英文版、日文版。他还与人合作主编了《中国美术全集·宫殿建筑》《中国建筑艺术全集·宫殿建筑（一）北京》等。他的《中国宫殿建筑论文集》（紫禁城出版社2002年版），是他一生实践与理论的结晶。

　　先生曾任中国建筑学会建筑史委员会委员、中国科学技术协会委员、中国文物保护科学技术协会会长、中国紫禁城学会会长、国家文物局古建工程委员会成员等。

---

　　① 参阅周苏琴、茹竞华：《开拓奋斗六十载——于倬云治学记述》，载故宫博物院编：《故宫治学之道新编》（上），故宫出版社2020年版。

116　冯先铭

冯先铭（1921—1993），生于北京，祖籍湖北汉口。1963 年加入中国共产党。早年就读于北平辅仁大学西语系。其父冯承钧是民国时代重要的中外交通史家。冯先铭自幼受其父影响，对历史有浓厚的兴趣。1947 年就职于故宫博物院。

冯先铭先生先后在故宫图书馆、古物馆、陈列部、工艺美术部、业务部、陶瓷组、研究室工作，参加了多类文物的整理，接触到图书、瓷器、玉器、漆器等文物，扩大了知识面。20 世纪 50 年代转入古陶瓷的研究，50 至 70 年代参加了故宫博物院藏瓷器的整理、编目与鉴定工作，主持藏品等级的划分、陶瓷器的收购以及陶瓷馆的陈列设计与历次改陈。70 年代以后，主持故宫的古窑址调查工作，初步整理了故宫自 50 年代以来采集的古代窑址标本。

为了搞清故宫一批藏品的时代及窑口，冯先铭先生继陈万里先生之后，运用考古学方法对古窑址进行了更加全面深入的调查。自 20 世纪 50 年代开始，数十年里，先生重点调查了全国南北 17 个省 200 个县市上千处历代瓷窑遗址，主要集中在唐宋元时期，收集了数万片实物标本，为进一步解决故宫院藏瓷器的窑口问题提供了条件。例如，汝窑为宋代著名瓷窑，先生多次在河南汝州地区调查窑址，但一直没有发现与汝窑器物近似的标本。直到 70 年代，在河南宝丰清凉寺发现了一片标本，与汝窑器物完全一样。后经上海硅酸盐研究所测定，汝窑胎釉的成分第一次为人所知，为研究汝窑瓷器提供了科学的依据。磁州窑是北方地区历史较长、规模较大的一处重要窑场，但古代文献没有记载。先生通过窑址调查，发表了《宋元磁州窑》《宋磁州窑综论》等文章，还磁州窑以本来面目，给其应有的地位。宋代为何瓷窑数量如此众多？在大量调查南方古窑址之后，先生发现沿海地区瓷窑主要是为生产外销瓷而建立的外销瓷窑，由此得知，外销的需要是促进宋代瓷器发展的重要原因之一。

窑址调查不仅解决了传世与出土器物的年代问题，同时也为探索中国陶瓷发展历史以及瓷窑间的关系，积累了大量实物标本，初步摸清了我国各时代古窑址在全国的分布情况及各窑之间的关系，为深入研究古陶瓷历史奠定了基础。这一成果就反映在《中国陶瓷史》（文物出版社1982年版）中。该书是冯先生主持编写的我国第一部以大量考古资料为依据的著作，先生执笔宋辽金部分。该书的出版，标志着我国古陶瓷研究进入新的阶段。

在40多年的陶瓷研究生涯中，冯先铭先生始终把古陶瓷文献、藏品与实地调查三者有机地结合起来，以科学精神从事古陶瓷研究工作。他曾到国家与地方多个图书馆搜集有关古陶瓷的文献记载，包括史书、地方志、文人笔记、诗文、档案、考古材料等，摘抄了大量笔记。冯先铭先生治学严谨，先后发表学术论文百余篇，其主要内容有窑址调查报告、名窑论述、综论、中国与国外瓷器的交流、瓷器鉴定的要领特点等；出版了《中国古陶瓷文献集释》《冯先铭中国古陶瓷论文集》《中国古陶瓷鉴真》等专著；主编了《中国古陶瓷图典》《清盛世瓷》《中国陶瓷》等著作。他的一些著作被译成日、英等文字。

冯先铭先生还以高度热情培养新生力量。数十年来，应各省博物馆、培训班、文物机构等单位之邀，先生在故宫院内外讲授古代陶瓷200多场次，并为中央工艺美术学院、景德镇陶瓷学院、厦门大学、南开大学、浙江大学、北京大学、香港中文大学等历史系、考古系、艺术系学生讲授陶瓷专题课程。

1984年，在南中国海，英国人米歇尔·哈彻打捞起一艘中国古代平底沉船，中有20 000多件晚明瓷器。他于1986年又进行了一次打捞，得到的沉船中有150 000件中国清代雍正、乾隆时期瓷器。按照国际法规定，此人可以进行拍卖。1986年，国家文物局想买回一些这条船里的外销瓷，便派冯先铭与耿宝昌二位先生前去参加竞拍，但起价就翻了10倍，我们根本拿不出这么多钱。回来后，他们两人立刻联名给国务院写了报告，建议尽快建立我们自己的水下考古队。当时在国务院的主持下还召开过扩大会议进行讨论。后经国务院批示，1987年中国水下考古队正式建立，现已取得了可喜的成绩。

先生为故宫博物院研究员，曾任故宫陶瓷组组长、研究室副主任，亦曾任中国古陶瓷研究会会长、中国古外销陶瓷研究会会长、陶瓷美术学会常务理事、中国考古学会理事、中国太平洋历史学会理事、中国硅酸盐学会专业委员会委员、海外交通史学会理事、国家文物委员会委员、国家文物鉴定委员会委员等。①

---

① 参阅冯小琦：《冯先铭学术经历片断回顾》，载故宫博物院编：《故宫治学之道新编》（上），故宫出版社2020年版。

117   耿宝昌

耿宝昌，1922 年生于北京，祖籍河北省束鹿县（今辛集市）。耿先生的祖父耿景山老先生曾在北京经营珠宝玉器行业，精通玉器鉴定，清朝末年曾名震京城，有"一个半人"之称。后耿家遇到意外，家境衰落。耿先生小学毕业后，到北平敦华斋当学徒。三年学徒期满，又继续在此工作了七年。1946 年，耿先生与堂兄合开振华斋，一直到 1956 年，由孙瀛洲先生推荐，到故宫博物院工作，长期从事中国古陶瓷及其他古代工艺品研究，重点为历代陶瓷。

耿先生在敦华斋 10 年，练就了过硬的陶瓷鉴定本领。他总结原因有三个方面：一是投在名师孙瀛洲先生门下。孙先生不仅自己业务精通，还严格要求学徒，所谓"严师出高徒"。二是学徒时在大店。敦华斋店铺大，是现在北京保留的老字号。大店里东西多，品类齐全，经常一年一万件文物精品来回转，看得多，反复琢磨，基础比较扎实。三是用功用心。自己有志向与抱负，俗话说滴水穿石，有志者事竟成。

耿先生 1957 年到故宫保管部，一直在库房工作。库房的日常工作，可以说他一项也没缺席过。除将数以万计的文物重新鉴定、划级外，他还耐心地向其他同志传授自己的鉴定经验。一直到 1986 年以后，已经 60 多岁的他才脱离库房管理岗位，把主要精力放在带学生、科研和著书立说上。

在库房工作数十年，专就文物的保管工作研究，耿先生写了两篇文章：一是《古陶瓷安全保管琐谈》，对库房文物科学管理做了详尽的论述；二是《瓷库》，记述故宫博物院陶瓷库的变迁。两稿撰写于1979年，约24 000余字，尚未发表。先生表示，他进一步整理稿件后将公之于世，以供同行在文物安全保管工作中借鉴参考。

耿先生丰富而超卓的瓷器知识为故宫、为国家做出了贡献。在瓷器整理中，新发现的珍贵文物、重新鉴定的文物，经他过目的，大家认定的件数非常多。经他手为故宫征集的一级品也有一些，如红山文化时期的立雕玉神兽、唐代越窑长颈瓶、宋代哥窑葵口碗、宋代耀州窑刻花梅瓶、宋代钧窑钟式花盆、明成化青花人物荷叶盖罐、乾隆款龙泉窑刻花盘等，都是难得的珍品。故宫原藏两件定为宋代宣和窑的瓷器，其中一件拨给了历史博物馆，都定为一级品，他将之鉴定为乾隆时期督窑官唐英的仿制品，获得了大家的共识。《故宫博物院藏瓷选集》刊印的永乐红釉三猴水丞，他确认为康熙仿；原定成化斗彩兽纹罐，实为清雍正仿明。以上瓷器的烧制时代，按他的意见做了更正。

1980年中美财产解冻，当时美国银行存有溥仪存放的15件清代瓷器，交付10万美金即可收回。国家决定派耿宝昌先生一个人去为文物估价，将是否赎回文物的拍板权交给了他，并交代，只要能估到20万美金就可以决定收回。他只身辗转赴美。在我驻美机构协助下，他到银行金库仔细察看，认为东西不错，初估20万美元，决定可以付款。等到文物拿出来，他在日光下一看，发现康熙朝的瓷器非常好，再次评估到100多万美元。他又带着文物乘飞机回国，平安抵达香港。不久，他挑选其中5件较差的瓷器，在香港展销中卖了17.8万

美元，除补上了给中间人的 10 万美元，还赚回 78 000 美元，并得了
10 件文物珍品。

耿宝昌先生与冯先铭先生同为建立中国水下考古队建议的发
起人。

先生撰写的《明清瓷器鉴定》一书，为中国首部古陶瓷研究鉴定
学专著。他主编了《中国文物精华大全·陶瓷卷》、《中国鼻烟壶珍
赏》、《中国文物图典》、《中国古代陶瓷艺术·元明清釉下彩》、《名
窑名瓷名家鉴赏》（20 卷本），以及《故宫博物院藏文物珍品全集》
中的"青花釉里红""紫砂""杂釉彩·素三彩"等卷，亦发表学术
论文十多篇。

先生在人才培养、陶瓷知识传播方面也有重大贡献。1966 年始，
先后应邀到国家文物局，南京博物院，国家文物局扬州、泰安培训中
心任教。1973 年始，多次赴海内外众多国家与地区进行考察、鉴定、
学术交流。1990 年至 1997 年，作为国家馆藏一级文物古陶瓷鉴定专
家组组长，为全国各省市、自治区文博单位确认馆藏一级文物数万
件，为国家征集的文物珍品不计其数，为博物馆及海关等培养了众多
业务骨干、专业人才。

1986 年，先生将自己所藏瓷器、铜器等文物 20 多件捐献给故宫
博物院。

耿宝昌先生现为故宫博物院研究馆员、国家文物鉴定委员会副主
任委员、中国古陶瓷学会会长、国家非物质文化遗产保护评审委员会
委员。2009 年，先生被中华人民共和国文化部、国家文物局授予"中
国文物、博物馆事业杰出人物"荣誉称号。①

---

① 参阅耿宝昌：《实践出真知》，载故宫博物院编：《故宫治学之道新编》（上），
故宫出版社 2020 年版。

118 郑珉中

郑珉中（1923—2019），字从易，晚号南郭琴叟。1923年生于北京，原籍福建闽侯，寄籍四川华阳。1937年至1939年，先后师从北京林彦博、丹阳汪霭士先生学指画和画梅，师从山东王杏东、唐山李浴星先生学古琴。1940年，投名古琴家管平湖先生门下，学琴5年，颇得管氏琴学心传。1947年，因授琴得从溥雪斋先生学习山水、兰花。后因工作，艺事遂废。1946年，到故宫博物院工作。

1949年后，先生被派往华北人民革命大学、中央美术学院学习。自1951年起，历任故宫博物院陈列部、美术史部、业务部的陈列、历代艺术、法书、铭刻、钢器、书画、美术史、金石、工艺等专业组组长及助理研究员。期间，先后完成陶瓷馆、绘画馆、历代艺术馆、国际友谊馆的建馆现场工作，在故宫保和殿东西庑举办历代艺术馆展览，长达30多年。

自1983年起，先生主要从事古琴、绘画、书法、古砚研究，特别是在古琴的产生与发展、断代与鉴定、制作与修复等方面取得了一定的成就；在书法、绘画、古砚方面也有新的认识。

故宫博物院现收藏古琴46张，其中33张为明清两代宫中的遗存，见证了历史的沧桑。20世纪50年代，这些古琴即由郑先生同顾铁符先生一起鉴定划级，后郑先生又陆续发表了一些有关传世古琴的分期断代与鉴定的论文，其中《论日本正仓院金银平文琴兼及我国的宝琴、素琴问题》一文，1991 年 7 月获故宫博物院优秀论文二等奖。
2003 年，中国古琴艺术被联合国教科文组织宣布为"人类口头和非物
质遗产代表作"，我国也确认了包括港、台地区在内的 52 位古琴传承
人，郑珉中先生名列第 27 位。

　　郑珉中先生又主持编写了《故宫古琴》一书。故宫所藏古琴，不
仅数量上在全国博物院中居于首位，而且属于唐宋元三代的典型器就
占藏琴的 1/3。书中对 20 张古琴测绘了线图和可以窥见其内部构造特
点的 CT 平扫图像，可供海内外制琴家观察研究，从而仿制出更多音
韵绝伦的七弦琴。郑珉中先生为该书撰写的前言是其终生研究古琴的
心得集成，具有很高的学术价值，对古琴产生、发展的历史，对湖
北、湖南古墓出土的琴与传世古琴的关系，对唐以后七弦琴能够传世
的原因以及唐宋元明清各个时代古琴的发展状况，特别是对传世古琴
的断代，都有缜密而认真的考辨。《故宫古琴》获故宫博物院 1991 年
至 2008 年科研成果最高荣誉著作奖。

　　郑珉中先生发表文章约 30 篇，还出版《蠡测偶录集》（紫禁城出
版社 2010 年版）一书。

　　先生于 20 世纪 40 年代，曾将"清代进士殿试卷"3 本、"万寿臣
工进贡诗册"捐给当时的故宫文献馆。1953 年、1960 年，又将自己
收藏的瓷器 57 件及历代印章 20 方捐献给故宫博物院。

　　先生为中国书法家协会会员，原北京古琴研究会副会长，曾为故
宫博物院研究馆员、故宫博物院学术委员会委员、国家文物鉴定委员
会委员。2009 年，被文化部、国家文物局授予"中国文物、博物馆事
业杰出人物"荣誉称号。[①]

---

　　① 参阅郑珉中：《我的"治学之道"》，故宫博物院编：《故宫治学之道新编》
（上），故宫出版社 2020 年版。

119　万依

万依（1925—2016），生于河北省固安县，原籍山东聊城。早年，曾肄业于京华美术学院音乐系、西画系，华北文法学院中文系，1949年即将毕业，北京解放，参加北京市基层人民政府工作。1978年，调到故宫博物院，主要从事明清宫廷史、清代宫廷音乐的研究。曾任故宫博物院研究室负责人兼宫廷史组组长、图书馆副馆长。

随着改革开放形势的发展，故宫博物院领导认为，作为故宫，原来对古代艺术的研究当然要继续加强，但也应该开辟明清宫廷历史的研究，遂由故宫陈列部、档案部调来主力，成立宫廷史研究组。万依先生就是在这种背景下进入故宫，开始了宫廷史的研究。他解放思想，实事求是，认真地收集宫廷史资料，并注意考证研究，多有心得。

20世纪80年代，故宫博物院与香港商务印书馆合作，先后出版《紫禁城宫殿》（1982年）、《国宝》（1983年）和《清代宫廷生活》（1985年）三本中英文版的大型画册，向读者介绍北京故宫的宫殿建筑、文物珍宝以及宫廷生活三大主要内容，在海内外产生了重大影响。其中，《清代宫廷生活》就是万依与王树卿、陆燕贞联合主编的。

《清代宫廷生活》通过故宫藏存的皇室大量生活用品、珍贵文物和历史文献，结合现存宫殿布置，将清宫生活中大至典礼、政务、武备、巡狩等政治活动，小至起居、服用、游乐等日常细节，甚至宫中的习俗信仰，均做全面而彻底的介绍，使读者对中国最后一个皇朝的宫廷生活，进而对两千多年来中国传统帝制和皇室生活状况，有具体而微的认识。这本画册凝结着万先生与故宫同人清宫史研究的成果，促使清代宫廷史逐渐走向社会、走向国外。

万依与王树卿、刘潞所著《清代宫廷史》（辽宁人民出版社 1990年版），是清宫史研究的第一部专著。此书的体例，系以清代宫廷通史为纲，有关典章制度等专题内容，则分别在各章节中插叙。此书的一大特点，是不空发议论，较多地注意阐述史实，并引用了一些史料的原文，可以澄清一些有关清代宫廷史的无稽之谈。此书曾获辽宁省优秀图书一等奖、北方十五省市自治区哲学社会科学优秀图书奖。

万依先生组织各方面专家编纂的《故宫辞典》（上海文汇出版社 1996年版），是一部综合性的，根据可靠历史文献和实物资料、在学术研究基础上编写的具有资料性、可读性的辞书。全书体系宏大，涉及 5000 余个词条，涵盖了紫禁城及附属于明清故宫的建筑群，明清两朝的宫廷文化史和古代艺术与历史文物藏品等内容，其条目及内容多为一般工具书中所不见。此书一经面世，即引起社会各界的关注。适应社会需要与故宫文化传播的目的，20 年后，由故宫专家学者历经三年努力的《故宫辞典》增订本（故宫出版社 2016 年版）出版。

作为清宫史重要部分的清代宫廷音乐研究，过去几乎是个空白，故宫内部没有人做过，故宫之外研究的人也很少。万依先生于是与黄海涛合作，经过数年摸索，写作并出版了《清代宫廷音乐》（紫禁城出版社、香港中华书局 1985 年版）一书。书中对清宫音乐做了全面介绍，对清宫乐制、律制、歌词的形成做了较为深入的探讨，把古乐谱的一大部分译成了五线谱，得到国内认同，有的还利用了乐谱。此书获得首届满学研究优秀成果奖。乐谱被我国国家项目十大文艺集成之一的《中国民族民间器乐曲集成》收在了北京卷内。此外，万先生还撰写了一些关于中国音乐史的文章，如《清宫律制与律管》《清代编钟与中和韶乐》《清代紫禁城坤宁宫祀神音乐》《上古宫廷雅乐的载体——清代中和韶乐》《明宫音乐源流考述》《宋代黄钟的改作及大晟黄钟的影响》等。①

　　万依先生曾为故宫博物院研究馆员，中国紫禁城学会第一、二届副会长，北京满学会副会长，中国书法家协会会员，中国音乐史学会会员；发表有关明清宫廷史、音乐史、书法研究等文数十篇，出版编著作品十多部。

---

　　①　参阅万依口述，任昉采访、整理：《万依谈明清宫廷史研究》，载故宫博物院编：《故宫治学之道新编》（上），故宫出版社 2020 年版。

120 杨伯达

杨伯达（1927—2021），生于辽宁省大连市。1949年毕业于华北大学美术系，1952年至1956年，任北京中央美术学院展览工作室副主任。1956年至1980年，先后担任故宫博物院陈列部副主任、美术史部副主任、业务部副主任、陈列部主任及故宫博物院副院长。

自1952年以来，先生主要从事展览陈列工作以及美术史（主要涉及中国古代绘画艺术和佛教造像艺术）、工艺美术史（主要涉及金银器、玻璃器、珐琅器、漆器、鼻烟壶等科目）、玉器鉴定与辨伪、玉文化、玉学等学科的研究工作。先后赴苏联、保加利亚、罗马尼亚、古巴、日本、英国、法国、德国、美国、加拿大、澳大利亚等国家以及中国香港、澳门、台湾地区考察、学习、讲学。

杨伯达先生在学术研究中，将工艺美术史与艺术史学、历史学、考古学等学科理论相结合，撰写专著50多部、论文480余篇。杨伯达先生曾多次牵头组织海内外知名学者召开专题学术研讨会。他主编的《中国金银器、玻璃器、珐琅器全集》《中国玉器全集补遗》《中国玉文化玉学论丛》等学术著作成为相关学科领域内集大成之作。他首先提出"玉学""玉文化""玉文化是中华文明的奠基石""玉石之路"等新论点，为古玉研究开创了崭新途径，受到国内外专家、学者的高度重视。他主编的《中国玉文化玉学论丛四编》获得"2007年文博考古最佳论文集"。2008 年 10 月 16 日，杨伯达先生又获得中国美术家协会特设的"卓有成就的美术史论家"奖。

杨伯达先生总结自己的"治学之道"，为"档案与文物相结合的研究道路"，这就是要认识文物、读懂文物、熟悉文物，同时要掌握与文物有关的文献档案。

杨先生参加了故宫博物院从 1960 年到 1962 年的文物清理工作，经手了全部一级品约 8000 余件艺术文物的划分、制档及上报审批过程。杨先生在这一过程中做到了对院藏艺术类文物的真正了解。为了弄清有关故宫所藏宣德炉、景泰蓝、洋漆及仿元代张成、杨茂两名款的剔红问题，杨先生查阅了长达 188 年、共约 1126 册的《养心殿造办处各作成做活计清档》，了解了清代从雍正至宣统年间养心殿造办处所制活计的盛衰及其与民间工艺的不同之处，这是研究皇家美术制作和加工工艺的宝贵资料。他利用"活计清档"，联系本院收藏的清廷遗留下来的器物，研究并撰写了辨别及证明珐琅、玉器、剔红、玻璃、院画以及广州、扬州、苏州、杭州、江宁、长芦的外派活计等皇家几个重要工艺和艺术的文章。

中国第一历史档案馆所藏地方工艺档案十分丰富，为研究清代地方工艺提供了大量第一手资料。尤其是《贡档》和《奏事档》，记录了地方贡品的情况，也都是研究地方特产和工艺的宝贵资料。杨先生曾以康、雍、乾三朝的《贡档》为线索挑选广东文物，组织"广东贡品展"，重现了 18 世纪广州文明的灿烂光彩，获得了良好的反应。

故宫收藏清代臣字款作品甚丰，但过去长期未受到应有的重视，甚至一批康、雍、乾三帝的纪实绘画也被打入冷宫，也没有人对此做过系统的研究。杨伯达认为这批书画有其特殊的价值。1975 年，杨先生协助承德避暑山庄做展览，选择了数十件包括"臣字款"书画在内

的康熙至乾隆时期的各类重要文物，将一无所有的"四知书屋"恢复
到康乾盛世的皇家行宫的本来面貌，效果很好。随后杨先生决定由故
宫博物院书画组将这类院画从头审查一遍并编成目录，为全面研究院
画作品做好提供资料的准备。他共用10余年的时间（1978年—1990
年）撰写11篇论文，约20万字，出版《清代院画》（紫禁城出版社
1993年版）一书。①

　　先生为故宫博物院学术委员会委员、研究馆员，国家文物鉴定委
员会委员，中国文物学会玉器专业委员会名誉会长。

---

① 参阅杨伯达：《我的"治学之道"》，故宫博物院编：《故宫治学之道》（上），
故宫出版社2010年版。

图书在版编目（CIP）数据

故宫学百廿题 / 郑欣淼著 . — 北京 : 商务印书馆 , 2023
（故宫学研究丛书）
ISBN 978–7–100–22786–5

Ⅰ . ①故… Ⅱ . ①郑… Ⅲ . ①故宫—研究 Ⅳ .
① K928.74

中国国家版本馆 CIP 数据核字（2023）第 142925 号

故 宫 学 研 究 丛 书

故宫学百廿题

郑欣淼 著

商 务 印 书 馆 出 版
（北京王府井大街 36 号 邮政编码 100710）
商 务 印 书 馆 发 行
南京新洲印刷有限公司印刷
ISBN 978–7–100–22786–5

2023 年 9 月第 1 版 开本 880×1240 1/32
2023 年 9 月第 1 次印刷 印张 17⅜

定价：96.00 元